C'ÉTAIT LA PJ

W0381001

Du même auteur

Trafic de drogue... trafic d'États, Fayard, 2002 (avec Éric Merlen).

Carnets intimes de la DST, Fayard, 2003 (avec Éric Merlen).

La Colonie du Docteur Schaefer, une secte nazie, Fayard 2003 (avec Maria Poblete).

Parrains et Caïds. Le grand banditisme dans l'œil de la PJ, Fayard, 2005.

Parrains et Caïds II. Ils se sont fait la belle, Fayard, 2007.

Parrains et Caïds III. Le sang des caïds. Les règlements de comptes dans l'œil de la PJ, Fayard, 2009.

Ce que je n'ai pas dit dans mes carnets. Entretiens avec Yves Bertrand, Fayard, 2009.

La Prison des caïds, Plon, 2011.

L'Intérieur. Un ancien directeur général de la police témoigne, Fayard, 2012.

Secrets d'avocats, Fayard, 2012 (avec Éric Merlen).

Vol au-dessus d'un nid de ripoux, Fayard, 2013.

Parrains et Caïds IV. Génération kalachnikov, Fayard, 2014.

Avec William Perrin, *Mémoires d'un vrai voyou*, Fayard, 2015.

Femmes hors-la-loi, le banditisme au féminin en France, Fayard, 2016 (avec Maria Poblete).

Les Gangsters et la République, Fayard, 2016.

Les Derniers Seigneurs de Paris, avec Michel Mary, Fayard, 2018.

La peur a changé de camp, Albin Michel, 2018.

Frédéric Ploquin

C'ÉTAIT LA PJ

Le temps béni des flics

1960-1990

Fayard

Photos cahier d'illustrations,
collections particulières, DR

Couverture Le Petit Atelier
Photo : DR
ISBN : 978-2-213-68647-9
Dépôt légal : octobre 2019

© Librairie Arthème Fayard, 2019

Ce métier ne s'apprend pas, il se vit. Un chasseur, ce n'est pas quelqu'un qui est né avec un fusil à la main. Un jour, il est allé à la chasse et il s'est passionné. Ça lui a plu de se lever tôt le matin, d'aller se mettre dans le maquis et d'attendre que des chiens aboient et rabattent le sanglier. C'est pareil pour le flic. Il rentre dans une administration, pense que ça va être peinard, et un beau jour il se rend compte qu'il prend du plaisir à faire ce qu'il fait et devient chasseur d'hommes. Il ne va pas tuer une cible, il est là pour mettre hors d'état de nuire des gens qui ne respectent pas les lois de la République. Ce qui est excitant, c'est de savoir qu'en face de nous il y a quelqu'un qui est malin, qui va employer des tas de feintes pour échapper aux foudres de la justice, et surtout à la police, car se faire prendre ruinerait ses projets. On sait qu'ils savent, eux savent qu'on sait, ça devient un jeu de société.

Jean-Marie Flori
(né à Bastia en 1949,
inspecteur de 1965 à 1996)

Préface

Les policiers que le lecteur croisera dans ces pages ont tous un point commun : inspecteurs ou commissaires, ils ont travaillé au 127, rue du Faubourg-Saint-Honoré, siège parisien des services centraux de la police judiciaire. Durant plus de trente ans, ce lieu a été l'épicentre des enquêtes sensibles, parfois traitées en partenariat avec les collègues du 36, quai des Orfèvres, le grand rival parisien. Grand banditisme, enlèvements, proxénétisme, et bientôt stupéfiants, ce qui dépassait les frontières de la capitale était centralisé dans ce bâtiment situé à mi-chemin entre l'avenue des Champs-Élysées et le ministère de l'Intérieur.

Le 127 était la maison de la police judiciaire, une famille à part entière, avec sa culture, ses coutumes, ses extravagances aussi. Les malfrats y prenaient des coups. Les succès étaient copieusement arrosés, en particulier quand on avait frôlé le pire. Les patrons étaient charismatiques, de François Le Mouel, Breton efficace et grand cycliste, au Marseillais Lucien Aimé-Blanc, une gouaille légendaire, manteau en peau de phoque sur les épaules, Ray-Ban sur le nez et mocassins aux pieds, en passant par Charles Pellegrini, Corse jusqu'au bout du flingue. Des leaders qui se « tiraient la bourre » avec leurs homologues du 36, les Robert Broussard, Pierre Ottavioli et autres Serge Devos. Des flics qui misaient gros sur les indics, ces sources que le milieu appelait « balances » avec une moue de dégoût et des démangeaisons dans la main, au niveau de la gâchette.

Derrière cette façade anodine, plusieurs générations de flics ont tout donné, ou presque, pour faire la chasse aux truands qui enlevaient les millionnaires et pillaient les coffres des banques. Ce sont eux que raconte ce livre, avec, à l'arrière-plan, les ministres de l'Intérieur de l'époque, Roger Frey, Raymond Marcellin, Christian Bonnet, jusqu'à Charles Pasqua et Pierre Joxe, tous de droite sauf le dernier. Des hommes, quelques femmes aussi, qui, pour la plupart, n'ont jamais cherché la lumière, concentrés sur le cambouis dans lequel trempaient leurs mains.

En ce temps-là, les voyous s'appelaient « Francis le Blond », « Francis le Brun, « Roger la Bricole », « Poupon », « le Balafré », « Pierrot casquette », « Jo la Pomme » ou « Antoine le Boiteux ». Ils prenaient un verre au Laëticia, bar corse de la rue Notre-Dame-de-Lorette, à Paris, déjeunaient Chez Edgar, rue Marbeuf, avant de passer la soirée à La Voile d'or, dans le 8e arrondissement, un cabaret-restaurant tenu par l'épouse d'un célèbre truand parisien. Ils vivaient souvent avec des prostituées et roulaient au volant de belles voitures, parfois américaines, Buick ou Chevrolet.

En dehors de ces moments de détente, ils multipliaient les VMA (vols à main armée), trafiquaient dollars, armes et diamants, brassaient de la fausse monnaie et disposaient de complices à Abidjan (Côte d'Ivoire) comme à Buenos Aires (Argentine), solides bases arrière de la voyoucratie française. Jusqu'à la découverte de l'héroïne, qu'ils ont fait transiter par centaines de kilos de France vers l'Amérique. La plupart se croyaient plus « marlous » que ceux qui les traquaient, pourtant tous ou presque ont fini sous les verrous, preuve que les « condés », ils disaient aussi les « Schmitt », les « poulets » ou les « lardus », n'étaient pas si mauvais – sauf peut-être durant cette guerre d'Algérie qui mobilisa toutes les énergies disponibles sur un autre front que le crime.

Autour de mai 1968 et de son printemps déboutonné, les inspecteurs du 127 ont troqué le costume-cravate pour l'anorak et le blouson d'aviateur et les chaussures vernies pour les baskets, dans l'espoir de passer plus inaperçus lors des filatures et surveillances, qui étaient leurs principales armes à une époque où tout était encore manuel et artisanal. Obligés qu'ils étaient de s'adapter à des criminels toujours plus inventifs et soucieux de conserver une petite avance sur leurs poursuivants. Roulant jusqu'au bout de leur vie pour le compte de l'OCRB (Office central de la répression du banditisme), une marque magique aujourd'hui disparue, ou de l'OCRTIS (Office central de la répression du trafic illicite de stupéfiants), lancé dans la bataille sans fin contre la drogue. Non sans remercier secrètement cet événement social inédit qui fit bondir leur paye de près de 40 %, pour un peu ils auraient prié pour que les barricades reviennent.

Peut-on suggérer que ces flics respectaient leur « gibier » ? « De certains bandits émanait une véritable aura », admet un ancien pilier de l'OCRB, Bernard Mondon, inspecteur de son état, qui garde encore en mémoire cette incroyable confrontation dans le bureau d'un juge d'instruction. Dans la pièce, deux piliers du grand banditisme, le Lyonnais Edmond Vidal, dit Momon, brun aux yeux bleus, « une gueule », le Marseillais Raymond Mihières, dit le Chinois, et quelques seconds couteaux, dont l'un se met en tête, à un moment, de fumer. Son avocat lui allume une cigarette, sauf qu'un gendarme lui rappelle sèchement le règlement : « Monsieur, il est interdit de fumer. » Sans se départir de son calme, Momon Vidal intervient : « Éteins ta cigarette. Tu discutes pas avec ces mecs-là. » Le petit voyou obtempère sans broncher.

« On n'était pas dans le romantisme, mais ils n'étaient pas tous cons, observe l'ancien inspecteur. Il y avait les leaders et les suiveurs. »

Ce livre explore un monde disparu, celui des dinosaures du milieu que pourchassaient des flics d'un autre temps, avec le 127, rue du Faubourg-Saint-Honoré dans le rôle du personnage principal. Le 127, et ses tapisseries imbibées de l'odeur âcre de l'alcool, ses couloirs et leurs relents de cuir, d'huile et de graisse. Une police vintage, entre planchers en bois et Beretta 15 coups, Motorola et CX bi-turbo, sans oublier les 4 L de planque et les premières DS23 (Citroën) à injection. Une police qui n'hésitait pas à vendre ses succès aux médias, non sans avoir informé préalablement le ministre, bombardé de notes vantant l'arrestation de malfaiteurs forcément « redoutables ». Le tout sous l'œil bienveillant de juges d'instruction « toniques », selon le mot d'un ancien inspecteur, qui « voulaient lutter contre le banditisme » et distribuaient des commissions rogatoires un peu comme des ordres de mission : peu importait la manière, pourvu qu'on ait le résultat.

« La mission était essentielle, les moyens étaient accessoires, résume un ancien inspecteur, qui se souvient, lors de missions en Corse, avoir plaqué un véhicule administratif avec un numéro minéralogique récupéré dans une casse. Aujourd'hui, il faut être loyal avec le voyou. On a perdu au passage le sens du secret. » « On attendait d'avoir mal pour avoir peur », ajoute un autre ancien.

Plonger dans l'histoire de la police judiciaire et de ses méthodes d'investigation, c'est comprendre les impasses auxquelles cette maison centenaire se trouve confrontée ces dernières années.

En guise d'apéritif, poussons la porte du bar-restaurant le plus proche du 127, Le Griffon, où les clients faisaient la queue jusque sur le trottoir à l'heure du déjeuner.

Lorsqu'elle avait racheté l'établissement, en 1982, la nouvelle patronne, auvergnate, avait souhaité se présenter aux flics. « Pas la peine, on sait qui vous êtes », l'avait coupée un inspecteur. Très vite, Jeanine avait fait la bise à la plupart des policiers, comme intégrée à la famille. « Ils arrivaient chez nous pour se défouler, se souvient l'ex-patronne. Vers 21 heures, on les mettait dehors, on n'en pouvait plus. » En cuisine, la maison jouait la gamme classique : potée, couscous, choucroute. Côté boissons, une poignée de flics prisait la menthe à l'eau, les autres carburaient au Ricard, au blanc de blanc, au volnay ou au champagne qui coulait les jours de fête, et ceux-là étaient nombreux.

Combien d'affaires se sont-elles nouées au bar du Griffon ? Sans doute des dizaines, mais Jeanine et René, son mari, savaient rester discrets. Ils attendaient le dénouement pour se faire raconter l'histoire. « Ils étaient d'une gentillesse extraordinaire », insiste l'ancienne tenancière, d'ailleurs, l'un d'eux a épousé sa fille. Gentils, mais parfois un peu allumés, comme le jour où elle les a vus jouer au foot avec des boîtes de conserve d'ananas sur le pavé de la rue du Faubourg-Saint-Honoré. « Le lendemain, ils sont venus me demander si je n'en avais pas mis une au frigo, raconte-t-elle. Il y avait de la blanche (de l'héroïne) dedans ! » Une autre fois, ils sont venus dans sa cuisine pour peser trois cents grammes de poudre ; son petit teckel en a respiré un peu, « il sautait dans tous les sens ». « Mais vous êtes complètement tarés ! » a protesté la bistrotière en riant, une pensée au passage pour Jacques Franquet, alors patron de l'office des stups, qui avait un jour tapé sur le comptoir en disant : « Jeanine, il faut me dire tout ce qui se passe ici ! » Même cette fois où ses hommes s'étaient pointés avec des perruques sur la tête pour une fête déguisée au cours de laquelle ils avaient demandé à une cliente de donner le sein à son chat ? Ou ce matin où ils avaient fait défiler des hôtesses de l'air dans le bar, des couches Pampers pleines de came sous le bras, sous les applaudissements du personnel ? Ou encore quand ils avaient accroché un serveur à la rambarde avec des menottes, pour blaguer ?

S'il le fallait, pour un départ à la retraite, l'établissement restait ouvert jusqu'à 1 heure ; en échange, les gars ont proposé à Jeanine de venir fêter ses 40 ans au bar (privé) de l'OCRB, avec gerbes de fleurs, champagne et guitares…

Et puis, un jour, il a fallu déménager. Pas le bar, mais les offices centraux.

Dans un premier temps, il a été question d'installer les troupes à l'hôtel Beaujon, à quelques encablures du 127, mais l'administration a renoncé, faute de budget. Ce jour de 1989 où le cabinet du ministre de l'Intérieur, Pierre Joxe, a laissé envisager un transfert à Nanterre, à l'ombre des tours de la Défense, autrement dit l'autre bout du monde, commissaires et inspecteurs se sont inquiétés. Le 127 était désuet, il suintait le carbone et la pelure, les cages de garde à vue n'étaient pas sécurisées, les flics repeignaient eux-mêmes leur bureau, mais « les lieux étaient chargés d'histoire et d'émotion », se souvient Sylvie Fleucher, alors jeune inspectrice aux stups. « Partir là-bas, se couper de tout, c'était un crève-cœur, abonde Hubert Martinez, qui dirigeait l'Office central de la répression de la traite des êtres humains (OCRTEH). On a perdu beaucoup de nos correspondants… »

Alors que des travaux étaient en cours pour accueillir au 127 un nouveau service, qu'on appelait encore les Voyages officiels (VO), l'inspecteur Bernard Mondon a voulu faire une dernière fois le tour des bureaux où il avait travaillé pendant près de quatorze ans. Arrivé au premier étage, il a tenté une incursion dans ce qui fut le bar de l'OCRB. Sur le sol, au milieu de débris de verre, une photo accrochée au-dessus du comptoir depuis 1976, celle du commissaire Lucien Aimé-Blanc, qui avait quitté la direction du service sept ans plus tôt. « J'ai roulé la photo, je l'ai ramenée chez moi et l'ai rangée dans une armoire, se souvient Bernard Mondon. C'était ma façon d'emmener le 127 avec moi. »

Peu après le déménagement, en juillet 1990, le commissariat du 8e arrondissement a dépêché deux gardiens de la paix policiers pour mesurer les dimensions de la terrasse du Griffon et… verbaliser l'établissement pour cause de dépassement. Du « papier rose » propre à précipiter la fin d'une époque.

Chapitre premier

Les fantômes de la 1re brigade mobile

Le P'tit Claude fait des dégâts

Le commissaire Claude Bardon est l'un des ultimes témoins de cette époque où le 127, rue du Faubourg-Saint-Honoré voyait cohabiter dans une ambiance « plutôt joyeuse » des gars qui avaient pour beaucoup participé à la Seconde Guerre mondiale, avant d'être mobilisés sur le front algérien. Dédé, ancien garde du corps du colonel Rol Tanguy dans les rangs de la Résistance, avait une quinzaine d'attentats antiallemands à son actif, perpétrés pour le compte des réseaux communistes de la banlieue Sud. Dropsi, inspecteur lui aussi, avait été à l'origine (avec quelques autres) de la propagation de la « bleuite » pendant la guerre d'Algérie, en l'occurrence une campagne de désinformation qui avait fait des ravages dans les rangs du FLN. Ces flics ne songeaient pas toujours à rentrer chez eux le soir venu, ils étaient copains comme cochons avec les juges qui suivaient leurs dossiers, et qui avaient au moins une bonne raison de bien accueillir le jeune Bardon : comme eux, il avait fait la guerre, ses médailles l'attestaient. Revenu vivant d'Algérie, là où beaucoup de soldats avaient trépassé, ce survivant à peine trentenaire était à leurs yeux « apte au service ».

« Vis-à-vis des inspecteurs, j'étais le lieutenant parachutiste avec des décorations jusqu'au cul, se souvient-il. J'avais beau être fils de bourgeois, j'avais connu les prolos à la guerre. »

Né en 1937, Claude Bardon serait devenu militaire s'il avait obéi à son grand-père, promu officier sur le front pendant la Première Guerre mondiale. Ayant refusé l'humiliation du bizutage lors de son entrée à Saint-Cyr, il s'était retrouvé à la rue avec la colère du patriarche sur le dos et cette sentence mémorable du proviseur de l'établissement : « Il faudra apprendre à obéir si vous avez la prétention de commander. » Il avait atterri à Caen parmi trois cents élèves officiers et tâté du droit, avant de rejoindre l'école d'infanterie implantée en Algérie (française). Un mois de formation plus tard, il avait été affecté dans une unité chargée de faire de l'infiltration sur le terrain, une expérience de baroudeur qui lui permit d'intégrer l'école des commissaires de police dix jours après sa démobilisation, le 23 décembre 1961. « Quand vous avez eu une trouille abominable, vous pouvez faire face à tout », dit-il.

Le ministère de l'Intérieur a recruté très peu de commissaires depuis la Libération, cela tombe plutôt bien pour cette nouvelle génération. Envoyé en stage à la Sûreté urbaine de Lyon, Bardon l'ignifugé « mord à pleines dents » dans ce métier qui l'amuse. Son séjour au sein de la police judiciaire de Reims vite expédié, il abandonne les vols de moutons dans les bois pour intégrer en 1964 un nouveau service installé au 127, rue du Faubourg-Saint-Honoré : le Bureau central de recherches criminelles (BCDRC), créé en même temps que la BRI parisienne, à l'instigation de Roger Frey, ministre de l'Intérieur depuis trois ans (fonction qu'il occupera jusqu'au 1er avril 1967). Les braquages se multiplient dans le pays et le gouvernement a décidé de sévir en montant ces deux unités d'élite destinées à sauter sur les voyous à la manière des parachutistes. Celle qui s'installe au 36, quai des Orfèvres est confiée au commissaire François Le Mouel, flanqué du commissaire Lucien Aimé-Blanc ; les commandes du BCDRC, nouvel appendice de la 1re brigade mobile, échoient à un cador de la lutte contre l'OAS (l'armée secrète des partisans de l'Algérie française), le commissaire Gaston Boué-Lahorgue, issu des rangs de la DST (Direction de la surveillance du territoire), le contre-espionnage français, dont Claude Bardon devient l'adjoint. Ces personnages, que l'on retrouvera régulièrement dans ces pages, marqueront en profondeur la police judiciaire par leur tempérament entier.

Roger Frey, gaulliste pur sucre, se mêle personnellement du plan de bataille. Ayant pris connaissance de l'expérience acquise par Claude Bardon dans la lutte contre la guérilla et l'infiltration des rangs ennemis en Algérie, le ministre le convoque dans son bureau et lui tient à peu près ce langage : « Je souhaite que vous fassiez contre le crime organisé ce que vous avez fait contre l'OAS. Nous allons employer les mêmes méthodes pour pénétrer le milieu du grand banditisme. »

L'heure est à l'entrisme décomplexé. Roger Frey semble assez peu soucieux des lois en vigueur et reste évasif lorsque le jeune commissaire lui fait observer qu'en l'état actuel des textes il se voit difficilement « monter au feu », autrement dit participer à des braquages avec des voyous qui le prendraient pour l'un des leurs. Gaston Boué-Lahorgue ne s'en soucie pas davantage, lui n'a connu que la DST, service peu habitué à rendre des comptes à la magistrature à l'heure de contrer les menées des espions téléguidés par Moscou sur le territoire national : contre les « rouges », tous les moyens étaient bons. Légaux, ou pas. On fera de même avec les voyous.

Le commissaire Bardon est pour ainsi dire exfiltré du 127. Il devient le « P'tit Claude », une nouvelle identité qui lui permet de se fondre parmi les hors-la-loi. Disposant de fonds suffisants pour briller et payer sa tournée de champagne ou de whisky (souvent frelaté), flanqué à l'occasion de quatre ou cinq fonctionnaires issus du corps des CRS et, bien entendu, « déshabillés » (en civil), il circule dans les quartiers huppés de la capitale au volant d'une Triumph rouge. Célibataire, il cultive l'esprit commando, convaincu de faire œuvre utile dans la lignée de son père, appelé trois fois en Indochine avec la Légion avant de terminer colonel en Algérie. Sa « légende » est en place, comme les services secrets savent les construire. Le seul à savoir, à part le chef, c'est Liou, un inspecteur d'origine chinoise réputé pour son intransigeance, pilier du BCDRC. « L'adrénaline nous motivait, se souvient le commissaire Bardon. Je n'avais rien d'un justicier, ni d'un donneur de leçons, j'y allais pour le fun. J'étais hors du mécanisme normal. J'étais le fantôme du 127. »

Le fantôme fréquente les bistrots, boit des coups, se refuse rarement une fille, et quand il a besoin d'un renseignement, il sait à quelle porte frapper. Prédateur parmi les prédateurs, il découvre les secrets de la rue. « Undercover », comme on dirait aujourd'hui, sauf qu'à la différence de ses collègues américains, pionniers en matière d'agents sous couverture, il avance sans filet – la loi encadrant ces pratiques viendra beaucoup plus tard, après les années 2000. Flic sur le papier, le commissaire caméléon passe dans la vie pour un simple bordelier. Il « place des gonzesses », comme on disait, aidé il est vrai par quelques proxénètes juifs séfarades rapatriés d'Oran, d'Alger ou de Constantine au début des années 1960, avec lesquels il entretient des liens d'amitié. Un métier en pleine expansion en France, dont le commissaire résume en ces termes les règles : « Un bon mac se devait de porter la jugulaire au moins une fois par semaine et sortir la fille. S'il en avait cinq ou six, il devait consacrer une journée à chaque gagneuse. » Celui qui se dérobait à ces coutumes voyait les filles s'éloigner pour se mettre sous la protection des voleurs, ces gars qui allaient chercher leur argent par eux-mêmes dans les banques et ne mangeaient pas de « pain de fesse » (l'argent des passes).

Les flics du BCDRC ne reculent devant rien et personne ne le leur reproche. Faut-il descendre un type « à la cave », le rouer de coups et mettre cette punition sur le compte d'un tiers ? Laisser entendre que la dernière fois qu'on a vu untel, il était en compagnie d'untel, à seule fin d'alimenter les haines et de lui nuire ? « Ces procédés débouchaient sur une forme d'autorégulation du milieu, chacun ayant intérêt à récupérer le business du voisin », commente le commissaire Bardon, qui confie un bordel parisien à un pied-noir d'origine corse, rompu aux arcanes de la prostitution. Une alliance contre-nature scellée dans le secret d'une guerre d'Algérie qui a façonné leur façon de voir les choses : là-bas, après une confrontation avec l'adversaire, on fouillait facilement les poches des dépouilles ; avec un peu de chance, on tombait sur un intendant bourré de pognon, une prise de guerre destinée à alimenter la caisse noire et à remonter le moral des troupes, au bordel le plus souvent. Une expérience qui permet aux rescapés de nager par tout temps, même au milieu de gangs qui ne songent qu'à s'entretuer pour se plumer.

« Le voyou de l'époque était généralement un prolo sans boulot, glisse-t-il. C'était un type qui n'avait pas eu une bonne éducation quand il était gamin. » Avoir côtoyé les mineurs, fraiseurs et autres ouvriers dans l'unité qu'il commandait sur le front l'aide incontestablement à se fondre dans le décor. Incollable sur les bandits toulonnais, il le devient également sur les Nantais ou les Stéphanois. Il a cependant décliné la première proposition de Roger Frey, qui lui avait suggéré de passer six mois en cellule à la prison de la Santé, le temps de remplir son carnet d'adresses. « Les prisonniers ont tous l'âge de mon père, avait-il objecté. Au mieux, ils m'autoriseront à leur apporter le café. »

Contrairement à ce qu'imaginait le ministre depuis son bureau de la place Beauvau, le milieu français n'est pas structuré comme le sont les consortiums. La seule équipe véritablement organisée, c'est le clan Guérini, à Marseille. Une famille capable de tenir tête à la police judiciaire, et même de la narguer, comme elle le prouvera à plusieurs reprises. Le reste du « mitan » est composé d'individualités qui jouent des coudes pour se partager le gâteau. Une aubaine pour les hommes du 127, qui ne sont pas pour rien dans la multiplication des règlements de comptes, même si nulle information ne filtre à l'époque sur ces méthodes radicales consistant à dresser les voyous les uns contre les autres en pratiquant la désinformation. La République utilise volontiers les voyous, que ce soit pour assurer l'ordre lors des meetings politiques ou accomplir de basses besognes moins dicibles, mais, comme le dit Claude Bardon, « s'ils pouvaient disparaître, c'était encore mieux ».

Le visa ministériel accomplit apparemment des miracles, et pas seulement parce que se remplit le cimetière des criminels. « Pendant cinq ans, affirme le commissaire Bardon, on a élucidé 100 % des vols à main armée en région parisienne. On savait ce qui se passait sans même avoir besoin d'écoutes téléphoniques. Notre arme, c'était une connaissance en profondeur de nos adversaires. On était des prédateurs de voyous. On ramenait de la "viande" en permanence. Les cages étaient toujours pleines. On faisait peur, au point que certains gars se décomposaient en demandant ce qu'on voulait savoir. On était heureux quand on faisait une belle affaire. On était simples et frustes. On voulait boire ? On buvait. On était des hommes. Il nous arrivait d'amener un "client" au bar ou au resto. On lui accrochait le pied à la table et on mangeait avec lui. Parfois, dans la conversation, une information sortait sans même qu'il s'en rende compte. Avec l'accord du juge, on pouvait accorder certaines faveurs, faire venir par exemple la femme d'un voyou. En échange, il y avait des chances pour qu'il se fasse plus conciliant ! »

Le Code de procédure pénale, en application depuis 1958, est encore tout frais dans les esprits, trop pour être appliqué à la lettre. Il arrive, simple négligence, que l'on oublie un voyou dans les geôles de garde à vue pour quelques heures, voire une nuit entière. Le métier de procédurier fait une timide apparition au 127, où l'on commence à se dire que la police ne se fait pas seulement dans la rue, qu'il faut bien que le « papier » (la procédure) tienne la route si l'on veut emporter la conviction des magistrats. Mais les inspecteurs rédigent rarement le premier « P-V » (procès-verbal) avant d'avoir tous les éléments en main, loin des pratiques du XXIe siècle, où l'on est contraint de signer plusieurs dizaines de P-V rien que pour la forme. Des preuves que l'on rassemble par tous les moyens, y compris les plus surprenants, comme celui consistant à intercepter un voyou, si possible le plus faible de son équipe, en se faisant passer pour une bande rivale en colère. Reste à lui faire comprendre qu'il s'est fait rouler par ses camarades et à le retourner au point qu'il ait envie de les lâcher et d'indiquer à ses nouveaux amis l'adresse de la planque, où l'on se saisira sans peine du butin, faisant enfin état de sa fonction de policier. Pas très fair-play ? La question ne se pose pas tout à fait en ces termes à l'époque, d'ailleurs l'inspecteur peut parfaitement déchirer le premier P-V, l'informatique ne le trahira pas puisqu'elle n'existe pas. Le déchirer, donc, si le voyou a une version plus acceptable à fournir, soucieux de voir remis en liberté sa femme, ses voisins et pourquoi pas ses cousins, tous embarqués et mis sous pression sans qu'il y ait besoin de mobiliser un avocat pour chacun d'entre eux.

Magnéto

Au temps du BCDRC, les inspecteurs vont jusqu'à enlever des voyous en plein Pigalle et les ramènent au 127, cagoule sur la tête, pour une dérouillée. Les gars attendent, attachés sur le palier. À chaque fois qu'un patron passe, il leur colle un coup de pied. Pour les plus récalcitrants, les anciens d'Algérie mettent en route la gégène, un instrument de torture breveté à la faveur de la lutte contre le FLN, qui a l'avantage de ne pas laisser de traces ; au point que certains bandits réclament d'être conduits au 36, quai des Orfèvres, siège de la police judiciaire parisienne, où ils arrivent en courant et en criant qu'on voulait « les tuer ». Une époque où, dans un commissariat de banlieue, on pouvait décider de brûler un soir toutes les commissions rogatoires en retard, tandis que des gardiens de la paix mettaient discrètement le feu à un bidonville encombrant…

L'un des principaux adeptes de la gégène est surnommé « Club 14 ». Il démarche carrément les voyous au téléphone. « Je t'ai passé au magnéto la semaine dernière ? » demandait-il. « Oui, oui, et j'ai pas parlé », répliquait le bandit, qui connaissait le principe de la gégène, consistant à connecter des prises aux parties intimes et à envoyer des décharges électriques pour obtenir des aveux. « Alors reviens ! » « Mais j'y suis déjà passé ! » « OK, c'est bon alors », raccrochait l'homme à la gégène, qui a fini par quitter la police, dit-on, pour hériter d'une brasserie offerte par un ponte du milieu marseillais…

« Jetez-moi ça ! » ordonnera le commissaire François Le Mouel le jour où il verra l'un de ses groupes faire mine de se servir de cet instrument de torture. « J'aimais pas ça, embraye Lucien Aimé-Blanc, j'aurais pas aimé qu'on me le fasse ! On avait des éléments contre un voyou, ou on ne les avait pas. » Claude Bardon ne croit pas non plus aux vertus de cet instrument, appareil qu'un changement de voltage rendra bientôt caduc. « C'était aussi idiot qu'inutile de miser sur la torture, tranche-t-il. Rien ne vaut la bonne infiltration, qui permet de jouer en sous-main sur les haines, et d'alimenter les conflits d'intérêts. La bonne police, c'est celle-là, ce n'est pas la violence. Il ne faut jamais humilier un voyou, sinon il va vous haïr. » « La gégène, assène le commissaire Georges Nicolaï, c'était un travail de sauvage, pas de policier. »

C'est à peu près à cette époque, la fin des années 1960, que la police marseillaise cesse de recourir, pour faire parler les suspects, à la technique de la serpillière (« On la collait sur leur tête et ils avaient l'impression de se noyer, ils criaient un peu, puis ils parlaient ; si on les conduisait chez le juge, c'était propre »), tandis que la fameuse baignoire (on imagine à quoi elle pouvait servir) disparaît de la Préfecture de police de Paris.

Le 127 se vide une première fois

Avec ses antennes à Melun, Évry ou Argenteuil, la 1re brigade mobile a compté pas loin de cinq cents fonctionnaires dans ses rangs, mais il y avait assez de cadavres et de braquages pour les occuper tous. Jusqu'au jour où il fallut (déjà) abandonner les locaux sur fond de tremblement de terre politico-diplomatique.

« Mauvais coup ». « Déchirement ». « Déportation ».

Les mots saignent à l'heure de ce premier déménagement, lorsque la 1re brigade mobile (et avec elle le BCDRC) doit quitter le 127, rue du Faubourg-Saint-Honoré, où elle avait pris ses quartiers seize ans plus tôt, en 1951. Abandonner cet immeuble situé à deux pas de la place Beauvau, siège de l'Intérieur, pour rejoindre les « Écuries de Monsieur », frère du roi, à Versailles, est vécu par les hommes du commissaire divisionnaire René Camard, le patron, trente-six ans de maison à son actif, comme une « émigration » et une punition. Un vent de fronde souffle derrière la façade du 127, la faute à la grande réforme de la police décidée par le gouvernement de Georges Pompidou au printemps 1966.

Ces policiers sont d'autant plus secoués qu'ils ne sont strictement pour rien dans le scandale qui vient de pousser le pouvoir à revoir l'architecture de la police :

l'enlèvement en plein Paris de l'opposant marocain Mehdi Ben Barka, le 29 octobre 1965, avec la complicité avérée de deux inspecteurs de la brigade mondaine, fleuron sulfureux du 36, quai des Orfèvres, un service où ceux qui ne touchaient aucun argent sous le manteau gardaient le silence en espérant que vienne un jour leur tour, selon le commissaire Lucien Aimé-Blanc, qui y a fait ses classes. Leurs collègues de la Préfecture de police se sont pris les pieds dans le tapis des compromissions et des arrangements, mais c'est la « 1re BM », l'une des douze brigades mobiles créées en 1907 par Georges Clemenceau, qui en fait les frais. Un mauvais coup signé Max Fernet, surnommé par ses hommes « Max le Menteur », puissant patron du 36, qui a su retourner la situation et convaincre les autorités que le problème résidait dans le fait que ses troupes n'avaient pas la totale maîtrise du terrain dans la capitale et les départements de la petite couronne. À cause du 127.

Convoqué par le général de Gaulle, Max Fernet a ainsi balayé avec l'aplomb qui le caractérisait la responsabilité de ses services dans l'enlèvement de l'opposant marocain par une équipe de gangsters et de policiers : « Mon général, comment voulez-vous que je contrôle mes inspecteurs dans la mesure où il y a deux services de police judiciaire à Paris ? » « Deux ? », se serait exclamé de Gaulle, dubitatif. « Je veux parler de la 1re brigade mobile, rue du Faubourg-Saint-Honoré. Comment voulez-vous qu'on s'y retrouve ? »

Une page se tourne, celle d'une unité montée pour chasser les gangsters sur le territoire de la cour d'appel de Paris, au risque (flagrant) de doublonner avec les brigades parisiennes du quai des Orfèvres. Le transfert à Versailles, en 1967, signifie-t-il l'abandon de méthodes développées avec l'aval d'un Roger Frey qui n'avait pas froid aux yeux, lui dont les chroniqueurs avertis de l'affaire Ben Barka estimèrent qu'il n'était pas pour rien dans l'élimination de cet opposant considéré comme le chef de file des tiers-mondistes de l'époque ? Claude Bardon voit partir prématurément à la retraite les plus anciens de ses collègues, nés entre 1915 et 1920. Une génération qui s'est divisée entre résistance et collaboration avant de cohabiter, sans aller jusqu'à s'aimer sous le toit du 127, comme travaillent désormais ensemble les fonctionnaires qui ont soutenu l'OAS et ceux qui l'ont combattue.

La Direction générale de la police nationale (DGPN) est en marche, mettant fin à la coexistence, pendant plus d'un siècle, de deux polices jalouses et souvent rivales, la Sûreté nationale et la police parisienne. Transférée à Versailles, la 1re brigade mobile perd toute compétence dans les départements de la Seine, des Hauts-de-Seine, de Seine-Saint-Denis et du Val-de-Marne, créés cette année-là, mais conserve la maîtrise du crime sur les trois nouveaux départements de la grande couronne : l'Essonne, les Yvelines et le Val-d'Oise. Les deux cent soixante-dix fonctionnaires qui travaillaient au 127, rue du Faubourg-Saint-Honoré se demandent comment ils vont s'y prendre, eux dont les dossiers initiés en périphérie se prolongent bien souvent dans la capitale. Devront-ils passer le flambeau à leurs collègues parisiens dès lors qu'un criminel sortira de leur zone de compétence ? N'est-on pas en train de poser les jalons d'une nouvelle guerre des polices, forcément préjudiciable aux citoyens ?

Costumes bien coupés, cravate à la mode et pochette au veston, les flics de la 1re mobile ont « l'œil triste et un pli amer au coin de la bouche, note un reporter de l'époque, mais, en fonctionnaires discrets, conscients des exigences de la hiérarchie, ils se gardent bien d'exprimer leur rancœur ». « C'est comme si on nous punissait de je ne sais quelle faute », a cependant glissé l'un de ces hommes à l'oreille du journaliste, désolé de quitter le 8e arrondissement parisien, mais aussi de voir définitivement disparaître une brigade aussi fameuse à l'époque que la Crim : la 1re mobile, fleuron des Brigades du tigre, devient un service régional de police judiciaire comme les autres…

Pour autant, la police du XXIe siècle est encore loin. Les commissaires, proches de leurs troupes, occupent toujours le devant de la scène médiatique. Le prélèvement d'ADN ne figure pas au programme, personne n'en a jamais entendu parler, lui qui permettra plus tard de résoudre les énigmes criminelles en restant « propre sur soi », autrement dit sans se livrer à toutes les cocasseries de l'époque. Quant aux hommes politiques d'alors, camarades de jeu de Roger Frey, ils osent tout, considérant bien souvent la justice et la police comme leurs « choses », Claude Bardon en fait l'amère expérience avec la retentissante affaire Markovic, qu'il connaît de l'intérieur pour en avoir rédigé le rapport final. S'il fallait un exemple de la manière dont les politiques de l'époque ont la haute main sur le cours des événements criminels, le cas est criant : la police, à en croire le commissaire, s'est laissé volontairement entraîner dans un scandale créé de toutes pièces par un baron gaulliste, René Capitant, alors garde des Sceaux, dont la seule motivation aurait été d'empêcher Georges Pompidou, Premier ministre, de devenir président de la République. Un coup monté, comme la Ve République en connaîtra de nombreux, mettant aux prises des familles ennemies au sein de la droite, alors omnipotente dans le pays.

L'affaire Markovic

« Tout ce qu'il ne fallait pas faire, on l'a fait dans ce dossier », tranche Claude Bardon, qui en veut à ses patrons d'avoir laissé prospérer ce véritable « montage ». À la manœuvre, le nommé Stevan Markovic, un repris de justice d'origine yougoslave qui, depuis la prison de la Santé, rédige une lettre à l'intention de l'acteur Alain Delon pour qui il joue les hommes à tout faire, il y décrit avec gourmandise de prétendues partouzes parisiennes auxquelles participerait... Mme Pompidou. Un courrier vraisemblablement écrit sur commande, qui atterrit un week-end entre les mains de la police judiciaire, l'idéal pour un démarrage loupé, se souvient le commissaire, qui flaire aussitôt le coup monté, et s'ouvre de cette hypothèse auprès de son patron. « Vous ne voyez pas qu'on veut nous pousser à faire n'importe quoi ? », proteste-t-il. Mais un juge est déjà désigné pour entendre le Yougoslave sur les supposées turpitudes qu'il a évoquées.

Bon connaisseur du petit milieu partouzard de la capitale, qui compte entre trois cents et quatre cents personnes à l'époque, le commissaire voit ses premières intuitions se confirmer : la rumeur est « bidon ». Elle ne visait qu'à une chose, et en ce sens c'est une réussite : blesser, salir Georges Pompidou, très amoureux, disait-on, de son épouse. Nombre de ceux qui ont touché de près à l'affaire sont écartés, tout bonnement virés sur ordre de Matignon, mais un rebondissement spectaculaire transforme brusquement la manipulation en affaire d'État : le corps du Yougoslave est retrouvé dans une décharge le 1er octobre 1968, emballé dans une housse à matelas en plastique. Les enquêteurs de la PJ retrouvent le fabricant du matelas et remontent jusqu'à la liste des acheteurs, parmi lesquels ils identifient un certain François Marcantoni, redoutable gangster corse installé à Paris, connu pour son courage et réputé avoir été du bon côté de la barrière pendant l'Occupation, lui qui força un barrage allemand après un braquage. Claude Bardon se déplace jusqu'à Oyonnax (Ain) pour examiner de plus près le fameux plastique. La trame correspond parfaitement, l'expert est formel, mais Marcantoni, fidèle à ses habitudes, refuse de fournir la moindre explication. Il ne dira rien sur le matelas, ni sur le plastique, pas davantage sur ses liens avec Alain Delon, qui a récemment fait la connaissance de son frère à Toulon et que le Yougoslave importunait sérieusement ces derniers temps.

La suite ? Ces années-là ne sont pas celles de la transparence. Justice et police sont tenues et ne sortent les affaires que lorsque le pouvoir l'autorise. On ne saura donc jamais qui a occis le Yougoslave. On ne cherchera pas davantage à déterminer officiellement qui était à l'origine de ce scabreux montage. Affaire « écrasée », au grand dam de certains, parmi lesquels Claude Bardon, convaincu qu'elle aurait pu être élucidée en une semaine, ce qui en outre aurait rendu son honneur à Mme Pompidou. L'ancien commissaire reconverti, la retraite venue, dans les enquêtes privées, n'en loue pas moins la « poigne » de Roger Frey. « Un bon ministre de l'Intérieur, tranche-t-il, c'est quelqu'un qui fait peur aux flics. C'était le cas de Frey, comme ce sera plus tard celui de Pierre Joxe (dans les années 1980) ou de Jean-Pierre Chevènement (dans les années 1990). » Et Charles Pasqua, deux fois ministre de l'Intérieur dans les années 1980 ? Claude Bardon place cette personnalité hors catégorie : « Pasqua n'avait pas vraiment besoin de la police, dit-il. Il avait ses barbouzes et ses voyous, que je connaissais pour la plupart et qu'il canalisait sous la bannière du SAC (Service d'action civique, garde prétorienne du gaullisme). »

Au convenable, nul n'était à l'époque tenu, et les « fantômes » du 127 y trouvaient généralement leur compte, même si certains scandales politico-mondains ou politico-financiers leur échappaient.

Voilà pour les pionniers. L'immeuble de la rue du Faubourg-Saint-Honoré, lui, s'apprête à accueillir des troupes fraîches, avec les nouveaux offices centraux de la police judiciaire, compétents pour traquer le crime organisé sur tout le territoire national, capitale exceptée. Une tranche de vie qui va durer trente ans.

Chapitre 2

Chasse à l'homme : sur la piste du « beau Serge »

« Le milieu parisien s'en souvient encore, ironise le commissaire Claude Bardon. On enlevait carrément les voyous. On leur mettait un masque sur les yeux et on les amenait au 127 pour un interrogatoire musclé. On les secouait tellement que certains se demandaient si c'était vraiment la police, puis on les relâchait dans un bois. »

La raison de cette furie s'appelle Christian David, du nom d'un jeune voyou qui, pour rester libre, a vidé son chargeur sur la police. « Christian David nous avait manqués, cela justifiait à nos yeux ces raids punitifs, poursuit le commissaire. On n'a rien lâché. C'était la chasse au tueur de flics… »

Ce soir-là, le 2 février 1966, un proxénète d'origine tunisienne a l'idée de faire une fleur à l'inspecteur qui le « traite », un génie de la manipulation surnommé « X23 » par ses pairs, au demeurant un piètre procédurier. Depuis le téléphone d'un bar de nuit de la rue d'Armaillé où il passe la soirée, le mac alerte la permanence de la PJ au sujet de la présence dans l'établissement de l'un des auteurs de l'enlèvement du leader marocain Mehdi Ben Barka. De garde, l'inspecteur Serge Gibaux sommeille sur le lit Picot prévu à cet effet. « Je dois voir le patron », insiste l'indicateur tunisien, qui convainc l'inspecteur de réveiller le commissaire Galibert, lequel passe le récupérer pour se rendre sur les lieux sans prendre plus de précautions que ça : fraîchement débarqué de province, lui dont c'est la première permanence, Galibert ignore encore bien des codes de la capitale. Malheureusement pour eux, un de leurs collègues vient de quitter la rue d'Armaillé, où il était en planque, pour partir en filature derrière un individu qui se révélera sans intérêt.

« Contrôle de police, personne ne sort ! » Parmi les clients du Saint-Clair Club, un individu pour lequel un sous-préfet en goguette, passablement éméché, affirme se porter garant, comme d'ailleurs de toutes les personnes présentes dans le bar. Le sous-préfet remis à sa place, le commissaire et l'inspecteur invitent l'homme en question à les suivre à l'extérieur pour affiner le contrôle ; il obtempère sans la moindre résistance, peut-être pour les endormir. « Je peux aller chercher mon imperméable ? » demande-t-il, abusant de la lumière tamisée. « Vas-y », répond l'un des policiers sans se méfier lorsqu'il le voit récupérer le vêtement accroché au portemanteau. « On lui met les menottes ? » questionne l'inspecteur. « Inutile », dit le commissaire, qui a vaguement palpé le gars quelques minutes plus tôt. Alors qu'ils le pressent de monter dans leur voiture, garée cent cinquante mètres plus loin, le voyou sort une arme de la poche de son imper et fait feu à trois ou quatre reprises ; le commissaire Galibert est atteint de deux balles, dont l'une lui perfore le foie ; l'inspecteur Serge Gibaux, ancien de la 1re brigade mobile, tout juste 33 ans, est grièvement blessé au niveau de l'aine, alors qu'il faisait le tour du véhicule pour ouvrir la portière. Quelques infirmiers en blouse blanche interviennent aussitôt, sortis de l'hôpital Marmotan, situé à proximité ; passé deux fois tout près de la mort en Algérie à cause de mines, l'inspecteur est sauvé. Pas le commissaire.

La chasse est ouverte, et le moins que l'on puisse dire est que les collègues du défunt ne lésinent pas sur les moyens. « On va se le faire », entend-on dans les couloirs du 127. Tous les moyens sont mobilisés pour retrouver l'assassin, y compris les plus invraisemblables. Un cas d'école en matière de traque.

« Tous les soirs, on fait une rafle dans toutes les boîtes, jusqu'à ce qu'on trouve », décrète Max Fernet, le patron, fervent partisan de ce que l'on appelait à l'époque dans la police les « rondes-battues ». L'occasion, pour Lucien Aimé-Blanc, d'un amusant quiproquo : alors que le commissaire venait de franchir la porte du Pierre-Charon, un club parisien, en criant « Police ! », il est cueilli par un sourire qu'il connaît bien, celui du gérant, un chanteur d'origine maghrébine qu'il a croisé dans sa jeunesse à Marseille. « Oh Lucien ! Tu es dans la police ? Ils t'ont pas mis en prison ? » « Non, je suis commissaire principal ! » Pas de quoi interrompre la fête, apparemment.

La première information sérieuse sort de la bouche du proxénète d'origine tunisienne. L'affaire pour laquelle il a été accroché par la PJ était « mal emmanchée », selon les mots du commissaire Le Bruchec. Cela tombe assez bien, car le gars veut coopérer. Le parquet donne rapidement son accord. Le Tunisien révèle la présence dans le bar ce soir-là de deux personnes. La première, un certain Le Ny, effectivement mis en cause dans l'enlèvement de Ben Barka en plein Paris, se serait empressé de quitter le territoire en direction du Maroc, pays dont, au passage, il ne reviendra pas vivant – le royaume, précautionneux, a éliminé tous les voyous mêlés à la disparition de l'opposant. La seconde, le tireur, se fait appeler « Serge », ou plutôt « le beau Serge », parfois aussi « Monsieur muscle ». De son vrai nom Christian David, né en 1931 à Paris, 1,74 mètre, cheveux châtains, yeux marron, corpulence athlétique, « proxénète notoire », il fait l'objet d'un mandat d'arrêt et serait en liaison avec la famille Guérini, puissant clan marseillais qui l'aurait sollicité pour monter une « carambouille » (une arnaque).

Tous les yeux se tournent vers Marseille, deux jours à peine après le drame, mais le représentant de la police judiciaire dans la cité phocéenne se gausse : les frères Guérini ne fricotent pas avec des personnages du niveau de « Serge », un petit calibre. Une équipe quitte cependant le 127 en direction de Marseille, avec le Tunisien bavard dans ses bagages. Lequel, équipé d'un discret magnétophone, est carrément envoyé à la pêche aux informations auprès de la famille Guérini. Sans le moindre résultat.

Le factotum de Christian David, un voyou corse, est carrément enlevé en plein Paris par des hommes du BCDRC. Lucien Aimé-Blanc est de la partie. Il raconte : « On l'a bâillonné et mis dans une camionnette, avec Ravaillac et Bardon. On a roulé jusque dans une forêt et là, on lui a fait le grand cinéma. Il nous a raconté des conneries, mais finalement, on ne l'a pas tué. De retour au 127, on lui a retiré son bandeau. Dans la foulée, l'homme a tout balancé au juge, qui m'a appelé pour me dire que le type racontait des choses complètement farfelues. Je ne l'ai pas contredit. »

Les policiers, ils l'apprendront plus tard, ont raté de peu Christian David, du côté de Cassis, à une encablure de Marseille. Pas d'un cheveu, mais exactement de vingt-quatre heures, se souvient Claude Bardon, encore chafouin un demi-siècle plus tard. Le clan Guérini a effectivement décidé de prêter main-forte à l'assassin dans sa cavale. Preuve que la fratrie le considérait comme un élément relativement solide, sur qui on pouvait compter, sinon personne ne comprendrait qu'ils lui aient ainsi donné leur onction.

Le fugitif aurait été chaperonné par les patrons du milieu marseillais jusqu'à la frontière italienne, avant de s'embarquer pour l'Amérique du Sud à partir du port de Gênes. L'Amérique du Sud où, entre Asunción et Buenos Aires, une flopée de Français en cavale, pour beaucoup recherchés pour meurtre, ont établi leurs quartiers. Des Corses, en grand nombre, mais pas seulement, qui forment une petite colonie dont le pionnier s'appelle Auguste Ricord, parti avec armes et bagages alors que la justice française entendait lui réclamer des comptes sur son intense collaboration avec l'occupant allemand durant la Seconde Guerre mondiale, au sein de la « carlingue », la gestapo française. Et qui pour gagner leur pain se sont lancés, pour la plupart, dans le commerce lucratif de l'héroïne marseillaise, qu'ils acheminent par tous les moyens vers l'Amérique du Nord, en passant par Panama ou Mexico. Christian David n'y échappe pas, il franchit à de multiples reprises, par la route, la frontière des États-Unis, non sans devenir au passage un champion de la diversion…

Les notes blanches se multiplient au sujet de l'homme le plus traqué du moment. Un détenu de la prison de Fresnes raconte dans la cour de promenade que le fugitif grenouille à Barcelone en compagnie d'un autre protagoniste de l'enlèvement de l'opposant marocain Mehdi Ben Barka, qui ferait des va-et-vient entre Espagne et Maroc. On tend l'oreille. David possède beaucoup d'argent, assure le bavard, qui chiffre à 20 millions d'anciens francs l'enveloppe fournie par les Guérini pour l'assister. Une autre information arrive de Lyon, plus précisément du commissaire Javilliey, en prise avec le milieu : « Loulou de Sète » aurait rencontré David il y a « très peu de temps ». On vérifie. Jusqu'à cette note du printemps 1968, qui consigne les révélations d'un informateur réputé sérieux : « Christian David, qui n'a pas modifié sa physionomie, s'est enfui en Argentine avec le concours de "Coco des Trois Canards" (un bar de Pigalle). Il s'est caché dans Buenos Aires pendant deux mois, mais circule désormais à l'air libre en ville, où il fréquente les établissements français. » Il ferait équipe avec un voyou recherché pour la mort d'un policier à Bruxelles, Lucien Sarti, avec lequel il trafiquerait des stupéfiants pour le compte d'un Français surnommé « Bricole », le produit étant fourni par deux frères bastiais possédant une brasserie à Marseille, ajoute la source…

La piste se confirme grâce à la mise sur écoute d'un bar d'Ollioules, d'où est régulièrement appelé un numéro de téléphone à Buenos Aires : celui d'un local loué au nom d'une association d'anciens combattants, point de ralliement de Français en cavale en Amérique du Sud. Le fil est suffisamment solide pour qu'en septembre 1968 Jean Bellemin-Noël et l'immanquable Lucien Aimé-Blanc s'envolent pour la capitale argentine, où ils sont accueillis par un policier couvert de cartouches, à la mexicaine. Mission : rechercher Christian David et « sensibiliser les autorités de police aux problèmes posés par l'implantation, tant à Buenos Aires qu'à Montevideo, d'un milieu français important et extrêmement dangereux ». Ils y restent trois semaines, le temps de découvrir un « ramassis d'anciens de la Gestapo » (*sic*) reconvertis dans l'héroïne. Avec au passage une halte pittoresque dans une auberge provençale tenue par l'épouse d'Auguste Ricord, l'aîné de la bande (il est né à Marseille en 1911), où les deux flics surprennent Lucien Sans, alias Bouboule, autre figure du milieu, en train de cuisiner une bouillabaisse, histoire d'entretenir le souvenir de la mère patrie tout en restant à l'abri de sa justice.

Les policiers argentins traitent leurs hôtes avec tous les égards, leur ménageant quelques plaisirs. Un soir, les commissaires ont quartier libre dans un casino de Montevideo, en Uruguay ; le lendemain, ils sont lâchés dans un bordel peuplé de « nanas de rêve », sous la protection de deux flics en armes, avec une seule consigne : « Faites comme chez vous ! » « Tout Buenos Aires savait qu'on était là », se souvient Lucien Aimé-Blanc, sourire aux lèvres. Une poignée de ces exilés forcés, à l'abri dans ce pays d'où ils ne risquent guère d'être extradés, dictature militaire oblige, n'en ont pas moins la mauvaise idée de commettre un braquage et de se faire « détroncher » par la police locale alors que les deux envoyés du 127 sont toujours sur place. Ravis de prêter main-forte à leurs collègues locaux, Bellemin-Noël et Aimé-Blanc identifient aussitôt deux des malfaiteurs, qu'ils connaissent par cœur : François Chiappe, dit Grosses Lèvres, né en Corse en 1920, et le fameux Lucien Sarti. Lesquels ont droit au traitement réservé aux criminels du cru : petite séance de torture et incarcération. De courte durée en vérité, puisqu'ils parviendront à s'évader en graissant la patte de leurs geôliers, l'un au bout d'un an, le second quelques mois plus tard, dans un pays où tout s'achète, à condition d'avoir les moyens – les caudillos faisant généralement bon ménage avec les trafiquants, surtout ceux qui partagent.

Les deux policiers français sont entre-temps revenus bredouilles au pays, mais ils ne sont pas passés très loin de leur cible, à en croire les confidences de ce célèbre trafiquant d'origine arménienne, prénommé Marcel, qui s'est retrouvé quelques années plus tard face à Lucien Aimé-Blanc, dans un bureau du 127. En Argentine à l'époque, Marcel s'amuse d'avoir vu débarquer dans le pays « deux cons de flics français ». « Christian David a juré de les flinguer et de les jeter dans le Río de la Plata, raconte-t-il au commissaire, qui ne moufte pas. Je me suis interposé… »

« Tu te souviens de leurs noms ? » demande Aimé-Blanc, mais le trafiquant arménien n'a pas capté cette information. Le commissaire prend un malin plaisir à faire venir son collègue Bellemin-Noël dans le bureau, avant de s'exclamer : « Eh bien maintenant, tu sais : c'était nous ! » Au passage, François Le Mouel (le commissaire cycliste) juge nécessaire de saisir le cabinet du ministre, Raymond Marcellin, au sujet du passeport du trafiquant, fourni selon toute vraisemblance par un conseiller municipal gaulliste. Sauf que sa note, remise en un unique exemplaire, atterrit dans les colonnes du *Canard enchaîné*, fuite qui n'aurait pas été pour rien, selon Aimé-Blanc, dans la tentative d'écoute sauvage du journal satirique, réalisée en 1973 avec le succès que l'on sait – les « plombiers » amateurs ont été démasqués et ridiculisés.

Les tuyaux continuent d'affluer et tous sont pris en compte. En juin 1969, on guette le passage de Christian David à Barcelone, où il viendrait parfois pour les besoins du trafic. Sur place, il logerait chez un ancien séide de la Gestapo installé en Espagne depuis la Libération, un gars surnommé « la Bougne », patron d'une boîte de nuit, Cala del Sol. Plusieurs truands marseillais susceptibles d'aller au contact de ces deux hommes sont placés sous surveillance, à commencer par Pierre Ricord, dit Bibi, né en 1921, rebaptisé Luciano sur son passeport uruguayen et neveu d'Auguste Ricord, condamné à mort par contumace en 1950 par le tribunal militaire de Paris pour « intelligence avec l'ennemi ». Tout comme ce café de Torremolinos (Andalousie), Le France, dont le propriétaire, marseillais lui aussi, traiterait également à l'occasion avec Christian David.

Un autre neveu du même Auguste Ricord, Louis Bonsignour, dit « Jojo », est lui aussi épié. Susceptible de superviser l'organisation du trafic d'héroïne depuis sa cellule de la prison de Fresnes, il est détenu en même temps que l'un des frères Guérini, Barthélemy. Les sources « absolument sûres » se succèdent, plusieurs dizaines de voyous français inscrits au fichier central de la répression du banditisme sont dans le viseur, mais l'assassin du commissaire Galibert ne commet pas d'impair, moins que les policiers paraguayens, qui le manquent le 12 mars 1969 « à la suite de ce qu'il faut bien appeler une maladresse difficilement admissible par des policiers de métier », se plaint un inspecteur du Bureau central de documentation et de recherches criminelles, inquiet pour la sécurité de l'informateur.

En novembre 1969, une nouvelle note affirme que le fugitif est revenu dans la région parisienne, « vivrait dans une famille honorable » et aurait pour maîtresse une prostituée du quartier de la Madeleine, prénommée Lucette. Sans suite. Au printemps suivant, on se focalise sur « Maurice Tête cassée », qu'une filature lors de l'un de ses déplacements aux États-Unis pourrait éventuellement conduire à Christian David, dont l'un des proches, le fameux Bricole, un Lyonnais influent, a répandu un bruit selon lequel son ami était… mort. Une rumeur à laquelle les enquêteurs ne croient pas un instant. Dernière piste : l'assassin du commissaire Galibert pourrait faire une apparition à Rome, où un repris de justice lui doit, ainsi qu'à ses amis, une somme de 35 millions d'anciens francs, que le malotru a dilapidée et rechigne à rembourser…

Christian David a-t-il bénéficié de protections durant sa cavale ? Il a été écrit qu'il avait rendu des services aux militaires uruguayens, permettant notamment la neutralisation de plusieurs cadres des Tupamaros, un mouvement d'extrême gauche qui prônait la guérilla. Quant aux services secrets américains, ils auraient disposé d'un moyen de pression assez simple sur lui s'ils avaient voulu l'utiliser : au moindre faux pas, il était remis aux Français… Le fugitif, reconverti en super VRP de la came, a fini par être interpellé à l'automne 1972 par la police brésilienne, à Bahia, « faute d'avoir correctement payé les autorités », croit savoir Aimé-Blanc. Livré pieds et poings liés aux États-Unis, il a été condamné à vingt ans de prison.

Lorsqu'il est extradé vers la France, treize ans plus tard, en 1985, le « beau Serge » a perdu de sa splendeur. On comprend vite qu'il en rajoute énormément pour se faire passer pour fou et malade, jouant tellement bien son jeu qu'il a berné plus d'un geôlier. Véritable acteur, il va jusqu'à simuler l'incontinence pour renouer avec la liberté, une technique rodée : en 1961, déjà, David s'était évadé de l'hôpital psychiatrique de Cadillac, en Gironde, après avoir feint des troubles du même ordre. Devant les assises de Paris, au printemps 1988, vingt-deux ans après le drame, un gardien de la paix à la retraite, témoin oculaire des faits, raconte, comme si cela s'était passé la veille :

« J'ai été appelé en renfort pour assister mes collègues de la Sûreté nationale afin de procéder à l'interpellation d'un témoin dans l'affaire Ben Barka. Après avoir gardé les issues, je suis entré dans le bar, tandis que M. Galibert vérifiait les papiers d'un homme dans l'arrière-salle. M. Galibert lui a demandé de le suivre pour procéder à des vérifications. On est tous sortis, on a rangé nos armes de service, pour nous c'était une affaire réglée. Je marchais lorsque j'ai entendu un "NON" retentissant, suivi immédiatement d'un coup de feu, puis d'autres détonations, et j'ai plongé entre deux voitures. »

L'avocat de l'accusé, Me Henri Juramy, joue à fond la carte de la sénilité après avoir réussi à faire reporter le procès à quatre reprises. « On jugeait un débris, insiste-t-il. Aujourd'hui on juge un déchet. » Le naturel reprend cependant le dessus alors que la cour entend le commissaire François Le Mouel, qui, en 1970, avait longuement parlé avec l'une des femmes de Christian David, une certaine Simone, alors prostituée. « Cela fait vingt ans que vous me faites souffrir, ose le voyou, brusquement très valide. Est-ce que vous ressentez quelque satisfaction à m'avoir fait souffrir ? Vous êtes parti sur la base de ma culpabilité et vous n'avez rien cherché d'autre. »

Condamné par la cour d'assises à quinze ans de réclusion criminelle, Christian David a fini sa vie entre la France et le sud de l'Espagne, en Andalousie, où il est mort au début de l'année 2019, laissant pour tout héritage de très mauvais souvenirs à la police judiciaire.

Chapitre 3

Le 127, une ruche en plein Paris

Plan de coupe

Le 127, rue du Faubourg-Saint-Honoré a abrité une banque avant d'être réquisitionné par l'État à la Libération, pour cause de collaboration avec les Allemands, au bénéfice du ministère de l'Intérieur et, bientôt, de la police judiciaire. La porte d'entrée est en verre et fer forgé, avec renforts métalliques, pour les moments de tension, comme ce jour où la sœur d'un voyou abattu au terme d'une cavale a menacé de jeter une grenade contre la façade.

Au début des années 1970, alors que les offices centraux s'apprêtent à investir les lieux, au lendemain de la mort du général de Gaulle, l'immeuble bénéficie de voisins plutôt charmants. Contigu, un institut de beauté, et, juste en face, l'école d'hôtesses, dont les élèves s'attardent volontiers aux fenêtres en été – de quoi assurer quelques distractions entre deux filatures. Les Champs-Élysées sont à deux pas, de même que les boîtes de nuit les plus chics de la capitale, ce qui peut faciliter les contacts avec les informateurs les plus noctambules. Seul inconvénient, la présence à portée de vue d'un bureau de l'Agence France-Presse, poste d'observation idéal pour les journalistes, au point qu'un jour un policier excédé tirera à blanc en direction de l'église Saint-Philippe-du-Roule, à cent mètres en marchant en direction de l'Élysée.

Au rez-de-chaussée, passé le porche, sur la gauche, le poste de police, où un gardien de la paix contrôle systématiquement les entrées. Plus loin, une cour recouverte d'une verrière ; on y stocke parfois une ou deux voitures saisies, à côté de quelques motos. C'est là que se tient le célèbre pot annuel de l'Office central de répression du banditisme, parfois aussi un briefing avec des collègues de province, où l'on peaufine un plan de bataille. Pas de place pour les véhicules de service, que les flics garent au petit bonheur dans le quartier, au risque de s'attirer les foudres des chauffeurs de taxi – ils n'hésitent pas à défendre leurs places en crevant les pneus des intrus – ou de déclencher d'homériques empoignades avec les employés de la fourrière – les flics grimpent sur les grues pour les obliger à renoncer. Pas de place non plus pour les « sous-marins » et autres « cuves », ces véhicules de planque que l'on est obligé de stationner à la vue des malfrats, permettant aux plus malins de relever les plaques minéralogiques et de se familiariser avec les modèles utilisés.

Une voiture rapide, BMW ou Audi, est parfois garée devant l'immeuble, prête à faire rugir ses chevaux en cas d'urgence – cadeau des Allemands, stupéfaits devant les Simca 1100 poussives de leurs collègues français. Elle sera un jour volée, gyrophare inclus, avant d'être abandonnée en pleine rue au terme d'un braquage du côté de Franconville, en région parisienne – penauds, les inspecteurs iront la récupérer au commissariat du coin.

Au fond de la cour, après le poste et ses geôles, le groupe « vol auto ». On s'y focalise sur les trafics de voitures et de faux documents, deux activités criminelles florissantes et intimement liées. La production de cartes grises et de toutes sortes de papiers d'identité falsifiés reste l'apanage du milieu, qui dispose d'une brochette de faussaires et d'imprimeurs véreux. Très adroits de leurs mains, ces derniers complètent l'armada des petits voleurs de voitures, qui sévissent avec les moyens du bord, assez rudimentaires en ce temps où les fabricants n'ont pas encore misé sur les antivols et autres alarmes.

La voiture n'est pas seulement le signe extérieur de richesse du bandit qui a réussi ; elle nourrit une véritable filière parallèle, à l'ombre des casses auto, et sert aussi, maquillée, aux raids prédateurs. Pour autant, les membres de ce groupe se sentent mal aimés, au point qu'un délégué prend la plume, en mai 1979, pour s'en plaindre dans les colonnes de *Police nouvelle*, le magazine du Syndicat national des policiers en civil (SNAPC), ultra-majoritaire en ce temps-là :

« Leurs bureaux sont situés sous une véranda, au fond d'une cour intérieure, au rez-de-chaussée du 127,

Fg-St-Honoré. Quelle image pour la police nationale, quand on songe que ces locaux sont fréquentés par des voyous, certes, mais aussi par de hauts responsables de firmes auto et de compagnies d'assurances… Je vous laisse le soin d'imaginer les conditions de vie des collègues qui travaillent dans ces lieux, avec lumière constante, sans aucune ouverture sur l'extérieur, n'oubliant jamais de déplacer leur bureau au gré de la météo : la verrière prend l'eau. »

La police n'a jamais connu le luxe, cet immeuble n'est pas adapté au métier, mais c'est la maison de la PJ. Au 6e étage, cœur stratégique du 127, le bureau du chef de l'OCRB sur la droite en sortant de l'ascenseur ; à gauche, celui du patron de l'Office central de la répression de la traite des êtres humains (OCRTEH) ; puis leur secrétariat respectif et le bureau du chef de la 4e division, qui coiffe l'ensemble des services. Au 3e étage, les lourdes armoires de la documentation, où dorment les dossiers individuels des grands voyous, et le « groupe prévention », chargé d'aider les banques et les postes à se protéger des vols à main armée, qui se comptent par centaines chaque année, en ce temps où les espèces sont reines. Pour le reste, la répartition des bureaux varie à peu près chaque mois de septembre, l'occasion pour les groupes d'enquête d'une étrange transhumance dans les escaliers, leurs dossiers sous le bras.

Le sous-sol réserve des surprises. C'est le royaume de celui que l'on appelle « l'homme au singe », un homme de ménage qui élève une guenon. Il a pris possession des caves pour y installer des aquariums, éclairant ses poissons avec des tubes cathodiques récupérés dans de vieux téléviseurs. Entièrement dédié au 127, avec son statut de fonctionnaire, ce pied-noir à l'accent prononcé en connaît la plupart des occupants. Il s'amuse de voir ces inspecteurs emprunter la cave pour éprouver la solidité d'un nouveau gilet pare-balles que prétend leur fourguer un représentant de commerce. Après avoir accroché l'objet à une chaise, ils ont tiré à deux reprises. Bilan : deux trous. Les balles sont passées à travers. De quoi accueillir avec circonspection le « fusil à son » proposé par un autre camelot, dont il s'avérera qu'il ne captait vraiment les paroles qu'en rase campagne, dans le silence le plus complet…

Les locataires du 127

Les patrons ont longtemps porté le costume-cravate, les inspecteurs aussi, jusqu'à ce que le mouvement étudiant de mai 1968 déteigne sur eux et provoque l'apparition dans les rangs de silhouettes « débraillées ». La grève générale et les pompes à essence à sec ont par ailleurs fait complètement chuter le nombre de braquages pendant un mois, plongeant le 127 dans un calme impressionnant, mais c'est une autre histoire.

Désormais, chacun son style.

Côté patrons, François Le Mouel, réservé et stratège, ne se sépare jamais de son pardessus. Lucien Aimé-Blanc, « un homme à la croisée des chemins, qu'aucun n'a égalé », selon les mots du commissaire Bernard Petit, porte l'hiver un manteau de fourrure, des chaussures vernies en toutes circonstances et circule volontiers au volant d'une Mercedes rouge décapotable, quand il ne sort pas la Jaguar 44. Georges Moréas, redoutable d'efficacité, promène sa belle gueule avec un naturel désarmant. Charles Pellegrini ne se contente pas de déjeuner à l'occasion avec l'acteur Roger Hanin ; ancien officier de paix dans la police en tenue, ce commissaire respire la discipline et l'organisation, sans pour autant négliger l'affect. Charles Bonneil est moins connu du grand public. Ancien inspecteur divisionnaire passé commissaire au choix, il raconte à ceux qui l'écoutent qu'à Marseille, où il chassait auparavant les trafiquants de stupéfiants, « le voyou traversait la rue et baissait les yeux » quand il le croisait, « parce qu'on leur mettait des roustes ». « Aujourd'hui, une fois qu'il est menotté, plus une baffe, plus rien ! », termine-t-il avec son accent méridional, chapeau et bretelles sur la chemise. S'il quitte le bureau de bonne heure, c'est pour aller assister à un opéra. « Le lendemain, il pouvait t'en parler pendant une demi-heure, tout le monde était halluciné, se souvient Bernard Petit. Il nous a éduqués. »

Côté inspecteurs, on s'appelle facilement par son surnom, comme les bandits. Il y a Mousse, Doudou, Manu, Pilou, Fripounet (un petit bonhomme au visage fripé), Jojo, Tsé-Tsé (un certain Demouch), Petit Prince, Balou (grand fumeur de Gauloises), le Belge, le Gros (145 kilos), le Barbu (toujours une écoute en cours), la « panthère rose » (à cause de sa démarche), Monseigneur (la bonne conscience de son service), ou le « Tarmo », un inspecteur qui bichonne tellement sa moto qu'on raconte qu'il dort avec elle.

Robert, un Breton, costume-cravate et Gitane à la bouche, ne porte jamais une arme sur lui ; à l'inverse, Jean-Marie prend son arme même pour aller acheter des clopes, en jean et blouson. Maurice détonne par son allure ; accroché au costume trois pièces, lunettes en écaille, reflets blonds, toujours impavide avec sa Lucky Strike au bec, il passe pour l'un des hommes les plus respectés du 127. Gumy, l'ancien légionnaire brut de fonderie, est moins élégant mais d'un courage rare. Bébert était connu pour avoir le foie abîmé, mais c'était pour la bonne cause : ancien gardien de la paix passé inspecteur « au choix » (par concours interne), ce fils d'ouvrier avait fait de l'entrisme à Marseille à la Libération et intégré une équipe de gangsters locaux. Quant à Roger, torturé par les gendarmes mobiles en Algérie (ils lui ont enfoncé une bouteille de Coca dans l'anus), il a un avantage à l'heure de payer ses tournées : sa femme tient un restaurant. Un soir, à Pigalle, des collègues lui ont fait une mauvaise blague en lui collant un travesti dans les bras ; quand il s'en est aperçu, Roger a brandi son MAC 50 en hurlant.

Tous ne sont pas taillés sur le même modèle et cette palette facilite les filatures et les planques. Il y a des petits gros, de grands minces, des gars sans dégaine qu'on envoie dans les bars avec un chien en laisse et qui n'oublient pas, lorsqu'ils enquêtent dans le Sud, de poser des boules de pétanque sur la banquette arrière de leur voiture ou une planche à voile sur le toit pour passer encore plus inaperçus. Les grands sportifs, ceux qui vont courir au parc Monceau ou au bois de Boulogne en pleine journée, se font charrier par les sédentaires, qui les surnomment les « danseuses » – un modèle appelé à se généraliser au XXIe siècle avec l'entrée massive dans les rangs d'adeptes des salles de musculation. Sans oublier les habituels biturins et quelques « traîne-savates » dont les mauvaises langues disent qu'ils « n'arrêtent jamais personne, même pas une pendule ».

Sur le terrain, les groupes d'enquêtes fonctionnent comme des cercles de « copains », avec une forme de tutorat, les anciens formant les cooptés. « Il y avait entre nous une entraide considérable, assure l'inspecteur Dany Charpy. Dans l'esprit, on marchait comme les militaires. Le midi, on n'allait pas chacun de son côté. » À l'heure de relever un collègue sur une planque, pas question de se pointer en retard, l'élégance veut même que l'on arrive avec « le petit quart d'heure d'avance qui fait du bien », 5 h 45 au lieu de 6 heures du matin. Un état d'esprit hérité des « mobilards » (ceux de la 1re brigade mobile), ces flics qui partaient le lundi matin avec leur machine à écrire, leur pétard et leur vélo et rendaient compte quelques jours plus tard, mission achevée, toujours heureux de se retrouver ensemble et « très travailleurs », se souvient le commissaire Le Bruchec. Cette camaraderie n'empêchait pas l'émulation, voire la concurrence, sur fond de culte du secret. Le chef de groupe le plus besogneux rivalisait avec le plus chanceux, qui « sortait » (élucidait) toutes les affaires qu'on lui confiait. Le groupe des Toucans, lui, avait accumulé une impressionnante collection d'oiseaux en bois rapportés des contrées exotiques, une passion née un soir où quelques inspecteurs en goguette s'étaient retrouvés avec un pin's à la boutonnière à l'image de ce volatile coloré.

La plupart de ces flics avaient en commun le respect des aînés et de leurs chefs. « Ils avaient le métier dans l'âme, confie l'inspecteur Bernard Mondon. Ils aimaient vivre dehors et se donnaient complètement. On ne leur arrivait pas à la cheville. Aimé-Blanc était avec nous derrière la porte du voyou à 6 heures du matin. C'était le chef de meute. Si ça dérapait, il sortait tout le monde de la merde. S'il voyait arriver un policier avec de la bonne joncaille (bijoux) autour du cou, il le félicitait presque. Il y avait peut-être des affaires qui ne sortaient pas, mais au moins, on savait qui faisait quoi chez les voyous. Aujourd'hui, je vois des commissaires partir à la retraite avec des médailles alors qu'ils ne savent même pas comment s'écrit le mot voyou ! »

Les « locataires » du 127 ont parfois été considérés par leurs collègues de province comme des « mangeurs d'affaires », des gars qui débarquaient de la capitale avec leurs gros moyens et s'arrogeaient les succès. Avec le temps, assure Jeannot, un autre ancien inspecteur de l'Office du banditisme, « on est devenu des apporteurs d'affaires pour nos collègues de Lille, Lyon, Reims ou Toulouse. On arrivait avec des équipes en main et on avait besoin de tout le monde ».

Stencil et ronéo

Au 127, on fait tout. On dort sur des lits de camp. On boit plus que de raison. On s'énerve. On cogne parfois. On tance. On alimente le « livre » du grand banditisme, collection de noms, de dates de naissance et de faits bruts. On nourrit la « super documentation », sans omettre de cocher l'une des deux cases sur le formulaire, correspondant aux deux principales branches du crime : « Braqueur » ou « Proxénète ». On tape les procès-verbaux à la machine en six exemplaires, deux pour la police, deux pour les magistrats, deux pour les archives. On manie le stencil et on ronéote jusqu'à essoufflement.

On s'amuse, aussi. En prenant parfois des risques, ainsi ce jour où deux inspecteurs de l'OCRB, anciens commandos, se courent après dans le couloir avec un pistolet d'alarme à la main, jusqu'au moment où l'un d'eux, on ne sait trop comment, se retrouve avec une balle dans la cuisse et doit être transporté en urgence à l'hôpital (ancien légionnaire, lui qui a sauté à Diên Biên Phu, il a lui-même arraché la balle plastique à la main). Plus simplement en se racontant la fois où une tempête s'est levée en pleine nuit alors que des policiers étaient montés dans les arbres pour surveiller un dépôt de munitions ; l'un d'entre eux a fait une chute mémorable, sa carabine à la main. Il y a aussi eu la Peugeot turbo flambant neuve, pliée lors d'un simple demi-tour le jour même de sa livraison au service. Ou ce cycliste qui, peinant à grimper une côte, a heurté un fourgon dans lequel planquait un collègue ; il n'a pas montré le bout de son nez. Ou cette fois où des casseurs ont fracturé la serrure d'une camionnette de planque ; les deux policiers qui se trouvaient à l'intérieur les ont aspirés, menottés et attachés dans un coin toute la nuit pour ne pas rater l'affaire prévue au lever du jour. L'observation de la rue depuis ces sous-marins offre au passage des moments de franche hilarité, comme la grimace de ce motard au moment d'enfiler son casque dans lequel venait d'uriner un chien…

On se moque sous cape de ce commissaire connu pour relever l'immatriculation des conductrices asiatiques qui lui plaisent et les « taper au fichier » pour récupérer leur adresse personnelle, où il tentera sa chance. On se raconte l'histoire de Maurice, une force de la nature, à qui un chauffeur de taxi a osé faire un doigt d'honneur : il l'a rattrapé et lui a tordu le doigt aussi sec. Ou celle de ce collègue, ancien mineur, qu'un mec a klaxonné et traité de « vieux con » à un feu rouge : d'un pain, il l'a allongé. On sourit en évoquant cet enquêteur manouche, bon catcheur, qui va chercher la bagarre avec les Arabes dans les bars de Saint-Ouen. Ou cet inspecteur, piètre flic au demeurant, qui se promène dans les couloirs, crâne rasé, sur les épaules un manteau de fourrure digne d'un parrain de la mafia. On se marre en se souvenant de la tête de la collègue, une des premières femmes à intégrer les rangs, quand tous les voyous attablés dans le bar qu'elle était censée surveiller sont sortis sur le pas de la porte pour la mater… Ah, les « gonzesses » qu'on embarquait dans les fourgons de planque !!!

« J'ai beaucoup rigolé, sauf dans les camionnettes de planque », avoue Lucien Aimé-Blanc, qui se souvient d'un inspecteur qui adorait ça au point qu'un jour il lui a lancé en tapant à la porte du camion : « Sors de là, t'es à la retraite depuis six mois ! » Le commissaire s'octroyait des libertés qui feraient rire jaune aujourd'hui. Apprenant que le gratin du milieu était rassemblé dans un bar, il passait dans la rue en voiture avec des membres de son service et mettait des coups de pétard dans les pare-brise des Ford Mustang. Immanquablement, les voyous convergeaient le lendemain vers leur garage préféré, à Puteaux, pour réparation. « On prenait des sous sur le pare-brise », sourit Aimé-Blanc. On l'a aussi vu verser un litre d'huile dans le tuyau d'échappement de la voiture d'un gangster qui la veille s'était lâché au téléphone (écouté) : « Demain je les fais cocus ! Je me mets en cavale, prépare la voiture ! » L'huile avait transformé l'automobile rapide en camion à vapeur.

On pouvait aussi grelotter avec une couverture sur le dos ou suer à grosses gouttes, en slip, dans ces « cuves », en fonction de la saison. Immobile derrière la vitre sans tain ou le rideau entrouvert, un angle de vue souvent très réduit, avec interdiction de fermer l'œil, on avait intérêt à avoir un peu de gaz pour le chauffage ou des litres d'eau devant soi pour se désaltérer. En sachant qu'à l'heure d'uriner on ne disposerait que d'un petit entonnoir relié à un tuyau donnant directement dans le caniveau.

On sait aussi, au 127, que la vie administrative peut réserver des surprises. Alors autant conserver par-devers soi quelques procès-verbaux à fort potentiel, relatant par exemple comment tel avocat a été contrôlé avec du shit sur lui. Sans compter les petits trésors que l'on met de côté, comme cette photo dédicacée par une prostituée au chanteur Carlos, qui sur l'image posait avec elle. Souvenir que l'on exhiberait un soir à La Cliche, un petit restaurant situé dans un renfoncement de la place Clichy, prisé des policiers. Probablement un estaminet que n'a pas connu ce commissaire, ancien prof de philo, breton et fou de concours, que « ne pouvaient pas voir » les autres patrons. « Trop gentil pour être dans la police » (*sic*), cet intello a rapidement bifurqué vers la magistrature. Il n'a pas été le seul à se piquer en se frottant aux vieux loups du 127, certains l'ont d'ailleurs bien cherché, comme ce commissaire frais émoulu de l'école qui entendait contraindre les inspecteurs à couvrir leur machine à écrire d'une sorte de capote, pour leur éviter de prendre la poussière. « Continue comme ça et on t'en accroche une autour du cou ! » lui a lancé l'un d'entre eux. Le jeune arriviste a protesté auprès d'un patron qui l'a poliment remis à sa place.

Il arrive enfin que l'on pleure au 127, comme ce jour, cas unique dans l'histoire, où un enquêteur s'est tiré une balle dans la tête à l'heure de la pause-déjeuner avec son arme de service. Au dire de ses collègues, il s'était fait pincer en train de divulguer des informations confidentielles à une femme (dont il était fou amoureux) proche d'un célèbre animateur de télévision de l'époque, Guy Lux. La fois suivante, c'est un vieux voyou qui eut brusquement des idées noires. Coincé comme un débutant (il avait recruté comme éclaireuse une auto-stoppeuse qui avait oublié son sac à main… dans une banque), il s'est tourné au milieu de la nuit vers le commissaire qui l'interrogeait, Philippe Muratet. « Posc ton arme sur le bureau et laisse-moi une minute », a-t-il imploré. Au bout de sa vie, accablé par ses propres erreurs, il voulait mettre fin à ses jours. Le policier ne lui en a évidemment pas fourni l'occasion.

Les bricoleurs du 127

Au 127, il y a quelques savants bricoleurs, à l'instar de cet inspecteur que tous appellent Max (Lejeune). À lui tout seul, il n'est pas capable de pallier l'absence de fichiers informatisés, encore moins une pâle police technique et scientifique, qui permet aux casseurs de suer, uriner, fumer et grignoter dans les salles de coffres des banques où ils se sont frayé un chemin. Max passe cependant le plus clair de son temps dans le petit atelier installé au cœur de l'OCRB, où il peaufine des techniques apprises auprès de collègues des RG (Renseignements généraux) passés maîtres dans l'art de pénétrer en douce dans les appartements inoccupés et d'espionner la mouvance gauchiste, qui fait trembler le pouvoir. C'est de là qu'est sortie la petite caméra installée aux abords du chalet loué, cet hiver-là, par l'homme fort du gang des Lyonnais, l'irréductible Momon Vidal, dont la bande multiplie les attaques de postes et de banques à travers le pays. Une première, aujourd'hui la technique semblerait d'une banalité confondante, mais la neige fraîche interdisait toute approche des lieux, au risque de laisser des traces trop visibles. Le froid s'en est malheureusement mêlé, rendant l'appareil peu opérationnel, tout au plus a-t-il permis de détecter une présence humaine. La prochaine fois, Max ferait mieux.

Ces bricolages sont essentiels à l'heure de contrer des gangsters qui innovent sans cesse. L'inspecteur Dany Charpy se passionne lui aussi pour la technique. Son rayon : les enregistrements audio, un domaine où il « bidouille » avec talent. Dissimuler un micro dans un cendrier permet de capter une conversation entre malfrats dans un restaurant ou un appartement où l'on se sera discrètement introduit. La qualité n'est pas exceptionnelle, on s'en doute, mais dans la police, on a toujours fait avec les moyens du bord. Le micro peut aussi être installé dans une sacoche, mais les petites mains de la PJ voient plus loin : avec du matériel importé d'Angleterre, Charpy confectionne les premières balises ; destiné à être collé sous un véhicule, le petit objet est tout de même long de dix centimètres et doté d'une antenne difficile à dissimuler.

« On en rigolerait aujourd'hui, mais c'était utile ! » s'exclame l'inspecteur, qui parle d'une époque où les flics cachaient tant bien que mal les antennes sous des galeries et un tas de bagages, sur le toit de leurs voitures, sans oublier le sac en plastique grossièrement enroulé autour de cette pointe qui les aurait aussitôt trahis.

Les premiers appareils de prise de vue à distance, avec télécommande, balbutient entre les doigts de ces pionniers de la technologie. L'art consiste à cacher l'appareil photo dans une boîte de mouchoirs en papier que l'on dispose sur la lunette arrière d'un véhicule. On apprend aussi à piéger une liasse de billets, indispensable à une époque où les enlèvements sont à la mode dans le milieu ; une petite plaquette souple est dissimulée au milieu de la rançon, susceptible d'être localisée à distance.

Pour s'améliorer, on compte sur le renfort de ce technicien venu de la DST (contre-espionnage), un service en avance sur le plan matériel grâce à l'aide des États-Unis, très mobilisés par la guerre froide et la lutte contre l'Empire soviétique. « On désossait le matériel américain et on l'adaptait à nos besoins pour en faire quelque chose de moins visible et de plus fonctionnel », poursuit Charpy, pas peu fier d'avoir déployé des trésors d'imagination au service de la lutte contre le crime.

Une salle dédiée aux écoutes téléphonique a également été aménagée au 127. « On pouvait exploiter une vingtaine de lignes, rapporte Charpy. Le casque sur les oreilles, on écoutait les voyous en direct. C'était très utile pour monter des flags. Cela nous évitait en même temps de passer par ces commissariats de banlieue où parfois, des collègues vendaient la mèche aux voyous qu'ils fréquentaient. » Les commissariats poreux n'étaient pas les seuls endroits exposés aux fuites, susceptibles de faire voler en éclats une enquête en cours. Les inspecteurs du 127 ont également de sérieux déboires du côté des centraux téléphoniques, où des délégués de la CGT se font parfois un malin plaisir à faire obstruction au travail de la police, ou à défaut à ralentir le processus d'écoute par tous les moyens au nom d'une pseudo-solidarité avec le peuple. Plus matérialiste, un agent des PTT a même été interpellé pour avoir alerté une équipe de voyous, qui le rétribuait grassement.

De quoi développer chez les policiers un certain sens du secret, d'ailleurs on ne parle jamais d'écoutes au 127, mais de « constructions » ou de « HLM », façon de désigner à mots couverts les captations de lignes réalisées à titre purement administratif, autrement dit « extrajudiciaires ».

Les bars du 127

Le soir, après la fermeture des bistrots du quartier, les inspecteurs se replient sur le bar du service. Une institution, créée au départ pour que les gars ne bavardent pas à tort et à travers devant d'indiscrètes oreilles. Un verre à la main, ils attendent les consignes, rester en alerte ou rentrer chez soi. Il y a même une télévision, juste au-dessus du bar, à l'étage de l'OCRB, pour suivre les actualités, sans compter ces sofas où les inspecteurs peuvent, en cas de besoin, recevoir leur maîtresse – son épouse pouvait appeler, le mari était au service. Une manière, pour les chefs, d'avoir du monde sous la main jusqu'à minuit, mobilisable en cas d'urgence – ils ont la carcasse assez solide pour repartir à la bataille malgré quelques verres.

Vers 23 h 30, les hommes de permanence au 127 sortent facilement charcuterie, fromages et bouteille de vin rouge pour partager un petit casse-croûte. Le tout acheté chez le traiteur le plus proche en espèces, les frais de représentation sont (aussi) là pour ça. Une coutume qui n'interdit pas de rester vigilant : un soir de réveillon, la voiture chargée de fruits de mer, un inspecteur est tombé dans le quartier sur un car de police en train d'intervenir en flag contre des braqueurs liés aux Brigades rouges italiennes. Il a aussitôt sorti son arme et s'en est servi, non sans prendre une balle dans le bras.

Sa trogne affichée au-dessus du bar, le commissaire Lucien Aimé-Blanc apprécie particulièrement le pastis, au point qu'il sera incapable d'en boire la moindre goutte une fois la retraite venue. Certains soirs, on le voit monter sur les tables et entamer une danse, tandis que ses inspecteurs entonnent une chanson forcément paillarde ; à plusieurs reprises, des voisins irascibles ont appelé le commissariat du 8e arrondissement pour se plaindre du tapage, sauf qu'une fois sur place les gardiens de la paix étaient invités à se joindre à la fiesta. Cela n'empêche pas de rester concentré, comme ce jour où le commissaire lâche, perfecto sur les épaules et chemise ouverte, alors qu'un camion bourré de pièces de dix francs vient d'être pillé à la gare de Bercy : « C'est un coup des Yougos, ça ne peut être qu'eux, je les connais. » Il ne s'était pas trompé.

Toutes les occasions sont bonnes pour trinquer, parfois la boisson arrive directement à domicile, ainsi ce jour où le directeur du casino de La Roche-Posay fit un geste. L'homme avait appelé à la rescousse son ami Maurice Bouvier, directeur central de la PJ, après un braquage commis contre son établissement. Petit butin, grand émoi dans la région, qui avait poussé le commissaire à expédier sur place quelques officiers à bord de deux CX Pallas empruntées au « pool rapide ». Le casinotier les avait reçus en robe de chambre (en soie), avait fait venir sur un plateau un paquet de cigarettes et mis à la disposition des inspecteurs quatre chambres luxueuses en disant : « Messieurs, vous êtes mes invités. » Le soir, ils avaient tourné en ville avec leurs impressionnants Riot gun, histoire de faire impression.

Une écoute opportunément réalisée par la BRI parisienne avait précipité la suite des événements. À entendre ces bribes de conversations, le braquage avait été commandité par un ancien caissier viré par la direction. Affaire résolue en un rien de temps avec les félicitations du casinotier : « Vous êtes les meilleurs flics de France. » Le geste accompagnant le compliment sous la forme d'une fourgonnette de bouteilles de champagne livrées au 127 par l'épicerie Hédiard.

Quelques jours plus tard, on avait aperçu des flics tourner autour du pâté de maisons sur un air de bossa nova, au terme d'un pot prolongé dans le garage du rez-de-chaussée… De source incertaine, ils avaient terminé la soirée chez Paulo, un petit restaurant populaire et « franchouillard » où l'on ne manquait jamais de payer l'addition, la gratuité a un coût, que résume assez bien ce commissaire : « Si tu mets le doigt dans l'engrenage du gratuit, tu te fais avaler. Et puis tout se sait dans la police. »

L'office chargé de traquer les proxénètes dispose lui aussi de son propre comptoir. Pas tout à fait un bar clandestin comme on en trouvait à l'époque, mais à l'Évêché, le siège des collègues marseillais, tenu par un policier détaché avec la bénédiction des patrons, le lieu est convivial. Le jour du beaujolais nouveau, on lève généralement le coude de midi à 16 heures, merci, patron. En attendant le « dégagement » du vendredi, une institution, avec son lot de débordements et de tôle froissée, mais les chefs prennent leurs responsabilités. Une nuit un inspecteur divisionnaire est embarqué à bord d'un car de Police secours après avoir heurté un véhicule à l'arrêt. Motif : conduite en état d'ivresse. Son chef, le commissaire Hubert Martinez, déboule au commissariat à 2 heures du matin. Le hiérarque de permanence se montre conciliant, mais le procureur entend marquer son territoire et signifier ses limites à la maison poulaga – nous sommes en 1989. Alors qu'un citoyen ordinaire aurait été convoqué quelques jours plus tard, le magistrat exige que le fautif lui soit présenté à 9 heures du matin. Signe que l'ancien monde a encore le dessus, le commissaire parvient à faire libérer son chef de groupe vers 5 heures du matin – il est ramené chez lui par un chauffeur du service à jeun. « Vous me donnerez vos explications par le canal de l'IGPN », tonne le magistrat, mais le commissaire n'en démord pas. Il soutient ce « bon élément » jusque devant le conseil de discipline, louant sa manière de servir au nom d'une tradition qu'il résume ainsi : « Quand tu es près de tes mecs, tu les défends. »

Cette notion d'apéro permanent entretient la convivialité. Le bar est l'épicentre, confirme le commissaire Claude Taxis, arrivé à l'OCRB au milieu des années 1980. « C'est là que les groupes se croisaient, que se faisait la cohésion, dit-il. Tout se passait durant ces moments de récréation. » Avec la cagnotte ainsi amassée était organisé au moins une fois par an un gueuleton, auquel étaient conviés quelques magistrats amis.

Ces habitudes suscitent bientôt l'ire d'un ministre de l'Intérieur peu enclin à ce genre de désordre, même s'il ne dédaignait pas offrir un verre de whisky à ses visiteurs, le socialiste Pierre Joxe, rebaptisé « fluide glacial » par les flics. Soucieux à la fois de moderniser et de moraliser la maison, choqué par ailleurs à l'idée de voir des policiers imbibés déambuler dans les rues leur arme à la ceinture, il fera fermer tous les bars dans les locaux de police, au 127 comme dans les commissariats, où régnaient souvent autour de midi une odeur de kémia (amuse-gueules) et de cacahuètes, pour ne parler que des accompagnements – le jour de sa première visite dans les locaux, le ministre avait trouvé des inspecteurs derrière le bar.

VIP et grands bandits

Le 127 voit défiler des visiteurs particuliers, barbouzes en rupture avec la justice, figures de la pègre, sans oublier quelques stars.

La seule fois où la circulation a été carrément coupée dans la rue, c'est le jour où Pierre Debizet, secrétaire général du SAC (Service d'action civique), puissant service d'ordre gaulliste, a été ramené dans les locaux pour une audition. La peur qu'il se fasse lyncher ? Qu'il cherche à s'évader ? Que des photographes l'assaillent ? La France était sonnée par la tuerie d'Auriol (Bouches-du-Rhône), perpétrée dans la nuit du 18 au 19 juillet 1981, au cours de laquelle un inspecteur de police, sa femme et ses beaux-parents avaient été exécutés, ainsi qu'un enfant de 8 ans et le teckel, sur fond de fâcherie interne au SAC. Une sauvagerie à l'image de l'un des cinq auteurs, une brute qui a longtemps fait la loi dans la prison où il a été incarcéré, alors que l'organisation à laquelle il appartenait, ouverte aux policiers patriotes comme aux voyous en mal de protection, était dissoute à la demande du président de la République, François Mitterrand.

Comme à chaque fois qu'il y avait du remue-ménage au 127, plus encore parce que nous étions en plein été, cinq jours après la tuerie, les fenêtres de l'école d'hôtesses située juste en face étaient grandes ouvertes, offrant aux élèves une vue enviée sur ce spectacle. « Pierre Debizet, né à Nantua en 1922, corpulence moyenne, 1,90 mètre », écrit une inspectrice sur la « notice individuelle » consacrée au personnage. Consentira-t-il à expliquer pourquoi ses hommes avaient réclamé que le policier assassiné soit exclu du mouvement, dont il était le responsable attitré dans les Bouches-du-Rhône ? À dire pourquoi les membres du commando affirmaient avoir agi « sur ordre », missionnés pour récupérer des documents, microfilms et autres bandes magnétiques compromettantes ? Sans oublier de s'expliquer sur la petite armurerie découverte à son domicile : deux fusils à pompe Winchester, une carabine Raick, deux revolvers Smith et Wesson, un pistolet automatique Walther et un revolver Colt type python.

En attendant, un commissaire de police présent le jour de cette audition guettée par les médias prend une décision qui sauvera plus d'un haut fonctionnaire et probablement quelques hommes politiques. Il « étouffe » le carnet d'adresses de Pierre Debizet, dit Pierre Debarge, médaillé de la Résistance, adhérent du RPF depuis 1947, plutôt Algérie française. Autrement dit, il le fait disparaître, et avec lui la liste de tous ceux qu'il fréquentait, lui qui était *persona grata* place Beauvau et dans plus d'un cénacle politique. C'est la fin d'une époque qui avait commencé avec la « promotion mitraillette » (en l'occurrence l'intégration dans la police d'une partie des anciens de la France libre) ; une petite épingle à la boutonnière permettait aux connaisseurs de repérer ceux qui appartenaient au SAC, une association type loi de 1901 (les membres aisés étaient invités à contribuer plus généreusement), destinée au départ à servir de garde prétorienne au général de Gaulle. L'un d'eux, un inspecteur divisionnaire mis à pied, passait pour avoir des liens privilégiés avec un cadre de l'office chargé de la répression du proxénétisme ; comme chez lui au 127, il le sollicitait par exemple pour placer des gens sur écoute pour le compte de l'organisation. Accessoirement, ce grand type qui portait imper blanc et moustache était le beau-frère de… Pierre Debizet, le président d'un mouvement de « braves gens empreints d'idéal », disait-il, et non de malfaiteurs membres d'une nébuleuse puissante, hiérarchisée et secrète. Ce mouvement avait été galvanisé par le retour du général de Gaulle, le 13 mai 1958, dont le patron, ancien conseiller technique au Tchad et au Gabon, réputé avare en paroles, se définissait d'une phrase : « Je suis essentiellement anticommuniste. »

Le 127 n'est pas un défilé permanent de stars, mais il y a toujours du monde dans les couloirs pour saluer les visiteurs improbables. Ainsi l'actrice et mannequin néerlandaise Sylvia Kristel, venue au 127 pour se voir restituer la Mercedes que des indélicats lui ont substituée. L'occasion d'apercevoir cette belle femme en chair et en os, sans son habituel maquillage. Une autre fois, on voit la romancière Françoise Sagan franchir le porche. Un inspecteur de l'Office central de lutte contre le trafic illicite de stupéfiants s'est en effet mis en devoir de convoquer l'auteur de *Bonjour tristesse* (1954). Il souhaite aussi l'entendre dans le cadre d'une enquête en cours, alors que l'écrivaine revenait tout juste d'un voyage en Amérique latine avec le président François Mitterrand. Connue pour son faible pour la cocaïne, dont la consommation fait fureur dans le milieu du showbiz, Françoise Sagan est ressortie les mains libres sous les regards amusés de quelques inspecteurs.

Il y avait aussi les visites amicales, comme celle qui surprit ce jour-là, vers le milieu des années 1980, deux policiers en train de confectionner des scellés, Florence et Jean-Marc. Gardien de la paix et chauffeur de l'Office central de la répression du banditisme, Alain fait entrer deux hommes dans leur bureau, dont l'un porte lunettes fumées et blouson d'aviateur en cuir, bien ajusté selon les canons de la mode, un épais cigare entre les lèvres. « C'est Jacques Dutronc ! » lance Alain. Mesurant quelques centimètres de plus que le visiteur, Florence le toise et lâche : « Belle imitation ! » Un peu vexé, les joues rougies, l'homme au cigare bredouille : « Mais, c'est moi !... » Le chanteur vedette était accompagné d'un acteur corse, Jean Luisi, pas beaucoup plus grand que lui, chauve et spécialisé dans les rôles de second couteau du milieu, lequel se mit aussitôt en quête d'un verre de whisky.

Pour sa part, l'écrivain Gérard de Villiers, auteur de la série SAS, est un habitué de la maison. Lorsqu'il débarque, on est prié de laisser une place, juste devant l'immeuble, pour sa rutilante Rolls Royce.

Loin du Bottin mondain, les figures du banditisme ont presque toutes fait au moins une escale (non désirée celle-là) dans ces locaux, une destination somme toute naturelle pour elles. Jacques Imbert, dit Jacky Le Mat, fleuron de sa génération, est ainsi conduit au 127 après avoir été coincé dans un aéroport, au lendemain de l'attaque d'un hôtel de luxe à Roquefort-les-Pins (Alpes-Maritimes). Comme toujours, le bandit est à l'aise. Il demande à voir un commissaire qu'il a rencontré un jour à Cassis, dans un cadre plutôt amical : Lucien Aimé-Blanc. Les deux hommes ont en commun l'accent méridional et un ami, celui que le commissaire appelle affectueusement « le petit Tony », qui a grandi dans le même quartier que lui à Marseille, la Belle de Mai, et passe pour un indéfectible allié du Mat. Le voyou n'a rien à dire sur le hold-up qu'on veut lui mettre sur le dos, ce n'est pas son genre de faire des confidences. Il a en revanche un petit service à demander au policier : qu'il prenne soin, le temps de son incarcération, de l'une de ses amies, dont le physique avantageux, se souvient le commissaire, n'avait rien à envier à celui de l'actrice italienne Gina Lollobrigida. Sa mission : tenir cette femme, autant que possible, à l'écart du milieu des voyous. Accessoirement, elle pourra prêter au policier la flambante Ferrari qu'elle gare tous les jours ouvrables devant chez Alexandre, le coiffeur des stars, à deux pas de l'hôtel George-V. Une aubaine, à entendre le commissaire, qui n'a pas regretté d'avoir accepté ce rôle de garde du corps. « Elle me racontait tout sur le milieu, se souvient-il. En plus, elle était bourrée de monnaie et ne regardait pas à la dépense. » De quoi conforter dans son opinion le commissaire François Le Mouel, ce Breton qui faisait équipe avec Lucien Aimé-Blanc depuis leur rencontre à la Préfecture de police, et qui avait coutume de dire à ses hommes, en forme de mise en garde : « Si tu nais à Brest, tu ne croises pas les futurs voyous à l'école, alors qu'à Marseille tu fais connaissance dès la communale. »

Les grands voyous n'ont pas gardé que de mauvais souvenirs de leur passage au 127.

Eugène P., interpellé après cinq ans de cavale quatre jours avant la date de la prescription, n'a pas oublié cet instant où l'inspecteur qui l'interrogeait, Christian Bordoni, parfois surnommé Guy Marchand par ses pairs, lui a tendu son téléphone pour qu'il puisse dire quelques mots à sa femme. « À cinq jours près, j'allais retrouver mon fils », venait-il de confier au policier, avant de glisser à la mère de son enfant : « C'est des poulets, mais ils sont encore mieux que les voyous ! »

Les méthodes d'interrogatoire d'un autre temps, perpétuées par des fonctionnaires qui avaient connu Vichy et l'Occupation, ont été peu à peu frappées d'obsolescence. « On a commencé à fabriquer des intellectuels », ironise un commissaire. Des « intellectuels » qui ne veulent plus entendre parler de la gégène, ni du « glou-glou », méthode consistant à faire boire un individu attaché entre deux barreaux, mais n'en conçoivent pas pour autant le rapport de force avec douceur, rappelle le commissaire Georges Nicolaï : « Les voyous, on les bougeait physiquement. On ne leur faisait pas de cadeau. C'était dans le contrat. Quand ils étaient présentés au juge d'instruction, ils faisaient profil bas : "C'est rien, je suis tombé dans l'escalier." Exactement ce que fera ce voyou à l'ancienne auquel les enquêteurs de la police des polices demandaient s'il n'avait pas subi de violences de la part de leurs collègues, alors qu'il avait lui-même subitement décidé, en plein interrogatoire, de sauter par la fenêtre du bureau 205, au deuxième étage du 127, après avoir brisé une vitre avec sa tête ; les « pinces » (menottes) enserrant ses poignets, il en était quitte pour une fracture ouverte du bras, mais n'avait pas songé un instant à mettre ce coup de folie sur le dos des « condés ».

Cherchez le magistrat

Amener au juge un prévenu cabossé, cela se fait de moins en moins. « En période de guerre, c'est autre chose, admet l'inspecteur Bernard Mondon, mais on a une déontologie. Que les interpellations se passent mal, qu'elles soient toniques comme savait le faire André, un collègue champion d'Europe de la savate[1], d'accord. Mais ce n'est pas

1. Pour s'échauffer, il plaçait son talon tous les matins sur le haut de la porte du bureau, dit la légende. Pour rechercher un tel talent, il fallait aller chercher du côté de Constant, un imitateur hors pair.

au flic de décider de la vie et de la mort d'un homme, même du pire des voyous. On se les faisait proprement, c'était l'idéal. On était regardé, et même contrôlé ! Un braqueur, c'est un mec dangereux mais pas forcément un tueur. »

Sur le papier, la police judiciaire travaille sous le contrôle des juges, mais ils ne viennent au 127 que lorsqu'ils y sont invités, pour des agapes généralement mémorables ou un stage d'observation. Les flics prennent d'ailleurs leurs précautions avec ceux qu'ils sentent un peu tatillons. L'un d'eux a carrément été filoché alors qu'il allait rencontrer des prostituées. « On a fait des photos, se souvient Lucien Aimé-Blanc. Quand il nous a emmerdés, par la suite, on lui a fait comprendre qu'on avait des clichés. Il a compris. » Un autre magistrat (devenu par la suite homme politique) a été photographié par des membres de l'équipe des Trois Canards, des bandits marseillais qui régnaient sur Pigalle et Paris, dans une boîte à partouzes. « Quand l'un des membres de cette équipe de voyous passait entre ses mains, ça s'arrangeait toujours », sourit le commissaire, qui résume bien le rapport de force qui prévalait à l'époque.

Dans les faits, les inspecteurs mènent leurs enquêtes comme ils l'entendent. Loin de rendre compte au quotidien de leurs investigations, ils ne reviennent vers le magistrat qu'en fin de parcours, à l'heure des interpellations, avant de trinquer avec lui le cas échéant, parfois jusqu'à en perdre pied, si l'affaire est un succès. « Les juges s'en remettaient entièrement aux commissaires et à leur savoir-faire, rien à voir avec ceux qui jouent désormais au commissaire et voudraient que les flics s'écrasent devant eux », résume Claude Bardon.

L'un des premiers magistrats à avoir cherché à s'affirmer comme directeur d'enquête s'appelle Jean-Louis Bruguière. L'occasion de secouer rudement les flics lui a été fournie par l'affaire Nelly Azera, du nom d'une spécialiste des poumons surprise au beau milieu d'une vente d'armes et d'uranium, à en croire ses conversations depuis une cabine téléphonique située à Saint-Tropez. On l'avait notamment entendue demander à son interlocuteur, au téléphone : « Kalachnikov, comment ça s'écrit ? » Dans la foulée, elle avait consulté un gourou censé lire dans les astres. « Une histoire de fous », de l'aveu du commissaire en charge de l'enquête, Joseph Le Bruchec, surpris de voir le jeune et fougueux juge d'instruction incarcérer cette femme et s'acharner au passage sur de piteux escrocs, dont l'un avait le malheur d'être un informateur de... Lucien Aimé-Blanc.

Déterminé, mécontent surtout de voir la PJ lui résister, le juge Bruguière convoque au palais de justice Maurice Bouvier, le supérieur des deux commissaires. Non content de faire attendre deux heures dans l'antichambre cet homme entré à la Préfecture en 1943, à l'âge de 23 ans, il lui donne trois heures pour « ramener la pièce à conviction ». Du genre fier, le grand flic apprécie moyennement d'être traité comme un sous-fifre. Mais rien n'arrêtera cette génération de magistrats avides de prendre le contrôle des opérations et d'appliquer à la lettre des textes parfois négligés par les policiers. Au risque de passer pour des rabat-joie, à l'instar de ce juge de Chartres qui décide de déclencher la neutralisation d'une équipe de voyous avant leur entrée dans la salle des coffres d'une banque locale. Les inspecteurs avaient projeté de les interpeller en pleine action en jetant des fumigènes dans les conduits creusés sous l'établissement ; ils ont dû se contenter d'une arrestation préventive, en espérant que les protagonistes seraient condamnés sur la seule base de leurs riches antécédents.

Certains tauliers font cependant de la résistance et s'interposent encore en cas de souci, cet accrochage survenu en Corse en janvier 1980 l'illustre mieux qu'un discours. Alors que couvait une grève générale, des renforts sont envoyés dans l'île. Parmi eux, un jeune inspecteur de l'OCRB, peu rompu aux techniques du maintien de l'ordre, commet l'erreur de sa vie alors qu'il est censé tenir un barrage routier. La scène se déroule en une fraction de seconde. Une 2 CV semble vouloir forcer le passage. Un cri retentit. Un collègue tire un coup de feu en l'air. « Tirez ! » croit entendre le policier, qui lâche une rafale de pistolet-mitrailleur en direction du véhicule, tuant une jeune femme et en blessant une autre. À sa décharge, la tension était à son comble, puisque, à quelques carrefours de là, un manifestant venait de tirer sur un CRS.

La police plaide l'« accident », mais le procureur ne l'entend pas de cette oreille. Alors qu'il envisage d'inculper le fonctionnaire, le commissaire Charles Pellegrini, numéro 2 du service, s'interpose. « Si vous le voulez, il faudra nous passer dessus », lance-t-il au magistrat, plusieurs de ses hommes ont alors leur arme à la main. Le coup de force réussit et le policier fautif est renvoyé sur le continent à l'arrache, à bord d'un avion militaire. Autres temps…

Chapitre 4

On les appelait les tauliers

François Le Mouel,
un cycliste contre les braqueurs

Sa mère, « farouchement de gauche », était l'institutrice du village ; son père était un petit commerçant. Né en 1927 dans les Côtes-d'Armor, François Le Mouel a sa licence en droit en poche lorsqu'il vient s'inscrire en doctorat, à Paris, où il tombe sur une affiche : la Préfecture de police recrute des commissaires adjoints, la Sûreté nationale étant pour sa part saturée par l'absorption des rapatriés d'Algérie. Un sas vers le grade de commissaire, que le Breton obtient sept ans plus tard, en 1953. Les Lilas, le quartier Bonne-Nouvelle, à Paris, Montreuil-sous-Bois, le jeune patron grimpe les marches l'une après l'autre et intègre la police judiciaire en 1964. Les policiers lui doivent d'avoir renouvelé la façon d'appréhender le grand banditisme, rappelle le commissaire Lucien

Aimé-Blanc, qui a grandi dans son sillage : « Le Mouel a proposé qu'on monte une sorte de service action pour travailler sur les braqueurs potentiels, au lieu d'attendre qu'ils passent à l'acte. On s'appuyait sur les écoutes pour savoir ce qu'ils préparaient. Le jour où on en avait un qui mettait son réveil à 5 heures du matin, on avait compris qu'il fallait se préparer... »

L'allure svelte de celui qui n'a jamais cessé de faire passionnément du vélo, marié à une ancienne inspectrice des Mines devenue magistrate, François Le Mouel est « un calme et un homme de principe, résume un de ses pairs. Jamais excité, il dominait la situation ». À ses yeux, il y a bien deux formes de police : celle qui part du fait criminel et celle qui consiste à chercher des cibles dans le milieu, derrière lesquels on progresse jusqu'à la commission du délit, ce qui réclame « du temps et de la patience ». Mais tout n'est pas seulement question de tactique. « J'ai un certain don pour l'enquête, on pourrait appeler ça du flair, combiné à de l'imagination », dit-il en se souvenant qu'il lui arrivait, jeune, de se plonger dans les pages faits divers des journaux, « on y parlait de policiers qui débarquaient dans les patelins pour élucider un truc ». En prenant connaissance, un matin, des télégrammes de la nuit, il faut un regard aiguisé pour relever que plusieurs véhicules ayant servi à transporter de la marchandise volée ont été retrouvés dans le même secteur ; avec un peu de chance, les surveillances permettront de neutraliser une équipe. « Je ne suis pas un surhomme, je suis juste curieux et c'est toujours utile », commente le commissaire, qui se souvient avoir eu l'attention attirée, en 1967, par la mention, sur ces mêmes télégrammes, d'un type qui commettait des vols accompagné d'une femme à bord d'une DS. Il subodore un lien avec l'assassinat de l'épouse d'un chirurgien, retrouvée avec son poudrier dans le vagin comme si l'assassin avait voulu envoyer la police sur la piste d'un satyre. Le jour où le gars est interpellé par la police en tenue, avec une arme du même calibre que celle utilisée ce jour-là, Le Mouel fonce voir ses collègues de la Crim ; trop occupés par l'affaire politico-criminelle du moment pour lui accorder la moindre attention, ils sont passés à côté d'un ancien légionnaire devenu bandit qui n'avait pas fini de faire parler de lui : Claude Buffet, celui-ci sera guillotiné à Paris en novembre 1972.

Quelles sont les premières qualités d'un flic de terrain ?

Le Mouel cite le calme, mais aussi une manière de se fondre dans le décor, un art dans lequel l'un de ses collègues était passé maître. « Sa silhouette ne s'imprimait pas sur la rétine des gangsters qu'il croisait dans la rue, dit-il. Il marchait avec une blouse grise, pouvait attraper un balai s'il fallait. Il était invisible. » Quant à son rôle de chef, il consiste à diriger ses officiers par radio depuis son bureau ou à être sur le terrain lors des interventions délicates, par exemple le jour où le point de chute d'une équipe de braqueurs a été localisé, mais qu'on ignore tout de l'objectif qu'ils se sont assigné. Nul besoin, assure le commissaire, de motiver les « gars ». « Ce sont des chiens de chasse, dit-il. Ils suivent les voyous depuis des semaines, voire des mois, ils seront prêt à foncer lorsque le top départ sera donné pour le flag. »

« J'ai commandé le 127 pendant dix ans, de 1971 à 1981, disait-il la dernière fois où nous l'avons rencontré, sa bicyclette de course garée dans le jardin de ce pavillon de la banlieue parisienne où il coulait une retraite tranquille – il est mort quelques mois plus tard, renversé sur un passage clouté par un camion qu'il n'a pas entendu approcher. Les locaux n'étaient pas terribles. Mon bureau était moins minable, mais pas beaucoup mieux. Il y avait pénurie, je m'en suis accommodé, en revanche je n'ai pas hésité à protester quand ils nous ont livré une voiture mauve : elle était tellement voyante que le l'ai renvoyée au service technique ! »

Un téléphone, une radio et une secrétaire pour taper ce qui doit l'être, le bureau du taulier est assez rudimentaire. Au mur, un dessin représentant Don Quichotte et Sancho Pança et une photo du fort de la Briche, à Saint-Denis, où l'on voit des policiers debout, des gangsters couchés à même le sol et menottés après une intervention « acrobatique », selon le mot du commissaire, qui en évoque une autre tout aussi folle : l'arrestation *in extremis* de six braqueurs « armés jusqu'aux dents » près du Palais-Royal, à Paris, le 26 décembre 1967, alors qu'ils visaient la recette de Noël des grands magasins du Louvre, avec à portée de main une grenade prête à servir. Un cas d'école qui a largement contribué à modifier son approche des voyous, quand il était encore à la tête de la BRI parisienne.

« Au 127, il y avait une ambiance moins folklorique qu'au 36 », poursuit celui qui a été propulsé à la tête de l'office des stups pour juguler une French Connection conquérante sur fond de pressions diplomatiques américaines (on y reviendra).

« On buvait un coup quand on terminait une affaire, mais c'était plus civilisé que les bringues de la BRI, au 4e étage de l'escalier A, quand on décompressait après une affaire qui nous avait mis sur les dents. » L'autre différence majeure concerne l'évolution de la clientèle. Celle qu'il a connue au 36 était systématiquement armée jusqu'aux dents ; les trafiquants qu'il observe désormais n'ont pas forcément un calibre à la ceinture lorsqu'ils se retrouvent dans un grand hôtel parisien ou dans l'arrière-salle d'un bistrot. Les relations qu'il noue avec eux sont forcément d'un autre ordre, sachant que le commissaire n'éprouve pas de haine personnelle contre des hommes que « la malchance a aiguillés sur la mauvaise voie ». Ce soir-là, se souvient-il, lui et ses équipes étaient fatigués à l'heure de boucler une procédure concernant deux trafiquants de stupéfiants. Il décide d'ouvrir une bouteille de whisky et de trinquer avec eux. « Vous avez de la chance, lance un des voyous après quelques verres, vous avez le droit de porter un pétard, et en plus, vous avez la loi pour vous ! » « On était des aventuriers, comme eux, commente le commissaire. On exerçait presque le même métier, mais avec le Code pénal sous le bras. C'était comme s'ils nous enviaient ! Bourrés, ils sont partis heureux en taule. Quand ils ont dessaoulé, le moral a dû vite retomber ! »

Pas du genre à se laisser impressionner, Le Mouel s'est offert un jour le luxe de remettre à sa place Edgar Zemour, l'un des membres de la fratrie juive, originaire de Sétif, qui voulait dominer le milieu parisien. Au lendemain d'un nouvel épisode sanglant de la guerre qui les opposait aux frères Perret, gang tenu d'une main de fer par la mère, surnommée Ma Dalton, Edgar avait été « ramassé » par la PJ à la terrasse d'un café de l'avenue Victor-Hugo, où il conférait entouré de ses « valets ». « Ce maquereau, ce salopard a fait un scandale devant un jeune inspecteur à cause d'un coup de poinçon sur la carrosserie de son cabriolet Mercedes, se souvient le commissaire. Ça m'a retourné les sangs ! Je l'ai fait entrer dans mon bureau et je l'ai injurié comme jamais ! »

Un peu plus tard, le commissaire accepte de rencontrer, à leur demande, Jean-Claude Vella, 35 ans, Sicilien d'origine, et son allié Marcel Gauthier, 32 ans, grandi comme le premier à Villejuif, dans la banlieue sud de Paris, en pleine guerre eux aussi avec le clan des frères Zemour. Le rendez-vous se tient dans un restaurant des bords de Marne tenu par la veuve d'un vieux truand et spécialement ouvert pour cette tablée particulière.

« Ils voulaient me mettre sur la piste d'un trafic d'héroïne et d'un paquebot, raconte Le Mouel. Faute d'éléments suffisants, ça n'a rien donné. Ils n'en savaient pas assez. Pourquoi avaient-ils décidé de me voir ? Me trouvaient-ils sympathique ? J'affirme en tout cas qu'il n'y avait aucune monnaie d'échange. »

Dans les mois qui suivent, Vella, alias « Petites Pattes », est entendu au 127 dans une affaire de trafic d'héroïne. « Monsieur Le Mouel, aidez-moi, ils me demandent quels sont mes moyens d'existence, qu'est-ce que je dis ? » demande-t-il au commissaire qui vient de passer la porte du bureau. « Dis-lui que ta maîtresse est la femme d'un riche industriel qui te donne du pognon », réplique Le Mouel. Des échanges aussi brefs et cinglants que la vie de ces voyous : « Petites Pattes » sera retrouvé en 1975 dans le coffre d'une voiture, mort ; son ami et complice Marcel Gauthier sera tué un an plus tard alors qu'il sortait d'un bateau qui le ramenait de Corse.

Joseph Le Bruchec, Breton vacciné à Alger

Fils d'un brigadier-chef, Joseph Le Bruchec, également breton, baignait dans l'univers policier depuis sa naissance à Lorient, en 1935. Expédié pour sa première affectation dans un commissariat d'Alger à la veille du putsch, en 1960, il a droit à un baptême un peu spécial, entre couvre-feu, réquisitions signées en blanc pour valider toutes les perquisitions, multiplication des meurtres et traque des clandestins de l'OAS, l'organisation qui s'arc-boute à l'Algérie française, les armes à la main.

« J'avais une pile de commissions rogatoires que personne n'exécutait, se souvient-il. On faisait semblant de pratiquer des autopsies. Les gardes à vue duraient quinze jours. J'ai tout de suite pris conscience du danger. »

Un risque bien réel, puisque les factieux assassinent le 31 mai 1961 Roger Gavoury, commissaire central d'Alger, déjà visé par un plastiquage, tandis que tombe au moins un gardien de la paix par semaine. Propulsé par défaut à 25 ans numéro 1 de la voie publique à Alger, Joseph Le Bruchec se retrouve en train de visiter les bordels de la basse Casbah avec un inspecteur à l'accent corse chaussé de mocassins impeccables, qui connaît par leur prénom la plupart des péripatéticiennes métropolitaines… Mince distraction alors que tout se détraque dans une ambiance de guerre civile, où les flicards qui font la circulation se voient dépouiller de leurs armes par les gars de l'OAS, tandis qu'une partie non négligeable de leurs collègues pactise avec les gardés à vue, pieds-noirs comme eux.

Un jour, un policier en civil aperçoit devant un café une voiture déclarée volée la veille, probablement à l'usage d'un commando qui s'apprête à frapper ; il fait son boulot et appelle le commissariat central. Deux semaines plus tard, le fonctionnaire est enlevé et tué d'une balle dans la tête. Le Bruchec quitte le pays parmi les derniers, en 1962, il est affecté à Charleville-Mézières, l'ultime poste occupé par… feu Roger Gavoury. Deux ans plus tard, en septembre 1964, le Lorientais intègre la 1re brigade mobile et les locaux du 127, recommandé par un ami breton, avec le grade de commissaire divisionnaire en ligne de mire. Vacciné, il ne retrouvera jamais le niveau de tension algérois et conservera pour le restant de sa carrière un art du zen certain.

À côté du commissariat mité de Charleville-Mézières, où « on devait faire attention à l'endroit où on disposait son fauteuil pour ne pas basculer dans les douves », le 127 a presque des airs de palace, à tout le moins le commissaire a-t-il tourné la page du Moyen Âge. Le bâtiment grouille de monde jusque tard le soir, rares sont ceux qui le quittent avant 20 h 30. Les inspecteurs refont le monde sur le palier en attendant l'affaire réussie qui remontera le moral général. « On avait tous une brosse à dents à portée de main en cas de prolongation, assure Le Bruchec. C'était une forme de sacerdoce, même si ça peut vous paraître un peu romantique, avec un esprit de bande extraordinaire. »

L'antre du commissaire est meublé d'un bureau, d'une bibliothèque en acajou et d'un coffre-fort où restent entreposés les comptes rendus des affaires les plus retentissantes. Aux murs, des copies de tableaux célèbres saisis en marge d'un trafic d'œuvres d'art. Le soir, il rentre à la maison avec son arme de service, qu'il pose par réflexe sur le haut d'une armoire en arrivant. Chaque affaire réussie entraîne la distribution d'une prime, le reste des frais de police fait l'objet d'une mention écrite dans un cahier tenu par la « dactylo » chargée d'organiser les déplacements. Quant aux us et coutumes, ils sont encore désuets : une petite lumière est installée au-dessus de la porte du bureau du patron ; on entre lorsqu'elle passe au vert. Le contact avec la plèbe est réservé aux chefs de groupe, comme cet inspecteur divisionnaire revenu d'Afrique, où il était parti se faire oublier après avoir pourchassé les résistants sous l'Occupation ; doté d'un grand sens de la communication, ayant table ouverte dans le bistrot voisin, il a une idée très arrêtée sur la façon de coincer les voyous qui « tapent » un peu partout dans le pays en misant sur le fait que les juges ne se parlent pas d'un tribunal à l'autre : centraliser toutes les procédures ouvertes dans les services régionaux de la police judiciaire. Cela semble une évidence, mais c'est une véritable révolution sur le plan de la méthode.

Au niveau matériel, ce n'est malgré tout pas le grand luxe. « On devait avoir deux voitures qu'on se prêtait : une 4 L noire et une Ariane Simca », se souvient le commissaire. Cela suffisait quand ne sévissaient que « trois douzaines » de braqueurs dans le pays, mais ces chiffres ont rapidement grimpé. Il faut désormais faire face à la multiplication des attaques de banques, qui se mettent à pousser comme des champignons, et de locaux industriels, avec l'apparition d'équipes de voyous de plus en plus structurées allant régulièrement « au charbon », d'autant que ces bâtiments sont encore peu sécurisés. Le ministre ne s'en préoccupe pas outre mesure, pas davantage que les préfets, et ce malgré les notes insistantes en provenance du 127, informé des faits en temps réel par les collègues de province – avec près de deux cent cinquante vols à main armée enregistrés en une année, le réseau bancaire, pour se protéger, en est réduit à mettre en place des systèmes de mesures sismiques…

Le commissaire vit lui aussi en direct la secousse provoquée en 1965 par l'enlèvement de l'opposant marocain Mehdi Ben Barka. Il est de permanence lorsque tombe le premier message appelant à rechercher cette personnalité dont il ignore tout, disparu devant chez Lipp, célèbre brasserie du boulevard Saint-Germain, à Paris. Le premier « BDL » (bureau de liaison) qui suit ressemble à une partie de poker menteur, mais l'omerta n'empêche pas le scandale d'éclater, avec à la clef le big bang que l'on sait. Joseph Le Bruchec devient en 1973 le premier patron du tout nouvel Office central de la répression du banditisme (OCRB), avec mission de coordonner la lutte contre la voyoucratie en s'appuyant sur une documentation opérationnelle. Ses hommes sont bien renseignés, ils disposent de nombreux relais dans le demi-monde et marquent des points, mais un obstacle de taille empoisonne leur quotidien : une concurrence féroce avec les collègues parisiens, doublée d'une méfiance croissante vis-à-vis de la réputation sulfureuse que certains traînent derrière eux. Les inspecteurs des offices ne sont pas toujours à l'aise non plus lorsqu'ils se déplacent en province, notamment à Lyon. Pas question de faire savoir aux collègues locaux qu'ils entendent planquer pendant quinze jours, en décembre 1973, dans la région de Grenoble, où Momon Vidal et son gang lyonnais sont censés préparer un nouveau coup. Ce seront de vaines surveillances en l'occurrence, mais le commissaire s'en souvient encore : jamais les BMW du service ne sont revenues de mission aussi boueuses !

Cette méfiance vis-à-vis des flics du cru grandissait en allant vers le Sud, autour de Marseille, mais le plus difficile restait les investigations sur l'île de Beauté. « Je n'ai jamais vu un Corse apporter un tuyau sur un Corse, se plaint Le Bruchec. C'est une mentalité. » Le commissaire n'en insiste pas moins auprès de ses hommes sur le fait que les offices centraux parisiens doivent intervenir sur le territoire « avec humilité et pas avec gloriole », afin de ne pas faire trop d'ombre aux antennes régionales, soucieuses de tirer elles aussi quelques bénéfices des affaires. « On ne devait pas leur manger la laine sur le dos », insiste-t-il, très au fait de la susceptibilité ambiante.

Le taulier porte encore cravate et costume trois pièces, mais ce chic apparent n'empêche pas la rudesse, que revendique Le Bruchec lorsqu'on parle « voyous ». « Je n'aurais jamais servi la soupe à des mecs comme ça ! », s'exclame-t-il. Des « mecs » comme Madeleine, célèbre bandit de l'époque, « qui a passé sa vie à braquer » et qu'il ne serait pas venu à l'idée du commissaire d'appeler « Monsieur ». « Les braquages, ça fait souvent rire, on ferait mieux de penser au traumatisme des victimes, assène-t-il. On salue l'exploit "formidable", mais après, ces gens-là vont au boulot la peur au ventre. » Pour sourire, il faudra attendre cette écoute téléphonique au détour de laquelle on apprend qu'une prostituée aurait collé une sévère blennoragie à un acteur prometteur. Mais le plus intransigeant des flics peut s'attendrir, constate le commissaire, ainsi ce jour où il fait irruption au domicile d'un braqueur de banques. La présence dans l'appartement de son épouse et d'un enfant endormi le pousse à laisser sur place une partie de l'argent saisi, « pour que cette mère puisse se retourner ». « Je savais que cet homme allait partir au moins pour quinze piges, se souvient Le Bruchec. Ce n'est que plus tard que je me suis souvenu des victimes… »

Lucien Aimé-Blanc,
le mandarin de la Belle de Mai

« Lucien était un peu limite, autant dire qu'avec Le Mouel, ce père la rigueur, ça s'est parfois mal passé, rapporte Joseph Le Bruchec. Lucien poussait parfois un peu loin. Tout le monde ne fonctionnait pas comme lui, mais on le tolérait, car c'était un bon flic. Son expression favorite, c'était : "Je m'en bats les couilles." »

Lucien Aimé-Blanc, dit « Lulu », né en 1935 dans le quartier de la Belle de Mai, à Marseille, a un statut à part parmi les tauliers. De la même promotion que Claude Bardon, le « fantôme » du 127, il est le plus croquignolet de tous. Les inspecteurs racontent à l'envi qu'il a un jour été poignardé par une « pute », comme on appelait sommairement les péripatéticiennes, milieu sur lequel le commissaire en connaissait un rayon, lui qui a effectué ses premiers pas de flic à la brigade mondaine, le poste d'observation des (forcément mauvaises) mœurs du Tout-Paris. « La corruption, disait-il parfois, sourire aux lèvres, c'est un ascenseur social. »

Un matin, revenant d'une planque, un de ses hommes tombe sur lui à la sortie d'une boîte de nuit parisienne, visiblement pas dans son assiette. « Ça va, patron ? » lui demande-t-il. L'incident en reste là, il en fallait plus à l'époque pour s'émouvoir. Aimé-Blanc n'est d'ailleurs pas le seul à bénéficier d'une forme de blanc-seing. « Le mandarin était intouchable, résume Jean-Marc Désiage, l'inspecteur qui a fait de la documentation criminelle un métier. Dans l'après-guerre, on a eu besoin de mecs durs pour remettre de l'ordre dans le pays, sans se casser la tête avec le Code de déontologie. »

Le père de Lucien Aimé-Blanc est mort dans le camp de Dachau. Élevé par son grand-père, « Lulu » se rêvait guitariste, mais il n'était « pas très bon » musicien. Pas excellent étudiant non plus : licencié en droit, il rate son doctorat, bien qu'il ait sous-traité sa copie à un ami agrégé. Son grand-père, qui croit pouvoir pousser la porte au nom des réseaux de la France libre, échoue à le placer chez un avocat. Il passe le concours d'attaché de préfecture et se retrouve chargé des dossiers de décorations à Châlons-sur-Marne. « Il n'y avait que des cimetières, je voulais retrouver Paris et mes clubs de jazz », raconte-t-il alors qu'il nous reçoit dans une brasserie de Lille, la ville où il a pris sa retraite. Un camarade (qui finira mal, recruté en pleine guerre froide par un réseau roumain) le pistonne pour entrer à la DST (contre-espionnage), mais il est rapidement aspiré à la Mondaine, fière brigade de la Préfecture de police de Paris…

« Vous êtes le plus naïf et le plus con », lui glisse le patron, Jules Simbille, en lui présentant son bureau, qui jouxte le 36, quai des Orfèvres, celui des deux inspecteurs portant costumes rayés et chemises en soie, Louis Souchon, alias Bouboule, vingt ans de PJ, et Roger Voitot. Un voisinage à risque, il ne tardera pas à s'en apercevoir, mais, pour le moment, c'est tout bénéfice : inquiet de le voir rentrer chez lui, le soir venu, avec le vieux fourgon G7 du service, et constatant qu'il n'a pas les moyens de s'offrir une voiture digne de ce nom, l'inspecteur Souchon lui offre une R4 rouge décapotable. Puis lui envoie gracieusement une équipe repeindre son appartement, un dimanche, roulant apparemment sur l'or grâce aux subsides provenant d'un hôtel de passe « tenu par un Corse qui leur filait des affaires de stups extraordinaires », se souvient Aimé-Blanc.

À la tête du groupe « cabarets », le commissaire dispose de l'arme fatale : il signe les autorisations de nuit. « On était les patrons, dit-il, on avait portes ouvertes dans toutes les boîtes. » Un soir, il se pointe chez Régine avec un inspecteur. « J'aime pas trop les flics, lui balance la reine de la nuit parisienne. Vous partez, sinon je préviens Papon » (le préfet de police Maurice Papon). « Très bien, on y va ! » répond Aimé-Blanc avant d'appeler un car Police secours et de le positionner pile devant la discothèque. Le lendemain, Régine revient vers le commissaire, vaincue : « Vous êtes les bienvenus, mais soyez discrets. » Au fil des nuits, le flic et la taulière deviennent amis, au point qu'elle l'invite chez elle à Saint-Tropez, un été, alors que le commissaire séjournait chez son ami avocat Paul Lombard, influent pénaliste.

Aux yeux de Lucien Aimé-Blanc, un flic est tout sauf un envoyé du Saint-Siège. Aussi ne se dérobe-t-il pas lorsque le patron de la police judiciaire parisienne, Max Fernet, le sollicite pour aller prélever un pourcentage sur le chiffre d'affaires de sept ou huit hôtels de passe rentables de la capitale, un système de financement occulte que son supérieur lui expose en ces termes : « La moitié des fonds servira à la lutte contre l'OAS, l'autre sera pour nous. » « Tous les mois, je faisais la tournée, raconte le commissaire avec son habituelle franchise. C'était le système démerde. La police n'a jamais été riche. Grâce à cet argent on pouvait payer nos informateurs. Comme un con, je ne prenais rien pour moi. »

L'argent du crime servant à lutter contre le crime, la morale est à peu près sauve. Jusqu'à ce jour du mois d'octobre 1965 où ce cher Bouboule (l'inspecteur Louis Souchon, son voisin de bureau) lui demande une voiture « pour aller arrêter un bique » (nom d'oiseau désignant en l'occurrence Ben Barka), lui proposant même de se joindre à eux, mais le commissaire a mieux à faire (« une pute à baiser », *sic*), ce qui sauve sa carrière, car la folle équipe de kidnappeurs n'a pas tardé à être démasquée.

« Vous êtes à peu près le seul honnête de cette brigade », confie à Lucien Aimé-Blanc le juge d'instruction chargé de faire la lumière sur l'enlèvement le plus retentissant de la Ve République. « J'ai fermé ma gueule, rapporte le commissaire. S'ils allaient au bout, ils faisaient exploser le 36. Il y avait des photos d'un de nos patrons avec Boucheseiche (voyou impliqué dans la disparition du leader tiers-mondiste marocain), qui tenait un hôtel de passe rue Blondel. Le chef du "groupe PD" (*sic*) avait été enregistré alors qu'il rackettait le patron d'une boîte homo. Quant à la principale informatrice de la Mondaine, la Rouquine, elle payait les flics par chèque... »

Lucien Aimé-Blanc s'en va écrire une nouvelle page de sa carrière au 127, plus précisément à l'Office central de lutte contre le trafic illicite de stupéfiants, où François Le Mouel l'attire avec lui. Il en profite pour glaner le grade de commissaire principal et faire montre de ses qualités de flic, qui lui valent d'être propulsé à son tour en 1977 à la tête de l'OCRB, où il va rayonner durant cinq années. Fidèle à ses habitudes, le commissaire copine avec les inspecteurs et tutoie les chefs de groupe. Il part volontiers avec eux en filature ou en planque et règle « leurs problèmes de gonzesses ». Un souci sur le terrain ? Il fait « barrage ». La seule façon de commander à ses yeux. « Le linge sale, tu le laves en famille », dit-il. Un de ses hommes est-il convoqué chez un juge ? Il appelle le magistrat et lui dicte la marche à suivre : « Tu le reçois, tu l'engueules, et terminé. » Pas vraiment confiné dans son bureau du sixième étage, Lucien Aimé-Blanc met même un point d'honneur à être en première ligne dans les moments cruciaux. Sur place alors que des voyous sont en train d'attaquer une poste à Gentilly, il flaire le fiasco et donne l'ordre à ses gars de se retirer ; équipé d'un fusil-mitrailleur 24/127, l'un des voyous avait repéré un brassard de police et n'allait pas tarder à tirer. Il n'aime pas ces interventions, non par lâcheté, mais parce qu'il les trouve « complètement aléatoires ».

Quand il n'est pas dehors, le taulier épluche des comptes rendus d'écoutes, tandis que le téléphone ne cesse de « carillonner ». Avec parfois des surprises, comme le jour où il tombe, à l'autre bout du fil, sur l'un des frères Zemour, Edgar, qui lui propose, en termes courtois, de s'allier avec lui contre ses ennemis de la banlieue sud, avec lesquels il est avec ses frères en guerre frontale (le commissaire dit avoir opposé au voyou une fin de non-recevoir). La gestion, l'administratif, ce n'est pas son domaine de prédilection. Il préfère le contact avec les indics, dont les inspecteurs n'ont, à l'époque, aucune obligation de donner les noms à leur chef. La règle veut même que chacun traite ses sources en secret, autour d'un verre en général, leur distribue un peu de cash et, en cas d'ennuis, vole à leur secours, dans la mesure du possible. Ses propres sources appartiennent pour beaucoup au monde de la nuit, patrons d'hôtels de passe protégés en échange de renseignements (ils photocopient en douce le contenu des portefeuilles de quelques clients), gérants de boîtes à partouzes, bistrotiers bénéficiant de mansuétude pour rester ouvert tard le soir.

Lorsque le sous-directeur lui téléphone, à 7 heures du matin, Lucien Aimé-Blanc se lève pour répondre, puis se recouche, du moins quand il est rentré à la maison à l'aube. « Si tu ne sors pas, tu ne sais rien », dit-il, pique à peine dissimulée adressée à ses successeurs, qu'il soupçonne de rester un peu trop derrière leurs ordinateurs. Pas forcément un modèle, le commissaire assure que les inspecteurs n'en respectaient pas moins la hiérarchie et qu'il n'y avait pas de problèmes de discipline. Juste quelques « mecs » moins valables que d'autres, à l'instar de cet inspecteur à qui il lance un jour, en pleine surveillance : « Tout le monde te voit ! » Le gars se met derrière un camion et demande : « C'est bon, on me voit plus ? » « Non. Et toi, tu vois quelque chose ? » « Non. » Conclusion du commissaire : « Il faut avoir du vice pour être un bon policier. »

Du vice, ses supérieurs considèrent que Lucien Aimé-Blanc en a suffisamment pour gérer ce qu'on appelle les « affaires particulières ». Un jour, le cabinet du ministre le sollicite pour une cause « privée » : l'un des directeurs d'un grand hebdomadaire parisien est tombé sous le charme d'une prostituée et des voyous corses lui cherchent noise. Il va voir les Corses en question et leur dit : « C'est simple, si vous ne voulez pas d'ennuis, il faut laisser tomber. » « Ils ont compris le message et laissé la fille tranquille », raconte le commissaire, gagnant au passage une (nouvelle) invitation à Saint-Tropez où il découvre, amusé, que le patron de presse est un adepte de la soumission, allant jusqu'à s'habiller en petit marin sur le bateau quand il sort en mer avec sa partenaire. « J'aurais mieux fait d'aller aux RG », s'amuse le commissaire, qui est intervenu dans des conditions similaires pour un affairiste lié au colonel Kadhafi et pour un banquier qui l'a regardé de haut à l'heure des remerciements, le recevant dans sa suite de l'hôtel Royal Monceau, à Paris : « Vous jouez sur un stade de deuxième catégorie, monsieur le commissaire, moi je joue au Parc des Princes ! »

Lucien Aimé-Blanc connaît cependant mieux que d'autres les princes du banditisme pour avoir grandi à Marseille, au bon endroit. Après l'école, tout juste 18 ans et pas encore flic, il fréquentait les clubs de jazz, sa passion. C'est là qu'il est tombé amoureux de la sœur d'un voyou du cru, avec lequel il reste lié, l'amitié ayant pour lui un sens. « Il ne m'a jamais donné un renseignement, mais je lui ai arrangé un ou deux coups, comme le jour où il a oublié un attaché-case avec un flingue dans un aéroport. Une ou deux fois je l'ai aussi défauché alors qu'il était en prison, mais le plus grand service que je lui ai rendu, c'est le jour où il voulait éviter la "machine", la gégène rapportée d'Algérie, dont l'un de ses amis était mort. J'ai fait en sorte qu'il soit bien traité et que les collègues lui offrent à manger. »

Le commissaire reproduit au 127 les combines apprises au 36. Il se constitue sa petite caisse noire, qui lui sert à rétribuer les indics exigeants, mais pas seulement. Avec l'aval des plus hautes autorités, en l'occurrence du patron des RG (Renseignements généraux) et de Robert Pandraud (alors directeur de l'administration) en personne, tient-il à préciser.

Le temps des hôtels de passe étant révolu, la nouvelle pompe à fric, ce sont les machines à sous, des Ambassador importées de Las Vegas par un gros voyou français, Louis d'Auteuil. Il a suffi au commissaire d'effectuer la tournée des bars où elles étaient placées, en Seine-Saint-Denis, pour faire comprendre aux patrons, généralement Maghrébins, qu'ils seraient « couverts » s'ils jouaient le jeu. « Les gérants de ces bars touchaient, mais nous reversaient un gros pourcentage, raconte le commissaire. J'encaissais entre quatre et cinq briques tous les mois. À l'époque, on n'avait jamais vu un juge faire une perquisition dans un bureau de police ! »

Cet argent facilite le train de vie du commissaire, qui passe ses nuits dehors avec une prédilection pour le Keur Samba, la boîte à la mode de l'époque. Lucien Aimé-Blanc révèle qu'il puisait également dans cette caisse pour rétribuer « quelques journalistes », « pour qu'ils écrivent de bons articles » sur la police. Robert Pandraud, soucieux de l'image de la maison, l'aurait d'ailleurs chargé de mettre sur pied une « section presse occulte », sorte de petite unité censée « détecter les sources des articles défavorables », notamment celles du journal d'extrême droite *Minute*, qui traque le scandale. Une mauvaise habitude assez répandue, rappelle le commissaire, qui se souvient comment les RG avaient volé le portefeuille d'un journaliste du *Canard enchaîné* dans le métro parisien, avant d'envoyer la photo de sa maîtresse à son épouse, délicate attention destinée à calmer ses ardeurs d'investigateur.

Plus classiquement, ces fonds occultes servent à rétribuer les indics. Aimé-Blanc répond ainsi favorablement à ce type qui proposait de livrer une équipe de voyous, à condition qu'on le paye et le couvre. Feu vert. Le gang est neutralisé alors qu'il visait un bureau de poste parisien, manque de chance, l'indic se retrouve désigné par la police belge comme l'assassin présumé d'un agent de change bruxellois. « Ça ne peut pas être lui, vu qu'il était avec moi », s'oppose Aimé-Blanc, conformément à son engagement. Les Belges protestent, mais l'indic tient lui aussi parole et révèle les noms des véritables tueurs…

Le cas du pilote qui a convoyé jusqu'au Tibesti, en DC8, la rançon réclamée par les kidnappeurs des époux Claustre, en 1977, n'aurait pas été réglé sans cette fameuse cagnotte. Insatisfait de la solde qu'on lui a allouée, l'homme est « en guerre ». Il menace : « J'ai six passeports de service signés par Robert Pandraud. Ou il m'arrange le permis, ou je balance. » Ces passeports étaient remplis au nom de prostituées qui devaient rejoindre l'Irak et approcher Saddam Hussein, avec mission de ramener du renseignement. « Pandraud m'a fait venir pour me demander d'aller négocier avec le gars, raconte Aimé-Blanc. Je l'ai vu à l'hôtel Concorde pour lui passer un message : "On ne va pas te tuer, je te propose dix bâtons par mois pendant dix mois, mais tu rends les passeports." Il a accepté le marché et je l'ai payé comme convenu. Pandraud a continué à me couvrir pour les machines à sous, à la plus grande satisfaction des voyous, qui n'avaient jamais aussi bien travaillé. Ce système a duré jusqu'à l'arrivée au pouvoir de la gauche, en 1981. (Laurent) Fabius, Premier ministre, a commencé par instaurer une vignette sur les machines à sous, avant que Gaston Defferre (ministre de l'Intérieur) décide de les interdire purement et simplement. Il avait compris qu'une partie de l'argent récolté dans ces bars alimentait les voyous corses, mais aussi les caisses de la droite. »

On craint dans les rangs de la police que ce changement inédit de majorité politique n'enclenche une chasse aux sorcières parmi les tauliers, mais l'icône du 127 surnage avec l'aide de la Rouquine, célèbre bordelière, qui l'introduit auprès de Roland Dumas, avocat et homme fort de la Mitterrandie, devenu ministre des Affaires étrangères. Le contact entre le flic et l'avocat passe plutôt bien à en juger par l'appel chaleureux que reçoit dans la foulée Aimé-Blanc de la part de Gaston Defferre en personne. « Dumas parle en bien de vous… Je vais décentraliser la police… Je ne peux pas vous garder à Paris… Vous partez à Lille », lui annonce le ministre de l'Intérieur.

Le commissaire obtempère sans se douter de la suite : devenu ministre délégué, chargé de la sécurité, en mars 1986, après la victoire de Jacques Chirac aux élections législatives, Robert Pandraud – Bob pour les intimes – décide d'éloigner son ancien complice sur un autre continent : il le nomme en Guinée, où le commissaire va « gagner six briques par mois pendant quatre ans » (et voir couler autour de lui les liquidités répandues par le pétrolier Elf pour fluidifier les réseaux de la Françafrique, loin de la corruption « de basse classe » qu'il a connue jusque-là) et avec la bénédiction du ministre de l'Intérieur Charles Pasqua, surnommé avec amusement « Charles Dieu » par Ange-Félix Patassé, alors président de la République centrafricaine... Le commissaire aurait préféré la Colombie, mais un puissant ambassadeur s'y serait opposé : tout sauf ce flic qui avait fait photographier le diplomate en mauvaise posture dans un sauna parisien dont il « couvrait » la taulière pour le compte de... Robert Pandraud.

Charles Pellegrini, un Corse au 127

« En Corse, on entre dans l'administration ou on devient voyou », dit parfois Charles Pellegrini. Né en Tunisie en 1938, le commissaire a toujours porté son île comme on fait claquer un drapeau : fièrement. Bon connaisseur du milieu insulaire et des réseaux nationalistes, les deux n'ayant cessé de s'entremêler au fil des alliances et des recompositions, il n'ignore rien du système clanique. Un cordon ombilical que cultivent nettement moins ses collègues bretons, nombreux eux aussi à avoir fui une certaine misère pour se réfugier dans l'administration – plus rarement dans la voyoucratie.

Ce n'est pas son seul bagage. Dès 18 ans, Charles Pellegrini a été « extrémiste de droite ». La police, l'honneur, la France, sont des mots qui « sonnaient » à ses oreilles. L'empire, l'Indochine, l'Afrique aussi, son père ayant été sous-officier dans les colonies, ainsi a-t-il naturellement pris le parti de l'Algérie française, avec en guise de première manif l'attaque du siège du journal communiste *La Marseillaise*, près du Vieux-Port. Luimême a été parachutiste, comme Claude Bardon, qui l'accueille à son arrivée au 127, en 1973, un temps où le flic pouvait encore se balader sous une fausse identité, passeport et permis de conduire falsifiés en poche, pas vraiment taillé pour œuvrer sous la coupe du pouvoir judiciaire. Le tout sous la casaque du BCDRC (Bureau central de recherches criminelles), « une machine de guerre » alors dirigée par Jean Bellemin-Noël, « propre sur lui », et Pierre Cohet, un baroudeur à l'accent pied-noir dont le style commando séduit le jeune Pellegrini.

« Nous étions des capitaines de navires corsaires en haute mer, confie le commissaire. Tu partais avec les lettres de marque. Quand tu revenais au port avec le "butin", le patron te donnait une enveloppe, sinon il te tirait l'oreille. On était efficients ! »

Efficients… et célèbres, la bouille du commissaire Pellegrini s'affiche bientôt dans les quotidiens à gros tirage, une notoriété à la hauteur de cette autonomie revendiquée. Il n'a d'ailleurs pas attendu de rejoindre le 127 pour se faire remarquer, lui qui a démarré par la prise d'assaut de la centrale de Clairvaux avec les hommes de la PJ de Reims, l'arme à la main et sans gilet pare-balles, pour juguler la rébellion de détenus équipés de couteaux, de cocktails Molotov et peut-être de calibres. Il a poursuivi à Lyon en « chaussant les patins » d'un commissaire compromis dans le monde de la nuit, les hôtels borgnes et autres passe-droits, au point de se retrouver incarcéré ; une succession à hauts risques. Il s'en est pris aux magistrats, déclarant dans la presse qu'ils « délivraient des mandats d'arrêt au gré de leurs fantaisies », ce qui lui valut une convocation chez le préfet et une mutation disciplinaire à l'antenne de la PJ d'Évry. En un tour de main, il a alors convaincu ses supérieurs de l'envoyer épauler Joseph Le Bruchec, à la recherche d'un adjoint pour « damer le pion aux prédateurs » de la Préfecture de police de Paris, les « amis » du 36, quai des Orfèvres.

Le Bruchec observe avec indulgence ce jeune tout feu, tout flamme avec lequel il forme un attelage dépareillé à la tête de l'OCRB. À côté de celui que les flics appellent volontiers « Saint Joseph », aussi impassible que discret, Pellegrini a des airs de Zorro. « Paris, c'est la France ! » lance-t-il un jour à Robert Broussard, son homologue et rival du 36. « Paris, c'est moi ! » réplique le patron de la BRI, accroché aux frontières de son territoire de chasse.

« Face à la PP (Préfecture de police), cette république indépendante, il a fallu se tailler le chemin à coups de hache, raconte le plus corse des commissaires. La PP tenant le haut du pavé dans la capitale, nous avons pris possession du reste du pays, un territoire pas tout à fait vierge. On nous a confié les braquages, le racket, les règlements de comptes, les enlèvements, sauf qu'à chaque fois on intervenait sur le secteur de quelqu'un. On ne nous regardait pas comme des pestiférés, mais comme des envahisseurs. Il a fallu s'imposer en misant sur le professionnalisme et la discrétion, malgré les Simca 1100 de couleur fraise dont l'administration nous avait dotés. Heureusement, après l'enlèvement du patron des patrons allemands, en octobre 1977, on nous a équipés de véhicules rapides, qu'il a fallu apprendre à piloter sur le circuit du Mans… »

À la fois marginal et discipliné, lui qui a commencé sa carrière dans les CRS, grande gueule assumée, Charles Pellegrini assure n'avoir pas mis plus de deux baffes dans sa carrière, parce que les types étaient « arrogants », et n'avoir jamais torturé quiconque. Il admet une seule entorse au règlement, le jour où lui et quelques flics ont emmené en forêt un certain Patrick Henry, accusé d'avoir enlevé et tué un petit garçon. « Quelques bastos ont sifflé autour de sa tête », raconte-t-il. Manière de signifier au prédateur qu'ils ne lui accordaient aucune circonstance atténuante.

« À l'époque, on était grand par rapport au gibier que l'on chassait », analyse Pellegrini. Le « gibier » pouvait être flatté à son tour d'avoir tel ou tel grand flic à ses trousses, comme « Poupon Lentz », dit Les Yeux bleus, né à Paris en 1921, qui un jour glissa dans une conversation téléphonique écoutée en direct : « Je peux pas venir, j'ai Pellegrini sur les endosses. » Lui aussi se sentait vraisemblablement grandi par la qualité du chasseur.

Lorsque Lucien Aimé-Blanc prend la succession de Joseph Le Bruchec à la tête de l'OCRB, le nouveau tandem cherche ses marques. Les deux hommes se retrouvent tous les matins au Griffon, et au début, cela marche plutôt bien. Chacun son rôle, le prince de la nuit d'un côté, l'opérationnel de l'autre. Puis cela s'est gâté, raconte Pellegrini : « Lucien, c'était pas Max et les ferrailleurs, mais il était flic le jour et voyou la nuit. Ce n'était pas le seul à être arrosé. Les chefs touchaient gros, les petits des broutilles. Un jour, alors que je venais de frapper à la porte d'un bordel de la rue Vavin, dans la capitale, le patron m'a accueilli d'une drôle de façon : "Je ne vous connais pas, mais c'est un peu tôt pour votre enveloppe." Cela fonctionnait comme ça à Paris, mais aussi à Nantes, Lille, Lyon, Toulon, Nice, Bordeaux, où un commissaire s'est vu offrir une chambre en bois de rose par un proxénète local. À Marseille aussi, où le maire, Gaston Defferre, flanqué de deux grands voyous en guise de gardes du corps, les frères Venturi, ne donnait pas tout à fait le bon exemple. » Marseille où un flic fut carrément accusé de livrer des machines à sous dans les bars… avec une camionnette de planque, tandis qu'un autre, attaché à la gestion de l'Évêché, a été soupçonné de… vendre de l'héroïne. De quoi donner de l'urticaire à un commissaire élevé dans une certaine rectitude, comme à Raymond Marcellin, le Breton de l'Intérieur, en fonction depuis 1968.

Jean-Gustave Paulmier, chef de bande

Jean-Gustave Paulmier avait débuté comme chauffeur livreur durant ses études, l'occasion de se familiariser avec la banlieue des années 1970. Né en 1952, il aurait pu devenir notaire comme son père. Il a tourné le dos à cet univers « poussiéreux » pour passer le concours de commissaire, avant de prendre la tête de l'antenne de la PJ d'Argenteuil à l'époque où l'on voyait des juges venir eux-mêmes gifler les mecs pendant leur garde à vue. Propulsé en 1991 à la tête de l'Office central de répression du banditisme, dans le fauteuil des grands anciens, il a toujours considéré son rôle comme celui d'un « chef de bande ».

« On croisait au 127 des collègues très policés, un peu intellos, et des mecs capables de faire le "plombier" le week-end, se souvient le commissaire, aujourd'hui rangé des fichiers. Quand une affaire était réussie, on allait au resto, quitte à ramener chez lui celui qui était un peu bourré. À l'époque, on ne pensait qu'aux braqueurs. Il fallait arrêter de les provoquer en leur mettant le pognon sous le nez, dans les banques et les grandes surfaces, d'autant qu'au niveau des constatations criminelles, c'était encore une rigolade : on commençait à peine à ramasser les mégots laissés par les malfaiteurs… »

Les braqueurs ignoraient le sens du mot ADN, mais ils avaient à leurs trousses quelques inspecteurs particulièrement motivés, à l'image de Daniel Corcelette, que le commissaire Paulmier a vu débusquer plusieurs figures du banditisme réputées imprenables. « Ces flics de terrain aimaient le chaud, le froid, se coucher tard, ils avaient le sens de la rue pour les filoches et savaient où placer la cuve, s'amuse Jean-Gustave Paulmier, assez admiratif devant ces "chefs de patrouille" capables de tenir leur groupe. Tout leur art consistait à tenir la hiérarchie à distance, elle passerait à la télé une fois l'affaire conclue ! »

Chapitre 5

Proxénétisme, la tolérance explose en vol

Le petit livre rouge

Son père, un modeste homme d'affaires aveyronnais qui cumulait les coups foireux, prenait ses apéros dans un bistrot parisien fréquenté par les hommes du 36. Jacques Genthial gagnait deux fois plus que ces flics comme chef de vente au Bon Marché, grand magasin huppé de la rive gauche, mais il a tendu l'oreille. L'envie d'action le poussait vers la police, et plus particulièrement vers le concours de commissaire, qu'il réussit en 1965, alors qu'il a 27 ans. Sept ans plus tard, il quitte le 36 et ses quelque deux mille hommes pour le 127, où s'entassent tout au plus deux cent cinquante policiers. Le voilà affecté à la tête de l'office chargé de réprimer ce qu'on appelait parfois la « traite des Blanches ». Un rôle qu'il prend bien trop à cœur aux yeux de ses anciens collègues parisiens, qui crient à la trahison parce qu'il s'en prend à un système bien rodé où chacun trouvait son compte.

« On passait pour des incorruptibles, se souvient Jacques Genthial. Raymond Marcellin (ministre de l'Intérieur jusqu'en 1974) voulait tourner la page des scandales qui avaient éclaboussé la police, notamment à Lyon. Il nous a donné pour mission de faire reculer la traite, à une époque où il y avait 14 000 prostituées en France et où on envoyait des filles au casino de Beyrouth. »

C'est ainsi que les enquêteurs de l'office chargé de lutter contre le proxénétisme sous toutes ses formes tombent un beau jour sur ce qui ressemblait fort à une affaire de corruption susceptible d'éclabousser la brigade mondaine. Dans le viseur, les facilités accordées à d'anciennes barbouzes engagées contre l'OAS afin qu'elles se recasent et « mangent » à leur faim une fois démobilisées, grâce aux hôtels de passe de la capitale. Le système était relativement simple : au cours d'une réunion, tous les lundis matin, rassemblant des membres de l'Office central et des officiers de paix de la Mondaine, était dressée la liste des hôtels qui allaient être perquisitionnés durant la semaine. Il suffisait, dès lors, à l'un des officiers de paix d'alerter les bordeliers ciblés afin qu'ils prennent leurs dispositions ce jour-là, autrement dit qu'ils invitent les filles à se montrer discrètes, sachant que les enquêteurs ne mettaient les scellés sur la porte d'une chambre qu'en cas de flagrant délit.

La Mondaine se défend évidemment de toute malversation, mais pour les responsables de l'Office, il s'agissait d'une véritable pompe à fric. D'une collecte massive organisée par la police parisienne auprès des bordeliers afin d'alimenter une caisse occulte, le tout sous l'œil protecteur et vigilant d'un avocat parisien connu pour avoir coordonné ces gros bras, Me Pierre Lemarchand, au demeurant député gaulliste, immortalisé à plusieurs reprises sur le pas de porte d'hôtels de passe de la rue Saint-Denis.

Le scandale ne dure cependant pas très longtemps, puisqu'un non-lieu est finalement prononcé au milieu des années 1970, dédouanant aussi bien les policiers que les politiques. Quant au jeune Genthial, qui débutait plein de fougue et de bonnes intentions, il a droit à l'accusation de double traitrise, en tant que flic et en tant qu'ancien de la Préfecture de police, lui qui a été couvé (et fasciné) par Max Fernet, le grand chef de l'époque. Qui était ce « bouseux » à l'accent rocailleux qui prétendait en remontrer aux commissaires parisiens ? Qui était cet empêcheur de tourner en rond qui se croyait tout permis, y compris mettre sur écoute la Rouquine et son célèbre établissement, l'hôtel du Débarcadère, au risque d'embarrasser ses propres chefs ? Qui était cet Aveyronnais offusqué par la présence d'armes sur la plupart des tables du club Pierre-Charon, une institution dans la capitale ? Ce blanc-bec échappant à toutes les chapelles, inconnu des francs-maçons (on les appelait les « frères trois points » ou les « pieds crochus », en être favorisait généralement la carrière), comme des écuries politiques, allait décidément trop loin. Il avait même osé interdire à deux flics de couper les cheveux, à leurs yeux trop long, d'un « pédé »…

Le commissaire fait face à d'autres remontrances lorsqu'il décide, fort de sa compétence nationale, de s'attaquer aux hôtels de passe de Toulon, ville portuaire comptant dans ses ruelles un certain nombre d'établissements pour marins en manque, comme si la loi Marthe Richard (interdisant ces maisons closes) n'avait jamais été votée. « Vous allez avoir des viols de tous les côtés et vous en serez responsable ! » s'écrie le préfet du département. « J'ai un petit livre rouge, c'est le Code pénal », répond calmement Jacques Genthial. Un petit livre rouge et quelques hommes derrière lui : d'une douzaine de personnes lorsqu'il est arrivé, l'Office central de la répression de la traite des êtres humains est désormais fort d'une trentaine d'inspecteurs, et même d'un fichier. Avec pour terrain de chasse l'intégralité du territoire, en évitant de trop lorgner du côté du fief parisien et en tirant si possible des fils vers l'international… L'occasion pour le commissaire de se faire une idée assez précise des proxénètes de l'époque et de leurs liens si particuliers avec la PJ :

« On croisait des gars comme Pierrot Moustache, le julot dans toute sa splendeur, propriétaire d'un bar à Saint-Mandé. Il passait régulièrement au 127 voir mon adjoint, qui le manipulait. Il repérait un nom sur un dossier qui traînait et allait voir le type en sortant pour lui soutirer du blé, avant de lui suggérer de se mettre en cavale parce qu'il avait les flics sur le dos. Un jour, je lui en ai fait la remarque : "Vous regardez un peu trop les dossiers." Ces proxénètes étaient les ambassadeurs des voyous qui tenaient le pavé, les Bacri et autres Zemour. Ils étaient capables de suivre un flic en espérant lui découvrir une maîtresse, pour faire pression sur lui par la suite. En échange de leur silence, s'il était haut placé, le flic protégeait un établissement. Le jour où un collègue s'en approchait un peu trop, il s'interposait : « N'y touchez pas, c'est une source de renseignements importante. »

Un grand classique, qui a permis à Madame Claude ou à Madame Billy, deux grandes pourvoyeuses de plaisirs facturés, de prospérer durant des années à l'abri de toute poursuite, pour le plus grand confort de la jet-set. Les fameux « renseignements » étaient souvent bidon, mais cela faisait illusion. Et pendant ce temps, une partie des fonds récoltés finançait les barbouzes de la République, sans oublier les petits cadeaux, comme ces dindes offertes à Noël à tous les chefs du 36 par un généreux julot implanté à Pigalle.

Les temps changent. L'époque n'est plus où l'on envoyait à l'OCRTEH « les mecs qui ne foutaient rien », remarque l'inspecteur Christian Bordini, qui intègre le service en provenance de l'OCRB, « échangé par le patron contre deux 4 L de planque et une inspectrice » (*sic*). Le service allait se structurer autour de Simon Ouazana, une autre figure du 127, et de « quelques bosseurs ». « C'était facile, il suffisait d'effectuer une dizaine de surveillances et on envoyait un julot au trou, se souvient Bordoni. On s'est mis sur quelques beaux voyous dont les noms nous plaisaient et on les a fait tomber. » Lui et son collègue ont le beau rôle, puisque le patron les paye pour faire de la pénétration. Ils disposent d'espèces en nombre suffisant pour régler l'entrée des discothèques et y boire quelques verres, en tentant de résister aux offres des prostituées, sur le mode : « Mais qu'est-ce tu fous dans la police ? Viens avec nous ! » Sans compter les frictions obligées avec les collègues parisiens de la Mondaine, avec lesquels ces enquêteurs plutôt « free style » se marchent immanquablement sur les pieds.

C'est ainsi que débute le grand ménage dans la nuit parisienne, où « c'était un peu le bazar », ose Joseph Le Bruchec, qui garde en mémoire les exploits de quelques fonctionnaires « biturins ». Il se souvient des rencontres parfois surprenantes que l'on pouvait faire en descendant dans les « clandés » parisiens de haut niveau, où il est tombé nez à nez, un jour de 1969, avec « un célèbre journaliste », sagement assis dans la salle d'attente d'une péripatéticienne, rue de l'Arcade, à l'ombre de l'église de la Madeleine. Le nom de cette star de la presse de l'époque a bien sûr été poliment dissimulé au grand public, à l'époque on ne balançait pas ces choses-là.

36 et 127 à couteaux tirés

Le fracas déclenché par l'enquête de l'Office central sur les pratiques de la Mondaine ne retombe pas. Entre le 127 et le 36, l'inimitié devient chronique. Toutes les occasions sont bonnes de se faire un procès. Le coup de pied dans la fourmilière initié par le commissaire Jacques Genthial n'a pas mis un terme aux mauvaises habitudes des collègues parisiens, dont certains n'hésiteraient pas à prélever leur dîme sur les bars louches de la capitale, croit-on savoir. La rumeur s'intensifie en marge de plusieurs affaires, par exemple au lendemain de l'exécution d'un proxénète parisien dans une station-service, lorsque les inspecteurs du 127 voient débarquer deux flics du 36 habillés en « milord » au volant d'une superbe R16 ; les prostituées employées par la victime avaient il est vrai pour clients des notables des beaux quartiers, raison pour laquelle la police était priée de regarder ailleurs. De façon plus persistante, les collègues parisiens ont la réputation, fondée ou pas, d'avoir la main légère lors des perquisitions, alors qu'au 127 on revendique une certaine honnêteté.

C'est un détail, mais il en dit long. Les radios utilisées par les flics du 127 ne sont pas compatibles avec celles de leurs collègues du Quai des Orfèvres. Chacun sa fréquence, chacun ses codes, impossible de communiquer d'un véhicule à l'autre. Le fruit d'une longue histoire, qui veut que la Préfecture de police de Paris ait depuis toujours des airs d'État dans l'État. Pas surprenant, dès lors, que les grands chefs se jalousent, eux qui sont en concurrence frontale à l'heure de présenter leurs résultats aux autorités supérieures. Chacun ses crânes en fin d'année, tant pis si cette course effrénée bénéficie aux criminels, dans la mesure où l'on préfère parfois rater une affaire plutôt que de partager les lauriers avec la maison d'en face.

Le plus difficile à pardonner, c'est quand une concession débouche sur une erreur du concurrent, cette police parisienne que les offices centraux ont interdiction d'approcher. Comme cette fois où le 127 cède à la demande du 36, en l'occurrence de l'antigang, qui revendiquait l'exclusivité d'un « client » avec lequel elle avait des comptes à régler, un certain Jean-Claude Myszka, figure du fameux gang des postiches. Largesse amèrement regrettée vingt-quatre heures plus tard : le voyou a « détronché » les flics chargés de le filer et aussitôt disparu, il faudra des mois avant de retrouver sa trace…

Le tumulte l'emporte sur la fraternité, le chacun pour soi sur l'alliance, les cachotteries sur le partage. À tous les étages du 127, on est peu ou prou en opposition avec la Préfecture de police, même si au cours de leur carrière les patrons sont passés d'une maison à l'autre et si les inspecteurs, à la base, partagent bien des souvenirs de planque en commun. Le nom qui revient le plus souvent dans les conversations est celui de Robert Broussard, le commissaire du 36 qui truste la une de journaux, parfois à juste titre, d'autres fois « par pur opportunisme », proteste-t-on rue du Faubourg-Saint-Honoré. Les relations entre les deux bastions sont régies par des conventions que les patrons du 36 sont accusés de ne pas respecter : quand une affaire en cours empiète sur la capitale, les voyous se moquant éperdument de ces frontières administratives, le 127 a pour règle d'inviter à sa table un représentant de la PJ parisienne, mais la réciproque est apparemment rare.

Pis : les coups tordus se multiplient, chacun accusant régulièrement l'autre d'inélégance. Une affaire est-elle évoquée par un représentant du 127 lors d'une réunion mensuelle du fameux « bureau de liaison », au cours de laquelle on est censé ne rien dissimuler à ses partenaires ? Plus d'une fois, les patrons du 36 se seraient emparés de cas évoqués par les collègues du 127, un accaparement forcément mal vécu, tant chacun tient à son gibier. À tel point qu'un jour Lucien Aimé-Blanc s'offre le luxe de balancer lors de l'une de ces réunions au sommet deux patronymes corses sortis de son imagination, juste pour le plaisir de voir ses concurrents se jeter dessus. « Touchez pas, je suis dessus », intervient le commissaire Broussard, soucieux de préempter le dossier. « Ça va, j'ai compris, c'était des noms bidon », réplique Aimé-Blanc, avant de se faire mettre à la porte de la réunion par le patron, Maurice Bouvier, en même temps que Charles Pellegrini, chef opérationnel de l'OCRB.

« Avec la Préfecture de police, c'était la guerre », ose le commissaire Le Bruchec, qui pointe l'apparition dans le paysage de « personnalités davantage attirées par leur notoriété que par les affaires ». Sous-entendu : de commissaires qui font passer leur image avant la lutte contre le crime.

« La PJ était composée de deux maisons et chacune voulait que la sienne soit la plus belle », résume Dany Charpy. Une émulation quelquefois stimulante, comme durant cette période où les deux boutiques ont joué des coudes pour faire tomber le très remuant gang de la banlieue sud, qui évoluait à cheval sur les deux territoires de compétence. Quelquefois seulement, car au quotidien, c'est plutôt handicapant à entendre le commissaire Georges Nicolaï : « La Préfecture de police faisait tomber nos informateurs, et vice versa, pour priver l'autre de ses sources de renseignement, tout ça pour se pavaner dans la presse. Au niveau déontologique, c'était nul ! De plus, cela affaiblissait la police. »

L'animosité explose au grand jour quand survient l'accident imbécile. Parce que des voyous parisiens sont partis « taper » un objectif en province, le dispositif mis en place ce jour-là pour les surveiller et les coincer est mixte : l'OCRB assiste sur le terrain la BRI parisienne. Décision a été prise de les interpeller à leur retour, à un moment où les braqueurs sont censés avoir décompressé. À cet instant précis intervient Clément Contri, inspecteur à l'OCRB, une force de la nature, l'allure sèche et musculeuse du marathonien. Alors que le malfaiteur semble figé, il le ceinture vigoureusement, sauf qu'il commet une erreur : il tient à la main son pistolet automatique 9 mm Mac 50. Le braqueur se débat, son blouson se prend dans le chien de l'arme et le coup part accidentellement. La balle tue un membre de la BRI, son collègue et ami Roland Linck, avant de blesser à la hanche l'inspecteur principal Jean-Marc Maury, membre de son propre service.

Plusieurs policiers fondent en larmes. Bouleversé, Clément Contri ne sera plus jamais le même homme. En attendant, la polémique éclate. Robert Broussard, patron de la BRI, se déchaîne ; Charles Pellegrini réplique vertement au nom de l'OCRB, rappelant, mais personne ne l'a oublié dans la famille policière, comment un inspecteur de la BRI a tué accidentellement Jacques Pottier, 26 ans, un collègue qu'il avait pris pour un bandit, le 23 juillet 1975. Non sans marteler aux oreilles de ses hommes qu'on ne devrait plus jamais interpeller un individu sans avoir au préalable rangé son arme dans l'étui.

Scène rare, le ministre de l'Intérieur de l'époque, Christian Bonnet, « un petit bonhomme qui ne payait pas de mine », dixit un commissaire présent ce jour-là, s'assoit au fond de l'église avec son officier de sécurité lors de la messe d'enterrement de l'inspecteur divisionnaire, avant de venir saluer la famille au cimetière. De sa chaise, il entend l'allocution prononcée par l'un des collègues du défunt : « Qu'elle était longue, au soir de planques et filatures exténuantes, de veilles pénibles, la route qui mène de Paris à Othis (son domicile) ! Roland, son humour gouailleur, sa légendaire casquette, sa calme assurance, marche encore à nos côtés (...) Lui, le policier implacable, efficace, lui qui avait lutté contre le crime dans ses manifestations les plus viles, était incapable de la moindre méchanceté. Pire, la méchanceté chez autrui, après une si longue expérience, le laissait toujours désarmé. »

Le dramatique épisode compromet durablement toute opération commune entre la PJ « nationale » et la PJ « parisienne ». L'après-Linck est âpre. Alors qu'il effectue une recherche dans les archives du 36 quelques mois plus tard, l'inspecteur Jean-Marc Désiage, coresponsable de la doc du 127, est sèchement « pris à partie » par un gars de la BRI. « J'allais me mettre en colère, mais un collègue est intervenu, se souvient-il. Il n'y avait plus de possibilité de travailler ensemble. »

Les cicatrices peinent à se refermer lorsqu'un article remet le feu aux poudres. Son titre : « Le triomphe de Broussard ». La journaliste y relate l'arrestation de Charles Willoquet, un truand de haut vol, dans un immeuble de la rue d'Oslo, en attribuant tous les lauriers au patron de la BRI, sauf que, dans la vraie vie, le tuyau venait de l'OCRB, contrainte d'associer le 36 à l'opération dans la mesure où elle se déroulait en plein Paris. Robert Broussard a effectivement été le premier à frapper à la porte, mais Charles Pellegrini était juste derrière lui, son 357 à la main, tandis que des tireurs d'élite avaient pris position dans l'immeuble d'en face.

La journaliste n'a visiblement eu qu'un son de cloche, celui du 36. Désireuse de remettre les choses dans le bon ordre, l'équipe de l'OCRB l'invite à boire un verre au 127. Un guet-apens : ses hôtes attachent la signataire de l'article sur une chaise et effectuent une sorte de danse du ventre autour d'elle durant quelques minutes. En rigolant, bien sûr.

Chapitre 6

Chasseurs d'élite

Pierre Winckel, alias Pierrot

Autant les chefs jouissent d'une autonomie considérable, autant les inspecteurs jouent collectif. Aussitôt nommé au 127, l'inspecteur intègre un groupe. Plus qu'un métier, il épouse un style de vie. « On passait son temps dans le service, se souvient Pierre Winckel, alias Pierrot, alors inspecteur principal. On rentrait tard le soir à la maison, après avoir pas mal picolé. La famille, c'était la police. On vivait en communauté. »

Tout commence par une cooptation, la cohésion est à ce prix, mais aussi l'efficacité. Au-delà du quotidien, de ces journées, de ces semaines, de ces années passées ensemble, la pratique nécessite une entente parfaite entre les six à huit personnes qui constituent le groupe. La filoche, cœur du métier, est un véritable travail d'équipe, où « chacun complète le travail de l'autre », observe

Pierrot. Tous sur la même longueur d'onde, et pas seulement pour communiquer par radio. Tous compatibles, sous peine de s'affaiblir quand la menace guette. Copains autant que collègues, chacun apportant sa petite touche. Le motard manie son deux-roues aussi agilement que son arme de service, même par mauvais temps ; indispensable quand les voitures se font « décrocher » par la cible. Celui qui sait mieux « piétonner » que quiconque prend la bonne option alors que le cours de la filature change brusquement, un art qui laisse une grande place à l'improvisation. Dédé, ancien champion de boxe française, ou Éric, « teigneux comme un pitbull », peuvent être envoyés sur n'importe quel client. Sans compter celui qui conduit tellement vite qu'aucun voyou ne parvient à casser la filature ; un type capable de rivaliser avec les meilleurs pilotes du milieu, sans jamais froisser la moindre taule, dit la légende.

Bien sûr, certaines affinités poussent les inspecteurs à se coaguler. Les Corses ont tendance à se rapprocher des Corses, avec l'avantage de pouvoir communiquer dans une langue que peu comprennent à l'extérieur du cercle. Les « Parigots » se trouvent facilement des points communs. Les pieds-noirs ont trop de souvenirs en partage pour ne pas se serrer les coudes, ce n'est pas Pierrot qui dira le contraire : rapatrié d'Algérie avec sa famille à l'âge de 11 ans, avec dans sa besace un goût certain pour les armes et une forme d'accoutumance aux scènes de guerre, lui qui a été plusieurs fois confronté à la vue d'un cadavre dans la rue, il rejoint naturellement un autre pied-noir, l'inspecteur divisionnaire Jean-Marc Maury, lorsque ce dernier est affecté à l'OCRB.

Les modes de vie tissent d'autres sortes de frontières au sein de l'« OB », selon le raccourci en vigueur pour désigner l'Office central de répression du banditisme. Tel groupe est connu pour lever le coude au bar à peu près tous les soirs. Le groupe qu'il a intégré privilégie le sport à l'heure de la pause-déjeuner, boxe, footing ou séance de musculation, un entraînement qui évite, souligne Pierrot, de « prendre la tête des autres avec ses soucis familiaux ». La chasse aux grands voyous est aussi un exercice très physique.

« Les chefs faisaient une carrière, nous on faisait des affaires », résume l'ancien inspecteur. Une répartition des tâches inscrite dans les gènes de la police, les patrons de l'époque ayant la chance de disposer d'inspecteurs pour qui chaque affaire, ou presque, est une affaire personnelle. « Un état d'esprit, dit Pierrot, qui comme la plupart a vécu sa nomination au 127 comme un aboutissement. On se faisait plaisir en allant au bout des enquêtes, à la manière d'adultes un peu immatures. S'il fallait, on annulait nos congés sans réfléchir aux conséquences. On ne parlait pas d'horaires. On était disponibles. On ne travaillait pas pour les jours de récupération, d'ailleurs en partant je leur en ai laissé deux cents en cadeau. On négligeait nos familles pour ces bons moments. Nos épouses élevaient seules les enfants. Quand on avait remporté un succès, on finissait dans un piano-bar où un copain jouait de la guitare manouche. On fêtait ça entre potes, sans forcément se déchirer. Tout nous paraissait simple.

On prenait deux ou trois jours de repos et on passait à autre chose, sans se préoccuper des suites judiciaires. »

Jean-Marie Flori,
les fonctionnaires et les poulets

Jean-Marie Flori jure qu'il est devenu policier « par hasard ». Les accords d'Algérie signés, il ne partait plus « là-bas ». Un cousin germain, qui travaillait à la préfecture, l'a aiguillé vers le 36, qui recrutait. « Vous êtes libre pour travailler le dimanche ? » C'est pratiquement la seule question qu'on lui a posée. Ayant répondu par l'affirmative, il s'est retrouvé officier de police adjoint, dans la rue. Il a fait partie de ceux qui ont suivi François Le Mouel lorsqu'il a été propulsé à la tête de l'office des stups, au 127. « Flic d'instinct », ainsi se définit-il.

« Les Américains étaient émerveillés de nous voir tout faire avec des bouts de ficelle, se souvient l'ancien inspecteur, désormais retiré dans son village corse. On avait une autre façon de penser qu'eux, mais surtout, on n'avait rien. Il nous fallait des voitures, des motos. Ils nous ont boostés. »

Un jour, alors que Flori était monté dans un arbre pour surveiller un petit laboratoire de fabrication de l'héroïne du côté de Chambon-sur-Lignon, en compagnie du juge Michel, « policier dans l'âme », lui qui allait rencontrer ses indics avec la voiture de sa secrétaire, l'affaire tombe à l'eau. Ne disposant pas d'un chimiste performant, les truands n'arrivaient visiblement pas à fabriquer le produit. La décoction tournait verdâtre à chaque fois, et ce qui devait se transformer en or finissait dans le ruisseau. Pas de flag en vue, mais la grande aventure de sa carrière ne tarde pas, avec la rencontre, en garde à vue, en 1985, d'un « parleur » de haute volée, un certain Wiesgril, pas vraiment truand, qui les yeux dans les yeux le met sur la piste des assassins du juge marseillais. « Je l'ai détecté, raconte-t-il. Il aimait parler. Ce mec a été un miracle, un envoyé de Dieu. Je suis assez chanceux. Je suis sur les bons coups. »

L'histoire avait débuté par un appel des collègues espagnols. « On a des Français avec un accent, on ne comprend pas trop ce qu'ils préparent. » « Il faut y aller », a aussitôt tranché un inspecteur qui avait connu les grandes heures de la French Connection. Les gars ont été filochés depuis Nîmes jusqu'aux montagnes suisses, où ils déménageaient un laboratoire, pensant que cette délocalisation les mettrait à l'abri. L'un des protagonistes, Charles Altieri, par paresse, passait tous ses coups de téléphone depuis la même cabine téléphonique de Neuilly-sur-Seine. « Une mine d'or ». Restait à conduire les suspects « au bord du précipice » et à les ramasser, ce qui allait prendre pas moins d'une année. Le temps d'identifier Philippe Wiesgril, capable de faire tourner le laboratoire, une paire de Nîmois et les Marseillais, qui se réunissaient curieusement dans le Pas-de-Calais, loin de leur base – on comprendra plus tard qu'ils étaient plus ou moins « tricards » dans le milieu depuis qu'ils avaient concouru à l'élimination du juge Pierre Michel, abattu le 21 octobre 1981 à Marseille, Charles Altieri conduisant ce jour-là la moto.

Au début, l'Office échange avec les collègues en poste dans la cité phocéenne. Des noms sont transmis, jusqu'au moment où l'on entend au téléphone l'oncle de Charles Altieri, qui travaille chez Ricard, lire à son neveu une note de synthèse transmise la veille par Paris. L'épisode a entraîné la fin de toute collaboration avec les policiers locaux, dont un inspecteur soupçonné d'avoir fait fuiter le document. Identifié, le policier a été muté « disciplinaire » à Nancy ; comme les principaux personnages du dossier, il était originaire du quartier des Catalans et prenait ses bains avec la bande, petit. Jean-Marie Flori, lui, fait craquer le maillon faible de la bande. Les yeux dans les yeux, il obtient des aveux de rêve, avant que les Américains ne proposent au repenti une nouvelle vie outre-Atlantique, vol à bord du Concorde inclus…

L'ex-inspecteur l'assure lui aussi, le 127 était « une équipe de copains ». « Bon, les enfants, vous connaissez votre boulot ! » lançait Le Mouel à la cantonade. Et ils y allaient, « pour rigoler », parfois même en oubliant leur radio, en ce temps-là on pouvait requérir un car de Police secours de n'importe quel point de la capitale en actionnant une borne, pour ramasser les gars interpellés (la « viande », comme on disait). Paternaliste, le patron avait tenu à briefer ses troupes au sujet de son adjoint Lucien Aimé-Blanc, qu'il connaissait très bien : « Les flics marseillais connaissent les voyous depuis l'école communale, il faut le surveiller comme l'huile sur le feu. » Pas de quoi perturber Jean-Marie Flori, qui décrit « Lulu » comme « un bon flic capable de tout », qui « aimait les truands et te glissait toujours un rencard ». « Se frotter avec le milieu, ça excite, ajoute-t-il. Aimé-Blanc n'était pas un surhomme. On sentait sa fragilité mais il n'aurait pas eu le courage de basculer complètement. »

Basculer, l'inspecteur ne risquait pas. « J'avais une morale paysanne, je faisais partie de ceux qui n'en croquaient pas, dit-il. Je respecte les braves gens, mais les autres sont mes ennemis. C'est un match entre eux et nous et je voulais toujours gagner. Il y a les fonctionnaires de police, ceux qui font ça pour ne pas payer le bus, et les poulets, des gagneurs aspirés par ce qu'ils font. Mon père était un fantastique chasseur de sangliers. Si tu es chasseur dans l'âme, tu es bon en tout. Je suis un policier manchot, je ne tape pas à la machine, mais je repartais toujours à la chasse, habillé comme M. Tout-le-Monde, jean et pull-over. Je n'ai jamais eu peur. Ça se passait tranquillement. Les voyous avaient leur façon de vivre. Ils faisaient un boulot, on faisait le nôtre. C'était au plus malin, pas forcément au plus fort. On savait qu'ils faisaient des choses interdites et on essayait de les faire en flag. En garde à vue, même avec un gros mental, ils ont leurs faiblesses, mais on peut se comporter comme un homme. Je me disais parfois : celui-là pourrait être mon père. Être gentil, ça ne coûte rien, d'ailleurs tu n'obtiens rien de personne par la menace. Quand le gars partait au dépôt, généralement, je lui serrais la main. Je n'avais pas la haine des voyous. Hormis quelques exceptions, ces types n'allaient pas buter un poulet. Ce n'était pas des fous ! »

Dany Charpy, force de frappe disponible

« Je n'ai jamais eu d'états d'âme », glisse Dany Charpy, officier de réserve dans un régiment de parachutistes avant de devenir flic en 1967, à l'âge de 24 ans. À la Préfecture de police de Paris, il connaît les affaires étouffées, éprouve aussi la puissance de la franc-maçonnerie dans les rangs de la hiérarchie. Aspiré au 127 par l'inspecteur principal Emmanuel Farrugia dix ans plus tard, il va tâter d'une police plus carrée. Personne ne l'a mis en garde contre les risques physiques qu'il allait courir, ni contre cette vie de célibataire qui l'attendait, pas même ces flics qu'il avait croisés à la maison à l'époque où son père coordonnait une commission chargée de débusquer dans les rangs les anciens collabos. Les moyens de l'OCRB l'avaient juste fait rêver, comme ces grandes affaires qui tenaient l'opinion en haleine, ponctuées d'exploits retentissants.

« C'était glorieux, j'y suis resté, se souvient celui qui a dessiné le futur fanion de l'OCRB à la demande du commissaire Georges Moréas, une carte de France dans les griffes d'un tigre devenue panthère une fois colorée en noir. On n'était pas flic par accident. On était motivé, plein d'allant. Tu avais la valise sur le haut de l'armoire et tu partais dans l'heure, parfois plusieurs semaines d'affilée. Il n'était pas question de rentrer le week-end à Paris alors qu'on était en pleine demande de rançon. C'était le deal. »

Les inspecteurs ne voyaient pas toujours leurs enfants grandir, leur couple volait souvent en éclats, Maurice

Bouvier, le patron, avait cependant annoncé la couleur. « Soyez à ma botte si j'ai besoin de vous », avait-il lancé à ses troupes, et ce n'était pas une boutade. « On était un peu comme les militaires, confirme Dany Charpy. On disposait d'une bagnole et s'il fallait revenir au 127, on revenait. Si on était à la campagne ou aux sports d'hiver, ils nous faisaient joindre par la gendarmerie. On était la force de frappe disponible. »

Lorsqu'il se met à épeler les noms de famille selon la phonétique internationale des militaires, A comme Alpha, B comme Bravo, C comme Charlie, cela fait rire ses collègues. Jusque-là, c'était A comme Agnès, ou comme André, selon l'humeur. Dix ans plus tard, raconte-t-il, « on parlait tous le même langage. Ça évitait les confusions et les pataquès ». Une forme de professionnalisation par la bande qui permet de rester à niveau face à une criminalité toujours en avance sur l'administration. Il fallait aussi créer un langage codé pour semer les journalistes, qui suivaient les déplacements de la PJ l'oreille rivée à leurs scanners, au risque, parfois, de faire échouer une opération en arrivant sur les lieux avant la police, avec leurs voitures siglées du nom de leur radio. Pour mieux les semer, les flics de l'OCRB ont rebaptisé les rues et les monuments. L'Arc de Triomphe est devenu le « cube », la tour Eiffel est connue sous le nom de la « ferraille ».

Quant aux rapports avec la « clientèle », Dany Charpy, vingt et un ans passés au 127, les définit sans ambages : « S'ils nous respectaient, on les respectait. Cogner un mec pour lui faire avouer ce qu'on sait déjà, cela n'a pas d'intérêt. Certains voyous étaient un peu dingues, mais on avait surtout affaire à des professionnels. » La rébellion n'était pas vraiment leur truc, d'ailleurs les inspecteurs du 127 n'auraient pas apprécié. Ils avaient pour eux le nombre. S'il fallait jouer la comédie, montrer ses muscles, ils savaient faire. Sortir l'arme ne les effrayait pas, surtout quand ils se faisaient allumer.

Christian Bordoni, le foot et les « braquos »

Son grand-père était communiste et son père maçon. Depuis qu'il était gosse, lui voulait être flic, et même commissaire de police. « J'aimais l'ordre et l'idée de défendre des gens dans la peine, explique-t-il. J'aimais ce qui est juste. » Le 12 juillet 1972, après un concours, il devient enquêteur contractuel, avec un petit avantage sur d'autres : depuis son bac commercial, il tape à la machine avec tous les doigts. Son truc, c'est cependant le terrain. « Le cul dans un bureau, je suis nul », dit-il.

Affecté directement en police judiciaire, à l'antenne de Juvisy-sur-Orge, dans l'Essonne, Christian Bordoni a une longueur d'avance à l'heure de contrer les menées des voyous de la banlieue sud de la capitale : il a grandi « dans la zone », entre la porte d'Ivry et Viry-Châtillon et connaît le secteur, sans compter les jeunes qu'il a côtoyés en jouant au football, jusqu'à ce qu'un accident de voiture n'affaiblisse un genou. Très vite, il obtient des tuyaux en or sur les équipes les plus actives. « On vous donnera une petite pièce quand on les aura interpellés », lui promet le grand chef, Joseph Le Bruchec. Bordoni attend toujours les sous, mais la bande a bien été neutralisée et poursuivie pour une douzaine de hold-up.

Le jeune flic – il a 23 ans – connaît tellement bien le coin qu'il se rend indispensable. Le foot reste une passion, même s'il n'y fera plus carrière. Le soir, après le bureau, il s'entraîne. Gardien de but, il pose le calibre dans l'en-but, avec son sac. « J'étais connu comme le meilleur gardien junior à Paris », dit-il. Parmi les joueurs, beaucoup ont choisi l'autre camp, celui de la voyoucratie, mais il met les choses au point. « Ils savaient tous que j'étais un mec droit, que je n'allais pas jouer un double jeu. À eux de ne pas se perdre. » De temps en temps, un voyou est arrêté avec le numéro de téléphone personnel du policier dans la poche, sans que cela fasse de vagues.

De l'amitié plein les yeux, Christian Bordoni commet cependant un péché de jeunesse en rédigeant un faux document destiné à aider un gardien de la paix à intégrer le club de foot de Choisy-le-Roi, en 4e division. La Fédération le découvre, la police des polices s'en mêle, mais le directeur central, Honoré Gévaudan, vole au secours de son inspecteur : fan de foot lui-même, il le mute « dans l'intérêt du service » à l'OCRB, alors dirigé par Lucien Aimé-Blanc. Au 127, envié pour sa compétence nationale, où il va pouvoir s'intéresser aux voyous de toute la France. Finies les filatures au volant de la poussive Simca 1307, le voilà intégré au groupe national d'intervention, fleuron du service. L'idéal pour un gars « obnubilé par les braquos ». Entêté aussi, à l'entendre : « Quand je me mettais sur quelqu'un, il fallait que ça (l'affaire) sorte. Je dormais deux heures le midi chez ma mère et je repartais le soir. C'est comme ça que je voyais des gens. »

Bordoni a des amis dans la nuit, côté « mauvaise » vie et le 127 y trouve plus que son compte. « On était fier d'être là, dit-il. C'était très fraternel. On risquait notre peau. Ça créé des liens. »

Jean-Pierre Simon, fils de poulet

Son père, « bon poulet », portait la « roupane » (la tenue). Né dans la partie populaire du 18e arrondissement parisien, il a souvent pris des trempes à la récré parce qu'il était fils de flic. En 1969, après avoir tenté de trouver son pain ailleurs, Jean-Pierre Simon a opté pour le métier de gardien de la paix. Au cours du gala annuel de l'orphelinat, il sympathise avec Maurice Bouvier, qui loge non loin du commissariat de ses débuts, à Saint-Ouen. Le patron l'aspire vers le 127 lorsque Simon devient inspecteur, en 1976. Précisément à l'OCRB, où il se retrouve sous les ordres du « père Pelle », comme il appelle affectueusement Charles Pellegrini.

Petit passage obligé par la « Doc », pour s'imprégner de la matière. Premiers tests sur le terrain, où il se frotte aux « belles » affaires qui défrayent la chronique. « Tu te croyais au cinéma ! » lâche-t-il. Les qualités requises ? « Fallait pas être maladroit à la filature, à pied ou en voiture, et avoir un esprit un peu chasseur. Comme Parisien, j'avais plus de facilité que le collègue qui arrivait de Bretagne. » Le voilà embarqué dans une nouvelle vie où il passe davantage de temps avec ses collègues qu'il n'accompagne ses fils jouer au foot. Où il est jour et nuit derrière des braqueurs susceptibles de s'envoler d'un instant à l'autre…

« Certains voulaient bouffer du flic, mais l'inverse n'était pas vrai, assure l'inspecteur. On ne parlait pas de buter du voyou. » Tous les repris de justice n'étaient cependant pas sur cette ligne dure, à l'instar du « petit François » (François Besse), qui titille les trois policiers français venus le récupérer un Belgique. « Ça fait un moment que vous êtes derrière moi, mais pas tant que ça, sinon vous auriez fait le grand Jacques », leur lance-t-il, manière de leur faire comprendre qu'ils sont passés à côté de son ami Mesrine.

« Il y avait peu de branquignols à l'époque. Il y avait le chauffeur, celui qui jouait du burin, celui qui tenait le calibre et savait ce que c'était. Ils prenaient sûrement des fortifiants, mais ne passaient pas de l'épicerie au fourgon blindé le nez encore blanc de cocaïne, comme les voyous d'aujourd'hui. On en a même vu qui avaient aménagé un pavillon, avec des lits picots et les tenues toutes prêtes sur des penderies, d'où ils partaient faire leurs coups. »

Entre eux, les inspecteurs du 127 parlent de « beaux mecs », parfois même de « très beaux mecs », appellation réservée à ceux qu'ils soupçonnent de « taper » avec les équipes les plus redoutées, mais surtout à ceux qu'ils n'ont jamais réussi à « monter ». Des individus qu'ils finissent par connaître à force de guetter leur famille, d'épier leurs habitudes, de consigner la liste de leurs amis, de s'imprégner de leur mode opératoire, à la recherche du « tubard » (tuyau) en or. Comme celui-ci : le petit M., figure du banditisme dans l'Isère, « beau mec » et « fou furieux » à la fois, loge à Paris chez une gonzesse qui tapine ; il dissimule son argent dans la salle de bains, entre les couches du petit, et son calibre sous le siège d'un scooter, derrière la porte de l'appartement. « Il était ferré, se souvient Simon, à tel point qu'il s'est mis un coup de tronche sur la table basse, puis un autre coup contre l'arête de l'armoire métallique au bureau. Plus jeune, au commissariat de Grenoble, il s'était fait remuer plusieurs fois. Il a pris les devants en espérant écourter les auditions… »

« Les voyous, quand ils montaient sur leurs coups, c'était la fusillade assurée si on décidait de les faire à chaud », assure Simon, souvenir à l'appui : ce jour-là, les malfrats sont dissimulés dans les buissons autour du centre fort qu'ils ont décidé de prendre pour cible. Leur chef positionne son équipe, tous manouches. « Toi, tu te mets là. Si les Schmitt (policiers) arrivent, tu les laisses approcher et tu les découpes. » Frémissement à quelques mètres de là. L'un des gars monte sur le toit du bâtiment et ouvre une brèche, sauf qu'il vise mal et tombe dans un garage. Le boss change de stratégie et décide d'attendre le premier employé. Encore raté, le type parvient à prendre la fuite avant d'être pris en otage. Les voyous finissent par renoncer et s'égaillent dans la nature. Ils feront mieux la prochaine fois, à moins qu'ils ne « tapent » au hasard sur le chemin du retour pour ne pas rentrer fauchés, une habitude dans le milieu manouche…

Le genre de garçons que l'on préfère laisser filer tellement ils sont « chauds » quand ils récupèrent une livraison de came ou s'apprêtent à partir sur un casse. En espérant qu'ils seront suffisamment gourmands pour recommencer, aussi gourmands que les policiers, qui longtemps ont voulu « le beurre et l'argent du beurre », autrement dit le flag parfait, avant de miser sur une nouvelle infraction plus facile : l'association de malfaiteurs, suffisamment efficace pour retenir le voyou cinq ans sous les verrous. Avec à l'appui des juges « pro-poulets », « tout juste si on leur filait pas un calibre quand on montait sur une affaire ».

Sous les yeux médusés de l'inspecteur, un certain Bruno Sulak, légionnaire devenu braqueur, « tape » une bijouterie à Thionville en pleine manifestation, avant de semer ses poursuivants en balançant des fumigènes. Finalement interpellé, celui que la presse surnomme le gentleman cambrioleur parvient à s'arracher du petit tribunal où il est convoqué avec le concours de ses amis « yougos », rencontrés à la Légion, épisode au demeurant ponctué d'un incident digne des pages people : volée à un gendarme, une arme est retrouvée dans la boîte à gants d'une voiture prêtée, affirme le conducteur, par Anthony Delon, fils de l'acteur. « On a entendu le père, qui faisait une bouille pas possible, se souvient l'inspecteur. Son fils s'était fait rouler dans la farine. » Bruno Sulak, lui, n'a pas fini de se faire remarquer. « Serré » à la frontière espagnole sous un faux nom, il reçoit sous les verrous la visite de Jacques Servas, un chef de groupe de l'OCRB, qui lui dit : « Bruno, maintenant, t'arrêtes les conneries ! » Et le voyou aux multiples conquêtes féminines de se mettre au garde-à-vous comme à la Légion, alors qu'il guette l'hélicoptère que son complice préféré doit affréter pour l'arracher à sa geôle. Son ami est abattu par la police ? Le bandit insatiable jette son dévolu sur un sous-directeur de la prison, qu'il parvient à soudoyer, mais l'histoire se terminera mal, par une chute mortelle de la fenêtre de l'établissement pénitentiaire…

« L'important, avec des gars de la trempe de Sulak, c'était ce qui se disait hors P-V (procès-verbal), commente Jean-Pierre Simon. La conversation qu'on pouvait avoir avec eux permettait d'approcher leur personnalité. La presse vantait les charmes de Sulak, mais le gars était chargé et les coups pouvaient laisser du monde au tapis. À force d'être derrière ces voyous, on n'a plus aucune compassion pour eux. »

Michel Vincent, le paysan et le MAC 50

Michel Vincent, un Ardéchois, avait selon Charles Pellegrini « une niaque exceptionnelle ». Tous les ans, il allait faire les foins avec ses parents, « dans la petite ferme où ils se sont crevés toute leur vie ». Il était capable d'armer un MAC 50 d'un geste brusque, sans toucher la culasse. Cette prouesse technique a un jour valu une tournée du restaurateur, encore un ancien légionnaire, pas mécontent de recevoir dans son établissement ce magicien et ses collègues, venus fêter l'arrestation de Patrick Henry, accusé d'avoir tué un enfant du côté de Troyes.

Né en 1946, concours de la police passé à 21 ans, bourse à l'appui, Michel Vincent débarque à Versailles après les trois mois d'école réglementaires, armé de son bon sens paysan et d'une conviction : il veut arrêter des voyous. La police qu'il découvre au 127 relève de l'artisanat, avec ses 4 L, quelques R14, une DS et une R16TX, ses fichiers manuels, l'essence accordée au compte-gouttes, comme les écoutes téléphoniques, du moins jusqu'à l'affaire Mesrine, où l'urgence bousculera tout le monde. Initié à la photo par un collègue, « un maître », qui publiait des photos de plantes et de champignons dans les pages de *Rustica*, il intègre l'équipe de tir de la police et participe aux championnats de France de la PJ, avant de gagner, en 1972, le challenge police nationale en battant les CRS.

Les ingrédients qui font un bon flic de police judiciaire ? « Une dose d'intelligence, de la persévérance, du courage et ne pas avoir peur de mettre les mains dans le cambouis, sans oublier d'être costaud moralement, car le policier est au cœur de tout ce qu'il y a de plus mauvais, le crime, le vol, les cambriolages qui massacrent toute votre vie, tranche l'ancien inspecteur. Le 127 était un petit village, embraye-t-il. On se rasait le matin en écoutant la radio pour savoir si l'actualité allait nous contraindre à partir quelque part, comme les pompiers. On était constamment sur la route, mais on se connaissait tous. La Saint-Alain, la Saint-Bernard, toutes les occasions étaient bonnes d'aller au bistrot. Nos tauliers se bouffaient le pif avec ceux du 36, mais entre collègues, ça se passait bien, même si le chasseur veut toujours le beau gibier. »

Michel Vincent apprécie le talent rédactionnel de Lucien Aimé-Blanc, qui soigne ses notes au ministre, et la « classe » de Joseph Le Bruchec. Les bureaux ne sont pas fonctionnels, disons même que l'état des lieux aurait provoqué une levée de boucliers dans n'importe quelle entreprise, mais les flics sont toujours dehors. « J'ai été de toutes les batailles, raconte l'ex-inspecteur. Je me suis fait tirer dessus plusieurs fois, disons que j'ai eu de la chance. » Comme le jour de cette prise d'otages dans une banque de l'avenue Bosquet, à Paris, en 1976. La BRI du commissaire Broussard est sur place. Les voyous négocient pour déguerpir avec des otages. L'OCRB est mise dans le coup pour prendre le relais au cas où ils quittent la capitale. Le commissaire Charles Pellegrini embarque Michel Vincent et déboule sur les lieux, sauf que les braqueurs les voient arriver. « Broussard nous a fait signe de faire fissa. Alors que nous étions à quelques mètres de la banque, ils nous ont tiré dessus, mais nous ont ratés. »

Dans leur fuite, en fin de soirée, à bord d'une voiture fournie par la police, les malfaiteurs percutent rue François-Ier le véhicule de députés venus discuter du… budget de la police. L'un d'eux poursuit sa course à pied et braque un automobiliste. « Celui-là, on va le niquer », lâche un inspecteur, tandis qu'un autre, moniteur de tir, en blesse un mortellement après avoir rechargé son revolver sous le levier de vitesse. Passant par hasard dans les parages, le journaliste Jean-Claude Bourret lâchera, admiratif : « Il y a des mecs qui ont des couilles ! » Le tireur, chef du GNI, « un monsieur » selon le mot de Vincent, sera décoré.

« Il suffit d'un grain de sable et tout ce que vous avez planifié se met à grincer, commente l'inspecteur. La moindre seconde de retard est pour les voyous une opportunité. Ce jour-là, ça n'est pas passé loin. »

Jean Baillot face au vice

Jean Baillot était pion dans l'Aube lorsqu'il a frappé à la porte de la police, en 1980. Ses parents œuvraient dans la bonneterie, lui devient inspecteur dans un petit commissariat de la banlieue, à Clichy-la-Garenne, où sévissent casseurs et voleurs à l'arraché et où les anciens, Maghrébins de la première génération, ramènent facilement leur gosse par l'oreille. Son voisin de bureau, un certain Daniel Corcelette, l'aspire sept ans plus tard à l'OCRB, dont il a croisé plus d'un représentant chez Popaul, cette table auvergnate qui avait les faveurs de la PJ, à Clichy. Hier juge de paix sur le bitume, presque autonome, il intègre un groupe de huit, « tous complémentaires », capable de prendre en filature un voyou de Paris à Toulouse, sur le terrain jusqu'au flag, quitte à passer six mois derrière une équipe. Un groupe presque « fusionnel » où l'on apprend à se comprendre à demi-mot, par signes, quand l'un guette dans la « cuve », tandis que les autres font les « piétons », parfois en short et sans leur arme, comme ce 14 juillet où il faisait trop chaud pour porter une veste.

« Le matin, on ne savait pas où on partait », et ceux qu'ils surveillaient n'étaient pas des petits calibres. « Ils avaient du vice », même les femmes, comme Lydie, la compagne de Francis le Belge, « plus dure à faire qu'un mec », elle qui semblait connaître toutes les sorties des stations-service, au point qu'il fallut plus de six mois pour la suivre jusqu'à la planque de son homme, à Bruxelles. Celui qui guette à bord de la « cuve » n'a pas intérêt à s'endormir, s'il rate le voyou qui sort de chez lui, la journée est perdue. « Il faut savoir observer, comprendre en même temps ce qui se passe, et anticiper », explique l'ancien inspecteur. Ce gars qui vient à la rencontre d'un braqueur, chemise bleue, pantalon bleu, ce n'est pas un vigile, mais un employé de la Brink's, la société de transports de fonds qu'il a prévu d'attaquer. Si le voyou apprend qu'un mec planque depuis deux jours en bas de chez lui, il n'y a plus qu'à plier bagage. La règle ? « Planquer avec des Ray-Ban sur le nez, ça ne marche pas, poursuit notre interlocuteur. Si vous ressemblez à Batman, ce n'est pas la peine d'y aller. C'est le principe de la poubelle : si elle est verte, personne ne la verra, sauf si elle est au milieu du carrefour. Après, il faut savoir reconnaître la trace de pas du gibier, puis se placer au bon endroit dans la rue. Si on le voit, c'est bien, si on voit ce qu'il voit, c'est mieux. »

Un jour, alors qu'il est penché sur une voiture pour lire le kilométrage sur le compteur, celui que ses collègues appellent désormais Jeannot sent un souffle chaud dans la nuque. « Elle vous plaît, ma voiture ? » demande le voyou. « Vous la vendez ? » « Hum… », lâche le voyou, dont l'inspecteur tente de dissiper le doute en se posant à l'arrêt de bus le plus proche, puis en montant à bord du bus qui passe alors que le gars effectuait un tour du pâté de maisons. Des collègues prennent le relais en voiture et le suivent jusqu'à Troyes, où il repère une cible, un antiquaire censé revenir régulièrement des puces de Saint-Ouen avec des espèces sur lui. Comme le piéton, la voiture ne doit pas être trop « typée ». Lorsqu'il a fallu poursuivre des voyous sur l'autoroute de l'Ouest au volant des Peugeot 205 GTI cinq portes fournies par l'administration, Jeannot et ses équipiers ont vite été repérés : ces véhicules étaient des prototypes pas encore disponibles sur le marché. Le dernier équipage encore au train des voyous a été ce jour-là contrôlé par les gendarmes, qui n'ont pas cru à leur histoire de flics en filature et ont immobilisé le véhicule à cause de sa fausse plaque d'immatriculation (l'affaire s'est réglée au commissariat d'Elbeuf...).

« Les voyous sont des gens qui font leur job, dit Jeannot en connaisseur. Comme ailleurs, il y a chez eux des bourrins et des gars hors norme. Le jour où ils tirent, c'est généralement pour que tout le monde baisse la tête, pas pour tuer. Quand on les arrête, ils boivent avec nous la bouteille mise au frigo. En garde à vue, on s'en tient au respect mutuel. Le voyou cherche à savoir ce qu'on a entre les mains, à nous de faire profil bas avant de sortir au bon moment une photo, prise au téléobjectif 400 mm, où on le voit par exemple près d'un distributeur de billets, avec un bob sur la tête, ou en train de parler avec un convoyeur de fonds. » Une dernière pensée pour les voyous qui ont atteint la limite d'âge, ces anciens fragilisés par les années de prison, qui « regardent partout autour d'eux, mais ne voient rien ». « Leur vue a baissé, glisse Jeannot. Ils sont décalés et deviennent plus faciles faire. »

Chapitre 7

Les femmes du 127

Au 127, les femmes se sont longtemps contentées de rôles administratifs, secrétaires ou dactylos zélées qui joignaient parfois l'utile à l'agréable, comme celle qui était réputée distribuer des bonbons tous les matins, ou cette autre qui pouvait repriser une veste ou un pantalon. Voir une « nénette » endosser un rôle actif est longtemps resté inimaginable pour la plupart des flics, jusqu'à l'arrivée de la première inspectrice à l'OCRB. Un modèle d'intégration, à en croire le commissaire Joseph Le Bruchec, qui assure qu'elle « a aussitôt pris le pli de vivre comme les hommes ». Son nom : Jackie Marinont, devenue « Kija » peu après son arrivée au 127. Une femme qui rêvait d'entrer dans la police depuis l'âge de 14 ans, sans se soucier du fait que ce monde était exclusivement masculin, et qui s'en est donné les moyens.

Jackie Marinont a financé ses études de droit en travaillant pour le patronage municipal, dans la banlieue sud de la capitale, où elle a croisé quelques graines de braqueurs, mais la mort de son père, mécanicien, la contraint à trouver un emploi plus rapidement que prévu. Elle lorgne avec insistance sur la Préfecture de police, puis se décide à frapper à la porte du bureau de recrutement. Il reste des places au réfectoire, sous la forme d'un renfort d'été, payé en espèces. Pas le choix, elle saisit l'occasion ; un pied dedans, elle enchaîne avec un remplacement à la police générale, une « horreur », entre les étrangers qui courent après un tampon, les anciens « bourrés dès le matin » et la « méchanceté » des femmes entre elles, mais des anges gardiens veillent sur sa trajectoire et la jeune femme, devenue enquêtrice, vise le concours d'inspecteur. Sur quatre cents postes à pourvoir, dix-sept étaient réservés aux femmes. « Je l'ai eu, dit-elle. C'était vital. »

Pas franchement le luxe, ces trois mois de stage à l'hôtel Beaujon, où les cours ont lieu dans une chapelle sans chauffage, au moins la jeune recrue ne se fait-elle pas trop d'illusions sur ce qui l'attend. Croisant un inspecteur divisionnaire à la cantine, Pierrot Le Bouchez, un Normand, elle évoque devant lui son souhait de chasser le bandit, en clair de rejoindre la police judiciaire. Nous sommes justement en 1973, l'année de la création des offices centraux, et le 127 est à quelques minutes à pied de son lieu de formation. Son interlocuteur, un « grand flic », ne la décourage pas, il faut bien une première fois ; il est clair cependant que la dame devra forcer la porte.

« J'ai fait le pied de grue devant le 127, raconte Jackie Marinont. Un commissaire, très gentil, a pris le temps de m'expliquer qu'il n'y avait pas de postes pour les femmes dans cette maison. »

Elle demande à voir le grand patron de l'époque, Honoré Gévaudan, mais les gardiens de la paix postés à l'entrée l'en dissuadent aimablement. Elle se pointe le lendemain devant le bâtiment, puis le surlendemain, tant et si bien qu'ils finissent par appeler la secrétaire. « C'est qui cette merdeuse ? » interroge Gévaudan, qui l'éconduit, avant de tomber à nouveau sur elle quelques jours plus tard dans la rue. « Qu'est-ce que vous voulez ? J'ai cinq minutes… », dit-il, cigare aux lèvres. « Je voudrais faire du banditisme, se lance-t-elle. Vous êtes ma seule chance. » « Si je vous mets là-dedans, ils vont vous violer », commence-t-il, avant de se raviser : « Bon, je vous donne six mois, sinon je vous mets à la comptabilité. Et je ne veux pas entendre parler de vous, entendu ? » « Entendu. »

C'est un autre patron, Bellemin-Noël, qui accueille la nouvelle. « Je ne vous cache pas que ça va être difficile », glisse-t-il en faisant comprendre à Jackie Marinont que son arrivée n'en représente pas moins un progrès certain. « Aucun commissaire ne veut de vous », poursuit-il en l'installant au 5e étage, près de la photocopieuse. Ses oreilles sifflent toute la journée, on cancane autour d'elle, et le matin, elle est seule à prendre son café au comptoir du Griffon. Parfois, le soir, il lui arrive de pleurer, mais elle veut réussir. « Pour mon père », dit-elle.

« Les patrons étaient des meneurs d'hommes, remarque Jackie Marinont. Ce n'est pas donné à tout le monde de commander des gens qui risquent de se faire trouer la peau. Ils étaient courageux et défendaient les troupes. » Celui qui lui donne sa chance s'appelle Jacques Genthial,

« un grand bonhomme ». Des femmes dans la police, cela se fait bien outre-Rhin, en Allemagne, pays que le commissaire tombeur des gars de la Mondaine connaît bien, alors pourquoi pas en France ? La voilà lancée. Lors d'une première filature, Jackie se contente de jouer les « pots de fleurs » : sa seule présence fait diversion, aucun bandit ne pouvant imaginer une personne du sexe « faible » dans une voiture de police. Elle ne bronche pas, accepte toutes les missions et fait profil bas, d'ailleurs l'inspectrice n'a rien d'une « cavaleuse », qu'on se le dise. On la met à l'épreuve. Un jour, elle se retrouve avec des godemichés dans son sac, une autre fois on lui fait tester des grenades lacrymogènes dans une pièce fermée, mais il y a du progrès : au bout de deux mois et demi, la patronne du Griffon lui annonce que son café a été payé. Elle monte visiblement dans l'estime des hommes du 127, surpris d'apprendre qu'elle savait conduire. Les barrières sautent l'une après l'autre, au point de s'entendre bientôt proposer, merci, Pierrot Le Bouchez (le fameux inspecteur divisionnaire croisé à la cantine) d'intégrer le très prisé « GNI », désormais composé de dix hommes et d'une femme : elle. « La petite », comme disait Le Bruchec, manière de souligner qu'elle n'était pas de taille à neutraliser dans la rue un type d'un mètre quatre-vingts, courant même le risque qu'il ne s'empare de son arme à la faveur de cette empoignade, ce dont la jeune femme est parfaitement consciente : lors des interpellations, elle s'assigne comme mission de confisquer les clefs de contact de la voiture et de passer les menottes. Le saute-dessus, elle le laisse aux costauds du service.

« Nous étions des aventuriers capables de n'importe quel acte de courage », se souvient la jeune femme, qui cache son arme de poing au fond de son sac à main au moment d'entrer dans un bar louche, au cas où des bandits la palperaient à l'entrée, comme cela se faisait à l'époque. Elle évite par ailleurs la jupette, privilégiant la veste ample et le jean, tenue moins voyante et plus pratique à l'heure de monter sur une moto derrière Alain, le champion du deux-roues.

La filature devient chez elle une seconde nature et ses collègues ne tardent pas à la considérer comme indispensable. Elle réclame au collègue de la DST (contre-espionnage), un bidouilleur talentueux prénommé Antoine, un petit écouteur sur mesure pour capter « 83 », la fréquence dédiée aux échanges en circuit fermé, et un petit micro assez proche de son visage pour pouvoir chuchoter.

Dans la rue, les voyous ne la prennent pas en considération. Un jour, à l'instant de neutraliser un type particulièrement dangereux, susceptible de dégainer et de tirer sur eux, elle fait mine d'être pressée, l'arrête et lui demande l'heure ; le temps qu'il relève sa manche, ses collègues l'aplatissent au sol sans qu'il ait le temps de mettre la main à la ceinture, à la façon des rapaces. Une autre fois, alors qu'elle est passée au service en plein congé de maternité, elle propose de « couvrir » une rencontre entre truands dans un bar ; incapables de voir en elle un ennemi, ils lui proposent une chaise. Aux yeux des Gaétan Zampa, François Besse, Jacques Mesrine et autres Zemour, pas vraiment des enfants de chœur, elle est « inexistante ». D'ailleurs, pour ne pas éventer cet atout auprès des avocats, qui pourraient en toucher un mot à leurs clients, elle écrit « Jacky » dans les procès-verbaux rendant compte des filatures, au lieu de Jackie. Accessoirement, ses collègues lui cèdent les auditions de prostituées, « parce qu'elles connaissent trop bien les hommes », mais aussi parce que ces femmes la prennent pour une administrative et se lâchent plus volontiers. Au début, cette présence féminine dans les rangs dévalorisait les gars, convaincus que l'antigang n'était pas « un truc de nanas » ; désormais, ils marchent bras dessus, bras dessous avec elle dans la rue pour donner le change.

Avec les collègues, Jackie Marinont affûte à chaque occasion ce qu'elle appelle l'instinct de chasse. Une gueule suspecte dans une voiture croisée au hasard d'un embouteillage ? Bandit ? Citoyen ordinaire ? Les paris sont ouverts. Plus qu'à passer la plaque numérologique au fichier pour vérifier, et généralement, se souvient-elle en souriant, « c'était bon ! ».

L'inspectrice ne jure que par le terrain. Elle use ses baskets à suivre un braqueur qui n'hésite pas à traverser la moitié de Paris à pied, et ce pendant plus d'un mois. Jusqu'au jour où elle le voit piquer une voiture garée devant une boulangerie, avec les clefs sur le contact ; cette voiture volée est un signe qui ne trompe pas, le passage à l'acte est imminent. « Je n'étais pas meilleure que les autres, mais aussi bonne, dit-elle. J'étais capable d'être un bon flic, comme eux. J'avais l'instinct. La rue, c'était mon domaine. Être au cul des voyous, c'est la seule façon de détecter leurs complices, jamais la technologie ne remplacera cette observation. J'en ai parfois bavé, mais ça me passionnait. Le soir, je n'avais qu'une peur, c'est qu'ils m'oublient, au point que je ne partais jamais loin en vacances. J'avais tellement envie de les aider ! J'ai tout donné. Je n'avais pas de rivale, mais il fallait que ça marche, pour moi et pour celles qui allaient arriver. »

« La veille des opérations, se souvient encore "Kija", on restait silencieux, peut-être parce qu'on avait peur de reculer au moment de monter sur les braqueurs. Heureusement qu'on s'appuyait sur des mecs sûrs ! » Parfois, au moment crucial, le rire s'en mêlait. Comme cette fois où lors d'une surveillance matinale dans le quartier Pigalle, en plein hiver, Jackie voit une porte cochère s'ouvrir brusquement dans le dos de l'un de ses collègues, Michel. Elle l'entend lui « pourrir la gueule », au point de craindre, un instant, de voir le dispositif démasqué. Elle l'interroge par le biais du petit micro installé au niveau de sa main ; pas de réponse, jusqu'au moment où le gars remonte chez lui. « J'avais tellement froid que je m'étais appuyé sur la sonnette », finit-il par révéler à ses équipiers. Les sous-vêtements Damart et les anoraks achetés au Vieux Campeur, le spécialiste de la montagne, avaient une certaine efficacité, mais ils n'avaient pas suffi.

Devenue commandant fonctionnel, Jackie Marinont a abandonné le 127 à la fin des années 1980. Pour s'occuper des enfants, mais pas seulement, elle voyait tous les membres de son équipe quitter l'un après l'autre Paris pour la province. « On était épuisés, dit-elle. C'était fini. On devenait de plus en plus marginaux, il fallait que ça s'arrête. Le stress incessant, le lever à 5 heures du matin, même le week-end, à un moment il faut stopper, à cause de l'usure. Il fallait revenir à la réalité. On était entre nous. On ne parlait que de ça. On était passionnés, mais il y a le risque de se prendre pour Dieu, de croire qu'on a les pleins pouvoirs… » Une image surgit. On est au printemps, un soir à l'heure du coucher du soleil. Ils sont une dizaine, à marcher en silence sur un parking, pour rejoindre les voitures. Ils viennent de stopper au vol une équipe de braqueurs. Ça a « pété », des balles ont fusé, mais l'opération est un succès. « On est bon », dit l'un. « Des fois, on n'était pas dans le cadre, suggère l'ex-policière trente ans plus tard, mais c'était toujours juste. Si on n'avait pas la bonne CR (commission rogatoire), on s'arrangeait après coup, pour la bonne cause. On marchait à la confiance. »

D'autres femmes ont intégré le 127 à la fin des années 1970, comme cette « belle blonde » qu'un jour un proxénète corse s'est mis à draguer dans les locaux, avant que le chef de la Doc, Jacques Renucci, intervienne sèchement, en corse évidemment : « Arrête, c'est un policier, t'es pas dans un bar. » Une mixité très progressive dont les inspecteurs ont pris leur parti, avant d'en tirer profit, notamment pour la gestion des filatures, encore au cœur du métier. Quoi de plus anodin en effet qu'un couple marchant dans la rue, en un temps où les voyous n'avaient d'yeux que pour les hommes seuls ou à deux ?

Les filocheurs du 127 exploitent le filon, Sylvie Fleucher en est témoin, elle qui a rejoint les offices centraux après Jackie, Jacqueline, Florence et Christiane, les pionnières. Issue d'un milieu modeste, une mère femme de ménage, un père sous-officier dans la marine, elle s'est acheté ses Dalloz, avant de réussir, à la deuxième fois, le concours d'inspecteur, à l'époque où il y avait encore des quotas. Elle avait 21 ans, ignorait tout du métro parisien et rêvait d'échapper aux stéréotypes. Sur les bancs de l'école, elles étaient quinze sur six cents ; Sylvie Fleucher est sortie huitième.

Comment oublier cette phrase prononcée par le gardien de la paix qui l'accueille à son arrivée au commissariat du 2e arrondissement, les pieds sur le bat-flanc : « Qu'est-ce qu'elle veut la petite dame ? » La suite est tout aussi réjouissante : Sylvie Fleucher tape à la machine les procès-verbaux que lui dicte un vieil inspecteur divisionnaire, qui les déchire à la moindre faute, avant de détecter en elle un vrai talent et de lui suggérer d'aller faire « de la vraie PJ », aux stups. Cela tombe bien, ils sont demandeurs. Jacques Franquet, le nouveau patron de l'office des stups, l'accueille au 127 et l'affecte dans le groupe d'un autre flic plein d'avenir, Bernard Petit (il finira patron du 36). Une intégration plutôt réussie au cœur de cet immeuble qu'elle trouve « assez baroque », doté d'un ascenseur étroit et tellement vieillot qu'il tombait régulièrement en rade ; encore célibataire, elle ne rate pas une planque, soigne ses procédures comme l'image du service et parle « d'égal à égal » avec les magistrats. La jeune inspectrice a même des idées pour booster les enquêtes, elle propose de miser sur une nouvelle arme au potentiel insoupçonné : les recherches sur le patrimoine des gangsters.

Accrocheuse, comme la plupart de ses collègues féminines, Sylvie Fleucher passe de l'héroïne chinoise au groupe « saisies » douanières lorsqu'elle tombe enceinte, sans qu'aucune réflexion sexiste parvienne à ses oreilles ; elle grimpe vite, peut-être grâce à ce regard neuf qu'elle porte sur une police organisée en silos communiquant si peu entre eux, « une maladie de l'administration française », qu'elle bouscule en incitant son service à cesser de négliger l'angle d'attaque financier, jusque-là regardé avec condescendance. Par exemple en se concentrant sur les achats de produits chimiques par les trafiquants de drogues, dans les pharmacies. En attendant, elle se prête à tous les rôles, jusqu'à se faire passer pour réceptionniste dans un hôtel où doit débarquer, pour se décharger, un passeur arrivé de l'aéroport l'intestin bourré de boulettes de poudre blanche… Une énergie qui la poussera à devenir commissaire, et même la première femme secrétaire générale du syndicat des commissaires et des hauts fonctionnaires de la police nationale, connu sous le petit nom de « Schtroumpf ».

Chapitre 8

La « Doc », arme fatale

La documentation est le cœur du 127. Ou plutôt le nerf névralgique, tant la poursuite des criminels est impossible sans renseignements dignes de ce nom. « De bonnes archives permettent de devancer les voyous, d'anticiper leur pensée, confirme l'inspecteur Dany Charpy. On conservait dans nos dossiers des traces de leur carrière, depuis leurs débuts. » Tout y était scrupuleusement consigné, les photos, rares, les noms des bars fréquentés par l'individu, les modèles et numéros minéralogiques de ses voitures, les identités de ses complices, de son épouse et de ses maîtresses le cas échéant, les adresses où il avait été logé, même s'il y avait peu de chances pour qu'il y soit resté. Une matière essentielle à l'heure où l'on prise le flagrant délit.

Chaque office central dispose de ses propres archives, mais Charles Pellegrini n'en est pas satisfait. Il est même si mécontent qu'il confie à un inspecteur corse en qui il a une confiance totale, Jacques Renucci, la création d'une sorte de super documentation consacrée aux grands bandits, installée au troisième étage. L'homme avait accepté de rompre son légendaire silence et de nous recevoir peu avant de disparaître à 82 ans, terrassé par le poids du temps. Fils d'agriculteur né en 1933 à Cozzano, en Corse du Sud, il avait commencé avec l'uniforme sur le dos, comme gardien de la paix (ce qui lui valut de découvrir Dalida, nue, lors de sa tentative de suicide), avant de plonger dans l'univers du crime au début des années 1970, devenu inspecteur. Bagnolet, Les Lilas, Romainville, le territoire sur lequel il se forme est l'un des terreaux les plus fertiles du grand banditisme de l'époque, une expérience qui lui facilite l'accès au 127. Ce n'est pas son seul bagage. Jacques Renucci a passé deux ans en Algérie, où il a été blessé, il a aussi travaillé six ans dans la banque, il en connaît surtout un rayon sur les voyous corses, qui depuis toujours fournissent le plus gros bataillon de bandits à la France.

Voilà l'inspecteur chargé de mettre sur pied cette documentation opérationnelle également réclamée par Joseph Le Bruchec et Jean Bellemin-Noël. « Ils voulaient qu'on isole entre cent et deux cents personnes bien ciblées », se souvient-il. Plutôt modeste, rien du cow-boy, il est ainsi l'un des tout premiers à se pencher sur une bande bastiaise en devenir : la Brise de mer, du nom d'un bistrot situé sur le port. « Une équipe à tiroirs », selon l'expression consacrée – et galvaudée. Des braqueurs que Renucci s'emploie à identifier un par un, essayant de savoir qui fréquente qui, avant de suivre leurs mouvements entre l'île et le continent. « C'était pas un cadeau, assure-t-il. C'était la plus belle équipe de France. Ils ont fait le vide autour d'eux. C'est avec des gars des impôts qu'on a démonté une première fois la Brise de mer, en 1986. Ils sont partis des restos qu'exploitaient les voyous, en calculant le nombre de clients à partir du nombre de serviettes qui partaient au lavage. Quand on a débarqué et demandé à voir l'un des patrons, il était curieusement parti « en congé ». En fait, il avait été prévenu de notre perquisition... Les gars de la Brise de mer étaient les meilleurs pour les braquages de fourgons. Le jour de l'attaque de l'UBS (Union des banques suisses), à Genève, en 1990, (l'une des plus rentables attribuées à la bande), ils ont ralenti leurs poursuivants en semant de gros clous sur la route. Ils n'avaient pas peur, mais ils ne roulaient pas des mécaniques. »

Le but des petites mains de la « Doc » était de reconstituer les relations de la personne fichée. Le bandit passait une frontière ? Il était contrôlé à bord d'une voiture ? Les noms des personnes qui l'accompagnaient étaient discrètement relevés par le service concerné, dès lors que le fonctionnaire s'apercevait qu'il était inscrit au fichier du grand banditisme. Un fichier sans cesse approvisionné, nourri, voire amputé, « quand le type ne bougeait plus », autrement dit quand il semblait s'être rangé (ou, cela arrivait, quand une main supérieure, pour des raisons qui lui appartenaient, décidait de lui faire le plaisir de l'extraire de ce fichier contraignant).

Malheur au bandit corse dont l'écoute tombe entre les mains de Jacques Renucci. « On se retrouve ce soir à l'acqua », glisse un jour l'un d'eux, en corse, à son complice. Le chef de la Doc consulte la liste des bars fréquentés par la bande concernée et s'arrête sur l'un deux : Les Trois Fontaines. Bonne pioche : c'est bien là qu'il avait prévu de retrouver son complice. Une autre fois, sa connaissance de la langue lui permet d'identifier un homme qui vient de défourailler rue de Rome et de blesser un policier. « J'ai été obligé de les allumer », vient de confier le malfrat, toujours en corse, à son interlocuteur, écouté par le service.

Quand il rentrait au village, l'été venu, l'inspecteur Renucci jure qu'il ne subissait aucune forme de pression. Juste quelques tentatives d'approche à l'occasion, des allusions du genre : « Tu sais, je ne voyage pas qu'avec des voyous ! » Il plaignait cependant ses collègues envoyés en mission dans l'île, convaincu que les voyous les repéreraient très vite, tant l'étranger détonne. Lorsqu'un collègue cherche à identifier un bandit corse qui sévit sur Paris, c'est lui qu'on appelle sans hésiter. Il lui arrive de sortir pour aller au contact, de s'incruster par exemple au Petit Corte, un bar de la capitale, et de se laisser offrir un Casanis par le type qui a garé sa Mercedes devant la porte de l'établissement et que l'OCRB ne va pas tarder à « brancher ». Oreilles déployées, il ne rate pas une miette de ce qui se murmure derrière le comptoir.

Renucci sait rester ferme, même le jour où celui qui vient aux nouvelles par téléphone s'enquiert du sort infligé par la police à « un cousin du chauffeur de Charles Pasqua », tout juste expulsé vers l'Italie. « Votre parent restera en Italie », annonce-t-il, manière de fermer la porte à toute démarche intempestive. Cela ne l'empêche pas de rendre service à l'occasion. Comme cette fois où il se laisse attendrir par un julot corse interpellé dans son lit avec une Autrichienne, qui à bord de la voiture lui glisse d'une voix soudain émue : « Ma mère m'attend pour Noël en Corse. » Une fois au bureau, Renucci compose le numéro de la maman et passe le combiné au fils, lui laissant annoncer la nouvelle à sa façon : « J'ai un petit problème, je ne serai pas avec toi pour Noël, mais compte sur moi, je reviens vite vers toi. » Quelques jours plus tard, le policier reçoit un appel du frère du julot expédié sous les verrous. Message : « Vous avez été bien, monsieur. » Se montrer aimable avec un « compatriote », oui ; le renseigner sur une enquête en cours, non, même si d'autres l'ont fait, comme ce « très bon poulet » contraint de rester à son domicile durant une année après avoir été surpris en train de rencarder un proxénète originaire de la même île que lui.

Tout n'était pas calme et tranquillité au 127, Jacques Renucci évoque même les « zizanies » qui secouaient régulièrement les groupes d'enquête, raison pour laquelle les patrons brassaient régulièrement les équipes. Son chef préféré reste Charles Pellegrini, un compatriote, qu'il a côtoyé pendant quinze ans. « Il avait sa cour, mais il était loin d'être bête, dit-il. Aimé-Blanc, on l'adorait aussi. Il tutoyait tout le monde naturellement. » Et de raconter le jour où ce dernier vola au secours d'un inspecteur « un peu facho sur les bords » qui faisait l'objet d'une saisie sur salaire à cause de son addiction aux courses. « Aimé-Blanc a brandi un papier signifiant qu'il faisait lui aussi l'objet d'une saisie similaire, avant de lui proposer de lui prêter du pognon. » Il y avait aussi « Mémé confiture », une secrétaire avec laquelle « on se marrait bien », et à qui Renucci attribue cette phrase d'anthologie : « Ça t'emmerde si j'enlève mon soutif ? » Sans oublier LE Maghrébin du 127, un chauffeur « qui passait pour un menteur invétéré, jusqu'au cou dans les embrouilles en Seine-Saint-Denis, mais copain d'enfance, au bled, avec un patron corse et pied-noir »...

Dès 1976, Jacques Renucci bénéficie du soutien d'un adjoint qui prendra plus tard sa succession. De dix-neuf ans son cadet, fils d'un officier de police adjoint, il s'appelle Jean-Marc Désiage et débarque au 127 après quatre années passées au commissariat de Saint-Denis, le temps de se faire une petite idée du métier, qui pourrait se résumer ainsi : « Les flics avaient commencé ouvriers agricoles ou à l'usine ; en face, les voyous sortaient de la zone. Entre les deux, chacun savait à quoi s'en tenir. Les voyous acceptaient de prendre une toise, c'était toujours mieux que de se faire allumer. »

Parce qu'il pratiquait l'haltérophilie à un bon niveau, il a demandé un poste sédentaire et s'est retrouvé à la « Doc », sous les ordres de Jacques Renucci. « Le chef avait un tuyau, on faisait les premières écoutes et les premières filatures, raconte-t-il. Si ça prenait, le dossier partait vers les groupes. Ça n'a pas duré, car on n'était pas nombreux, quatre ou cinq, d'autant qu'il fallait toujours quelqu'un au bureau. »

En l'occurrence une petite pièce, moins de vingt mètres carrés, une porte battante à soufflet, deux fenêtres donnant sur la rue, du vieux parquet au sol et une cheminée en marbre surplombée d'un grand miroir qui un après-midi a trouvé le moyen de se décrocher. Adossées aux murs, des armoires en fer avec tiroirs basculants, dont certains portent encore la marque de l'aigle allemand, résidu de l'Occupation, où sont classés, par ordre alphabétique, les dossiers des personnes fichées au grand banditisme ; celles qui sont nées avant 1915 ont vu leurs dossiers dégagés sur le palier, jusqu'à leur destruction à la demande d'un chef qui les trouvait encombrants.

Jean-Marc Désiage avait une bonne mémoire et il « potassait ». Les gars des groupes venaient régulièrement avec une écoute ou un signalement le consulter pour une éventuelle identification. Quelques voyous n'en ont pas gardé un bon souvenir, comme Francis Sorba, un Corse dont l'ex-inspecteur se souvient encore du visage : cheveux frisés, début de calvitie, une trentaine d'années. La BRI parisienne l'avait raté. Peu après un braquage commis à Bordeaux, il se présente dans une banque pour négocier des bons du Trésor dérobés. L'employé tique devant sa (fausse) carte d'identité, qu'il abandonne sur place en prenant la fuite. Les enquêteurs du coin butent durant un an sur le cas avant de se tourner vers l'OCRB, à qui ils demandent de diffuser à tous les services une circulaire de recherches avec la photo récupérée sur la fameuse carte. Quand il la voit, Désiage reconnaît aussitôt Francis Sorba, dont les collègues d'Ajaccio ont envoyé une photo quelques mois auparavant, pour la « Doc ». Un groupe se met sur lui, identifie ses complices et les arrête bientôt en flagrant délit de braquage en région parisienne.

La circulaire est annulée, mais le policier reste fidèle à sa légendaire humilité.

Jean-Marc Désiage connaît sa clientèle par cœur. Les braqueurs et autres voleurs tiennent le haut du pavé. En ce temps où les espèces sont reines et où les entreprises conservent au coffre la paye des ouvriers, ils raflent la mise. L'une de leurs méthodes, inspirée des techniques des déménageurs, consiste à déplacer le coffre sur un tapis et à le faire basculer par la fenêtre. Le choc fracasse généralement la porte, reste à se servir. Quelques chefs de file de la pègre, plus pointus, ont appris le maniement du chalumeau et font merveille pour découper la tôle. Ils opèrent généralement la nuit, en évitant l'affrontement, forcément nuisible à leur carrière, à la différence de la génération de braqueurs qui suivra, plus éruptifs. Accessoirement, ces braqueurs rackettent et rançonnent, en particulier leurs collègues proxénètes, qu'ils méprisent ouvertement. Lequel eut l'idée, le premier, de mettre l'un de ces macs trop bien habillés à l'amende, selon l'expression consacrée ? L'histoire n'a pas retenu son nom, mais le procédé est rapidement rodé. Celui qui ne paye pas la dîme a droit à un avertissement, qui prend généralement la forme de ces fameuses « descentes à la cave ». Une séance de coups plus ou moins dosés qui incitent le mauvais payeur à partager ses bénéfices, les voleurs prélevant ainsi leur part sur l'argent des passes sans qu'aucune sorte de plainte soit déposée contre eux…

Alors qu'en 1988 un journal américain mêle plusieurs voyous français à l'assassinat du président John Fitzgerald Kennedy, survenu le 22 novembre 1963, le patron de la 4e division, Georges Nicolaï, qui coiffe l'OCRB, convoque en urgence dans son bureau le chef de la Doc et celui du groupe « RI » (relations internationales), Xavier Rochereau. Honoré Gévaudan, l'ancien chef de la PJ désormais à la retraite, est présent, la mine grave. Les deux noms cités sont ceux de deux abonnés du fichier spécial de la répression du banditisme, François Chiappe et Lucien Sarti, dont le commissaire demande à Jean-Marc Désiage de lui dire, pour commencer, s'il était possible qu'ils aient séjourné aux États-Unis au moment des faits. Ni lui, ni son collègue ne croient à cette piste, mais Désiage récupère au fichier central le dossier microfilmé correspondant au dénommé Sarti. Manque de chance, l'appareil de visualisation chauffe au bout de quelques pages et se met à dégager une inquiétante fumée, détruisant une partie des pages, mais leur intuition était bonne : au moment des faits, l'un effectuait son service militaire, tandis que l'autre était incarcéré en Belgique. JFK, ce n'était pas eux.

Le coup de chaud ministériel suivant survient au mois de septembre 1989, après l'explosion en vol, au-dessus du désert du Tchad, d'un DC10 de la compagnie UTA. Cette fois, le commissaire Nicolaï appelle Jean-Marc Désiage à son domicile depuis le bureau du ministre de l'Intérieur. D'une voix inquiète, il demande à l'inspecteur si le nom de Jacques Renaudat, l'un des passagers montés à bord de l'avion désintégré, lui dit quelque chose. L'attentat peut-il être lié à sa présence dans l'appareil ? Par chance, le chef de la Doc connaît à peu près par cœur le dossier de cette figure du milieu parisien, surnommé Jacky des Halles.

Officiellement, explique-t-il à son supérieur, Jacky des Halles vend des hôpitaux militaires de campagne en kit ; dans la vraie vie, c'est surtout un marchand d'armes. La piste ne mènera nulle part, mais ce jour-là, le ministre, Pierre Joxe, a songé que ses services étaient plutôt performants. Renaudat, lui, s'était retrouvé par hasard parmi les passagers de cet aéronef ciblé par les services secrets libyens…

Ficher les auteurs de vols à main armée, constituer les précieux dossiers individuels, alimenter les dossiers ouverts pour chaque affaire importante, enrichir le fichier du grand banditisme, c'était le quotidien de Jean-Marc Désiage, que des collègues appelaient chaque jour de toute la France… « Il faut du temps pour se créer sa doc interne, dit-il. Après, c'est un peu comme avoir un ordinateur dans la tête. Aujourd'hui, beaucoup ne savent même plus que la Doc existe. Ils se contentent de consulter le fichier des infractions constatées depuis leur ordinateur. »

Chapitre 9

La PJ découvre la drogue

La puce à l'oreille

François Le Mouel « commandait » la BRI de la Préfecture de police depuis qu'il l'avait créée, cinq ans plus tôt. En 1971, Maurice Bouvier, le patron du 36, le convoque pour le mettre dans la confidence : le poste de directeur de la brigade criminelle va être libre après le départ de Jobard. « Écoutez, ce n'est peut-être pas la meilleure idée », répond-il. Personne n'a jamais refusé la tête de la brigade criminelle, poste éminemment convoité. Lui voyait venir autre chose : la drogue.

Plusieurs « beaux truands notoires » ont déjà été interpellés pour trafic de stupéfiants. L'un d'eux, durant son interrogatoire, a demandé à voir le commissaire Le Mouel pour une conversation privée. « Laissez-nous tranquilles, lui a-t-il dit. Les braquages, c'est fini. On est dans la came. Ça rapporte beaucoup plus et il y a beaucoup moins de risques. »

« Ça m'a mis la puce à l'oreille, rapporte Le Mouel, l'un des rares à avoir senti le vent de la poudre blanche. Je savais que le trafic d'héroïne à destination des États-Unis avait pris de l'ampleur et que mes collègues de la "maison d'en face" (le 127) seraient vite en difficulté. En travaillant sur des objectifs de la BRI, des braqueurs, on était tombé deux fois sur de l'héroïne. Une première fois, on collait un groupe de cinq ou six, fébriles depuis quelques semaines. C'était assez chaud. On se fixe sur l'un d'eux, Jacky Koumouyan. On ne le lâche plus. On le file jusqu'au consulat des États-Unis, où il allait chercher un visa. Il n'avait pas une gueule à faire du tourisme. On a mis le paquet. On le voit un jour arriver à l'aéroport d'Orly. On hésite. On le saute ? On décide de l'arrêter. Rien dans les mains, rien dans les poches… »

Le commissaire joint en urgence un de ses hommes, un certain Chauvin, « le meilleur spécialiste de la filature jamais vu », « un vrai passe-muraille », qui surveille le reste de la bande. Les cinq types sont justement en route pour l'aéroport d'Orly, où sous leurs yeux ils récupèrent à leur tour leur carte d'embarquement sur le même vol. Signe qui ne trompe pas, leurs abdomens respectifs ont pris de l'ampleur : chacun a deux ou trois kilos d'héroïne plaqués sur le corps.

Une deuxième affaire a achevé de convaincre le commissaire qu'une partie du milieu français était en passe de basculer vers l'héroïne. Un jour, alors qu'ils pistaient trois braqueurs, dont l'un avait effectué un déplacement à Marseille quinze jours plus tôt, ses inspecteurs voient apparaître dans le décor une voiture qu'ils ne connaissaient pas. La filature s'engage. Le conducteur se promène dans le bois de Boulogne, effectue quelques manœuvres, avant de bifurquer brusquement vers l'autoroute de l'Ouest. Un véhicule de la BRI parvient à suivre, jusqu'à la crevaison. « Et s'ils allaient au Havre, patron ? » suggère un chef de groupe plus malin que les autres. Le commissaire dépêche aussitôt une équipe en Normandie. « Allez sur le port de commerce et patrouillez », ordonne-t-il.

La voiture est repérée non loin d'un cargo censé appareiller le lendemain pour l'Amérique du Sud, le *Charles Tellier*. Les deux hommes qui descendent la passerelle ne viennent-ils pas de livrer leur marchandise ? François Le Mouel débarque dans la nuit au pied de cette « cathédrale » flottante. « Jamais on ne trouvera la came là-dedans », se dit le commissaire, qui a sollicité pour le lendemain matin le renfort de membres de l'office des stups.

Le cargo doit larguer les amarres à 14 heures. Le Mouel demande à voir le commandant du navire. « Selon toute probabilité, de l'héroïne a été introduite hier dans votre bateau », lui annonce-t-il. En consultant la liste des membres de l'équipage, il repère un nom à consonance corse. Le marin en question faisait justement office de planton la veille au soir, au moment de la présumée livraison. « On l'a intercepté à son arrivée, raconte le commissaire. Il a commencé à transpirer, mais n'avait rien à dire. Dans sa cabine, de petites baguettes laissaient penser qu'il avait bricolé. On a fini par trouver une valise d'héroïne dans la double cloison d'un local destiné au ménage. »

Il était 18 heures et le bateau était toujours à quai.

Le commissaire a ces deux affaires à l'esprit lorsque son supérieur lui propose la brigade criminelle sur un plateau. « Je serai meilleur à l'office », songe-t-il. Les mouvements hiérarchiques font le reste. Le patron du 36, Max Fernet, bientôt nommé directeur central de la PJ, le fait venir rue des Saussaies pour l'informer de la décision du ministre de l'Intérieur, Raymond Marcellin, qui vient de « virer » dans le même élan les chefs de l'office des stups et de la brigade des stups de Marseille. Le directeur lui propose de prendre la tête de l'office, Le Mouel avance un nom pour occuper le poste laissé vacant à Marseille : celui de son adjoint à la BRI, Marcel Morin.

« Le trafic avait entraîné un problème diplomatique avec les États-Unis », raconte Le Mouel. Peu après leur rencontre aux Açores en avril 1971, le président Richard Nixon avait écrit à Georges Pompidou sans s'embarrasser de circonlocutions. En résumé : l'héroïne inonde les États-Unis et la quasi-totalité provient de France, si vous laissez faire, vous aurez vous aussi des overdoses sur votre territoire. Le Mouel prend ses fonctions le 1er septembre suivant. À peine est-il installé dans son bureau que le ministre le requiert en urgence. Motif : dans une interview tout juste publiée par un journal marseillais, le chef du bureau des « Narcotics » à Paris affirme que les « gros bonnets de la drogue à Marseille sont protégés ». Raymond Marcellin est furieux. « Vous allez convoquer ce type et lui demander les noms de ces gros bonnets », ordonne-t-il. Le Mouel contacte aussitôt l'ambassadeur, le fait venir, lui remet une copie de l'article, mais n'obtient que de vagues insinuations : pas de liste de noms en vue.

Conformément aux souhaits du ministre, le nouveau patron de la lutte antidrogue passe son premier jour et les trois suivants à communiquer avec la presse, ce qui « l'emmerde » plus qu'autre chose. « Je dois me mettre au travail, laissez-nous tranquilles avec les journalistes », exhorte-il avant de se coller derrière sa machine à écrire pour réclamer des effectifs, des radios et du matériel roulant : le service comptait tout juste trois commissaires, cinq inspecteurs divisionnaires et onze inspecteurs, dotés d'une 403 noire et de deux Renault 8 (bridées), une noire et une verte ; difficile avec ces véhicules de pourchasser les parrains de la pègre, surtout ceux qui roulent en Porsche, à l'instar du Marseillais Francis le Belge, 23 ans et une immense ambition (« Quand il prenait le périphérique, on voyait ses feux arrière s'éloigner à grande vitesse », se souvient Mousse, alors jeune inspecteur). Plus aucun doute, les voyous ont trouvé plus lucratif que les braquages : la came, cette héroïne dont les inspecteurs mettent une pointe sur le bout de leur langue pour tester l'authenticité.

Les deux R8 et la 403 partent bientôt à la casse. François Le Mouel et Marcel Morin puisent des renforts dans leurs anciens services, mais les Américains poussent encore à la faveur d'un meeting organisé à Washington. « Ils m'ont expliqué que j'étais très démuni à Marseille au niveau des moyens de transmission et qu'ils étaient prêts à fournir une station radio, raconte le commissaire. J'ai tout de suite vu le truc : on ne pourrait plus aller pisser sans qu'ils soient au courant. » « Gardez votre station, on verra plus tard », leur répond-il. Un collègue américain plus pragmatique lui glisse sous les yeux un numéro de téléphone suspect à Marseille, appelé depuis Valence, en Espagne ; connu des policiers phocéens, la piste a été négligée faute de personnel, doit-il admettre. Morin s'en empare et met au jour un trafic de voitures passant par le Mexique, signe de l'évolution à bas bruit des routes de la drogue. Seul moyen d'y faire face et d'assurer la multiplication des filatures, l'arrivée de nouveaux renforts : les effectifs de la brigade des stups de Marseille bondissent d'une dizaine d'hommes à près de quatre-vingts. Une montée en puissance qui n'est pas sans fâcher l'Évêché, siège de la PJ phocéenne, « noyautée par les Corses ». Le climat est si détestable que Morin préfère s'installer dans des locaux anonymes de la rue de la République et dissimule ses voitures dans une caserne du côté de la Rose.

Le ministre s'implique personnellement dans cette « guerre » contre la French Connection. Se débarrassant facilement des échelons intermédiaires et des convenances, il convoque à nouveau Le Mouel dans son bureau et l'interroge, les yeux dans les yeux : « Comment en est-on arrivé là ? » « On a peut-être un peu sous-estimé l'ampleur du problème, mais ce n'est pas facile à détecter », esquive le commissaire, se refusant de raconter pourquoi son prédécesseur, « un type bien », n'était pas fait pour ça, dans la mesure où il n'avait jamais fait de « vraie PJ ». « Au bout d'une minute, le ministre se leva et commença à faire le tour de son bureau. Je finis par me lever à mon tour et par tourner avec lui. Si je lui avais dit que les collègues n'avaient pas vu venir la drogue, je les fusillais. »

Alliant les gestes aux mots, le ministre a débloqué une dotation spéciale pour rémunérer les informateurs, où il y a toujours au moins « un bâton », une somme rondelette pour l'époque. « Les Américains sont arrivés et nous ont accusés de tous les maux, commente avec son habituel franc-parler le commissaire Lucien Aimé-Blanc, dont Le Mouel fait son adjoint à l'office des stups dès février 1972. Nixon a mis la merde. De Gaulle s'en foutait, mais Marcellin avait deux obsessions : les gauchistes, qu'il a confiés à Philippe Massoni et Yves Bertrand, avec leur brigade d'infiltration, et la drogue. »

Le 127 se peuple. Le Mouel et Aimé-Blanc s'installent au troisième étage, le deuxième étant encore le domaine du BCDRC, toujours tenu par Bellemin-Noël, désormais épaulé par Joseph Le Bruchec. Les effectifs de l'Office montent à une cinquantaine, pour une trentaine auparavant. Dans la capitale, la drogue échoit à la brigade mondaine, entre les mains du commissaire Roger Le Taillanter, lequel met les mains dans le cambouis, fidèle à sa réputation : il obtient ses tuyaux en or en fréquentant, entre autres lieux de débauche, la célèbre boîte à partouzes de Ville-d'Avray, Le Roy René.

Les camions renifleurs

Le meeting suivant se tient à Paris avec les Américains. L'atmosphère est « un peu fraîche », on s'en doute. « Ils nous ont mis l'épée dans les reins en nous conseillant de découvrir des laboratoires », résume Le Mouel, bientôt invité à venir se pâmer, à Washington, devant les mérites d'un système « révolutionnaire », une sorte de « nez » capable de détecter la présence dans l'air de substances produites par la fibre d'héroïne. Trois camionnettes en ont été équipées, que les Américains se proposent d'expédier par bateau jusqu'au Havre. « C'est intéressant, mais une seule suffira pour l'instant, répond poliment Le Mouel. On fera une expérience et on verra quelles conclusions en tirer. »

Le véhicule livré, le laboratoire de la police parisienne organise un test dans une clairière de la vallée de Chevreuse, en présence de Marcel Morin, qui a mis à disposition une certaine quantité de morphine-base issue des saisies, et de l'ambassadeur des États-Unis, flanqué d'un représentant de la DEA (Drug Enforcement Administration) et du conseiller scientifique de l'ambassade. Objet de tous les regards, un combi Volkswagen équipé d'un mât de deux mètres de haut, sur lequel a été greffée une pipe d'admission pour les gaz. « Une belle invention », observe diplomatiquement Le Mouel, avant d'oser une objection : « On ne peut pas sillonner les rues de Marseille avec un véhicule de cet aspect. » « Comment, vous ne voulez pas collaborer ? » proteste un Américain, tandis que l'ambassadeur, un homme de deux mètres de haut, coiffé avec la raie au milieu, se dirige vers la guérite du gardien pour téléphoner à ses supérieurs. Le commissaire joint pour sa part le directeur de la PJ pour lui dire qu'il y a « de l'eau dans le gaz ». « Soyez constructif », lui répond son patron.

Alors que l'ambassadeur s'apprête à disparaître dans sa limousine de huit mètres de long, Le Mouel tente de calmer sa colère. « Nous sommes très intéressés, glisse-t-il, nous suggérons juste quelques modifications. » La tension retombe, si l'on s'en tient aux excuses formulées le soir même par le diplomate américain au cours d'un cocktail organisé à son ambassade. « On ne devrait jamais parler sans savoir », glisse-t-il au commissaire, probablement rassuré par les liens de confiance tissés par l'un de ses conseillers avec le policier français. Le Mouel se gardant bien de dire à voix haute combien ce combi lui avait rappelé les véhicules des hippies, encore moins qu'il croyait peu à l'efficience de ces camions renifleurs…

Trois semaines plus tard, Marcel Morin obtient un tuyau selon lequel un Marseillais peu connu, circulant à bord d'une petite Coccinelle grise, servirait de couverture à un laboratoire clandestin. Les trafiquants l'ont recruté pour lui proposer d'habiter un pavillon sans prétention moyennant une rémunération importante. « On a mis le paquet et planqué jour et nuit autour du bistro où cet homme se rendait parfois. Lorsque la Coccinelle est apparue, on l'a filée jusqu'à Aubagne, avant de lâcher à l'entrée d'un petit chemin, pour ne pas se faire détroncher (démasquer). Le lendemain, on a ratissé les environs jusqu'à apercevoir l'arrière de la Coccinelle dépasser du garage de la villa Suzanne. Le célèbre chimiste Jo Cesari faisait sa "cuisine" dans cette maison, où on a saisi cent kilos d'héroïne, bien emballés. Il s'est pendu le lendemain dans sa cellule. »

Deux jours après, le 24 mars 1972, le téléphone sonne sur le bureau de Le Mouel. Au bout du fil, l'ambassadeur américain en personne. « Je dois aller voir ce laboratoire. Rejoignez-moi demain matin, je vous emmène dans mon avion personnel avec deux représentants du Congrès. » Limousine jusqu'au Bourget, Bi-kraft pour Marseille, le policier comprend que les Américains s'attendent à découvrir un laboratoire aussi grand qu'une usine, alors qu'il fait à peine quelques mètres carrés. Il tente de les alerter, mais le voilà invité à piloter l'appareil quelques minutes, ce qui ne le met pas franchement à l'aise, d'autant qu'il comprend un mot sur deux de ce qui se dit dans le cockpit…

« Cesari était un petit génie, se souvient le commissaire. Il avait écrit la recette au verso d'un paquet de Gitanes. Il fabriquait une héroïne pure à plus de 99 %. À partir de la découverte de ce laboratoire, les rapports franco-américains ont baigné dans l'huile. Ils ont même accepté de modifier leur camion renifleur en dissimulant le tuyau d'aluminium dans le plafond, mais ça n'a jamais débouché sur quoi que ce soit. » Au passage, les Américains se sont fait un plaisir de rémunérer eux-mêmes le demi-truand marseillais à l'origine de la découverte de la Coccinelle grise. Pensaient-ils vraiment que les Français protégeaient les voyous ? « Ils voyaient bien qu'on n'y mettait pas assez de moyens, explique Le Mouel, persuadé d'avoir vexé ces alliés en refusant la fameuse radio. L'ambassadeur m'a confié que sa mission numéro 1 à Paris, c'était de combattre le trafic d'héroïne à destination des États-Unis. La hiérarchie n'avait pas percuté, mais quand deux présidents s'écrivent, ça prend de l'importance. Avec Morin, nous sommes retournés voir Marcellin pour réclamer de nouveaux équipements, et le lendemain, alors que nous étions à Marseille, le directeur du matériel m'a appelé pour m'annoncer que tous nos besoins seraient satisfaits. »

« Les Américains misaient sur les repentis, poursuit Lucien Aimé-Blanc, embarqué dans cette croisade sans précédent. Dès qu'ils arrêtaient un Français, ils lui proposaient la botte : trente ans de pénitencier avec les requins et les nègres ou trois ans dans une villa surveillée. » L'un des premiers à se voir proposer le marché a été un chanteur et musicien marseillais qui vivait en couple avec une prostituée sous la coupe du parrain Gaétan Zampa. Il avait dissimulé trente kilos d'héroïne dans l'un des dix amplis qui accompagnaient Johnny Hallyday en tournée, mais ne se souvenait plus lequel. « Il a fini dans une villa au bord de la mer, avec un piano et des gonzesses, sur la côte est des États-Unis », se souvient avec amusement Aimé-Blanc, qui, à la faveur d'une commission rogatoire à New York, est allé jeter un œil sur la boutique de plantes vertes ouverte par le repenti, vite rebaptisée « Aux balançoires réunies » par les mauvaises langues du milieu, allusion à ce que les voyous détestent le plus : les balances.

Le Mouel ne raffole pas des indics ; Aimé-Blanc, lui, adore ça. Il lui revient donc de prendre en main cet homme qui débarque un beau matin au service. Prénommé Quentin, boiteux, il sort de la prison de Liancourt, où il dit avoir capté les confidences de barons du milieu corse, non sans leur faire croire qu'il était « protégé ». Sa proposition est extravagante, mais n'est-ce pas la meilleure façon de pénétrer ces réseaux ? Connaissant bien le chef de la brigade des stups canadienne, il demande qu'on le laisse récupérer entre dix et quinze kilos d'héroïne à Marseille, qu'on le « couvre » lors de son départ à l'aéroport d'Orly, comme à son retour avec l'argent, afin qu'il se crédibilise auprès des fournisseurs, qu'il balancera ensuite. Marché conclu, c'est même Aimé-Blanc qui achète les valises en ferraille, dûment photographiées, qui serviront au transport. Les collègues américains et canadiens sont, bien entendu, informés du manège. Chaque fois qu'il franchit une frontière, Quentin est « assisté ». Avec un succès certain, puisqu'on le voit bientôt s'installer à l'hôtel George-V et s'acheter une Rolls Royce (rose) pour impressionner ses fournisseurs marseillais. Les affaires s'enchaînent, plusieurs trafiquants sont neutralisés, mais les voyous sont subitement pris de doute lorsqu'ils voient apparaître dans le décor un bordelier notoirement couvert par la police. Sous la protection du Bureau des narcotiques et des drogues dangereuses (BNDD), Quentin est contraint de se planquer au Mexique, où il fait tomber de nouveaux bandits marseillais, un jeu qui va mal se finir puisqu'on retrouvera son corps dans les eaux du Saint-Laurent, au Canada, plusieurs balles dans la peau.

Installés dans leur bureau de la rue La Boétie, à deux pas du 127, les collègues américains se régalent de ces succès. Habitués des primes, ils offrent désormais « un bâton » par kilo d'héroïne saisi, pour rémunérer les balances. L'argent coule à flots, les Douanes abondent elles aussi, quitte à inventer des aviseurs (le nom que les gabelous donnent à leurs informateurs) pour augmenter les enveloppes. Largement de quoi payer les faux frais du service, se souvient Aimé-Blanc, bientôt expédié à Marseille pour relayer Marcel Morin, rapatrié pour sa part vers le 127. Marseille où le patron du SRPJ l'accueille plutôt bien, sachant que le commissaire n'a pas pour mission de « traquer les flics corses » en poste à l'Évêché, mais d'achever de mettre la filière de l'héroïne au tapis.

En pointe dans la lutte contre le trafic, le juge Pierre Michel est souvent fourré à la brigade des stups locale. « Il assistait au briefing et nous couvrait sur tout, raconte Aimé-Blanc. On a monté de belles affaires, mais Morin avait éradiqué la plupart des labos. »

Côté finances, le patron n'est pas dans le besoin, d'autant que les « copains américains » sont toujours aussi généreux. Pas question de payer les indics avec de la came, du moins à Paris, François Le Mouel y étant totalement opposé : la drogue saisie était entreposée dans son bureau et personne n'y touchait. À Marseille, en revanche, c'est une autre histoire. Pour les besoins de la cause, en l'occurrence les statistiques d'un collègue commissaire, qui battent de l'aile, Aimé-Blanc fait venir de la capitale un indic, ancien boxeur, à qui il confie un kilo d'héroïne en lui donnant quartier libre. Il a suffi de le filer pour effectuer une quinzaine d'arrestations, de quoi redresser les chiffres du collègue en difficulté, sauf qu'un imprévu s'est glissé dans le scénario : le boxeur a vendu de l'héroïne au fils d'un colonel. Un juge de Nanterre a été saisi et l'indic a été arrêté. Convoqué au palais de justice, le commissaire met cartes sur table, le juge écrase l'affaire et le boxeur est relâché…

Chapitre 10

Enlèvements en série

Le petit Mérieux

L'enlèvement de Christophe Mérieux, 9 ans, sur le chemin de l'école, place le commissaire Claude Bardon dans une situation inconfortable : il est très proche du papa, Alain Mérieux, qu'il a connu en Algérie au temps où il avait tourné le dos à la pharmacie pour intégrer le 11e choc. Il est même le parrain de son dernier fils. Aussi, lorsque le P-DG du groupe pharmaceutique l'appelle ce 9 décembre 1975 pour lui annoncer la terrible nouvelle – « On a pris le petit. Viens, on descend à Lyon » – n'hésite-t-il pas une seule seconde. Il ne peut rien refuser à cet ami qu'il considère comme son frère. Il sait cependant qu'il ne peut intervenir sans alerter ses collègues et téléphone à son patron pour lui annoncer son choix :

« Je ne suis plus flic. Je pars à Lyon pour aider mon ami à retrouver son petit. »

Le directeur proteste, mais ne parvient pas à retenir son commissaire, déjà en route pour l'aéroport.

« À l'arrivée, se souvient-il, on a été accueilli par le préfet et le patron du GRB (Groupe de répression du banditisme). Je leur ai annoncé qu'on allait faire les choses à ma façon, en clair que j'allais prendre les commandes de l'enquête. »

Bien entendu alerté, le ministre de l'Intérieur, Michel Poniatowski[1], prend attache avec le préfet et lui ordonne de procéder au plus vite à l'arrestation de Claude Bardon et d'Alain Mérieux, dont le père, un vieux résistant, appelle derechef Jacques Chirac, alors Premier ministre, pour mettre les choses au clair à sa façon, abrupte :

« Dites à votre ministre de nous foutre la paix ! »

Le ton est donné : s'il faut concéder une rançon aux ravisseurs, la famille la donnera en dépit de toutes les recommandations officielles. N'est-ce pas la première fois qu'on enlève un enfant ? Le commissaire Bardon ajoute cet argument dans la balance, mais il n'agit plus seulement en tant que policier. Il se considère lui-même comme victime. Il fait partie de la famille. Il va même personnellement chercher une partie de l'argent réclamé par les ravisseurs, de nuit, à bord d'un avion privé qui fait escale à Amsterdam, en Suisse et à Paris, histoire d'achever de réunir la somme astronomique exigée par les ravisseurs.

Les faits : conformément aux instructions, un « domestique » a laissé le petit à une centaine de mètres de

1. En fonction du 28 mars 1974 au 29 mars 1977.

l'établissement scolaire. Alors qu'il se trouvait à une cinquantaine de mètres de l'école, « un homme portant un casque de moto, visière rabattue, le saisit et le transporte dans une camionnette bâchée qui démarre rapidement ». Il était 8 h 15. Quinze minutes plus tard, un inconnu téléphonait au domicile des parents pour annoncer l'enlèvement. La même voix rappelait à 9 heures pour exiger « un milliard d'anciens francs en coupures françaises, hollandaises, allemandes et suisses ». À 13 h 30, nouvel appel. Une voix différente, toujours masculine. Message : pour cet enlèvement « préparé depuis un an », le montant de la rançon est doublé. Aucun de ces trois appels n'a été enregistré, faute de temps.

« Les malfaiteurs étaient parfaitement renseignés sur la fortune de la famille Mérieux, dont le père du jeune Christophe est le P-DG des laboratoires pharmaceutiques Mérieux, affaire très importance sur le plan européen, marié avec la fille du constructeur Berliet, dont la puissance financière est connue mondialement », écrira l'inspecteur de l'OCRB chargé de tirer plus tard les leçons de l'affaire. Le 10 décembre, à 17 h 50, un quatrième appel avise le père qu'il devra lui-même porter la rançon dans sa voiture, dans un lieu qui sera fixé ultérieurement. Un « commando » s'occupera de la réception, mais « l'organisateur » de l'enlèvement ne sera pas présent, précise l'interlocuteur.

Le moment venu, le commissaire Bardon se garde cependant de semer ses collègues, encore moins de les envoyer vers une fausse piste pour ne pas les avoir sur le dos. Il les place au cœur du dispositif, car l'objectif est double : récupérer le petit Christophe, mais également la rançon. Périlleux, d'autant que Claude Bardon a compris qu'il n'avait pas affaire à des débutants : les ravisseurs seraient ceux-là mêmes qui ont tué le juge Renaud, crime resté impuni ; une équipe alléchée par la réussite de l'institut pharmaceutique Mérieux, qui venait de vacciner cent millions de Brésiliens contre la méningite…

Un cinquième appel intervient à 20 h 25, ce même 10 décembre, point de départ d'un jeu de piste qui va promener le père de Christophe de bars en brasseries tout au long de la soirée, sans qu'aucun contact intervienne finalement avec les ravisseurs. Lesquels téléphonent le lendemain pour mettre cet échec sur le compte de la présence policière, qu'ils ont détectée.

Le 11 décembre à 17 h 15, le même correspondant invite Alain Mérieux à se rendre dans un café de Lyon. De messages en consignes, il se retrouve au volant de sa voiture, qu'il a refusé de voir sonorisée, sur une commune de l'Ain, où un malfaiteur armé et casqué monte à bord à ses côtés. Une deuxième voiture les suit jusqu'en un lieu désert, où la rançon change de mains vers 21 h 30, du moins une partie car dans la précipitation, ils oublient quelques billets. Menotté au volant de sa BMW, le papa sera rapidement délivré par la police, qui s'est soumise aux exigences de la famille et s'est abstenue de toute filature.

Par chance, la mission réussit au-delà de ses espérances. Le lendemain, à 10 h 30, le même correspondant annonce à la famille que Christophe a été déposé dans une rue de Lyon, où il est retrouvé sain et sauf. Quelques jours plus tard, un « oreillonneur » (policier chargé d'écouter les conversations téléphoniques) identifie la voix de l'un des ravisseurs, celle d'un malfaiteur lyonnais répondant au nom de Louis Guillaud, dit la Carpe. Dans la conversation qu'il vient d'avoir, il est question d'un rendez-vous avec l'un de ses complices au « Royal », dans la capitale. En épluchant la liste des établissements, les enquêteurs se fixent sur le Royal Opéra, où un jeune inspecteur du nom de Jacques Nain, originaire de Béziers et arrivé à l'Office deux ans plus tôt, est envoyé dare-dare. Il repère la Carpe et son complice, mais le temps de descendre aux toilettes pour alerter ses collègues, les deux hommes ont disparu. En errant au petit bonheur dans le quartier, il retrouve les deux hommes attablés à une terrasse, non loin du Palais-Royal, le 15 février 1976. La Carpe est interpellé alors qu'il vient d'échanger des billets issus de la rançon contre des lingots d'or. Vingt autres lingots sont découverts à son domicile, ainsi qu'une importante liasse de billets provenant de la rançon, environ un million de francs…

Alors qu'il est transféré à Lyon, le suspect se confie au commissaire qui l'accompagne, Georges Nicolaï, qui se souvient de ce moment privilégié. « C'était un truand à principes, dit-il. Je l'ai eu à la bonne. Sur le chemin du retour, il m'a donné l'adresse de la maison où avait été séquestré l'enfant. » La publication par la presse de la photo de la Carpe donne un coup d'accélérateur à l'enquête et permet de confirmer les soupçons qui pesaient sur l'un de ses complices, Jean-Pierre Marin, qui a laissé ses empreintes digitales dans l'appartement utilisé par les ravisseurs. Ancien chauffeur routier, puis postier, soupçonné d'être mêlé à une quinzaine d'exécutions, orgueilleux pour deux, il est abattu lors de son interpellation, le 9 mars 1976, alors qu'il tentait de fuir au volant d'une DS en menaçant les policiers avec un colt 45. Auparavant, il aurait lui-même éliminé un troisième complice qui avait commis l'erreur de jouer avec l'enfant sans se cacher le visage. La Carpe, condamné à vingt ans de prison, n'a jamais lâché un mot sur le sujet, mais les enquêteurs restent persuadés que les trois hommes étaient directement impliqués dans l'élimination du juge Renaud. Au cours du procès, le commissaire Nicolaï, venu témoigner à charge et à décharge, s'est fait détester par les avocats des parties civiles en dressant le portrait de voyous plutôt « corrects », dotés d'une certaine « mentalité », eux qui avaient fourni moult gâteaux et bonbons au petit Mérieux durant sa séquestration.

« Ils m'ont tous volé dans les plumes ! » se souvient le commissaire.

Chasse aux P-DG

Jusqu'au milieu des années 1970, les rapts avec demande de rançon étaient l'apanage des politiques, quand ils n'étaient pas le fait d'amateurs. Le banditisme « classique » est en train de foncer tête baissée dans cette activité qui peut rapporter davantage que les hold-up et autres cambriolages, du moins en cas de réussite. La mode est venue d'Italie et les sommes réclamées en échange de la libération des victimes, généralement à la tête de grosses fortunes, avoisinent facilement le milliard d'anciens francs – le double dans le cas du petit Mérieux.

Comme les extorsions de fonds, les enlèvements relèvent de la compétence de l'OCRB, ils vont même devenir une de ses spécialités. L'Office dispose de véhicules équipés de GPS, d'un lot conséquent de motos, de fourgons, cuves et autres sous-marins. Il s'appuie en province sur les BRI régionales et peut requérir en cas d'urgence les moyens aériens de la sécurité civile. En alerte vingt-quatre heures sur vingt-quatre, le service est enfin en mesure de mobiliser très vite une vingtaine de personnes, durant un mois s'il le faut. Ce n'est pas de trop à l'heure de risquer un contact physique avec cet homme qui prétend négocier au nom des ravisseurs.

La scène se passe dans une gare de l'Ain dont il faut sécuriser les alentours ; un policier est placé auprès du chef de gare, de faux voyageurs disséminés sur les quais, le tout sans jamais baisser la garde, en anticipant le fait que la voiture la plus proche peut être celle d'un voyou ; autre principe de base, toujours se débrouiller pour voir sans être vu, ce qui n'est pas forcément facile à 1 heure du matin dans une petite ville de province, sans oublier d'être avare de ses mots à la radio, car l'ennemi a lui aussi des oreilles. Tout ça pour découvrir ce jour-là que l'homme n'est qu'un petit malin qui s'est mis en tête d'embourber la rançon…

« Chaque enlèvement se transformait en véritable jeu de piste », se souvient Bernard Petit, inspecteur devenu commissaire. Pas de SMS, ni de message envoyé depuis les cybercafés, comme aujourd'hui, mais des messages codés à l'intention de ceux qui devaient payer la rançon, avec une difficulté majeure : les ravisseurs soupçonnaient systématiquement la police d'être derrière le porteur de rançon, à juste titre d'ailleurs.

Les voyous s'attaquent à des personnes parfois inconnues du grand public, mais ils ne se trompent jamais. « Tous avaient le potentiel pour réunir la rançon », se souvient Bernard Mondon, mais les flics comme lui savent rester à leur place : ils traitent les dossiers l'un après l'autre sans se mêler de politique, ni tenir compte de la notoriété des victimes.

Ne jamais céder au chantage des ravisseurs, telle était la règle fixée par les plus hautes autorités de l'État. Ne pas verser de rançon pour éviter de susciter des vocations parmi les voyous, avec le risque de se retrouver face à une inflation de kidnappings. Une consigne difficile à accepter pour les proches de la personne enlevée, prêts à tout pourvu que le cauchemar ne vire pas au drame, eux qui doivent déjà subir l'intrusion dans leur vie privée de policiers curieux de tout, recherche de pistes oblige. Le tout alors que l'émoi grandit dans le pays et que la presse est à l'affût de la moindre miette d'information, téléobjectifs braqués sur le domicile de la famille, prise au milieu des ragots et autres élucubrations pas toujours saines. Une presse prête à bondir au volant de ses Alfa Romeo et autres Renault 16 TX, pour coller au dispositif policier et ramener le scoop, scanners à portée de main (branchés sur les fréquences de la police), au point que les inspecteurs organisaient régulièrement de fausses sorties pour « endormir » les journalistes…

Façade du 127, rue du Faubourg-Saint-Honoré
dans les années 1960.

Premier écusson
de l'OCRB, dessiné
par l'inspecteur
Dany Charpy en 1973.

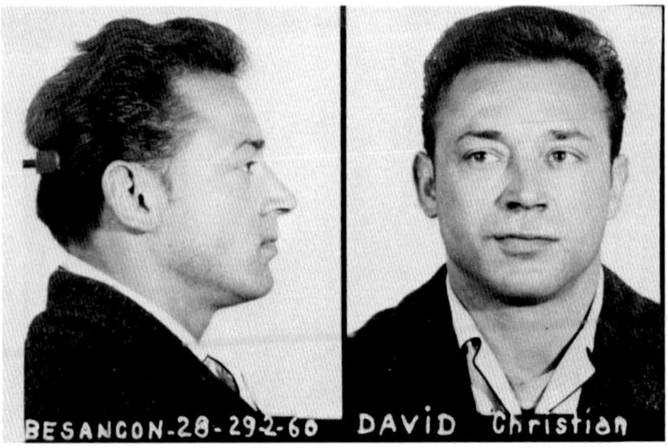

Christian David, en 1960.
Il est arrêté après une longue traque après avoir tué un commissaire de police à Paris (Voir p. 35).

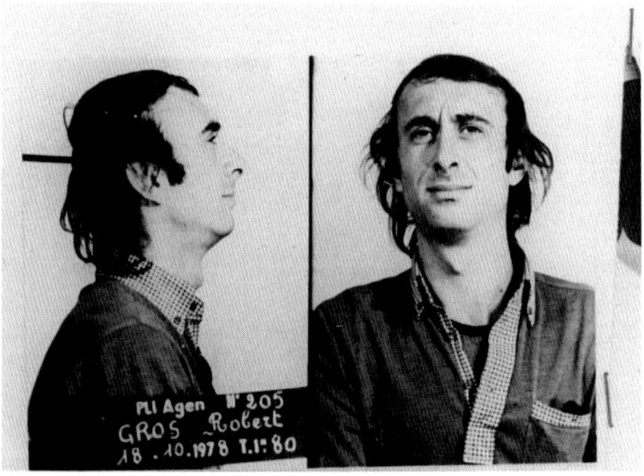

Roger Gros
et Alain Havot
deux braqueurs en série
qui ont défrayé
la chronique en 1980.
(Voir p. 238)

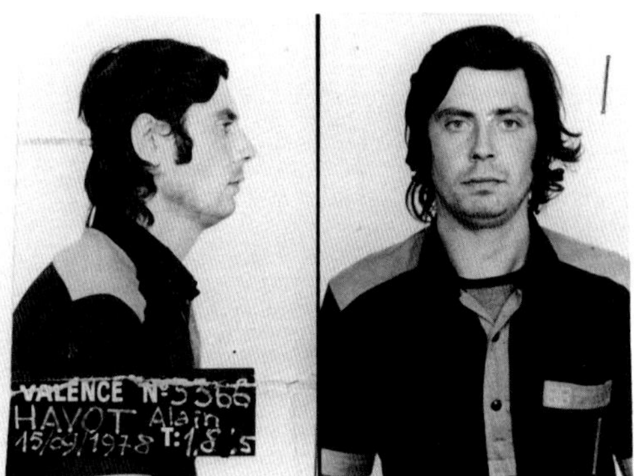

L'inspecteur Max Lejeune au péage de l'autoroute de Tours (affaire du Club Med de Corfou). (Voir p. 221)

L'inspecteur Jean-Marie Flori dans son bureau de l'OCRTIS. (Voir p. 120)

Le commissaire Lucien Aimé-Blanc, patron de l'OCRB de 1977 à 1982. (Voir p. 88)

Bureau du 127. À droite, le commissaire Charles Pellegrini (qui rit).
De profil, le commissaire Emmanuel Farrugia, assis à droite,
Humberto Alberghi, à gauche, riant, Robert Poulain (assis) et Jean-Claude Paillet.

À gauche, en train d'écrire,
l'inspecteur Jacques Servas.
Debout, bras croisés,
l'inspecteur Jacques Nain.
Debout, mains dans les poches,
Pierre Le Bouchez (dit PLB).

François Le Mouel,
patron de l'Office
des Stups, et grand cycliste.
(Voir p. 77)

Les commissaires Charles Pellegrini
(au premier plan),
Joseph Le Bruchec (au centre)
et Georges Nicolaï.

Les commissaires Charles
Pellegrini et Jacques Servas,
en 1977, avec les billets
d'une rançon.

L'inspecteur Bernard Mondon (au centre). Bras nus,
l'inspecteur Serge Evdokimov, et Michel Vincent (à gauche).

Un entraînement d'arrestation, avec les inspecteurs Christiane Marini
et Jacques Nain.

Photo prise le jour de l'arrestation de Jacques Mesrine, le 2 novembre 1979.
À gauche, avec les lunettes, Jo Querry ; 6e en partant de la gauche, Roger Poid-Blanc ; à sa gauche, Emmanuel Farrugia et Lucien Aimé-Blanc ; derrière Robert Broussard, Jean-Pierre Simon (chauve) ; assis, Maurice Bouvier ; debout derrière lui, Charles Pellegrini ; avec des lunettes, Honoré Gévaudan, puis Max Lejeune (barbu) ; à droite (avec la cravate), Jean Bellemin-Noël.

Écoutes téléphoniques au 127 : outre le commissaire Pellegrini (à droite), le commissaire Labeyrie (debout à gauche, penché en avant), et le commissaire Emmanuel Farrugia (assis sur la table).

Charles Pellegrini et l'inspecteur Max Lejeune (à droite).

La chasse aux P-DG est ouverte. Quelques semaines après l'enlèvement du petit Mérieux, le 31 décembre 1975, Louis Hazan, 53 ans, P-DG de la maison de disques Phonogram, est enlevé par un commando armé au siège parisien de la société ; les ravisseurs réclament 15 millions de francs, récupérés par la police auprès de la Banque de France avec l'aval de l'épouse de la victime. Le jeu de piste se termine le 6 janvier 1976 place de la Bastille, avec la neutralisation de deux malfaiteurs ; séquestré à 80 kilomètres de Paris, le P-DG est libéré le lendemain.

La cible suivante s'appelle Guy Thodoroff. Patron d'une société qui vend des voitures de luxe à Paris, il est enlevé en bas de chez lui par quatre hommes masqués, le 4 février 1976. Montant de la rançon réclamée à son père : 10 millions de francs. Une lettre manuscrite l'invite à « tromper » la police s'il veut récupérer son fils sain et sauf, à charge pour lui de faire connaître ses intentions en publiant une petite annonce dans la presse. Il suit scrupuleusement les consignes, et le 8 mars 1976, quatre voitures quittent le siège de la société, pilotées par des amis de la victime, avec mission de déjouer les filatures. La rançon est versée dans le dos de la police et le P-DG relâché le lendemain sur un terrain vague, mais les numéros d'une partie des billets fournis par la Banque de France ont été relevés – sur un listing et sur une bande magnétique, conformément à un accord passé entre la banque et la PJ. Trois malfaiteurs sont rapidement interpellés alors qu'ils changeaient ces coupures dans une banque belge. Le reste du gang est neutralisé à

Paris cinq mois plus tard, en « flagrant délit », quelques heures après l'enlèvement d'un banquier…

À qui le tour ? Au P-DG de Fiat en France, Luchino Revelli-Beaumont, enlevé le 13 avril 1977 au soir devant chez lui, dans le 16e arrondissement parisien. Un soi-disant comité de défense des travailleurs italiens exige 3 milliards d'anciens francs, mais les quatre ravisseurs sont tous argentins. La famille s'efforce de tenir à distance la police, qui coffre un intermédiaire douteux. Fiat finit par déposer une somme de 2 millions de dollars dans une banque suisse, que le président de la banque remet à deux inconnus le 8 juillet suivant, déclenchant la libération trois jours plus tard de l'homme d'affaires, après quatre-vingt-neuf jours de détention. Les membres de la bande sont cependant localisés en Espagne, où ils ont pour sept d'entre eux obtenu le statut de réfugiés politiques ; la majeure partie de la rançon sera récupérée.

Le rapt du baron Empain, 40 ans, P-DG du groupe Empain-Schneider, le 23 janvier 1978, va lui aussi déboucher sur l'arrestation de la plupart des protagonistes, dont l'un est abattu lors de la remise d'une fausse rançon, sur l'autoroute du Sud, à quelques kilomètres de la porte d'Orléans, alors qu'un policier s'était substitué au représentant du groupe. Aussi inventifs que cruels, les ravisseurs ont expédié la troisième phalange d'un doigt de leur otage pour souligner leur détermination. Trop gourmands, ils ont réclamé 80 millions de francs, une somme déraisonnable au regard des capacités financières des proches du baron, finalement ramenée à 30 millions.

Visiblement désemparés par les refus successifs, ils ont imposé à la famille la plus longue période de silence jamais observée : un mois entier. La seule chose que les enquêteurs n'ont pas trouvée, c'est le lieu de détention, révélé des années plus tard par l'un des protagonistes : une champignonnière désaffectée de la région parisienne.

Mesrine et le milliardaire de la Sarthe

Le fiasco Empain n'empêche pas deux grands bandits de l'époque, Jacques Mesrine et son ami Michel Schayewski, de se lancer à leur tour dans la folle aventure : l'enlèvement d'un important propriétaire foncier de 80 ans, Henri Lelièvre, surnommé le « milliardaire de la Sarthe ». Les deux hommes, déguisés en policiers, frappent à la porte de sa maison de campagne le 21 juin 1979 et l'embarquent. Rançon exigée : 6 millions de francs en coupures de 500 francs. Carte d'identité et lettre manuscrite à l'appui, sans oublier la consigne : publication d'une annonce dans *France-Soir* lorsque la rançon sera prête. Plus original, la presse est dans le même temps invitée, via une lettre parvenue au journal *Libération*, à faire campagne pour sauver la vie du vieil homme en empêchant la police de s'en mêler.

« Quand on est en charge d'une enquête comme ça, ce n'est pas à mi-temps, confirme l'inspecteur Michel Vincent, qui se souvient d'une journée de travail de cinquante-quatre heures à la fin de laquelle il était "tombé comme une masse" sur sa machine à écrire. Ça ne vous lâche pas. On y pense sans arrêt, jusqu'à l'obsession. »

Un premier jeu de piste conduit une équipe de l'OCRB jusqu'à Dammartin-en-Goëlle (77), le 12 juillet 1979. Flairant la présence policière, Mesrine et son complice ouvrent le feu dans leur direction, dissimulés en surplomb de la route.

Les tractations se poursuivent entre les ravisseurs et le fils Lelièvre, Michel, qui finit par exiger, le 23 juillet, le départ des fonctionnaires installés à demeure dans son appartement. Dès lors, soucieux de récupérer son papa sain et sauf, il « va s'ingénier, avec beaucoup de bonheur, à échapper à la surveillance de la police en récupérant auprès de la Société générale les 6 millions de la rançon et en disparaissant de son domicile pour exécuter entièrement les consignes des ravisseurs », lit-on dans un rapport de l'époque.

Le premier appel téléphonique n'en est pas moins enregistré, une conversation dont nous avons retrouvé l'enregistrement. Conformément aux instructions, Michel Lelièvre attend ce jour-là dans un bar où on doit le contacter sous un nom d'emprunt. Le téléphone sonne. Le patron décroche.

« Pouvez-vous me passer M. Barrot ? Il doit être au bar, monsieur, s'il vous plaît… », demande Jacques Mesrine.

Quelques secondes plus tard, on entend la voix de Michel Lelièvre :

« Oui ? »

Jacques Mesrine :

« Monsieur Barrot ?

— Oui.

— Vous êtes bien Michel Lelièvre ?

— Exact.

— Votre date de naissance, s'il vous plaît ?

— Euh… 15-5-44.

— Le prénom de vos trois enfants ?

— Euh… Judith, Pierre et Catherine.

— Bon, vous avez prévenu les flics ?

— Non, pas du tout.

— C'est sûr ?

— C'est sûr !

— Vous êtes avec votre Mercedes ?

— Oui.

— Bon, alors écoutez bien, vous avez un crayon et un papier ?

— Oui.

— Alors vous marquez. Vous vous rendez au bar Le Magenta.

— Oui.

— Porte de la Villette.

— Oui.

— C'est au 1, rue de Magenta. Vous passez sous le périphérique.

— Oui

— Le bar est sur la droite. Vous attendez au bar sous le nom de Barrot, on vous donnera d'autres consignes.

— D'accord.

— Attention, Michel, je vous préviens d'une chose : votre père est avec nous dans une voiture, dans une autre voiture.

— Oui.

— S'il y a la moindre chose, il est abattu sur place, hein ?

— D'accord.

— D'accord ?

— D'accord.

— Je reconnais pas votre voix, c'est sûr que c'est vous ?

— Oui… moi je ne reconnais pas la vôtre non plus, hein…

— Bah, de toute façon, les flics sont derrière vous et il y a un bip bip (NDA : une balise) sur votre voiture, je m'en doute.

— Ah non, pas du tout.

— Quelle est la couleur de vos sacoches ?

— Noires.

— Les deux semblables ?

— Oui.

— Il n'y a aucune épingle sur les billets ?

— Aucune.

— Bon, vous avez bien entendu ? Vous partez immédiatement. Le bar Le Magenta. Porte de la Villette. Et vous attendez au bar pour d'autres consignes.

— C'est dans Paris, hein ?

— Oui, c'est après la porte de la villette. Vous passez sous le périphérique. Vous attendez nos consignes. Vous vous dépêchez, hein ?

— Entendu.

— Bon, à tout à l'heure.

— À tout à l'heure. »

Une fois sorti de ce deuxième bar, le fils Lelièvre se lance dans un jeu de piste de trois cents kilomètres aboutissant dans l'Indre-et-Loire, avec au bout du chemin cette ultime précaution signée Mesrine : la rançon est déposée dans une barque, qu'il tire avec une corde jusqu'à l'autre rive, sachant qu'il n'y a aucun pont à l'horizon – « C'était Tintin et Milou, il nous a carrément roulés », admet Bernard Mondon.

Henri Lelièvre est remis en liberté le lendemain près du cimetière parisien des Batignolles, avant de se présenter, seul, au domicile de son fils, amaigri et mal rasé, une petite valise à la main. Heureux d'être en vie, moins d'avoir perdu « 600 briques », ayant négocié la possibilité de verser deux fois 200 briques par la suite pour compléter et arriver à la somme réclamée. Seule une petite partie de la rançon a été retrouvée, mais les auteurs n'allaient pas avoir énormément de temps pour dépenser ces liasses de « Pascal » – les billets de 500 francs.

La cabine de Périgueux

L'année 1980 connaît une véritable flambée, avec pas moins de six enlèvements et une tentative avortée. Le plus spectaculaire se produit le 28 juin 1980 en début de matinée, lorsqu'un voyou déguisé en gendarme intercepte sur le chemin de son usine Michel Maury-Laribière, un industriel de 60 ans. Vice-président du patronat français, l'homme est par ailleurs un ami personnel du président de la République, Valéry Giscard d'Estaing.

Une revendication tombe rapidement, signée d'un groupuscule d'ultragauche très actif sur le front terroriste : Action directe. De nouveau aux manettes, le commissaire Claude Bardon écarte cette piste politique, peu crédible malgré la personnalité de la victime, et se concentre sur du concret : les cabines téléphoniques de la région d'Angoulême, d'où proviennent les appels passés pour réclamer une rançon. Le patron des PTT (Administration des Postes, Télégraphes et Téléphones), puissante administration, met à disposition de la PJ des ingénieurs dans tous les centraux téléphoniques du secteur. Trois hélicoptères, un avion, quatre compagnies de CRS et deux escadrons de la gendarmerie mobile sont par ailleurs mobilisés. Le moment venu, l'ensemble du réseau est mis en croix pendant un quart d'heure, le temps pour les techniciens d'identifier la cabine téléphonique d'où provient l'appel, à côté de Périgueux.

Claude Bardon file sur place avec le fils de l'industriel, dont la famille collabore pleinement avec la police, et la rançon, en l'occurrence une sacoche pleine de vieux papiers au lieu des 3 millions de francs réclamés. La sacoche est déposée à l'endroit convenu, en pleine nuit, alors qu'un orage suivi d'un violent coup de froid plonge les effectifs en surveillance, sous le contrôle du commissaire Charles Pellegrini, au bord de l'hypothermie – les conditions climatiques extrêmes plombent à tel point le moral des flics qu'Honoré Gévaudan, le patron de la PJ, se fendra d'une visite aux effectifs avec distribution d'enveloppes.

Son instinct a-t-il incité le voyou à ne pas venir chercher son butin ? Il ne se montre pas, provoquant un certain énervement chez le fils, déjà échaudé par une première tentative aussi mémorable que ratée, organisée en pleine nuit sur un terrain de foot. Mortifié depuis qu'il avait tué accidentellement un collègue de la BRI parisienne (comme relaté plus haut), l'inspecteur Clément Contri s'était porté volontaire pour se dissimuler, arme à la main, dans le coffre de la DS censée livrer la rançon ; n'écoutant que son instinct, peut-être avide d'en découdre, il avait coupé sa radio alors que ses chefs lui avaient demandé d'émettre un bip toutes les quatre secondes pour signifier que tout allait bien ; toutes les voitures de police stationnées autour du stade avaient fini par allumer les pleins phares, de peur qu'il ne soit arrivé quelque chose de grave à Clément, entraînant probablement le départ précipité des ravisseurs…

En attendant, Claude Bardon dépose le fils de l'industriel dans l'hôtel Ibis le plus proche. « Attendez-moi ici », lui dit-il, avant de s'en aller réveiller le préfet du département aux alentours de 23 heures, non sans avoir négocié directement avec le procureur général de Bordeaux le fait de rester à la tête des opérations. Requis, le colonel de gendarmerie les rejoint dans le quart d'heure ; il fait grise mine de se voir sous la coupe d'un policier parisien, mais le commissaire a pour lui les instructions transmises au préfet par l'Élysée.

« Le type est dans un rayon de 10 kilomètres autour de cette cabine », soutient le commissaire. Plus de deux cents hommes sont postés aux carrefours stratégiques, jusqu'au moment où un gendarme à la retraite signale un gîte rural dont les volets restent étrangement clos. Bonne pioche : Michel Maury-Laribière est libéré après douze jours de détention, le 9 juillet. La maîtresse d'un truand notoire, Jacques Hyver, néanmoins fils de bonne famille, est interpellée sur-le-champ. Son homme le sera quatre mois plus tard après avoir tué le gérant d'une discothèque et tenté d'enlever la famille d'un banquier suisse.

« L'astuce, c'est de pousser le type à la faute, de l'amener à se découvrir en multipliant les coups de fil, commente Claude Bardon, mais dans des moments pareils, la PJ doit s'imposer contre vents et marées. » Pour mieux appréhender son sujet, l'OCRB questionnera longuement plusieurs victimes d'enlèvement. « Tous les jours, je priais la Vierge », leur confiera Michel Maury-Laribière.

Mortel jeu de piste à Lyon

« Les voyous ne ciblaient pas forcément des personnalités visibles, explique Bernard Mondon, l'un des inspecteurs les plus aguerris en matière de rapts. Ils étaient un peu barges, mais pas cons. Ce qui comptait avant tout à leurs yeux, c'est que ces personnes soient fortunées. Le gouvernement n'a jamais cédé sur la rançon. À chaque fois qu'elle a été payée, la famille nous avait doublés… »

Le 22 septembre 1980, un clerc de notaire de Lyon, Bernard Galle, tombe entre les pattes des voyous. Un premier appel anonyme annonce la mauvaise nouvelle à son beau-père, Me Louis Chaîne, patron de l'étude et président du conseil supérieur du notariat, par ailleurs conseiller général du Rhône. En guise de confirmation, une lettre manuscrite écrite de la main de la victime a été déposée dans la boîte aux lettres. Un second appel suit, signalant la présence d'une deuxième lettre dans la boîte du frère de Bernard Galle, dans laquelle les ravisseurs fixent le montant de la rançon : 5 millions de francs.

La famille, disposée à se soumettre aux exigences des ravisseurs, accepte cependant de suivre les conseils de la police judiciaire, l'OCRB ayant dépêché à Lyon une vingtaine d'enquêteurs. Une collaboration limitée puisque le 26 septembre, un dispositif empêche le versement d'une rançon par les proches de la victime à un escroc qui tentait de se substituer aux ravisseurs.

Le 12 octobre, une nouvelle lettre déclenche un jeu de piste à Lyon. Désigné comme porteur de la rançon, Louis Chaîne se plie aux exigences des ravisseurs sous l'œil discret des policiers. Pour des raisons indéterminées, les malfaiteurs renoncent. Convaincu que le versement de la somme réclamée permettra de libérer son gendre, le notaire décide de souscrire entièrement aux demandes qui lui sont faites en tenant la police à distance. Le 18 octobre, il annonce à la PJ que l'une de ses relations, notaire comme lui, a remis la rançon aux ravisseurs la veille à 6 h 30, sur un terrain vague de la banlieue de Lyon, conformément à une dernière lettre adressée cette fois à un notaire de Décines. Le gendre devait être libéré dans les vingt-quatre heures, mais visiblement, les ravisseurs ne tiennent pas leurs promesses.

L'affaire est un double et cuisant échec : non seulement la rançon a été payée, mais Bernard Galle n'a jamais été retrouvé. A-t-il été exécuté par les malfaiteurs, soucieux de ne laisser derrière eux aucun indice exploitable ? Celui qui dirigeait alors la Crim de Lyon, le commissaire Claude Bonnardel, ne s'en est paraît-il jamais vraiment remis. « Ça l'a cassé », se souvient l'un de ses collègues. Pour l'éloigner du terrain lyonnais, un poste a été créé spécialement pour lui au 127, et même un service : le PSML, chargé des moyens logistiques, installé à l'étage de la Doc et embryon du futur SIAT (Service interministériel d'assistance technique). Une attention qui ne l'a pas empêché de se donner la mort, une fois la retraite venue.

« Dans les affaires d'enlèvement, il faut marquer son territoire psychologiquement, observe Dany Charpy. Si quelque chose t'échappe, la vie de l'otage est en danger. À chaque fois que la famille nous a roulés, on est passé à côté. À Lyon, elle a joué contre nous parce qu'elle n'a pas cru en notre efficacité. Elle nous a carrément envoyés sur une fausse piste en mettant en scène un départ bidon. »

Shergar, l'étalon en or

Les chevaux, comme les hommes, peuvent avoir une certaine valeur marchande. C'est le calcul qu'ont fait une poignée de malfaiteurs, à moins que ce ne soit « un groupe extrémiste à consonance politique », en cet hiver 1983. Le 8 février de cette année-là, plusieurs individus armés, cagoulés et reliés par des moyens radio s'introduisent dans l'enceinte du haras de Ballymany, à Curragh, dans le comté de Kildare, au sud de l'Irlande. Le responsable des lieux, James Fitzgerald, neutralisé au même titre que toutes les personnes présentes, se voit contraint de leur remettre… un cheval. Pas n'importe lequel, puisqu'il s'agit d'un étalon vedette appelé Shergar, propriété, entre autres, de Son Altesse l'Agha Khan, connu pour ses couleurs sur tous les champs de courses. Un animal dont la semence vaut de l'or.

Le lendemain, un inconnu prend attache par téléphone avec le directeur du haras et fait connaître ses exigences : le versement d'une rançon de 2 millions de livres en coupures usagées, en France, en échange de la libération du cheval. Pour les tractations à venir, il l'invite à utiliser un numéro de téléphone situé dans l'Hexagone et à utiliser ce code : King Neptun. Les négociations se poursuivent durant plusieurs jours dans le plus grand secret, autrement dit dans le dos de la police. Deux membres de l'entourage immédiat du prince Agha Khan s'y collent, à partir d'un téléphone situé dans un appartement parisien, domicile de l'un des collaborateurs de Son Altesse. Extrait d'une conversation :

« Bonjour, c'est King Neptun. Avez-vous l'argent ?

— Non.

— Quand aurez-vous l'argent ?

— Nous devons avoir l'accord des actionnaires. Nous devons avoir une preuve que le cheval est vivant.

— Bien, bien, vous essayez de gagner du temps. (…) Écoutez, voilà comment les choses se présentent. Nous avons le cheval. Si vous n'avez pas l'argent à ce numéro de téléphone demain à 9 heures, il n'y aura plus de cheval. D'accord ?

— Les actionnaires voudront une preuve. Il y a trente-cinq personnes concernées.

— Une preuve que le cheval est vivant ?

— Oui. Et qu'il n'a pas été maltraité (…).

— Quand vous aurez la preuve, nous voulons l'argent dans un délai de trois heures, ou le cheval est mort. »

Le ton se durcit au fil des appels. Le représentant de l'Agha Khan n'a de cesse qu'il se retranche derrière les actionnaires, qui attendent une preuve et ne voudront pas payer s'il s'avérait que le cheval était diminué. « Si nous devons tuer ce cheval, ce sera votre faute ! » finit par lâcher l'un des kidnappeurs. « Oui, mais vous en serez responsable envers votre pays ! » ose le négociateur. « Quoi ? » demande le kidnappeur, qui n'a visiblement pas compris. « Vous allez nuire à la réputation de votre pays, insiste-t-il.

— Vous pensez que je vais m'emmerder avec cela ?

— Oh ! Dans ce cas, c'est une autre affaire.

— Vous vous fichez peut-être de ce cheval, mais vous ne vous ficherez plus du prochain cheval lorsque vous aurez vu ce que nous avons fait de ce cheval. Vous comprenez cela ?

— Oui.

— Les flics savent-ils que vous êtes en contact avec nous ?

— Je ne sais pas.

— Comment se fait-il qu'à l'hôtel que je vous ai indiqué il y avait plein de flics ce matin ?

— Je ne sais pas.

— Écoutez, si l'un de mes gars avait été capturé ce matin, j'aurais non seulement tué le cheval, mais je vous aurais tué et j'aurais tué quiconque avec qui j'ai été en contact. Vous comprenez cela ?

— Je comprends.

— Vous feriez mieux de comprendre. Vous rendez-vous compte du genre de personne avec qui vous traitez ? Rappelez-vous que vous ne traitez pas avec des imbéciles. »

Une photographie de Shergar est déposée dans un hôtel de Dublin, où l'on voit la tête de l'animal avec à l'arrière-plan la une d'un journal récemment publié en Irlande du Nord. Onze messages téléphoniques sont laissés par les ravisseurs, en anglais, jusqu'au moment où les autorités irlandaises auraient exigé la rupture de toute forme de négociation. Au cours de leur ultime communication, ils n'en ont pas moins menacé, si les discussions échouaient, d'éliminer physiquement toutes les personnes au courant de l'affaire, non sans promettre que le cheval serait abattu s'il ne leur était pas donné satisfaction.

Le 9 mai 1983, trois mois après l'enlèvement, le directeur du haras irlandais, au demeurant président du « syndicat » Shergar, finit par déposer plainte auprès de l'Office central de la répression du banditisme, qui obtient l'ouverture d'une enquête sous la forme préliminaire. Laquelle est assez mal emmanchée à cause du temps écoulé, mais surtout de la fin de non-recevoir opposée par la police irlandaise, qui refuse catégoriquement de voir ses homologues français participer aux recherches.

Le commissaire chargé du dossier, partant de l'hypothèse que la rançon devait être versée sur le territoire français, concentre les investigations sur le milieu des éleveurs de chevaux, avec le concours des collègues de la Direction des courses et jeux, rattachés aux Renseignements généraux. À la suite d'informations parvenues au service, plusieurs éleveurs sont ciblés six mois plus tard, en octobre 1983. Le premier, installé en Seine-et-Marne, présente des carnets d'identification des chevaux sans la moindre anomalie. Le second est une star du milieu hippique, Marius Bertella, 56 ans, une piste jugée à tout le moins pertinente à lire ces lignes :

« Au cours des trente dernières années, le nom de Bertella a été associé à de multiples “affaires”, ce qui lui a valu d'avoir maille à partir avec la justice de notre pays. Après des débuts comme tenancier de bar dans la capitale, à partir de 1967, il s'est intéressé à l'élevage de chevaux. En 1968, il a fait l'acquisition des haras des Châtreux, dans le Calvados, une propriété de 90 hectares qui lui aurait coûté la bagatelle de 350 millions d'anciens francs… »

La vérification s'impose, mais l'enquête traîne, peut-être parce que ce n'est, au fond, qu'un équidé. Ce n'est qu'en février 1984 que les policiers débarquent dans la place, où ils sont reçus par Marinette, l'épouse du patron. Les documents comptables de la maison Bertella sont « minutieusement examinés » et la piste se referme très vite : le haras compte dans ses box deux étalons, quinze yearlings et quarante-neuf juments dûment répertoriés ; aucune trace de Shergar n'est décelée.

Une enquête inaboutie que la PJ digère mal, en particulier à cause de « l'absence totale de collaboration de la part des autorités irlandaises », conclut le rapport adressé au juge d'instruction français en charge du dossier. Il n'a pas été possible, notamment, de récupérer auprès des enquêteurs irlandais les cassettes contenant les conversations avec les ravisseurs, confiées à eux par l'entourage de l'Agha Khan lors d'une visite éclair à Paris, dans le dos de leurs collègues français. Un mutisme également reproché au bureau d'Interpol à Dublin, resté sourd à l'envoi de plusieurs messages insistants, réclamant notamment un signalement précis de Shergar. Et ce malgré un message adressé par ce bureau dès le 16 février, suggérant que l'étalon était susceptible de se trouver dans un haras du sud de la France…

Un ultime renseignement parvenu aux oreilles des enquêteurs du 127 permet d'envisager l'hypothèse d'une mise au vert de Shergar en vue d'une exploitation ultérieure. Selon cette source, le rapt aurait été organisé par « deux malfaiteurs chevronnés, spécialisés dans le domaine hippique et originaires de la région marseillaise ». « Avant de rejoindre le sud de la France, écrit un commissaire, l'animal aurait transité par un haras situé en Normandie. Destiné à faire la monte sous le nom d'un étalon peu ou pas coté, il donnerait naissance à une quarantaine de produits meilleurs que ne le laisserait apparaître leur pédigrée. Faisant leurs débuts en compétition vers l'âge de 2 ans, ils seraient délaissés par les turfistes trompés sur leurs origines. En revanche, ceux qui seraient « au parfum » joueraient à coup sûr et toucheraient la « grosse cote ».

Plus personne n'a jamais entendu parler de ce magnifique étalon.

Chapitre 11

Flics et braqueurs, armes au poing

Le piège final

« La fusillade a duré quarante secondes, ils tiraient à tout va », se souvient l'inspectrice Jackie Marinont, présente sur les lieux aux côtés du juge Pierre Michel, alors en stage d'observation à l'OCRB (il mourra assassiné à Marseille le 21 octobre 1981). « Ils se défendaient comme des diables », ajoute-t-elle quarante ans après ce baptême du feu qui la rendit sourde quelques instants. Le juge ne s'en est pas offusqué plus que de raison. Il a juste eu cette réflexion : « Vous tirez toujours comme ça ? »

Comme souvent, l'histoire a démarré par un renseignement « anonyme », désignant nommément un voyou parisien, prénommé Jacques, susceptible de commettre des vols à main armée. Un groupe de l'OCRB, celui de Pierre Le Bouchez, est mis sur le coup. Dès la première surveillance, le 20 avril 1977, un deuxième homme apparaît dans le décor, identifié comme étant « Jeannot le Pompier », que l'on voit accompagner le suspect dans un bar de Saint-Denis, La Chaise de Poste. De là, ils déambulent devant la perception, où l'on décide d'implanter un « point fixe », autrement dit un fonctionnaire qui le lendemain note la présence dans le secteur d'une Renault 16 avec à son bord le fameux Jacques et une personne identifiée comme étant l'un de ses neveux, surnommé Raymond le Juif.

Le 22 avril, la voiture repasse dans le décor, ses passagers se posent dans le même bar de Saint-Denis, avant de faire à nouveau le tour de la perception, à pied. Le lendemain, Jacques fait encore escale dans le bistrot, en sort peu après 9 heures, essuie avec un chiffon les poignées des portières et du coffre de la R16, prend le volant et roule vers la perception. Une heure plus tard, quatre complices sortent à leur tour du bar, l'un d'eux porte une petite valise. Était-ce une répétition générale ? Quelque chose ne s'est apparemment pas passé comme ils le souhaitaient.

La petite bande revient sur les lieux le 26 avril, mais il ne se passe toujours rien. Le 27 avril, Jacques sort de chez lui peu avant 7 heures du matin. Il récupère son neveu et un complice, tandis que les autres font déjà route vers Saint-Denis au volant d'une Audi et d'une Simca. À 8 h 55, un transporteur dépose des fonds à la perception. L'un des voyous patrouille, mains gantées et lunettes noires, un autre porte une mallette genre attaché-case. À 9 h 50, deux hommes se dirigent vers l'arrière de la perception, les mains dans les poches comme s'ils étaient armés. Trois autres entrent dans les locaux en file indienne…

Les policiers se rapprochent pour bloquer les accès : le flag tant attendu est imminent. Un fourgon anonyme se porte à la hauteur du terrain vague jouxtant la perception. Un camion bâché se place derrière l'une des voitures des braqueurs. Deux policiers se positionnent sur le trottoir d'en face, deux autres observent la scène depuis le hall d'un immeuble, un dernier attend sur une moto.

À 10 h 9, trois des voyous sortent de la perception, le dernier tient un sac en plastique contenant le butin – une soixantaine de millions de francs. Ils s'engouffrent dans une voiture lorsque Lucien Aimé-Blanc donne l'ordre d'interpellation. « Halte police ! » crient deux policiers, brassards « Police » au bras. Un coup de feu est tiré dans leur direction depuis la voiture, faisant voler la vitre du gardien de l'immeuble d'où ils guettaient. Ils ripostent immédiatement, deux balles chacun, en visant la voiture, puis l'un des malfaiteurs, surgi du véhicule arme à la main. Un autre inspecteur tire un coup de feu en direction des trois autres, dont l'un vient de viser la voiture du commissaire Aimé-Blanc, à bord de laquelle a pris place, sur la banquette arrière, le commissaire Robert Broussard, patron de la BRI parisienne, invité dans le dispositif. Un autre encore cible le porteur de butin et un voyou qui commençait à courir, tout en faisant feu, avant de s'écrouler. Plus prudent, un de ses complices jette son arme et lève les bras, alors que fusent les balles.

Que s'est-il passé pour que tout dégénère en un clin d'œil ? Rien ne s'est déroulé comme prévu, écrira plus tard l'un des responsables du dispositif :

« Il avait été décidé de prévenir l'agression contre la perception et d'arrêter les malfaiteurs en "tentative". Compte tenu des événements, il était impossible d'arriver à synchroniser une action contre cinq personnes séparées dont deux au volant de véhicules prêts à démarrer. Par ailleurs, l'intervention contre Jacques et G. dans le terrain vague était extrêmement hasardeuse. Il était difficile de s'approcher sans être détecté par ces hommes tendus et probablement armés, d'autant que des enfants jouaient à proximité. Enfin la position du troisième homme, dissimulé sur le côté droit de la perception, totalement hors de notre vue, compliquait encore la situation. Dans ces conditions, à notre corps défendant, nous étions contraints de laisser s'opérer l'agression, nous réservant de déclencher notre opération suivant le mode de sortie des individus. »

Sur la cinquantaine de balles tirées, une s'en est allée percer le pot de peinture d'un artisan qui s'affairait en hauteur sur des volets, après avoir ricoché contre une aile de voiture ; le peintre a vivement protesté devant le gâchis. Le bilan aurait pu être plus lourd, mais un voyou a tout de même été tué, le fameux Jacques, tombé le fusil à la main. Un autre a frôlé la mort, touché par six ou sept projectiles. Il s'appelle Claude Brigand, cela ne s'invente pas, et s'en sort plutôt bien : aucun organe vital n'a été atteint. Fort d'une armure naturelle, il survivra encore aux quatre balles tirées par les gendarmes du

GIGN (Groupe d'intervention de la gendarmerie nationale) après son évasion…

« Le juge Michel n'a pas protesté, confirme le commissaire Aimé-Blanc. Il aimait les flics. Il y en a qui font semblant, pas lui. "Vous êtes des costauds", m'a-t-il lancé. »

Les deux hommes, le juge d'instruction et le flic, se connaissaient de longue date et se tutoient depuis qu'ils ont pourchassé ensemble à Marseille les trafiquants d'héroïne, que Pierre Michel qualifiait de « pourvoyeurs de mort ». Le commissaire avait ouvert au juge les portes de son service, ils allaient voir ensemble les « Ricains », mais Aimé-Blanc n'a pas validé toutes les options du magistrat, à qui il a même conseillé, un jour, de quitter Marseille. Parce qu'à force de jouer la confrontation avec les voyous, d'incarcérer leurs épouses, Pierre Michel se mettait en danger, considérait le flic, qui a un regret : ne pas avoir été saisi de l'enquête sur son assassinat, une affaire qu'il a rêvé de « sortir » dès le jour où il a su que la moto utilisée par les tueurs avait été volée dans le quartier d'Endoumes, que le policier connaissait comme sa poche…

L'affaire de Saint-Denis ne traumatise pas plus que ça le 127. Tirer fait partie de ce métier où l'on risque souvent sa peau. On fait avec, on a même appris à arranger certaines scènes de crime pour s'éviter des ennuis avec l'administration ou la justice. « Quand il y avait un problème sur une opération, on maquillait, admet Lucien Aimé-Blanc. On avait toujours une arme ou deux qui ne voyaient pas le jour (non répertoriées officiellement). S'il s'avérait que le voyou qu'on avait tué n'était pas armé, on faisait éventuellement un tir bidon. Mais on a rarement tué des innocents ! L'IGPN (Inspection générale de la police nationale), composée d'une dizaine de vieux croûtons, n'intervenait pas pour tout et rien, comme aujourd'hui. »

Cette fusillade n'est ni la première, ni la dernière. L'heure reste au traitement des braquages en flagrant délit, histoire de s'assurer de peines plus lourdes à l'encontre des voyous devant la justice. Les inspecteurs ont pour mission principale de se mettre derrière les braqueurs susceptibles de passer à l'acte et de tenir le temps nécessaire en faisant preuve de patience malgré de longues et fastidieuses filatures. On sait que cela peut très mal se terminer, mais à force, on finit par connaître l'ennemi…

« On vivait avec les voyous, raconte Pierrot, ancien inspecteur (présenté plus haut). Avec les écoutes, on savait ce qu'ils préparaient. On montait derrière eux quand on pressentait des repérages. On les voyait tourner autour des banques, tester des chemins pour la fuite. La clef, c'est de ne pas serrer de trop près, de savoir aussi relâcher quand il faut. Quand on avait une idée précise de ce qu'ils allaient tenter, on ne les lâchait plus. Il faut rester à l'affût jour et nuit. Quand on les voit monter à bord de voitures volées et maquillées, c'est généralement le top départ. Ils y vont. Le plus difficile, c'est de les prendre dès le démarrage, un moment où ils multiplient les coups de sûreté (destinés à repérer une éventuelle présence policière). Après, ils se sentent rassurés et cela devient plus facile. On a garé une “cuve” (véhicule de surveillance) devant la cible, avec un collègue à l'intérieur. Il les voit arriver, entrer, puis sortir de la banque. “Attention, ça part”, c’est la formule que l’on attend. Ils sont remontés comme des pendules, puis descendent en tension. On les attend à la planque, où on les interpelle. La tension est montée chez nous, mais elle est retombée chez eux. Ils ont réussi leur coup, ont vérifié qu’il n’y avait pas de flics derrière eux, et patatras ! Pour limiter le risque de fusillade, il faut les prendre au bon moment, sans montrer d’hésitation. On donne le top et tous les mecs déboulent, calibrés. La moindre faute de synchronisation entre nous peut tout faire échouer… »

Pas de manuel pour définir ce genre d’intervention, l’intuition prime à toutes les étapes. En misant sur le fait que l’on est en France, pas au Far West.

Les voyous n’ignorent évidemment rien de cette façon de procéder, née avec l’antigang au milieu des années 1970. Ils multiplient les précautions et certaines équipes particulièrement pointues parviennent à échapper au piège. Ce fut notamment le cas de ces cinq spécialistes du « saucissonnage » de riches commerçants – attaqués à leur domicile, les victimes sont immobilisées à l’aide de cordes et de rubans adhésifs, le temps de faire main basse sur leurs biens. Les enquêteurs avaient bien identifié leur cible, un directeur de supermarché du Loiret réputé disposer de coffres-forts à son domicile, repéré nuitamment, mais les policiers ne les ont pas vus se mettre en mouvement.

« On attendait un frémissement, se souvient le commissaire Bernard Petit, mais il ne s’est pas produit. » Pas le moindre signe avant-coureur que cette équipe furtive allait passer à l'action, mais il y avait un plan B, sans oublier la part de chance qui se manifeste cette fois sous la forme d'un appel anonyme à la gendarmerie du coin, signalant des personnes « saucissonnées » à leur domicile. Le flag leur est passé sous le nez, mais les enquêteurs savent à quel endroit doit se tenir le repas au cours duquel le butin sera partagé. L'occasion de les ramasser tous ensemble en espérant retrouver leur matériel, ce qui sera le cas. Il restera à démontrer, sur procès-verbal, que les surveillances ont permis de les suivre jusqu'aux abords du lieu où se sont produits les faits…

Ne jamais sous-estimer l'adversaire, c'est une règle que partagent bien des flics de l'époque. L'autre consiste à savoir se remettre en cause de temps en temps. « Pour limiter le nombre de fusillades, on a travaillé mieux, explique encore Dany Charpy, bientôt nommé à la tête de la cellule de formation censée enrayer la casse. Au programme, comment se positionner au moment de bloquer une voiture en faisant en sorte d'enfermer le voyou à l'intérieur. Privilégier l'interpellation dans la rue, où on a toutes les chances de pouvoir observer ses mains. Ne jamais oublier que c'est souvent une question de vitesse : deux secondes plus tard, ce n'est pas le voyou qui meurt, mais le flic. Aussi le temps de l'interpellation doit-il rester brutal, en particulier si le voyou est au volant d'une voiture, rappelle le commissaire Claude Taxis, ancien chef adjoint de l'OCRB : « Les vitres doivent voler en éclats. Le gars doit être tétanisé et extrait de l'habitacle le plus rapidement possible. »

L'heure est venue de bousculer les habitudes, y compris en matière d'usage de l'arme à feu, en proposant au policier de se déplacer librement sur le pas de tir, d'éprouver le tir de riposte ou de tirer en courant, quitte à heurter les anciens, voire à provoquer de petites crises diplomatiques avec les collègues des autres services sur les stands de la police nationale. Les munitions ne manquent pas pour s'entraîner, au diable l'avarice, chacun peut tirer jusqu'à deux cents cartouches avec son automatique lors d'une séance d'entraînement. L'occasion de briller pour quelques tireurs hors pair, à l'instar de Serge, que le 127 a rebaptisé « Kalachnikov ».

Les stages organisés à l'école des inspecteurs de Cannes-Écluses ont un autre avantage, pas forcément prévu au départ. Ils permettent de poser les bases d'une coopération européenne encore balbutiante sur le front de la sécurité, grâce à la présence de collègues étrangers avec lesquels on échange ses cartes de visite. Des liens amicaux sont tissés avec des flics hollandais, belges ou allemands, qui pourront être mis à profit à l'heure de pister sur ces territoires un banditisme français qui a depuis longtemps effacé les frontières et casse partout où il y a de l'argent et des bijoux, sans oublier de contrôler les bordels locaux et les routes de la drogue.

Les flics au cul

Les offices centraux du 127 misent sur le travail de fond, forts de la plus importance documentation du pays sur le banditisme. « On connaissait parfois le passé des voyous mieux qu'eux-mêmes, observe Dany Charpy. On était capable de leur parler d'une maîtresse qu'ils avaient oubliée, du coup ils avaient tendance à penser qu'on savait tout sur leur compte ! Notre mémoire était notre force. Cela nous aidait à les accoucher, d'autant qu'on retrouvait les mêmes clients tout au long de leur carrière. C'était un petit jeu. On leur disait : “Encore vous ?” »

Outre les longues surveillances, qui permettent d'apprivoiser l'adversaire, le temps de la garde à vue offre un espace privilégié. Le gars sait en général qu'il ne se retrouve pas dans les locaux du 127 par hasard et qu'il va « prendre cher », comme on disait, sachant qu'il avait peu de chances d'obtenir les circonstances atténuantes devant le tribunal. L'absence d'avocat, de tout contact avec l'extérieur, contrairement à ce qui se passe aujourd'hui, permet parfois à l'affect d'envahir le bureau, avec à la clef d'utiles confidences, offrant à l'inspecteur l'occasion de mieux connaître les réflexes de son interlocuteur, ses faiblesses aussi. « Le gars doit digérer son arrestation, analyse Bernard Mondon. Il voit très vite qu'on ne bluffe pas, qu'on a des billes, une trace papillaire, une écoute, même si on ne l'a pas forcément vu en train de taper une Caisse d'épargne, ou si on l'a interpellé avant le passage à l'acte, à un moment où on ne pouvait lui reprocher qu'un vol de voiture. »

« On entrait dans leur intimité et on grappillait des informations », poursuit l'inspecteur. Au point d'être capable, à la vingt-troisième heure de garde à vue, de déstabiliser un Franck Bérens, pointure du milieu parisien, en lui balançant le surnom que lui avait donné une maîtresse et que lui seul connaissait : “Allez, Zézé, un petit effort !” L’idée était de faire comprendre au gars qu’on avait des éléments, sans lui dire lesquels, afin de le pousser à s’enferrer, puis à se découvrir », poursuit Mondon. Comme ce jour où il demande à un voyou en garde à vue s’il connaît la ville de Brest. « C’est la seule ville où je ne suis jamais allé », répond-il. Sur ces mots, il est reconduit pour quelques heures dans les geôles, avant une nouvelle audition. Le moment pour le policier de lui mettre sous le nez une photo de lui, prise précisément à l’entrée de Brest alors qu’il changeait les plaques minéralogiques d’une voiture.

« J’aurais jamais cru que j’avais un sosie à Brest, ose le voyou.

— Le juge appréciera », conclut le policier, qui poursuit sa démonstration : « On met un petit coup de temps en temps en attendant le moment où le type s’affole un peu, sachant qu’on ne cueillait jamais les mecs sans avoir des billes contre eux. Sinon, avec des types qui ont été mis en garde à vue pour la première fois à l’âge de 16 ans, ça ne sert strictement à rien. »

Jusqu’où pousser la proximité avec le « gibier » ? « Certains voyous essayent de t’avoir au béguin, il ne faut pas laisser entrevoir la moindre admiration, tranche Bernard Mondon. En trente secondes, le braqueur prend cent patates ; toi, dans le même laps de temps, tu peux prendre une balle dans la tête. Si tu es dans ton rôle de flic, le voyou te respecte. Le pire, c’est celui qui ne choisit pas bien son camp. »

Dans le chaudron de la banlieue Sud de la capitale, véritable pépinière de casseurs de banques, l'inspecteur Christian Bordoni combat cependant l'adversaire de l'intérieur, ou presque. Aux avant-postes, depuis l'antenne ouverte par la PJ à Juvisy-sur-Orge (Essonne), il préfère le corps-à-corps aux écoutes téléphoniques. Il fréquente de près les voyous, mais aussi les femmes de voyous, tapins à leurs heures, qui se laissent parfois aller à des confidences exploitables. Sans ces précieuses alliées, dont il lui arrive de s'amouracher, l'OCRB aurait-il démasqué à temps les membres du gang des « permissionnaires », qui braquaient à la faveur de leurs permissions ?

Christian Bordoni vient d'avoir 25 ans, traîner la nuit et festoyer ne lui fait pas peur : c'est sa vie. C'est aussi la seule façon, à ses yeux, de parfaire sa connaissance (l'arme des chasseurs) du milieu, quitte à travailler parfois « à découvert », autrement dit à côté des clous. Il suffit d'un nom, d'une adresse, pour qu'une enquête fasse soudain un bond. « Quand tu sais, tu as le temps, et le temps est le meilleur allié du flic, souligne l'inspecteur. Tu as logé un braqueur, tu attends qu'il y aille. Il y avait toujours un risque de se faire tuer, mais on prenait ça comme un combat sportif. Une fois le combat gagné, j'étais respectueux de la nature humaine. On pouvait boire un coup ou manger ensemble. Être méchant ne sert à rien. » Il se souvient d'avoir mis une claque dans sa vie. Le mec avait 20 ans, c'était un gosse. Il venait d'avouer avoir tiré sur un pompiste qui avait eu la mauvaise idée de brandir un pistolet d'alarme.

« Il y avait entre nous une forme de respect hostile », abonde le commissaire Charles Pellegrini, qui reçoit un jour l'appel téléphonique d'un « cadre » de la Brise de mer, cette bande de voyous ambitieux qui gravitait autour de Bastia. Signe de la confiance qu'il lui accorde, son interlocuteur est juste soucieux de faire savoir que ses amis ne sont pas impliqués dans l'attaque de fourgon blindé qui vient de se produire. « Charles, c'est officiel, c'est pas nous ! » glisse le voyou à l'oreille du flic, qui a tendance à le croire.

« À part quelques fous, les beaux voyous respectaient le flic, confirme Dany Charpy. S'il fallait, ils nous tiraient dessus, mais plus tard on conversait sans agressivité. Ils jouaient le jeu. Quand ils étaient pris, ils étaient pris. »

« On fonce, on casse la porte »

En ce temps-là, le « nouveau » milieu, celui des caïds issus de l'immigration maghrébine ou africaine, pointait très timidement son nez. Juxtaposition de fortes personnalités qui parfois fédèrent assez de « soldats » autour d'elles pour que l'on parle de « parrains », le milieu traditionnel occupe le terrain. Certains d'entre eux font saliver les flics plus que d'autres, à l'instar d'un Bruno Sulak, cambrioleur haut de gamme (déjà croisé dans ce livre) qui se faisait plaisir en appelant au téléphone Georges Moréas, alors patron de l'OCRB, juste pour le narguer. Frustré de ne pas avoir pu sauter sur Kolwesi avec la Légion, croyait-on savoir au 127, Sulak s'était fait un nom en dévalisant les bijouteries de luxe. Le jour où un inspecteur l'a démasqué alors qu'il était incarcéré sous un faux nom, le cambrioleur racé aurait éclaté de rire. Une bonne humeur rare dans ce milieu où la plupart, par culture, par habitude, par atavisme, détestent les condés, dont la vision rime avec années de prison. Au point que nombre de face-à-face se terminent mal, parce que le gars a mis la main à sa sacoche, ou sous sa veste, et qu'à cet instant la tension est extrême des deux côtés, sans compter la frustration.

Quand il est en haut de l'affiche, le grand bandit est approché avec précaution. Un jour, alors que les « envoyés spéciaux » du 127 viennent d'interpeller Francis Vanverberghe, dit Francis le Belge, à Bruxelles, en compagnie de collègues locaux, ils s'aperçoivent que le mandat d'arrêt n'est pas d'équerre. Panique à bord, aggravée par le fait que le commissaire qui les accompagne accuse une certaine fatigue, ayant passé la nuit en discothèque aux crochets d'une prostituée asiatique. « J'ai trouvé incidemment des faux papiers sous la moquette, avec la photo de Francis dessus, se souvient un inspecteur. Cela a permis de l'accrocher alors qu'il était vierge de tout, intouchable… Francis n'était jamais armé, mais avec nous, il était toujours glacial. Il faisait partie des voyous qui nous faisaient peur, comme Jacky le Mat (le surnom de Jacques Imbert, une autre vedette de l'époque), qui faisait trembler tout le monde. J'ai même entendu un jour un champion du monde de boxe se transformer en serpillière alors que le Mat le sermonnait au téléphone ! »

Sur le chemin de l'hôtel de police, dans la voiture, le Belge croit reconnaître un des flics, un commissaire qui a longtemps travaillé dans la cité phocéenne, fief de ce « parrain ». « T'étais à Marseille, non ? » « Comment tu sais ? » « On découpe tout ! » Partant pour au moins quatre ans en prison, le voyou prend date avec le policier dont il a certainement repéré le visage dans *La Provence*. « À la retraite, on jouera aux boules derrière la cathédrale ! » lui lance-t-il, ayant sans doute eu vent de la soirée arrosée offerte par lcs collègues belges à leurs homologues français – ils ont été contrôlés par des flics qui ont eu du mal à croire qu'ils l'étaient eux-mêmes.

Les enquêteurs de l'époque désignent parfois les grands voyous par leur prénom, mais cette proximité n'a jamais empêché les face-à-face tendus, d'autant que le milieu n'abrite pas que des garçons paisibles. Ce jour-là, une équipe de l'OCRB « monte » ainsi derrière une bande mal identifiée, qu'elle filoche de la capitale jusqu'à Mulhouse. Leur planque, une petite pièce aveugle au pied d'un immeuble, est identifiée. C'est là qu'ils se retrouvent dans la foulée du braquage, comme prévu. A priori, ils sont six à l'intérieur, pas question de prendre leur local d'assaut : il faut attendre qu'ils en sortent, ce que font bientôt deux d'entre eux, aussitôt « aplatis » et mis hors d'état de nuire. Commence alors une intense et interminable guerre des nerfs, dans la mesure où les quatre autres ont compris qu'ils étaient cernés. Deux d'entre eux le vérifient à leurs dépens deux heures plus tard, neutralisés à peine le nez dehors.

« Qu'est-ce qu'on fait ? » demande Pierrot à l'un de ses collègues. « On y va, répond-il. On ne va pas attendre des heures, je commence à avoir faim ! »

Le reste du groupe est partant. Chacun s'équipe. Certains enfilent le gilet pare-balles, mais pas tous. Dédé, l'ancien champion de boxe française, a établi le plan d'attaque : « On fonce, on casse la porte, on interpelle. » Il n'y a pas, cette fois, de plan B. Les voilà qui jouent des coudes pour pénétrer dans la planque. Pierrot a son Riot gun à la main. Il court en direction des deux silhouettes qu'ils aperçoivent dans le noir. L'un des deux hommes tient une grenade dans une main, heureusement mal dégoupillée, dans l'autre une arme qui ne demande qu'à servir ; le deuxième brandit lui aussi une arme à feu, apparemment bien décidé à ne pas se laisser prendre vivant, lui qui vient d'être libéré d'une maison centrale. Aucun coup de feu n'est tiré, l'opération est une réussite, ce qui n'empêchera pas le patron, Georges Nicolaï, de « pourrir » le chef de groupe : ils auraient dû attendre l'arrivée sur place du groupe d'intervention appelé en renfort.

« On ne se posait pas de questions, se souvient Pierrot. On fonçait. On misait sur l'effet de surprise. » En jean, avec un minimum de protection, les flics misaient sur la bonne étoile de leur service. La plupart des voyous étaient d'ailleurs plutôt fiers d'être arrêtés par l'OCRB, cela ferait une ligne de plus dans leur CV, ce « papelard », selon l'expression en vigueur, qui leur attirerait la considération des autres détenus, et même d'une partie de personnel pénitentiaire.

Le patron n'a en revanche pas souhaité commenter la suite de l'intervention. L'un des voyous ayant choisi de dissimuler son identité, l'un des inspecteurs, un pied-noir espagnol avec un fort accent de Béziers, lui a mis une « branlée » mémorable, non sans le traiter abondamment de « lopette » – il conservait toujours une paire de gants de boxe au service. La routine pour ce policier qui n'avait pas hésité, quelques semaines plus tôt, à attraper par le col le patron d'un garage et à le jeter contre le mur, non sans un certain succès puisque le concessionnaire Renault avait fini par avouer en pleurant qu'il établissait bien de fausses fiches de paye au nom de Jean-Pierre Lepape, une figure du banditisme qui le rackettait.

Les coups font partie de la punition. Les coups bas aussi, comme ceux que s'autorisent certains hiérarques, n'hésitant pas à alimenter les haines internes à la voyoucratie pour accélérer les règlements de comptes – il suffit d'appeler un voyou et de lui glisser, l'air de rien, qu'il devrait faire attention, parce que untel veut sa peau… Ces procédés n'empêchent pas la bonne humeur, voire plus si affinités, insiste Pierrot : « On avait une empathie pour certains voyous, surtout que l'on vivait un peu comme eux, à force de les coller. À l'issue de la garde à vue, on pouvait très bien se quitter en se faisant la bise. » Il arrivait même que les inspecteurs se payent de vraies tranches de rigolade avec les bandits, surtout quand ils maniaient l'humour, à l'instar de Michel Kartrkel, dit Michel le Parisien ou le Petit Michel, qui mettait à profit le temps de la garde à vue pour raconter ses blagues. Ce qu'il fit lors de cette nouvelle interpellation par l'OCRB, en janvier 1989, avec son complice Jean-Pierre Lepape, dont l'arrestation avait donné lieu à une scène mémorable : les inspecteurs avaient tiré au sort le nom de celui qui surveillerait la douche de la compagne du voyou, une charmante personne employée comme secrétaire à France Télévisions.

Distraction facile pour des flics souvent « sur le fil du rasoir », selon les mots de Michel Vincent, trente et un ans passés à courir après les voyous, qui le revendique : « Les voyous savaient qu'on ne rigolait pas, qu'on savait se faire respecter, en ce temps où on ne craignait pas les caméras des portables dans la rue. Dans l'action, il y avait toujours une part d'inconnu, même si le plus gros danger, c'était la voiture, parce qu'on roulait toujours vite, trop vite. Celui qui n'a jamais eu peur est un menteur. »

Fusillade en plein Paris

Quelques-uns des fleurons du banditisme inspirent la crainte plus que d'autres, comme le « terrible » Jean Destrière, dit Jeannot, né à Marseille en 1936. Condamné à dix ans de réclusion pour vol à main armée, l'homme est insaisissable depuis son évasion du bloc de sécurité d'un hôpital de Toulouse, où il avait été admis le 25 mai 1977 à la suite d'une absorption massive de médicaments – deux gardiens de la paix ont été sérieusement blessés au moment des faits.

Une note de la Sûreté urbaine de Marseille évoque sa présence dans un night-club de Saint-Cyprien (Pyrénées-Orientales), L'Antinéa, dans la soirée du 13 juillet 1977, où une fusillade a éclaté – trois consommateurs ont été blessés, dont le fils du commissaire central de la ville. Plusieurs de ses complices étaient sur les lieux, à en croire la police, qui a sollicité la diffusion nationale en urgence de fiches de recherches concernant deux Parisiens surnommés Fanfan et le Rouquin, et d'un certain Alexandre, dit

Alix, évadé pour sa part de la maison centrale d'Ensisheim, où il purgeait une peine de onze ans, et de Joseph C. ; plusieurs d'entre eux sont également soupçonnés d'avoir aidé Jeannot à s'évader. De quoi rendre nerveuse toute la bande, à laquelle on attribue l'attaque d'un magasin Carrefour à Montesson (Val-d'Oise), le 6 juin 1977, avec un préjudice de 1,2 million de francs, et bientôt un vol à main armée commis le 29 juillet 1977 au détriment d'un bijoutier de la place des Vosges, à Paris, dont la famille a été séquestrée le temps de dérober pour 1 million de francs de bijoux et 20 000 francs en numéraire.

Les mailles se resserrent doucement. Leur recéleur présumé, un Oranais installé à Cannes, serait identifié, de même que le proxénète, un certain Pimpin, récemment sorti de prison, qui leur fournirait des faux documents. Un renseignement met bientôt l'OCRB sur la piste de Véronique, qui passe pour être la maîtresse de Destrière. Convoquée au 127, elle admet se livrer à la prostitution rue de Budapest, à Paris, mais le plus important est à venir : prise en filature dès la sortie de l'immeuble, sa ligne téléphonique écoutée, elle révèle sans le vouloir plusieurs points de chute de l'équipe.

Celui que ses amis surnomment « Fanfan » est localisé à Paris, en atteste ce compte rendu d'une surveillance réalisée le 22 novembre 1977 aux abords de la place de la Nation, dont on appréciera l'extrême précision :

8 heures : Mise en place du dispositif.

9 h 30 : Arrivée de la Datsun bleue immatriculée 653 BBH 75 avec Fanfan seul au volant. Il gare son véhicule à la station de taxis

puis descend sur le trottoir. Il est vêtu d'un pantalon de couleur sombre et d'une veste foncée de couleur marron à grands carreaux rouges. Après avoir attendu près de son véhicule, il se dirige vers un café à l'enseigne de « Paris ». Environ un quart d'heure plus tard, il ressort de ce café et se dirige vers son véhicule où il monte et reste environ 7 minutes au volant.

9 h 40 : La Datsun démarre avec seul Fanfan à son bord. Il emprunte le boulevard Voltaire et s'arrête à la hauteur du 76, descend de son véhicule et entre au n° 76. Il disparaît dans l'entrée de l'immeuble.

10 h 15 : Fanfan ressort accompagné d'une femme rousse. Ils se dirigent vers la Datsun puis entrent dans un café à l'enseigne « Les Cent Kilos ».

10 h 20 : Fanfan sort seul du bar puis monte dans sa Datsun et démarre en direction de République. Une filature est entreprise.

10 h 40 : La filature est perdue rue de l'Ourcq.

11 h 25 : V13 signale que Fanfan est retrouvé dans le bar « Chez Malek » au 65 de la rue de l'Ourcq. Il discute devant la porte avec un individu se trouvant à la fenêtre du 1er étage de l'immeuble d'en face, sis 52, rue de l'Ourcq. Fanfan rentre à nouveau dans le bar puis discute avec une femme X, rousse, et deux hommes.

11 h 40 : Les deux hommes sortent du bar et se dirigent vers le haut de la rue de l'Ourcq. L'un est vêtu d'une veste blanche et l'autre d'un imperméable sombre. Ils se dirigent tous les deux vers le n° 51, traversent la rue et entrent dans un restaurant situé en face du 51. La femme rousse vêtue d'une veste de lapin sort à son tour du bar et entre dans l'immeuble d'en face au n° 52. Fanfan sort plus tard et entre à son tour au n° 52, de la rue de l'Ourcq. La Datsun n'est toujours pas repérée dans les parages.

12 h 02 : Le dispositif de surveillance est levé.

À la recherche d'argent frais, Jeannot et ses amis s'apprêtent manifestement à passer à nouveau à l'acte, mais ils sont sous surveillance. Le 28 novembre 1977, les policiers les suivent à la sortie d'un bar parisien, à bord de deux voitures, avant de se faire repérer, avec à la clef un premier échange de coups de feu du côté de la porte de Champerret.

La suite est confuse, pas seulement parce que le dispositif mixe des effectifs du 36 et du 127. Une des voitures pourchassées s'enfuit vers Levallois, avec à son bord Destrière, qui brandit une arme.

« Ayant accidenté leur véhicule, ils se sont alors emparés, sous la menace de leurs armes, d'une Simca 1308 avec laquelle, armes au poing, ils ont tenté de renverser les policiers qui les poursuivaient à pied, rapporte la "note ministre" consacrée à la fusillade. Ceux-ci ont ouvert le feu. La Simca a été immobilisée. »

Destrière est blessé par deux projectiles, Joseph C. a pris une balle dans la jambe, le troisième passager de la Simca est indemne.

Une tension extrême due à la personnalité des mis en cause, dont plusieurs sont en cavale, mais aussi au fait qu'ils étaient outillés pour partir sur un gros coup : l'enlèvement du P-DG de Moulinex – en guise de remerciements, le fabricant enverra un camion bourré d'appareils électroménagers au 127 ; cafetières, robots, il y en avait paraît-il jusqu'au plafond. Munis de deux revolvers et d'une grenade défensive, ils étaient également en possession d'un pistolet-mitrailleur.

« Le dispositif de surveillance mis en place à Colombes, à proximité du domicile de B. (Fanfan), a permis son interpellation vers 18 heures, alors qu'il venait de quitter non loin de là le café La Mandarine, en compagnie de sa maîtresse L. Murielle », poursuit la note rédigée à l'intention de la place Beauvau. Quant à la perquisition effectuée au domicile de « Jeannot », elle autorise à penser que le fugitif avait un autre rapt en tête, celui de Francine Gomez, P-DG de la société Waterman. L'histoire ne dit pas si elle a rempli les tiroirs du 127 de cartouches d'encre.

Chapitre 12

Ennemis publics numéros 1

Le tueur de Corfou

« Gaston Rucquois était plus dangereux que Mesrine, assure Dany Charpy. Il flinguait pour un oui ou pour un non. S'il flairait le moindre poulet, il l'allumait, comme ces voyous d'aujourd'hui qui n'en ont rien à foutre de la peau d'un flic. » L'inspecteur fait partie de la quinzaine de policiers expédiés en vitesse sur l'île de Corfou, en Grèce, sous les ordres de l'inspecteur divisionnaire Emmanuel Farrugia. Des voyous viennent d'attaquer un camp de vacances du Club Med, le 16 juillet 1977, à mille kilomètres de Paris et il y a tout lieu de penser qu'ils sont français, à s'en tenir à la phrase prononcée par l'un des assaillants dans un français impeccable : « Cette fois, ce n'est pas un jeu. » Visiblement, le culotté voyou était au courant que les vacanciers avaient simulé un hold-up quelques jours plus tôt. Il s'appelle Gaston Rucquois, mais, à cet instant, nul ne le sait.

Il était un peu plus de 13 heures lorsque les trois hommes, armés, le visage dissimulé sous des bas de femme, ont fait irruption dans les bureaux, apprend l'équipe du 127 envoyée sur les lieux. Ils auraient voulu opérer en douceur, mais n'ont pu déceler le code du coffre-fort à travers leurs jumelles ; il restait à attaquer au moment où le directeur accueillait une nouvelle fournée de clients. Surpris par la résistance du personnel, ils ont aussitôt dégainé, atteignant mortellement un moniteur français de 30 ans, rugbyman et moniteur de ski, qui a la mauvaise idée d'en plaquer un, non sans rameuter ses collègues en criant : « N'ayez pas peur, ils tirent à blanc ! » « Et celle-là, connard, elle est à blanc ? » a lâché le tireur avant de blesser un autre Français et un Grec lancés à leurs trousses, alors qu'ils s'enfuyaient à bord d'une Fiat 127 avec leur butin : 1 200 000 francs en espèces, sept cents passeports et les bijoux des pensionnaires.

Cinq kilomètres plus loin, dans une petite marina, les attendaient un yacht, l'*Alexia*, et ses propriétaires, un couple d'Italiens. Abandonnant sur la jetée leur voiture cabossée (des témoins leur ont lancé des pierres), ils ont embarqué en catastrophe avant de gagner la pleine mer, échappant de justesse au hors-bord des moniteurs du club, bientôt à court d'essence et arrosés de coups de feu dissuasifs, en même temps qu'à la marine grecque.

L'*Alexia* n'est retrouvé que trois jours plus tard dans le port de Split, en Yougoslavie. Les trois malfaiteurs ont voyagé avec de faux passeports, loué la voiture sous de faux noms avec de faux permis et séjourné dans un hôtel sous des identités bidon… Les deux Italiens, un journaliste et une étudiante, sont en revanche interpellés à leur retour à Rome et écroués pour complicité. Pour justifier le fait d'avoir embarqué les auteurs du vol à main armé, ils invoquent la peur, ce qui ne convainc qu'à moitié les enquêteurs, d'autant qu'ils reconnaissent avoir effectué une petite croisière avec eux auparavant, cn compagnie de trois jeunes femmes, françaises. Une piste qui se confirme et va s'avérer déterminante, puisque ces femmes, Évelyne, Michèle et Martine, domiciliées dans la région parisienne, séjournaient au Club Med lorsqu'elles ont croisé le chemin des trois voyous.

Entendues par les inspecteurs de l'OCRB, les charmantes demoiselles racontent avoir croisé un certain Philippe au bar du Club, lequel leur a servi de guide avant de leur proposer une virée à bord de l'*Alexia*, du 11 au 14 juillet. Elles admettent avoir eu avec ces homme des relations intimes dont pourraient attester leurs photos si les garçons n'avaient embarqué les pellicules, prétextant qu'ils les feraient développer par un ami. Martine a cependant conservé de petits films de trois minutes tournés durant la croisière, en super-8, qui vont faire le bonheur de la PJ : dans le septième film projeté, miracle, l'un des Français apparaît une demi-seconde en gros plan, de face, et un autre de dos. Une circulaire d'information est diffusée le 31 août à tous les services de police. Trois semaines plus tard, un inspecteur en poste à Lille reconnaît formellement Gaston Rucquois, né le 7 novembre 1943 à Roubaix et connu pour des faits de coups et blessures et des vols. Intuition confirmée par la photo anthropométrique, se souvient l'inspecteur Michel Vincent. Libéré de prison quatre ans plus tôt, le voyou est soupçonné de se livrer de nouveau à des vols à main armée. Il a surtout disparu de son domicile depuis l'été… Il ne reste plus qu'à présenter sa photo anthropométrique au personnel de l'hôtel de Corfou pour se convaincre qu'il s'agit bien de lui. Le fait qu'il ait logé durant une semaine au Club Med du 5 au 12 juillet 1976, un an auparavant, incite à considérer qu'il a peut-être monté le coup. Tout concorde enfin à le désigner comme l'auteur du coup de feu ayant entraîné la mort du G.O. (gentil organisateur), comme on désigne les cadres du Club.

Un coup de pouce n'arrivant jamais seul, l'un de ses anciens équipiers glisse à l'oreille d'un policier que Gaston Rucquois est désormais associé à des Parisiens, dont un braqueur avec lequel il s'est lié à la prison de Liancourt. Identifié avec le concours de l'administration pénitentiaire, ce camarade d'atelier s'appelle Alain Engel, un homme que les trois jeunes vacancières en mal de frissons reconnaissent aussitôt sur photo et qui a, difficile de croire au hasard, séjourné lui aussi quelques jours au Club Med de Corfou, en juin 1977, les listings en ont conservé la trace. Une écoute téléphonique placée dans la belle- famille d'Engel permet de récupérer un soi-disant numéro de loto, en réalité le numéro de téléphone d'une villa de Palma de Majorque, en Espagne. Les auteurs de l'attaque de Corfou passeraient de beaux jours dans cette île des Baléares, où plusieurs inspecteurs partent en mission le sourire aux lèvres, accompagnés de Charles

Pellegrini et d'Emmanuel Farrugia, à la mi-février 1978. Alain Engel et un certain Maxime, ressemblant trait pour trait au troisième assaillant du Club Med, sont tellement surpris d'être interpellés qu'ils reconnaissent verbalement leur participation aux faits, Engel montrant même la cicatrice qu'il conserve au visage à cause d'une pierre lancée par un témoin de leur fuite. Des aveux qu'ils s'abstiennent cependant ce réitérer par écrit, même si des empreintes probantes ont été retrouvées sur la Fiat utilisée à Corfou. Rucquois, lui, échappe pour le moment aux recherches. Signalé dans une station de ski de la province de Gérone, il n'y a passé que quelques jours. Le voilà bon pour une fiche Interpol.

Fin du premier acte.

Au mois d'avril 1978, les policiers acquièrent la certitude que Gaston Rucquois séjourne dans la capitale. Plus précisément dans un secteur du 16e arrondissement récemment sinistré par des explosions de gaz. Les photos du fugitif et de son complice sont discrètement présentées aux concierges, dont l'une finit par réagir positivement : le présumé tueur de Corfou occupe un studio au rez-de-chaussée et serait en possession d'une Renault 5 Alpine rouge. Son mari, gardien de la paix, confirme de son œil professionnel. « Le Graal », commente sobrement Michel Vincent. Il ne reste plus qu'à remercier la prostituée qui, du fond de sa cellule de Fleury-Mérogis, s'est vengée de ce type qu'elle ne pouvait pas sentir et qui « baisait » sa sœur, dont le nom figure précisément sur la boîte aux lettres.

C'est là qu'entre en scène l'inspecteur Bernard Mondon, 26 ans, à l'OCRB depuis tout juste un an. Fils d'un paysan du Vaucluse, un frère à la Préfecture de police, lui aussi voulait « protéger le faible par rapport au fort » et « faire en sorte qu'il y ait moins d'injustice ». Les Renseignements généraux lui avaient tendu les bras, mais la proximité avec le pouvoir et cette urbanité ne l'emballaient pas : après trois mois d'école, il a opté pour la voie publique et atterri au commissariat de Salon-de-Provence. Son rêve est passé sous la forme d'un inspecteur divisionnaire, chef du groupe de répression du banditisme de Marseille, Smith et Wesson modèle 13 à la ceinture, un « seigneur » qui l'a propulsé au 127, ce monde à part, blindé à la testostérone ; où il convient d'avoir « les couilles » de foncer au domicile d'un type qui a encore flingué la veille au soir.

Le petit nouveau a vu venir vers lui les figures du service, comme Pierrot, le délégué syndical, un Breton au charisme certain, ou Bernard, son homonyme, qui avait lui aussi portes ouvertes chez le patron, Lucien Aimé-Blanc. Le jeune Mondon, lui, a pour mission de surveiller ce studio du 16e arrondissement où est susceptible de faire surface le cerveau de l'attaque du Club Méditerranée, en compagnie de « Jojo », un enquêteur moins gradé que lui mais plus ancien, puisqu'il a déjà vingt ans de boîte. Un dispositif allégé car la première nuit n'a rien donné.

Vers 21 heures, ce 26 avril 1978, ils voient Gaston Rucquois entrer dans l'immeuble, visiblement « enfouraillé » (muni d'une arme). « Bougez pas, ordonne par radio le chef de groupe, on met le dispo en place demain à 6 heures du matin. » Pour avoir toutes les chances de leur côté, l'inspecteur et son collègue n'en décident pas moins de « faire un caoutchouc », autrement dit de crever un pneu de la Renault, une technique souvent employée à l'époque pour ralentir le voyou dans sa fuite éventuelle. Sauf que Rucquois, pris de bougeotte, réapparaît vers 22 h 40 et marche vers son Alpine. « On le fait », tranche Jojo, qui voit miroiter l'affaire de sa vie, lui que ses collègues appellent aussi Trompe-la-mort. Au lieu de se jeter sur l'homme en cavale, accroupi pour réparer sa roue, l'enquêteur commet cependant l'erreur de le mettre en joue à deux mètres : « Rucquois, tu es fait ! »

« Bravo, les gars, comment vous avez fait ? » temporise le voyou, le temps de décrocher son arme de son holster, d'effectuer un roulé-boulé acrobatique et de commencer à tirer dans la nuit noire, avant de « bondir comme un diable ». Les balles de 357 ricochent autour du jeune inspecteur, qui engage une course-poursuite avant de voir disparaître le voyou à bord d'une voiture dont il a pris la conductrice, médecin, en otage après s'être fait passer pour un policier ; son aîné, lui, a eu beaucoup de chance : une balle a traversé son blouson, une autre l'a atteint au niveau du portefeuille et s'est écrasée contre sa plaque « Police », comme dans les westerns ; seuls dégâts à signaler, ses parties génitales ont heurté une boule de caravane, alors que Jojo plongeait pour esquiver un nouveau tir à bout portant. Le policier, aguerri en Indochine, a en revanche touché sa cible, une trace de sang en atteste.

« Quelle connerie ! » lâche Charles Pellegrini, furax, à son arrivée sur les lieux. « Je ne pouvais pas le retenir », improvise Bernard Mondon, se retranchant derrière la décision de l'ancien, victime d'une brève cabale interne. « Vous êtes inspecteur, il fallait l'empêcher d'y aller ! », s'exclame le commissaire. « Patron..., le directeur veut vous voir. » Le voilà rue des Saussaies, reçu par le numéro 2, Honoré Gévaudan, qui, avec son accent de Sète, parle de « baptême du feu », tout en accompagnant l'inspecteur jusqu'au bureau de Maurice Bouvier, le directeur central. « Au moment où j'aurais pu faire feu, le collègue le coursait, plaide l'inspecteur, bien conscient de jouer sa place au 127. Je l'aurais tué. » « Vous voyez, expose l'homme à la pipe, il y a eu un dixième de seconde où il aurait fallu l'abattre. » « Oui, vous avez raison mathématiquement, mais avec un collègue devant moi et une visibilité de vingt-cinq mètres, je n'ai pas été en condition de le faire », avance Mondon en songeant que le patron aurait tout aussi bien pu le féliciter d'avoir maîtrisé son arme.

« Compte tenu de votre jeune âge, on en reste là, mais ce serait mieux que vous changiez de section », tranche le patron. Sauf qu'un vrai mouvement de solidarité se dessine dans le service, où près de quarante-cinq « calibres » ont été symboliquement déposés par les collègues sur le bureau de Bellemin-Noël, « Belles paluches » pour les intimes, chef en exercice de la 4e division. Tous ont exprimé le même vœu : que l'inspecteur convoqué en haut lieu reste à son poste. Malgré son âge et ce duffle-coat qui le faisait passer pour un collégien auprès des « putes » convoquées au 127, les anciens étaient solidaires…

Absent le jour des faits, Lucien Aimé-Blanc découvre ce ratage le lendemain. « La scène a duré à peine dix secondes, lui explique Mondon. Si j'avais eu du vice, j'aurais tiré en l'air… » Le patron, fidèle à son habitude, décroche son téléphone et appelle Maurice Bouvier pour lui faire savoir qu'il désapprouvait lui aussi le fait que l'on sanctionne un « lampiste ». « Il reste ici », insiste Aimé-Blanc. « On n'en parle plus », finit par répondre Bouvier, qui en a vu d'autres, lui qui fut le fer de lance de la lutte contre l'OAS. Et le patron de l'Office central de la répression du banditisme de suggérer la seule issue honorable à ses yeux : « Appelle les gars, on va péter une bouteille à l'annexe. »

C'est ainsi que Bernard Mondon est sorti de l'adolescence en entendant les balles siffler. Avec dans ses bagages ce gros titre à la une de *France-Soir* : « Western dans le 16e ».

« Il ne se laissera jamais faire », avait proclamé le frère de Gaston Rucquois ; il connaissait bien sa détermination et son grain de folie dans l'action, caractéristiques du « vrai » voyou.

La trace de ce « fou furieux », tout juste âgé de 35 ans mais convaincu d'être un super-caïd, est retrouvée en septembre 1978, cinq mois plus tard. Il finance sa cavale en attaquant des bureaux de poste, déguisé en agent de police. Une première fois, l'OCRB renonce à l'interpeller place de la Porte-de-Champerret ; trop risqué. Selon les informations dont dispose le service, il s'apprêterait à commettre un braquage en compagnie de ses nouveaux associés, « Jojo » (un surnom très répandu) et le grand René. Manque de chance, ce ne sera pas dans la capitale, où il était attendu de pied ferme. Ce 9 octobre 1978, Gaston Rucquois file à vive allure sur l'autoroute au volant d'une Golf GTI noire, avec l'un de ses complices, rattrapant bientôt l'Alpine Renault conduite par Jojo. À bord de sa Simca, l'inspecteur Dany Charpy peine à suivre, mais ne lâche pas ; Michel Vincent est largué au volant de sa 4 L à la hauteur de Gif-sur-Yvette, alors que le jour se lève. La liaison radio est coupée lorsque l'Alpine se range sur le bas-côté, peu avant le péage de la Monnaie, à l'entrée de Tours, le capot de l'automobile s'étant brusquement soulevé. Sans leur demander la permission, les policiers leur sautent dessus et les neutralisent, se lançant à la poursuite de l'ennemi public numéro 1 au volant de l'Alpine.

Quelques minutes plus tard, l'histoire s'accélère au niveau du péage. Rucquois ne se méfie pas, persuadé que ses amis sont à bord de la voiture rouge ; lorsqu'il se retrouve nez à nez avec les « condés », « il a fait le geste qu'il ne fallait pas et il a fallu tirer », se souvient Dany Charpy.

Bernard Mondon, lui, apprend le flingage par la radio. « Il a joué et il a perdu », lâche-t-il. « Quand on supprime une vie, c'est qu'on n'a pas le choix, rebondit Dany Charpy. Celui qui fait ce boulot doit aller jusqu'au bout, en restant prudent bien sûr, car il peut toujours y avoir une mère de famille dans les parages. Avec Rucquois, il ne fallait pas hésiter. Quand vous passez à travers, je vous assure que vous êtes content. »

Dans la voiture du défunt, un fusil de type Riot gun, deux grenades quadrillées, des munitions, des masques et des cagoules, et un deuxième cadavre, celui du complice, touché à la tête. Un plan permet de deviner que les quatre hommes s'apprêtaient à attaquer une grande surface, en l'occurrence le Mammouth de Tours.

L'épisode n'est pas pour rien dans la décision, prise par les chefs de l'Office, d'organiser un stage « banditisme ». Une façon de prendre ses distances avec une période où primait l'intuition, l'occasion aussi de passer au crible les erreurs commises. Celle-ci par exemple : par ailleurs fatigué par une longue planque, Bernard Mondon ne connaissait rien du profil de Gaston Rucquois au moment de « monter sur lui ». De quoi nourrir les premières séances d'autocritiques. De nouvelles règles d'intervention sont fixées dans le marbre, mais la matière est éminemment imprévisible, le cas d'école rare, la filature de rêve encore plus et la chance peut à tout moment basculer du côté du voyou, qui ne la ratera pas, comme le confirme un jour à Mondon un braqueur qui partait pour vingt piges en prison : « Si vous m'aviez laissé un instant, mon pote, j'aurais tiré. »

« Une fois qu'ils s'étaient rendus, c'était bon, sauf avec Mesrine »

Puis il y a eu Jacques Mesrine, le bandit le plus mythifié de l'histoire contemporaine. Un gars à part, que les grands voyous ne considéraient pas toujours comme l'un des leurs à cause de sa façon de courir après les médias et de défier les politiques, quand eux leur tournaient plutôt le dos. L'un des rares dont le nom ait été cité en Conseil des ministres, sous Valéry Giscard d'Estaing, lui qui n'hésitait pas à adresser des courriers au garde des Sceaux pour dénoncer les conditions d'incarcération des détenus dans les décriés QHS (quartiers de haute sécurité), pourfendus par la gauche de l'époque.

Celui qui n'est pas encore l'ennemi public numéro 1 est officiellement en cavale au Canada, où il est poursuivi pour meurtre, lorsque Claude Bardon et ses hommes le logent à Boulogne-Billancourt. « J'ai loué un appartement juste en face de l'immeuble et nous l'avons regardé vivre pendant quelques jours, se souvient le commissaire. Chaque fois qu'il rejoignait sa planque, il passait par la petite épicerie située en bas de l'immeuble. On a attendu qu'il en ressorte les bras chargés de victuailles pour l'aplatir. Mesrine avait fait une belle guerre d'Algérie. Il avait baroudé. Cela nous a fait un sujet de conversation. »

« Tu vois, je ne vais pas rester longtemps en prison », finit par annoncer le voyou au commissaire si fier de l'avoir coffré.

« Bonne chance », lui rétorque le flic, respectueux du courage et de l'efficacité de ce « gibier » hors norme.

Quelque temps plus tard, alors qu'il s'est évadé du tribunal de Fontainebleau, une manie, Jacques Mesrine envoie une carte postale à Bardon, sur laquelle il a écrit, toujours aussi fanfaron : « Je te l'avais bien dit. »

La tension est telle, au ministère de l'Intérieur, qu'aucune faute n'est désormais pardonnée lorsqu'il s'agit de lui. Pour avoir tardé (une heure) avant de répercuter une information cruciale obtenue grâce aux écoutes téléphoniques, un inspecteur est viré sur-le-champ. Il faut dire que la conversation mentionnait un rendez-vous imminent entre Jacques Mesrine et son acolyte de l'époque, Charlie Bauer, lui aussi très porté sur la dénonciation des conditions carcérales et ouvertement d'extrême gauche. L'exploitation de cette information aurait-elle modifié le cours de l'histoire ? Impossible à savoir, mais la guerre des chefs aura des conséquences probablement plus sévères que ces ratages.

L'heure est à la mobilisation générale depuis que le ministre de l'Intérieur a donné l'ordre à ses troupes d'attraper l'ennemi public numéro 1. Mort ou vif.

Lucien Aimé-Blanc est en première ligne. Le commissaire presse le journaliste de *Minute* Jacques Thilliez d'activer tous ses réseaux pour localiser celui qui vient de le laisser pour mort au fond d'une forêt, joue transpercée et crâne ouvert, au point qu'une équipe de l'OCRB, convaincu que Jacques Mesrine et Charlie Bauer vont tenter de le « finir », assure sa sécurité à l'hôpital de Créteil. Le commissaire met surtout tous ses indics à contribution, allant jusqu'à en faire libérer un, tombé pour cambriolage, afin qu'il puisse se mettre en chasse. La chaine fonctionne, jusqu'au moment où le commissaire loge celui qu'il appelle le « grand blond », lequel doit logiquement le conduire au complice de Mesrine.

Bonne piste. Grâce à une contravention pour stationnement gênant dont elle a écopé à proximité du Sacré-Cœur, la maîtresse de Charlie Bauer, une enseignante en disponibilité, est localisée dans un immeuble de la rue Saint-Lazare, à Paris, aussitôt mis sous surveillance physique et technique – tous les occupants sont mis sur écoute en un temps record, du jamais vu, avant d'affiner le ciblage à l'aide des quittances EDF.

« On a mis le paquet, tout ce qu'on avait dans les tripes, parce qu'on savait que Mesrine ne nous ferait pas de cadeau », se souvient Michel Vincent, qui trouve un poste d'observation indétectable : la chambre d'un curé de l'église de la Trinité. Plusieurs de ses collègues prennent pour leur part position discrètement dans l'immeuble d'en face, par bonheur en réfection. Jusqu'au moment où Mesrine appelle Bauer…

Le commissaire Broussard est maître dans la capitale, pas question d'intervenir sans son feu vert, Maurice Bouvier a tranché et donné des ordres clairs. Charlie Bauer est aperçu alors qu'il sort de l'immeuble sous surveillance, avec un chien en laisse, un berger allemand. Puis Mesrine apparaît au volant de sa BMW. Décision est prise d'intervenir dans la ruelle, en causant un bouchon à l'avant et à l'arrière du véhicule, mais une camionnette de déménagement obstrue la vue et perturbe l'opération. Raté. Une autre occasion se présente alors que Jacques Mesrine est aperçu dans une cabine téléphonique ; les chefs de l'OCRB voudraient l'interpeller, mais ceux de l'antigang s'y opposent. Nouveau refus lorsqu'on voit l'ennemi public numéro 1, évadé de la prison de la Santé le 8 mai 1978, entrer dans un magasin de vêtements, toujours aux aguets, la main sous la veste ou prête à s'y glisser. Trop risqué pour les passants.

« On a logé Mesrine rue Belliard (18e arrondissement) et planqué pendant trois jours dans un triporteur, se souvient Lucien Aimé-Blanc. On l'a loupé un soir... Le jour J, il sort et se dirige vers sa BMW, que sa compagne vient de sortir d'un parking. Je mangeais une pizza avec (Emmanuel) Farrugia quand (Christian) Lambert dit sur les ondes : "Ça sort." Ça s'enclenche. Je suis dans la DS 21 de commandement avec Broussard et Farrugia. Broussard, qui commande le dispositif, donne un ordre : "Vous intervenez avant le périphérique." Lambert conduit le camion dans lequel il y a les tireurs, ce que je ne sais pas, avec des fusils d'assaut et un Uzi (fusil-mitrailleur). Il réussit à approcher de la BMW. Mesrine lui fait signe de passer. "Patron, on est sur place", dit Lambert à la radio. "Les petits, intervenez comme vous savez", lance Broussard, qui s'éjecte de la voiture, part en courant et rafale, sauf que ce n'est pas la peine de courir car Mesrine n'a pas riposté. Il est mort. »

Affaire réglée. Le bandit étant réputé disposer de deux grenades défensives (utilisées par l'infanterie) et d'un Smith et Wesson automatique, la légitime défense est facile à plaider, d'autant que Mesrine a affirmé haut et fort, avec une certaine honnêteté pour une fois, qu'il ne se rendrait jamais. L'argument est tout trouvé : le voyou n'a pas levé les bras. Il les a même baissés. Signe d'abattement ou volonté de s'emparer de l'un de ses outils ? La messe était dite depuis longtemps.

Lucien Aimé-Blanc quitte rapidement la scène de crime, laissant son collègue et rival, le commissaire Robert Broussard, endosser les premiers rôles et revendiquer pour le compte de la Préfecture de police de Paris la chute de celui qui allait devenir une icône. Mais les anciens du 127 questionnés dans le cadre de ce livre sont tous formels : Aimé-Blanc a bien débusqué Jacques Mesrine, trois jours plus tôt. Il a découvert la nouvelle adresse du voyou ultra-médiatique, a transmis l'information à Maurice Bouvier, qui a aussitôt fait venir le commissaire Broussard pour partager avec lui l'excellente nouvelle. Puis Bouvier, plus impatient que jamais, l'a annoncé au ministre en personne, qui se serait écrié : « Mais qu'est-ce que vous attendez ? Arrestation immédiate ! » Un ordre qui a coupé court à toute investigation, empêchant les enquêteurs de préparer le terrain et de « travailler » proprement la cible. La pression était trop importante.

« Il fallait en finir avec ce mec qui se foutait de notre gueule, tellement culotté qu'avant d'attaquer le casino de Deauville il s'était pointé au commissariat, fausse carte de police en main, pour connaître l'heure des rondes ! s'exclame Jackie Marinont, qui insiste sur la spécificité du bonhomme : "Si vous venez me chercher, je tire", nous disaient les voyous, mais une fois qu'ils se rendaient, c'était bon, sauf avec Jacques Mesrine… » « Il fallait se le faire parce qu'il narguait le pouvoir », résume un autre inspecteur. Pour ne pas prendre de risques inutiles et voir des policiers (ou des quidams) au tapis, « Broussard a été obligé de le tuer », résume le commissaire Claude Bardon, non sans émettre quelques regrets : « Il aurait suffi de l'observer quelque temps pour le faire tranquillement. Cela aurait évité d'en faire un martyr. Il ne serait jamais devenu saint Mesrine. » L'OCRB disposait en effet d'une information selon laquelle il allait emménager dans une villa pour laquelle il avait commandé des meubles, à Marly-le-Roi, où était en repérage l'inspecteur Michel Vincent au moment précis de la fusillade. Un tuyau encore obtenu avec un brin de chance, dans la mesure où le notaire qui gérait ce bien immobilier était aussi celui… du commissaire Bellemin-Noël, chef de la 4e section – un grand spécialiste des mots croisés, réputé réfléchir sur la grille à ses moments perdus pour le compte d'un ami travaillant au *Figaro*. Mais il y avait un petit souci : si on l'avait laisser franchir la limite du boulevard périphérique, la proie aurait échappait aux hommes du 36. Polémique vite balayée : « niquer » un gars comme Mesrine, quand on est flic, ça n'arrive pas tous les jours ; tous les participants, sans distinction de drapeau, se réunissent autour du directeur central pour une photo de famille à la hauteur de l'événement.

En coulisses, Lucien Aimé-Blanc se démène comme un diable pour faire rémunérer ceux qui lui ont permis de débusquer la « bête ». La haute hiérarchie avait promis des moyens, brusquement on lui fait comprendre que les caisses sont vides. Plus un centime, fait savoir le directeur général de la police. « Lulu » n'en tient pas moins ses promesses envers ceux qui s'étaient mis en grand danger pour lui. En recourant à la débrouille, comme d'habitude.

Pour les équipes du 127, l'après-Mesrine devrait rimer avec moins de flingages. Arrivé d'Ajaccio, où il vient de sévir pendant trois ans contre le banditisme insulaire, le commissaire Paul Leray, ancien inspecteur promu à la tête de l'OCRB, réclame en effet à ses troupes de tout faire pour les attraper vivants, autrement dit d'en finir avec les guet-apens où les inspecteurs « tiraient à vue », selon ses mots. Les règles du jeu changent. La période qui s'ouvre va voir en même temps s'assouplir les règles en matière d'écoutes téléphoniques : là où il fallait parfois un mois pour obtenir l'autorisation de placer un bar sur écoute, la traque de Jacques Mesrine a bouleversé la donne. La page de l'ennemi public numéro 1 tournée, plusieurs inspecteurs vont par ailleurs plaider leur cause auprès de leurs directeurs : ils ne veulent plus affronter les voyous et leurs armes automatiques avec de vieux revolvers à la puissance de feu limitée. Réclamation entendue, puisqu'ils sont bientôt équipés de Beretta 92 s, plus performants.

Gros et Havot,
serial braqueurs en (rase) campagne

Robert Gros, un Ardéchois de 32 ans, et Alain Havot, le même âge, né dans l'Aisne, n'évoluent pas dans la même dimension que Jacques Mesrine. La réunion qui se tient le 6 juillet 1981 au siège de l'Office central de la répression du banditisme n'en rassemble pas moins des représentants de la PJ de Rennes, Lyon, Valence, Dijon, Orléans, Poitiers, Reims, Clermont-Ferrand, Avignon et Versailles, plus un gendarme. Au menu, ces deux malfaiteurs itinérants qui depuis leur évasion de la maison d'arrêt d'Agen, le 27 octobre 1978, sèment la terreur dans les petits établissements bancaires ruraux, avec une prédilection pour celles du Crédit agricole et du Crédit Mutuel.

Et un terrain de jeu favori, la vallée du Rhône, où l'on recherche activement leur point de chute, en particulier depuis le jour où ils ont acheté des victuailles en grande quantité, dont soixante-dix kilos de viande et deux cent cinquante bouteilles de vin – un stock destiné à durer.

Aucun élément ne permet pour le moment de les accrocher sérieusement, mais la PJ met au moins deux meurtres à leur actif. Le 8 septembre 1979, dans la Drôme, ils auraient abattu un automobiliste pour une banale histoire de queue de poisson. Le 28 juillet 1980, ils ont tué un restaurateur dans le même département, apparemment parce que l'addition ne leur convenait pas. Ces derniers mois, on leur attribue par ailleurs l'attaque de trois nouvelles agences bancaires, avec des butins allant de 52 000 francs à 130 000 francs. Détail à creuser : leur propension à commettre leurs méfaits au volant de véhicules Citroën de type CX, généralement en excellent état. Autre piste non négligeable, les deux braqueurs n'hésitent pas à utiliser les chéquiers volés à leurs victimes.

En l'absence de résultat probant, une nouvelle réunion est organisée un an plus tard, le 1er juin 1982, alors que les insaisissables gangsters, qui se sont rencontrés à la maison d'arrêt, se voient imputer désormais pas moins de cinquante vols à main armée. Les deux hommes passent à l'acte le visage dissimulé sous des foulards, de longues perruques grisonnantes sur la tête, lunettes de soleil sur le nez ; l'un reste généralement à la porte de la banque, pendant que l'autre, fusil en main, se fait ouvrir le coffre. Le 9 juin, à 6 heures du matin, une série de perquisitions est lancée, visant les domiciles des parents, frères, sœurs et anciennes relations de Gros et Havot, de Chinon à Tours, en passant par les Ardennes et Marseille, dans l'espoir de mettre la main sur un indice permettant de les localiser. On les soupçonne maintenant d'avoir tiré sur deux CRS et un gendarme, et ce n'est pas terminé. Le 4 août 1982, les deux fugitifs tentent de tuer un motard de la police à La Rochelle. Le 9 février 1983, ils blessent par balles deux gendarmes qui tentaient de les appréhender dans un restaurant d'Indre-et-Loire, un projectile atteignant au passage un enfant de 12 ans. La veille, à la demande de la PJ, à court de solutions, la presse régionale avait diffusé leurs portraits. Havot semble avoir été touché lors de la fusillade, mais cette blessure n'a pas empêché les serials braqueurs de prendre en otage un automobiliste et sa fille et de rejoindre leur planque ardéchoise, jusque-là introuvable.

Le 25 février 1983, un renseignement parvient cependant aux oreilles des gendarmes locaux : Gros rendrait fréquemment visite à une femme demeurant à Laribeyre, une localité de l'Ardèche. Dans la soirée du 1er mars, la présence du malfaiteur est effectivement détectée chez son amie. Une conversation téléphonique est même enregistrée entre lui et son complice, l'un se faisant appeler « Guy », l'autre « Paul ». La jeune femme décroche le combiné. Gros est en train de mettre un piège dans le jardin pour attraper la « bestiole », une « saloperie » de taupe qui visiblement fait des ravages et qu'il peine à coincer. « Il ne me reste plus qu'un cochon d'Inde », se plaint le jardinier braqueur. « Elle l'a pas bouffé ! » rigole Havot, avant de donner à son ami des nouvelles de sa blessure : « Ça fait mal, mais je crois que c'est un peu normal. » « Ouais, on n'a pas tout avec rien, réplique Gros. C'est toujours pareil, hein ? » Lui-même soigne visiblement une brûlure, mais la conversation dévie sur les « patins à roulettes » (les motards) qu'a croisés la compagne d'Havot en sortant ce matin, avant de se focaliser sur les « papillons » qui « commencent à sortir ». « C'est le printemps qui arrive, il faut bien qu'ils fleurissent un peu », observe Havot, sans que l'on sache s'ils parlent de policiers ou de vrais papillons. Leurs derniers échanges portent sur la mauvaise météo, l'un se plaignant du mistral glacé, l'autre de la neige et de sa chaudière à mazout déficiente.

« Toi, le téléphone, il marche bien là-bas ? » s'enquiert Gros avant de raccrocher.

— Oui, pour l'instant.

— Parce que tout à l'heure, ça sonnait, ça sonnait, bizarre. Oh, ils doivent bricoler sur les lignes !

— Et tu as décroché ?

— Ouais.

— Y a personne qui répondait ?

— Ah non, ça faisait ding ding.

— D'accord, c'est une connerie ça.

— Ou le vent, ou un truc comme ça.

— C'est pas grave.

— Bon, je vais aller terminer avant qu'il fasse nuit.

— Allez au revoir, grosse bise, à bientôt. Bonjour chez toi !

— À bientôt. »

Décision est prise d'intervenir dès le lendemain matin, 2 mars 1983, avec une première réunion de crise à Avignon à 3 h 30. Les gendarmes ont été appelés en renfort pour sécuriser le secteur et effectuer des photos aériennes de la maison. Un poste de commandement est installé dans une mairie proche du lieu-dit. Quatre policiers prennent déjà position pour surveiller l'objectif. Ils sont rejoints par le commissaire principal Georges Moréas, chef de l'OCRB et responsable de l'opération, accompagné de sept membres de son service, arrivés de Paris la veille. Mission : donner l'assaut « lorsque les meilleures conditions d'intervention seront réunies ».

Nous sommes en Ardèche, au milieu de la campagne, des moutons paissent alentour. Pour le moment, le programme consiste à entrer dans la propriété par ruse. L'idée serait de kidnapper la femme au moment où elle va chercher la presse, comme tous les matins, et de revenir avec sa voiture afin de tromper l'ennemi. Le niveau de stress est d'autant plus élevé que l'affaire Mesrine est dans toutes les têtes. Plus violent que la moyenne, Gros est notamment réputé avoir attaqué des militaires en manœuvre pour leur piquer deux armes lourdes, dont un Mat 49. Avec son compère, ils ont aussi traumatisé le caissier d'une banque de Besançon, à tel point que le gars (dont le frère était policier) finira par se suicider dix ans plus tard. Ultime preuve de leur détermination, ces coups de fusils à pompe tirés sur deux gendarmes appelés par le restaurateur qui les avait reconnus après avoir parcouru son journal.

Le plan de bataille tombe brusquement à l'eau. La faute, Dany Charpy le saura plus tard, au sous-directeur des affaires criminelles, Pierre Richard, qui depuis la veille a convoqué la presse pour annoncer le scoop, et qui commençait à se demander si ses hommes n'étaient pas en train de se dégonfler. À 10 h 33, l'ordre de donner l'assaut tombe depuis Paris. Un ordre « idiot », lâche l'inspecteur. « Une opération suicidc », ajoute-t-il.

Dany Charpy s'en souvient plus de trente ans plus tard : c'est lui qui a vu Robert Gros sortir du bâtiment à travers ses jumelles. Pas question de tergiverser. « On est monté à la mort, se souvient l'inspecteur. J'ai enfoncé les barrières au volant de la BMW du service. Tout a volé. Dès qu'ils se sont montrés, (Georges) Moréas et (Emmanuel) Farrugia se sont fait allumer par le gars, qui était en train de libérer un chat malencontreusement pris dans un collet au fond de son jardin. Farrugia s'est couché. Je me suis mis à genoux, handicapé par le poids du gilet pare-balles. J'ai crié : "Arrête, arrête !" J'ai tiré avec mon Beretta quand je l'ai vu courir vers les gendarmes, l'arme à la main. Il tirait, je n'ai pas hésité. La légitime défense d'autrui ne se discute pas dans ces cas-là, le magistrat venu sur place l'a d'ailleurs confirmé. » « Un acte policier d'une grande technicité alors que tout le monde était couché par terre », aux yeux du commissaire Bernard Petit, selon lequel Charpy était réputé capable, avec son arme, de casser une patte à un corbeau à cinquante mètres.

Pas de complice en vue, juste la maîtresse du défunt, qui donne sans résister le numéro de téléphone de la maîtresse d'Alain Havot, installée du côté d'Aix-en-Provence. Emmanuel Farrugia se met aussitôt en quête d'une cabine téléphonique pour annoncer la nouvelle et surtout transmettre cette information cruciale. Une dépêche de l'AFP relate les faits dans les minutes qui suivent, aussitôt reprise par toutes les radios, dont celle qu'Alain Havot est en train d'écouter en se rasant. Il a juste le temps de se réfugier au premier étage de la villa où l'héberge son amie, dans la commune de Simiane-Collonges, avant de se rendre après deux heures de pourparlers avec un responsable régional de la PJ. La fouille de la maison conduit à la découverte de deux fusils Riot gun, d'un pistolet-mitrailleur, d'une carabine et d'un pistolet.

L'épisode n'aurait pas été pour rien dans le choix effectué par Georges Moréas de quitter la « maison » définitivement, lui qui s'en est toujours voulu d'avoir obéi à cet ordre malvenu. Quant au duo meurtrier, particulièrement dangereux mais pas très malin, on apprendra qu'il avait notamment attaqué à trois reprises, entre le 17 novembre 1979 et le 20 novembre 1980, la même agence du Crédit agricole, à Dange-Saint-Romain (Vienne) ; la quatrième fois qu'ils y étaient retournés, la banque avait déménagé, fuyant ce lieu maudit. Ultime anecdote concernant le survivant, Alain Havot avait promis à sa mère, à laquelle il faisait parfois livrer des fleurs, de se consacrer bientôt à l'élevage de… lapins.

L'homme de Rio

14 février 1989. Paul Vanden Boeynants, ancien Premier ministre belge, kidnappé dans son garage un mois plus tôt, a été libéré la veille, moyennant le versement d'une forte rançon. Un coup particulièrement audacieux que les collègues belges attribuent au braqueur le plus célèbre du pays, Patrick Haemers, parfois désigné comme le Mesrine belge, âgé de 37 ans. Le premier tuyau exploitable concerne un voyou lié à la fameuse bande des « tueurs du Brabant wallon », qui a semé la panique en Belgique entre 1982 et 1985, à son actif neuf attaques de supermarchés et vingt-huit morts pour des butins souvent misérables : Basri Bajrami, dit Tosca. Proche de Patrick Haemers, il serait dans l'est de la France, où sa maîtresse, suivie depuis la Hollande, est censée le rejoindre…

Le dispositif policier est en place autour de la gare de Metz, avec à la manœuvre deux piliers du 127, Bernard Petit et Dany Charpy, mais la jeune femme ne va pas au contact de Tosca, ou bien si furtivement que les deux policiers n'y voient que du feu – à leur décharge, ils ne le connaissent pas physiquement. Le camp est levé, mais Bernard Petit a un doute et prend l'initiative de refaire le tour de la gare, à l'intérieur de laquelle elle a fait une brève incursion. C'est à cet instant que le collègue belge qui les accompagne reconnaît au loin le voyou ; tétanisé par la réputation de cet homme d'origine albanaise, qui passe pour un dur, le sous-officier pressent le danger et se met à l'écart, n'étant pas armé. L'homme les a-t-il flairés ? Toujours est-il qu'il accélère le pas, puis se met à cavaler. Les deux policiers parviennent à le prendre en tenaille alors qu'il vient de se réfugier dans un café.

« On l'a aussitôt braqué, se souvient Dany Charpy. Il a mis la main sous son veston. J'ai commencé à appuyer, en visant le ventre pour épargner les clients, puis j'ai bondi et je l'ai mis à terre sans tirer. »

En fouillant cet ancien légionnaire notamment suspecté d'avoir assassiné un transporteur de fonds aux portes de Bruxelles, Petit et Charpy constatent qu'il n'a pas d'arme sur lui : il l'a laissée à la consigne de la gare. Ils l'ont cependant vu jeter quelque chose sous une voiture durant sa course. Un objet particulièrement compromettant puisqu'il s'agit de billets de banque : 198 000 francs suisses en coupures de 1 000 francs et 14 500 francs français. Des billets qui ressemblent à s'y méprendre, selon le collègue belge présent sur les lieux, à ceux utilisées pour payer la rançon versée en échange de la libération de l'ancien Premier ministre (63 millions de francs belges), sauf que cela sera difficile à démontrer, les numéros des billets n'ayant pas tous été relevés avant d'être donnés aux kidnappeurs…

De nouveau face au truand quelques heures plus tard, Dany Charpy revient sur l'instant de l'arrestation. « T'es con, j'allais te tuer », lance-t-il. « C'est pas grave, ce n'est qu'un jeu, réplique le complice du Mesrine belge, comme si cette hypothèse ne lui faisait ni chaud, ni froid. Vous perdez votre temps, je n'ai rien à vous dire », ajoute-t-il afin de clore l'échange au plus vite. Malheureusement pour lui, l'enquête sur la dernière évasion (en août 1987) de Patrick Haemers, aussi surnommé le grand blond à cause de sa gueule de play-boy et de sa taille (1,89 m), à laquelle les enquêteurs belges le disent mêlé, suffit à le garder à l'ombre. Tosca a par ailleurs la manie de conserver pas mal de petits papiers, dont des factures d'hôtels, qui vont permettre aux enquêteurs français de mettre à mal toute l'équipe.

En épluchant les listings téléphoniques de l'hôtel parisien où le Belgo-Albanais a séjourné, les enquêteurs découvrent qu'il n'a passé qu'un seul appel depuis sa chambre, en l'occurrence en direction d'une villa du Touquet où a vraisemblablement été séquestré le ministre : non seulement elle a été louée par un ressortissant belge, mais les ravisseurs ont abandonné sur place un pistolet automatique, des talkies-walkies, des cagoules, des menottes et… des documents au nom de Vanden Boeynants. L'enquête de voisinage permet de confirmer la présence dans les lieux, durant plusieurs jours, de Patrick Haemers et de Tosca.

Le reste de la bande est traqué pendant plus d'un an. La trace d'un complice est repérée à Nice, dans une maison précisément abandonnée le jour de la découverte de la villa du Touquet. Les ravisseurs ont commis une grossière erreur en laissant derrière eux un lot de photos prises à l'occasion du nouvel an, alors que se préparait sans doute l'enlèvement. Sur l'un des clichés figure un avocat belge, rapidement interpellé et incarcéré. Un autre « trésor » est retrouvé chez la belle-mère de l'un des membres de l'équipe, dans la même région. Le policier dépêché sur place, qui n'y croyait guère, appelle son chef le soir même pour lui annoncer sa découverte : une machine à écrire dont le ruban a conservé, les techniciens de l'Identité judiciaire le confirment dès le 16 mai 1989, des écrits concernant une banque ciblée par la bande et de précieuses adresses au Brésil, dont celle de Patrick Haemers. Bernard Petit contacte aussitôt son homologue belge, Paul Van Thielen, chef de la Section de recherches de Bruxelles, pour lui annoncer la nouvelle. Succès complet : Patrick Haemers est neutralisé le 25 mai 1989 à Rio de Janeiro, dans le club hippique où il conduisait son fils, en même temps que sa compagne, une Française originaire d'Antibes, et que son principal lieutenant, au cours d'une opération conjointe avec la police brésilienne, appuyée pour l'occasion par un hélicoptère et des tireurs d'élite…

Belle prise, d'autant que la PJ a entre-temps retrouvé, dans un box souterrain de Lille, la Lancia Thema grise qui a servi à l'enlèvement, avec à l'intérieur deux armes de poing, deux armes d'épaule, quatre gilets pare-balles et quatre grenades. Mais l'équipe a de la ressource, comme le démontre la spectaculaire évasion de deux lieutenants du Mesrine belge, dont Tosca, en mai 1993, alors que leur procès devait s'ouvrir – une rébellion a été adroitement provoquée dans une prison voisine afin de focaliser sur ce foyer les forces de l'ordre disponibles. Patrick Haemers, placé au mitard le jour de l'opération, n'est cependant pas du voyage. Ce fils de bonne famille s'évadera autrement, en décidant de se pendre, privant la justice et l'opinion publique belges de toute lumière concernant les « tueurs du Brabant wallon », l'énigme criminelle la plus opaque du pays.

« Des fous furieux », lâche un quart de siècle plus tard Bernard Petit. Les deux derniers membres de la bande n'ont-ils pas été interpellés en Colombie en 1991, alors qu'ils s'apprêtaient à poser des bombes dans le pays pour le compte du cartel de Medellín, l'un des principaux exportateurs de cocaïne du pays ?

Chapitre 13

Banditisme et politique, liens occultes

La main dans le SAC

L'époque veut que la politique se glisse dans tous les interstices. Les malfrats fichés au grand banditisme roulent le plus souvent pour leur cagnotte personnelle, mais la lisière, en ces temps, est poreuse, notamment avec le fameux Service d'action civique (SAC), une officine créée au départ pour assurer la sécurité du général de Gaulle au sein de laquelle au fil des années se sont nouées toutes sortes de liaisons incestueuses entre représentants de l'ordre et hors-la-loi.

Des voyous roulent-ils pour les caisses du parti au pouvoir ? Fantasmée ou non, la question se pose notamment à l'époque au sujet du gang des Lyonnais, une équipe de braqueurs qui défraye la chronique dans les années 1970. L'équipe fait tourner les policiers en bourrique. Certes la PJ dispose d'un informateur en son sein, mais il ne survit pas longtemps, probablement assassiné par ses pairs. Le gang a une fâcheuse tendance à passer à l'action là où on ne l'attend pas. On les guette à Bourg-en-Bresse ? Les Lyonnais « tapent » à Lens ou à Nantes. On les surveille dans une station de sports d'hiver, bâtisse dûment sonorisée par un technicien ? Ils ne commettent pas le moindre impair, comme s'ils voulaient donner raison au commissaire Le Bruchec, qui leur prête un « sixième sens ». De plus, la PJ a rencontré aux abords de leur chalet quelques difficultés : le gel ayant endommagé le relais technique installé dans un sapin, il a fallu se fendre d'une délicate intervention.

La chance sourit finalement aux enquêteurs sous la forme d'une quittance EDF saisie à la faveur d'une perquisition : le branchement correspond à un local où le gang conserve armes et butins, mais aussi des feuilles de papier où étaient consignés les itinéraires bis empruntés après les braquages, loin des axes routiers habituels. Photographiées à l'aide d'un Minox (petit appareil photographique) à la faveur d'une visite domiciliaire digne d'un cambriolage, elles serviront de preuve pour accabler la bande.

Selon la dernière conversation écoutée, le frère de Monmon Vidal, aussi appelé « Yeux bleus », chef présumé de cette organisation, est censé retirer un mandat à la poste de Chamrousse à une heure et à un jour précis. « On était convaincu qu'un braquage se produirait à cet instant, se souvient Charles Pellegrini, qui flaire l'alibi. À la minute même, il s'en produit effectivement deux, l'un à Lille, l'autre à Roubaix. » Le dispositif se resserre aussitôt sur les petites routes du Beaujolais dans l'espoir de les « faire » sur le chemin du retour, avec le butin. Manque de chance, les braqueurs optent cette fois pour l'autoroute. « On était désespéré, poursuit le commissaire. Le lendemain, on a tapé partout. J'étais moi-même en planque dans le hall de son immeuble quand Monmon Vidal est sorti, accompagné d'une jeune femme à l'allure bourgeoise. » « Haut les mains ! » crie le policier, alors qu'Humberto Alberghi, responsable du groupe national d'intervention, costume-cravate en toutes circonstances, a déjà sorti son Herstal automatique 14 coups ; le voyou, allure sportive, blouson en cuir et col roulé noir, obtempère sans protester, avant qu'une partie du butin soit récupérée.

Il est midi, ce 18 décembre 1974. Le chef neutralisé, plus de cent policiers lyonnais et parisiens entrent en action pour interpeller le reste de la bande, trente-deux personnes exactement, « rien que des beaux mecs », lancera Pellegrini à l'heure du bilan, sans compter les épouses, maîtresses et concubines – deux ans auparavant, mais c'est oublié, les policiers lyonnais parlaient à leur sujet de « gang des métèques », considérant Monmon, un manouche, comme un « minable » gars de la zone, un vulgaire voleur de poules, jusqu'au moment où ils comprirent le potentiel de cet enfant de Décines (Rhône).

Les charges sont irréfutables malgré l'absence de flagrant délit, mais les Lyonnais n'ont pas dit leur dernier mot. Ils protestent, en guise de hors-d'œuvre, sur la façon dont certains fonctionnaires se sont fait mousser sur leur dos dans les journaux, se faisant passer pour de « super flics ». Ils vont surtout réussir à répandre l'idée qu'une partie des fonds accumulés était en réalité destinée au financement d'un parti politique, à travers le SAC. Une thèse accréditée par un haut magistrat plutôt à gauche à la faveur d'une émission spéciale des « Dossiers de l'écran », à la télévision. Le juge n'avait pas la moindre information pour étayer ses affirmations, mais « le mal était fait », lâche le commissaire Joseph Le Bruchec, persuadé que cette thèse a incité la justice à diviser les peines par deux à l'issue du procès. Les avocats des voyous ne se sont pas privés, c'est leur rôle, d'insister sur ce lien politique en exploitant une faille : Monmon Vidal disposait d'une carte d'identité établie à une fausse adresse. « Personne n'avait regardé, se souvient le commissaire, mais elle avait été obtenue grâce à la connivence d'un fonctionnaire des Renseignements généraux en poste au Sénat. »

De quoi semer le trouble, qui persiste plus de quarante ans plus tard, mais Le Bruchec est formel : pour lui, « pas un fifrelin » n'a été reversé par les voyous au parti dominant de l'époque, la famille gaulliste, maison mère du SAC. L'argent n'a cependant pas été perdu pour tout le monde. L'un des membres du gang a même eu la folie des grandeurs, enrôlant le chef cuisinier Bocuse pour l'inauguration de son propre établissement. Une erreur aux yeux de ses complices, à en croire la suite des événements : invité à une partie de chasse, le flambeur frimeur n'en est jamais revenu.

L'argent, les voyous en raffolent au point d'avoir du mal à le partager. On peut rendre service à des politiques, qui vous le rendent bien, mais il y a des choses qui ne se font pas.

Corsitude/1

Avec les dossiers corses, la politique n'est jamais loin, la faute aux autonomistes et autres nationalistes, qui avec leurs revendications et leurs plasticages à répétition focalisent l'attention, la détournent aussi, avant d'embrouiller les pistes à souhait. Les responsables gouvernementaux privilégient le plus souvent le traitement de cette violence politique, avec son lot de plasticages, au détriment des criminels de droit commun, dont certains sont connus pour tuyauter utilement leurs correspondants aux Renseignements généraux ou ailleurs, meilleure façon pour eux de s'acheter une forme de protection.

Les pourparlers avec les indépendantistes prenaient toujours le dessus et « troublaient le travail », selon les mots de Bernard Petit, qui a longtemps coordonné les efforts de la PJ contre le milieu insulaire. « On nous demandait de ne pas exercer de surveillances tel ou tel jour, ou de lâcher une filature parce que les gars se rendaient place Beauvau, poursuit le commissaire. Cela nous gênait d'autant plus qu'en Corse on peut très bien cumuler la casquette de bandit et d'autonomiste. La priorité des politiques, c'était de négocier avec les indépendantistes pour qu'ils arrêtent leurs plasticages, à une époque où on ne pouvait pas construire un supermarché dans l'île sans se mettre d'accord, financièrement, avec les représentants du FLNC et les bandits, qui parfois faisaient cause commune. »

Avec une faiblesse supplémentaire du côté de la police judiciaire : l'absence d'échanges horizontaux entre ceux qui enquêtent sur les vols à main armée commis sur le continent et ceux qui auraient pu étayer une collusion de type mafieux dans le trafic de stupéfiants, entre trafiquants corses, italiens, canadiens et américains. Une organisation « en tuyaux d'orgue », il en a déjà été question dans ces pages, qui bénéficie évidemment aux malfrats, d'autant que l'approche financière et les enquêtes de patrimoine restent, à l'époque, très marginales, la lutte contre l'argent sale n'ayant toujours pas pignon sur rue.

L'écrin corse va servir de toile de fond à un mauvais polar de plus en 1982, avec l'exécution de Jean-Pierre Maïone-Libaude. Ancien membre des commandos Delta de l'OAS, pointe armée des partisans de l'Algérie française, voyou patenté, l'homme avait les qualités requises pour plaire au commissaire Lucien Aimé-Blanc. C'est un voyou qui le lui a présenté, un certain Louis Bernard, dont le gaillard était le garde du corps. Le commissaire en a fait à la fois son indic, son ami et le parrain de sa fille. Un choix qui s'est révélé judicieux, tant Maïone-Libaude était bien placé sur l'échiquier : il gravitait autour de la « bande des Siciliens », fédérée par Jean-Claude Vella, dit Petites Pattes, et Marcel Gauthier, voyous costauds qui affrontaient à coups de flingue les frères Zemour, cette famille juive venue de Sétif (Algérie), pour le contrôle du jeu, du racket et de la prostitution dans la capitale.

Maïone-Libaude a par ailleurs suffisamment de liens en Corse, noués dans le cadre de l'OAS, pour passer pour l'un des pourvoyeurs des indépendantistes en armes et en pains de plastic, dont ces derniers font à l'époque une grande consommation. À tel point que Lucien Aimé-Blanc a jugé utile de présenter son indic préféré à son collègue Maurice Paoli, né en Algérie en 1921, directeur de cabinet du directeur général de la police en 1975, avant de prendre la tête des Renseignements généraux de la Préfecture de police de Paris. Sans limites, Maïone-Libaude n'a pas tardé à proposer à son interlocuteur une de ces solutions expéditives dont il avait le secret : « Je les flingue dans la cave, si on a le feu vert. » Maurice Paoli a refusé poliment, non sans fournir à sa nouvelle recrue une carte de presse qui lui servirait à ouvrir quelques portes et à donner le change. Il a été un temps question, également, de lui confier l'élimination de Vincent Stanera, un idéologue du mouvement nationaliste. Sauf que Robert Pandraud, homme de coups par excellence, s'est ouvert de ce projet auprès de Jean Riolacci, ancien préfet de Corse (de 1975 à 1977), lequel a opposé son veto à l'opération, lui qui savait parfaitement où pouvait conduire ce genre de barbouzerie.

Lucien Aimé-Blanc ignore jusqu'où son ami a poussé la collaboration avec les RG. Il est notamment incapable de dire si Maïone-Libaude a participé à l'équipe formée pour assassiner le militant d'ultragauche (et délinquant de droit commun) Pierre Goldmann, abattu à Paris le 20 septembre 1979. Le commissaire reste en revanche marqué par l'issue tragique de l'histoire, alors que venait de débuter le premier septennat de François Mitterrand. Maurice Paoli, qui avait parmi ses cousins corses un attaché parlementaire de Gaston Defferre, ministre de l'Intérieur, lui a annoncé qu'il prenait la tête d'une « section spéciale » qui allait œuvrer dans l'ombre, en lui promettant de le « mettre dans le coup », mais sans préciser le rôle qu'il comptait donner à son indicateur.

Lucien Aimé-Blanc n'a cependant d'autre choix que d'inscrire Maïone-Libaude dans la liste des nationalistes corses recherchés, liste dont il l'avait jusque-là soigneusement tenu à l'écart. Continuer à le protéger aurait probablement exposé le commissaire à de sérieux ennuis avec l'Inspection générale de la police, qui n'aurait pas manqué de souligner leurs liens personnels. Le tout alors que son grand protecteur, Robert Pandraud, avait rejoint entre-temps la mairie de Paris pour y épauler Jacques Chirac. Sauf que cette inscription change tout : Robert Broussard, entreprenant patron de la BRI parisienne et grand rival de Lucien Aimé-Blanc, saute sur l'occasion pour signer une belle prise et interpeller Maïone-Libaude. Le studio où l'indicateur de haut vol entreposait des armes, dans le 17e arrondissement de la capitale, loué au nom d'une prostituée, est perquisitionné ; une quinzaine d'armes sont saisies.

Lors du procès, Maurice Paoli assume sans tortiller. Il témoigne à la barre et confirme que Maïone-Libaude était chargé d'infiltrer les milieux corses pour le compte des RG. Le voyou est condamné à un an de prison alors qu'il en risquait au moins cinq, mais « ils l'ont tué », assène Lucien Aimé-Blanc, qui conseille à son indicateur et ami de quitter dès que possible la France pour la Belgique. Maïone-Libaude ne l'écoute pas. Libéré le 13 juin 1982, il est abattu dans le Cher au lendemain de sa sortie de prison. « Niqué par ses anciens complices », croit savoir son ancien protecteur, qui connaît les représailles infligées par le milieu à ceux qui le trahissent.

Pas loin de quarante ans plus tard, Lucien Aimé-Blanc lève le voile sur les dessous scabreux de la répression des nationalistes insulaires, avec une franchise qui fera forcément des remous. « Tout le monde chique (nie), mais c'est vrai. On couvrait des voyous corses, en échange de quoi ils flinguaient des nationalistes. On a expliqué à Gilles Ménage, qui supervisait la cellule élyséenne sous Mitterrand, qu'il fallait sortir Vincent C. de prison pour une mission en Corse. On a fait un permis de sortie bidon en prétextant qu'il devait aller voir sa femme. On l'a extrait une première fois. La deuxième, on l'a oublié dans la geôle un week-end entier. La cellule de l'Élysée s'est finalement passée de lui pour s'attaquer à Alain Orsoni (l'un des plus remuants à l'époque). Elle s'est appuyée sur la bande du Valinco, des voyous locaux qui se sont trompés en flinguant à sa place son frère Guy Orsoni, militant nationaliste lui aussi. »

C'était le 17 juin 1983. Rodé sous le septennat de Valéry Giscard d'Estaing, ce système aurait donc bel et bien perduré au début des années Mitterrand.

Corsitude/2

« La bande de la Brise de mer (jusqu'à une cinquantaine de membres en Haute-Corse en ce début des années 1980), c'était le haut du panier en matière de voyoucratie, confie Pierrot, ancien inspecteur de l'OCRB. La particularité de ce banditisme insulaire, c'est qu'on avait les plus grandes difficultés à le traiter en Corse. À peine on descendait de l'avion qu'on était repéré, sans même parler de l'hôtel. Le SRPJ (Service régional de police judiciaire) lui-même était noyauté. Le ministre de l'Intérieur pouvait toujours affirmer devant l'Assemblée qu'il avait envoyé une équipe sur place, on revenait tous bronzés. On descendait pour profiter du beau temps et de la plage. On s'occupait de ces voyous quand ils venaient sur notre terrain, le continent. On les attendait… »

Avec le grand banditisme corse, la relation est subtile. À cause des liens que certaines figures de la voyoucratie locale entretiennent au sommet de l'État, avec quelques grands flics ou hauts fonctionnaires du ministère de l'Intérieur, les hommes du 127 regardent à deux fois où ils mettent les pieds. La fine fleur du grand banditisme insulaire gravite entre Marseille et l'île de Beauté, mais les insatiables Bastiais frappent sur tout le territoire, jusqu'à Genève, où on leur attribue l'un des braquages les plus retentissants et les plus lucratifs de l'époque, au détriment de l'Union des banques suisses.

La présence, au 127, de plusieurs flics corses facilite et complique à la fois la tâche. La suspicion fait des ravages dans les rangs. Le commissaire Georges Nicolaï, originaire de Haute-Corse et grand connaisseur du tissu criminel local, voit ses notes passées au broyeur par son voisin de bureau, le commissaire Paul Leray, qui tranche avec quelques-uns de ses illustres prédécesseurs. Alors que Charles Pellegrini était passé maître dans l'art de faire connaître ses dossiers, lui qui prenait son téléphone pour appeler directement Europe 1 ou RTL sans en référer à un quelconque service de communication, comme après lui Georges Moréas, patron de l'OCRB de 1982 à 1983, Paul Leray communique le moins possible. « Une vraie tête de cochon, mais l'un des meilleurs professionnellement », pondère un inspecteur, qui se souvient comment Paul Leray planquait volontairement les clefs du bureau de Georges Nicolaï, le soupçonnant d'être trop proche de ses compatriotes insulaires.

« Putaing ! Putaing ! » pestait Nicolaï dans les couloirs, face à ce collègue à qui certains reprochaient de ne rien comprendre à « l'esprit PJ », lui qui traitait en secret les affaires délicates, comme si les murs du 127 risquaient de le trahir. Cet « esprit » qui poussait plutôt les commissaires à échanger des tuyaux entre eux, et Georges Nicolaï à gérer à sa façon ses « compatriotes » : un jour, le nationaliste en vue Jean-Michel Rossi l'a fait contacter par un ami de Balagne (son secteur). Incarcéré, Rossi voudrait être muté à la maison centrale de Melun, où il poursuivrait au calme, seul en cellule, sa licence d'histoire. « C'est le genre de service qu'on pouvait rendre sans se mouiller particulièrement, raconte le commissaire Nicolaï. En retour, cet homme qui passait pour le juge de paix dans sa région pouvait me renvoyer l'ascenseur. Une petite information me suffisait. »

Propos parfaitement assumés d'un homme entré en 1965 dans cette « sale boîte », comme disait son père, flic lui-même et fils de flic, passionné par la PJ et bien convaincu que les voyous corses avaient la mainmise sur le crime à Marseille, mais pas seulement. Propos cependant inaudibles pour un homme de la trempe de Paul Leray, trop intransigeant pour entendre son voisin de bureau expliquer que pour un Corse, « aller en prison n'était pas forcément une peine infamante, ni un drame ». Que cela pouvait même être « un honneur ». Pas seulement pour Leray, d'ailleurs, puisqu'à la fin de sa carrière, alors qu'il visait la tête du SRPJ de Marseille, le commissaire taxé de corsitude s'est entendu dire par le sous-directeur de la PJ : « Mais, Nicolaï, vous rêvez ! Vous n'aurez jamais le SRPJ de Marseille ! » « Pourquoi ? » avait demandé le commissaire, feignant la naïveté. « Mais parce que vous êtes corse ! » « Je n'ai pas su quoi répondre, avoue l'intéressé quelques années plus tard, retiré non loin de Calvi. Je n'ai jamais intercédé pour venir en aide à un voyou corse. Je leur ai même fait la chasse, choqué que des collègues puissent penser que j'étais de leur côté. En Corse, tu es flic, tu es voyou, c'est naturel. Chacun fait son chemin. Avec ce milieu, tu ne peux avoir confiance. J'ai connu des inspecteurs corses qui touchaient des mecs qui sortaient la nuit, qui flambaient en boîte. Le métier les incitait à le faire, mais tu es vite marron. Ils ramenaient des tuyaux, en même temps ils mangeaient et vivotaient.

On n'est pas là pour verser de l'autre côté, la traîtrise est un déshonneur. »

Jusqu'au bout, les deux patrons sont restés irréconciliables, Paul Leray refusant de transmettre à la haute hiérarchie les informations en provenance de son collègue soupçonné, au mieux, de faiblesse vis-à-vis d'une société corse qu'il n'estimait pas aussi gangrenée que certains le prétendaient. Georges Nicolaï rechignait notamment à parler de « mafia » corse, expliquant que tous les fonctionnaires n'étaient pas corrompus dans l'île malgré certaines proximités familiales ; aux yeux de son voisin de bureau, le simple fait d'être corse était sans doute suspect. Les inspecteurs, eux, trinquaient, en premier lieu ceux de la Doc, pris entre deux feux.

Des pesos pour les révolutionnaires

De la bande à Baader en Allemagne à Prima Linea en Italie, en passant par Action directe en France, dont les membres n'hésitent pas, pour se financer, à mettre un pied dans la délinquance de droit commun, les groupuscules estampillés ultragauche vivent leurs années de gloire et de sang.

À ce titre, le braquage de la succursale de la Banque de France à Saint-Nazaire, le 3 juillet 1986, est exemplaire. Par le montant du butin, 88 millions de francs, des fonds destinés à approvisionner toute la Bretagne, ce casse relègue loin derrière celui perpétré dix ans plus tôt au détriment de la Société générale, à Nice, avec ses 46 millions de francs envolés. C'est cependant le profil des auteurs qui détonne le plus : pas de médiatique Albert Spaggiari en vue, mais plusieurs militants liés à l'extrême gauche française et italienne. Dotés d'un certain sens de la provocation si l'on s'en tient à la façon dont l'équipe, à l'heure du partage, a géré le carton rempli de billets perforés (destinés au rebut). Entouré de sparadrap, il a été expédié place Beauvau à l'intention de Monsieur « Passequoi », avec quelques mots d'explication : « On en avait trop. » En réaction, Charles Pasqua, ministre de l'Intérieur depuis à peine quatre mois, promit 10 % du butin à qui fournirait un renseignement exploitable. Piqué au vif.

Le mode opératoire mis au jour par les enquêteurs est classique, puisqu'une dizaine d'hommes, masqués et armés, ont neutralisé le caissier à son domicile, au-dessus de la banque, dans la nuit précédant l'attaque. Il leur restait à attendre le directeur et les employés et à vider la salle des coffres, une opération qui leur a pris environ cinq heures, avant de charger les billets à bord d'une fourgonnette et d'une voiture break. Durant le braquage, un accident de la circulation s'est produit devant la banque ; la police routière a géré les constats sans qu'aucun voyou se manifeste.

Plusieurs grains de sable se sont cependant glissés dans le scénario. Le plus jeune membre de l'équipe, « une petite frappe », pris d'un malaise au cours de la nuit, a retiré quelques instants sa cagoule pour boire un verre, ce qui permettra plus tard au caissier séquestré de l'identifier. Un témoin a par ailleurs été fortuitement au contact de la bande juste avant son passage à l'acte. Cette nuit-là, raconte-t-il aux policiers, qui lui payent un déjeuner pour le mettre à l'aise, il s'est engueulé avec sa femme. Il a roulé en voiture jusqu'à Pornichet et s'est garé sur le front de mer, au bord de la route, avant de s'allonger pour un petit somme sur la banquette arrière. Plusieurs voitures sont brusquement venues stationner non loin de sa R11. Relevant la tête, il a été surpris par l'accoutrement des passagers, vêtus de lourdes canadiennes en plein été, casquettes sur la tête. Le groupe est reparti, mais l'une des voitures n'a pas démarré. C'est à cet instant qu'il a vu le visage d'un homme qui lui a fait penser à son ancien prof de sport. Par réflexe, il les a pris en filature de loin, vers 1 heure du matin, avant de les perdre de vue. C'est le lendemain qu'il a fait le lien en apprenant à la radio la nouvelle du braquage, mais son épouse l'a dissuadé de se manifester parce que la presse parlait de « terroristes ». Un vol à main armée assez similaire avait en effet été commis au mois de mars précédent au préjudice de la Banque de France de Niort, dont une partie du butin avait été retrouvé, lors de perquisitions chez des militants liés à la nébuleuse Action directe, au lendemain d'un attentat manqué contre le vice-président du CNPF, le Conseil national du patronat français. À froid, le témoin évoque devant les enquêteurs un « Maghrébin » dont il reconnaîtrait le visage, et surtout le regard « noir », si on lui présentait une photo.

Plusieurs mois après, des inspecteurs de l'OCRB, cosaisi de l'affaire avec la BRI parisienne, reviennent voir ce témoin improbable avec un album de photos. Un « tonton » (indic), clandestin sur le territoire français et effrayé à l'idée d'être expulsé et de ne plus voir sa fille, a apporté sa contribution et fourni à son tour des informations essentielles au sujet des présumés auteurs du casse. Petit miracle policier, l'homme de Pornichet identifie formellement la personne qu'il a vue cette nuit-là depuis sa voiture, un certain Ahmed, 32 ans, né en Algérie, « une gueule à la Julien Clerc ». Parti se mettre au vert en Suède, du côté de Göteborg, le suspect sera interpellé dans une cabine téléphonique sur la commune de Puteaux, le 15 juin 1987.

Le témoin est soigneusement briefé à la demande du juge d'instruction, Gilles Boulouque. « Si tu as un doute, tu le dis, insistent auprès de lui les policiers. On n'envoie pas un mec au placard pour faire plaisir. » La confrontation se déroule au palais de justice. « Monsieur le juge, l'homme que j'ai vu, c'est lui », soutient le promeneur de Pornichet. « Mais qui êtes-vous ? » bondit l'avocat du suspect. « J'ai fait des études d'ébéniste, explique l'intrus. Quand j'ai un portrait dans les yeux, je le reconnais dix ans après. »

Six ans plus tard, devant une cour d'assises bondée, l'ébéniste physionomiste reconnaît avec le même aplomb celui que l'accusation présentait comme l'organisateur du braquage, finalement condamné à onze ans de réclusion criminelle. L'occasion de revenir sur une scène cocasse consignée dans le dossier : un jour du mois de février 1987, quatre mois avant son interpellation, Ahmed a été pisté par des douaniers du Valais suisse, intrigués par sa façon de skier et surtout par le volume de son sac à dos, d'autant que celui qui l'accompagnait semblait aussi chargé. Contrôlés, ils s'étaient vu confisquer deux millions de francs chacun ; traités comme de simples passeurs, ils avaient été rapidement relâchés. On avait réalisé, mais un peu tard, que le deuxième skieur, un Milanais prénommé Claudio, considéré par les Italiens comme « dangereux », était recherché pour vol à main armée, meurtres et attentats à l'explosif. De quoi étayer la thèse selon laquelle l'équipe était composée d'une poignée de délinquants de droit commun, pionniers du milieu franco-algérien, et d'une grappe de gauchistes italiens et français soucieux de financer leur cause.

Selon l'accusation, une partie de l'argent dérobé à Saint-Nazaire devait être rapatriée en Italie, via l'Espagne, où les membres italiens de la bande ont commis d'autres vols à main armée, gagnant au passage le surnom de Los Cerditos (les porcelets), à cause de leurs nez postiches en peau de porc, tout en investissant dans le cannabis du côté de Málaga. Au cours de sa garde à vue, l'un de ces hybrides, comme on appellera plus tard ces personnages à mi-chemin entre le gangstérisme et le terrorisme, a tenu tête durant les quarante-huit heures réglementaires aux policiers. À toutes les questions, il a fait la même réponse, brève et sans appel : « Je suis un communiste révolutionnaire. »

Un contrat sur le maire de Marseille

Parfois, le banditisme a une petite pensée pour le politique. Généralement pour le faire chanter ou lui soutirer de l'argent, ou simplement parce que le voyou espère un retour. Plus rarement parce qu'il entend le remercier.

« Soyez très prudent, vous allez mourir », glisse ce jour-là un voyou patenté à l'oreille de Robert Vigouroux, maire de Marseille depuis mai 1986. Bien placé pour savoir que le danger n'est pas abstrait, il a lui-même été contacté pour exécuter le contrat.

Le maire de la deuxième ville de France, en pleine tourmente politico-financière depuis que fait rage l'affaire dite des cliniques, a le bon réflexe. Il alerte le ministère de l'Intérieur au plus haut niveau et passe le message : « S'il m'arrive quelque chose, ce ne sera pas un accident. »

En se fiant à quelques renseignements obtenus localement, les enquêteurs de l'OCRB parviennent à identifier celui qui veut la mort du maire. Il s'agirait d'un homme fâché de ne pas avoir vu renouvelé son contrat de débroussaillage des collines municipales, là où le maire précédent, Gaston Defferre, lui avait accordé toute sa confiance. Rien ne permet d'étayer judiciairement cette piste, mais les policiers remontent jusqu'à un voyou connu de leurs services. S'il a éventé l'affaire auprès de Vigouroux, c'était parce qu'il lui était reconnaissant de l'avoir soigné, cette fois en tant que neurochirurgien, son métier avant de s'installer à la mairie.

Chapitre 14

Proxénétisme, le retour de bâton

L'élégant MZH

Fils d'un ouvrier d'État qui exerçait comme sellier garnisseur à Oran, où il a grandi jusqu'à l'âge de 15 ans, Hubert Martinez est entré dans la police en 1974 ; il a passé un septennat au 127. Chef d'état-major depuis plus de quatre ans, il se voit confier l'Office central de la répression de la traite des êtres humains (OCRTEH) le 2 mai 1988, alors que François Mitterrand s'apprête à rempiler à l'Élysée. Le commissaire, alors âgé de 40 ans, s'installe au sixième étage, dans le fauteuil encore chaud de son prédécesseur, Bernard Trinque. Georges Nicolaï et Joseph Le Bruchec occupent le même palier avec leur secrétariat, mais disposent de plus d'effectifs que lui : une cinquantaine contre une petite trentaine. Soit trois groupes d'enquête opérationnels et une documentation qu'il s'attachera à transformer en mine d'or en enrôlant des relais sur tout le territoire. Dernière force, un groupe chargé des ramifications internationales de la traite des êtres humains, sachant que les « macs » hexagonaux ont l'habitude d'« exporter » des Françaises vers la Belgique et l'Allemagne, plus traditionnellement vers les capitales francophones ouest-africaines. « De l'extérieur, certains pensaient qu'on était au moins cent à l'OCRTEH, clame fièrement le commissaire. Quand il y avait une affaire, on mettait tout le service dessus. »

D'une élégance rare, une collection unique de cravates à pois assorties de quelques cravates club, Hubert Martinez gagne le surnom de « l'homme aux chaussures d'or » à cause d'une paire de mocassins en croco achetée chez Rosseti – « avec un rabais de 50 % obtenu grâce à ma belle-mère », se souvient-il. M. le commissaire franchit tous les matins le porche du 127 autour du 8 heures, et repart généralement le dernier, tard le soir. Son bureau reste toujours ouvert, comme pour insuffler un petit air de transparence. Le lundi, à la première heure, les chefs de groupe s'y retrouvent pour évoquer les enquêtes en cours. « On me proposait des hypothèses, j'optais généralement pour la plus simple, la moins coûteuse et la plus sécurisante pour les fonctionnaires », dit-il.

Entre-temps, l'animation ne manquait jamais dans cet immeuble où beaucoup auraient eu le tournis.

Parmi les premières décisions du nouveau patron, la dissolution d'un groupe de surveillance à son goût un peu trop porté sur la boisson. Folklore local, a-t-il songé avant de s'amouracher à son tour du 127, « où les flics étaient à l'étroit, les uns sur les autres, mais qui avait une âme et une histoire ». Chaque patron gère à sa sauce les primes, ces liasses de billets qui circulent tout naturellement du coffre-fort entre la direction et les poches des inspecteurs. La plupart de ses collègues ont pris l'habitude de prélever 10 % du montant global pour alimenter la caisse « Relations publiques », qui permet d'assurer l'aura du service en invitant à déjeuner journalistes et personnalités. Hubert Martinez, lui, préfère soigner « ses gars », qui l'appellent aussi « MZH ». Pas de 10 % à son étage, cela permettait de mieux garnir les enveloppes à la fin du mois. Il distribuait aussi à sa façon les frais dits de « deuxième secteur », ces frais de police dont il convenait de partager équitablement le reliquat à la fin de l'année : double portion pour les salariés les moins bien lotis. De quoi agrémenter leur réveillon en famille.

« Il y avait du pognon, lâche Martinez, mais l'argent ne faisait pas tout. Les mecs bossaient et se portaient toujours volontaires, se souvient-il. Il y avait une émulation. On pouvait aussi compter sur nos directeurs, forgés par les grands événements. » Ses propres références ? Hubert Martinez a travaillé à la poste de Nîmes pendant ses études, mais on n'est pas tombé sur des cadavres dans la rue, à l'âge de12 ans, sans en conserver quelques séquelles. À la veille de l'indépendance, à Oran, il a assisté au baroud de l'OAS, qui mitraillait à tout va. Une histoire commune avec plusieurs des anciens désormais sous ses ordres, dont certains ont débuté au sein de la brigade des agressions et des violences, chargée de combattre l'OAS et le FLN en un temps où les magistrats ne s'occupaient guère des affaires de police, considérées par une partie d'entre eux comme bassement « sordides ».

La nouveauté du milieu des années 1980, le commissaire le détecte vite, c'est la présence de plus en plus visible sur le sol français de prostituées étrangères. Un sujet politiquement sensible qui a échappé jusque-là à ses prédécesseurs. « Les policiers travaillaient encore avec les clichés de l'après-guerre, observe Hubert Martinez. Pour eux, le mac portait des chaussures bicolores et le sombrero. » Le marché du sexe est en pleine métamorphose. À la tête de l'Office central, le commissaire tente de diffuser ses intuitions dans la police en organisant chaque année des stages d'une vingtaine de flics puisés dans les Sûretés et les services régionaux de la PJ, auxquels se mêlent à l'occasion un policier allemand ou belge. « De retour dans leurs services respectifs, ils étaient mes yeux », raconte le commissaire. Au lieu d'attendre les confidences du proxénète, comme cela se pratiquait depuis des décennies, ces correspondants répartis dans toute la France sont priés d'ouvrir leurs yeux et leurs oreilles à la façon des « bourgeois », ces gardiens de la paix habillés en tenue de ville qui arpentent les quartiers sensibles de la capitale en quête d'informations. Et de faire signe s'ils sont en mesure de signaler trois filles qui feraient les trois-huit qu'il pleuve ou qu'il neige, demandant même une autorisation pour aller boire un café, signe qu'une grosse équipe était en place, à une époque où des proxénètes toulonnais, marseillais ou lyonnais exploitaient encore des prostituées sur le trottoir parisien.

Les inspecteurs sous les ordres du commissaire Martinez s'appellent Serge Guillon, Philippe Barbançon ou Denis Losson, et, d'après leur patron, ce sont « de vrais fouille-merdes ». Des « spartiates » aussi, ce qui est un plus dans un univers où la chair est facile. Il leur a fallu un an d'investigation pour démonter un réseau tenu par des Antillais qui exploitaient des filles entre la rue Saint-Denis et un eros center de Düsseldorf, en Allemagne, terre prisée des proxénètes français. « On leur promettait un emploi dans un salon de coiffure ou un bar et elles se retrouvaient sur le tapin », se souvient le commissaire, honoré d'avoir convaincu ses homologues teutons qu'il s'agissait bien de « traite », et non de simple commerce, ce qui a permis d'écouter cinq lignes téléphoniques en Allemagne, une première dans une telle affaire. C'était en 1988 et la presse, surprise par le nombre de personnes mises en cause – une vingtaine de proxénètes et environ trois cents prostituées – parla de « multinationale » du sexe.

Descente au bois de Boulogne

La suite de la bataille contre le sexe tarifé prend forme lorsque le procureur de la 1re section de Paris, Bernard Pagès, saisit l'Office central des plaintes en rafales de riverains du bois de Boulogne. Les exhibitionnistes se multiplieraient dans le secteur de l'ambassade d'URSS, au point que plus personne n'ose sortir son chien de crainte de faire une mauvaise rencontre. Les allées du Bois, à deux pas des Champs-Élysées et du quartier d'affaires de la Défense, seraient recouvertes de préservatifs tous les matins, investies dans la nuit par près de deux cents travestis, la plupart d'origine latino-américaine, sans compter la prostitution féminine le jour, la prostitution homosexuelle autour de la porte Dauphine, plus les échangistes abonnés au bas de l'avenue Foch. Nuisance supplémentaire, ces embouteillages monstrueux autour de 21 heures tous les soirs, à la hauteur de ce qui est devenu « la plus grande maison close à ciel ouvert de France », selon les mots du commissaire Martinez.

« Faites-moi n'importe quoi, mais faites une affaire ! » lance le procureur au policier, qui mobilise un groupe entier comprenant, cela pourrait se révéler utile, un hispanophone.

Pendant deux mois, les inspecteurs « tournent comme des toupies » sans rien déterrer. Jusqu'au jour où germe l'idée, suggérée par Hubert Martinez et son adjoint, un ancien de l'OCRB, de consulter les archives de la police générale parisienne en notant tout ce qui concerne les ressortissants sud-américains. Du bureau chargé des expulsions du territoire, ils rapportent enfin un tuyau exploitable : un document en provenance de l'antenne d'Interpol à Buenos Aires cite le nom d'un certain Cisneros, alias Sandra, travesti et proxénète. Une personne correspondant à ce profil est identifiée, de même que plusieurs travestis argentins gravitant autour de lui.

Le « gros Jean », comme on surnommait affectueusement le gardien de la paix en charge du poste du 127, n'en est pas revenu lorsqu'il a vu plusieurs bus hors d'âge de la RATP déverser devant le bâtiment des dizaines de travestis brésiliens. Le service avait décidé d'une rafle pour tenter de faire réagir un consul soupçonné de prêter assistance à ces travailleurs du sexe. « Un véritable carnaval, se souvient avec amusement Hubert Martinez. Les gardiens n'avaient jamais vu ça ! » Toutes les cellules étaient pleines à craquer, au point qu'il fallut en aiguiller vers le commissariat des Champs-Élysées, de quoi mettre de l'animation dans tout le quartier. Une promiscuité qui entraîna son lot de surprises, plongeant les policiers dans une sorte de remake de *La Cage aux folles*. Non seulement les travestis se mettaient torse nu à cause de la chaleur, mais au matin du deuxième jour, « ils ont commencé à avoir de la barbe », rapporte un inspecteur. Il a fallu se répartir les auditions dans les étages. La plupart se sont déroulées dans une atmosphère légère, les questions étant parfois ponctuées d'élans d'amour sur le mode : « On peut te faire un petit bisou ? » L'un des policiers l'a cependant mal pris. Au lieu de se montrer conciliant, il a regardé son interlocuteur de haut. Quelques minutes plus tard, le travesti faisait ses besoins à même le plancher et maculait les murs du bureau. Un fonctionnaire a par ailleurs appris à ses dépens qu'on n'intervient pas impunément au milieu d'une bagarre générale de travestis. Un gardien de la paix lui avait déconseillé d'entrer dans la geôle, mais il ne l'a pas écouté. « Il avait oublié que ce n'était pas des femmes, raconte un de ses collègues. Il a pris une dérouillée. On l'a sorti par les pieds. »

La juge Laurence Le Vert, pas encore versée dans l'antiterrorisme, accompagne six mois de patientes observations autour du bois de Boulogne, au terme desquels une quinzaine de travestis sont incarcérés pour proxénétisme. À la clef, la patiente mise au jour d'un véritable plan de répartition des allées du Bois par nationalités, Argentins, Péruviens, Colombiens, le fameux Cisneros ayant disposé ses lieutenants de façon que les limites soient respectées ; argent et papiers étaient stockés loin de là, dans un hôtel proche de la place Clichy, bientôt fermé par la justice. Découverte collatérale surprenante, cette camionnette sillonnant régulièrement le Bois, deux personnes à son bord, dont l'une se présente comme avocate, chargée de veiller à la bonne rédaction des demandes d'asile politique déposées par les travestis. Plus frappant encore, cette clinique clandestine de Saint-Ouen où un chirurgien esthétique dépourvu de tout diplôme, doté de cartes de visite rédigées en espagnol et imprimées à Bogota, opère les travestis ; la table d'opération et tous les instruments sont saisis.

Bilan : une centaine d'arrestations et autant d'expulsions, à tel point que le service chargé de ces formalités à la préfecture, soucieux de désengorger, a installé durant quelque temps une antenne mobile en lisière du Bois. Pas les seuls à délocaliser, puisqu'une sorte de camion épicerie circulait lui aussi nuitamment dans le secteur, décidément encombré, vendant aux travestis sandwichs, préservatifs et boulettes de shit. L'affaire fait évidemment grand bruit à la Préfecture de police de Paris, dont le patron, le préfet Pierre Verbrugghe, « faisait des bonds dans son bureau » à mesure que tombaient les révélations, sachant que ce territoire était sur le papier la chasse gardée de l'un des services du 36, la brigade des stupéfiants et du proxénétisme. Une jalousie anticipée par le commissaire Martinez, qui dans ses comptes rendus au ministre a pris systématiquement soin de mentionner la participation du service parisien « ami », dont il a par ailleurs accueilli dans ses rangs l'un des inspecteurs avec le statut d'observateur. Afin qu'il puisse vérifier de ses propres yeux comment Paris attirait dans ses lumières des travestis capables de détrôner, en terme de clientèle, n'importe quelle autre attraction officielle – des rugbymen en goguette aux pères de famille, ils étaient très nombreux à s'offrir un crochet affriolant par le Bois.

À l'heure de la reprise en main de ce territoire, le commissaire Martinez aura disposé d'un allié utile en la personne de Philippe Gougeon, alors adjoint au maire de Paris chargé de la prévention et de la sécurité. De quoi faire contrepoids à l'ombrageux préfet de police de Paris, mais aussi faciliter le travail sur le terrain : les inspecteurs ont pu disposer des cahutes et autres baraques réservées au personnel du service municipal des Parcs et jardins pour exercer leurs longues observations. Pierre Verbrugghe n'en a pas moins pris une décision qui, par la force de choses, a mis un terme aux investigations du 127 : en ordonnant la fermeture nocturne des grandes allées du Bois, il a tari brusquement la clientèle des travestis sud-américains. La plupart ont décampé vers l'Italie et l'Espagne ; ceux qui ont voulu jouer les prolongations dans la forêt de Sénart ou dans celle de Saint-Germain-en-Laye ont vu les enquêteurs de l'Office central leur coller aux basques. Et pas seulement pour leur infliger des amendes pour « trouble à l'ordre public », comme s'était longtemps contenté de le faire la Préfecture de police, sur fond de tolérance ancienne.

Les inspecteurs du 127 n'ont pas fini de surprendre leur (beau) monde. Ils orchestrent quelques retentissantes perquisitions dans des maisons particulières, généralement de luxueux appartements dont la maîtresse de maison accueille des hôtes en quête de relations charnelles. Ils font les gros titres de la presse avec l'affaire des « mannequins », des filles régulièrement à la une des magazines accusées de faire des passes à 10 000 francs, aussitôt gagnés, aussitôt claqués – charmantes gardées à vue qui attirent les collègues des bureaux voisins lors de leurs auditions : « T'as pas besoin d'aide, par hasard ? » Ils renversent l'ordre établi et ses convenances, résume Hubert Martinez : « Avant, on ne mettait pas son nez dans les mœurs et personne ne bousculait les policiers qui s'en occupaient. »

Au point qu'un jour Joseph Le Bruchec, son supérieur, alerte le patron de l'Office : « Soyez prudent ! » Il l'est, et décide même de stopper plusieurs enquêtes « parce qu'on allait avoir plus d'emmerdements que d'avantages ». Ses inspecteurs tiennent-ils au bout de leur ligne un proxénète d'origine subsaharienne qui côtoie la fille d'un chef d'État africain lui-même proche du pouvoir en France, en l'occurrence de Jacques Chirac ? « On n'a rien à gagner à continuer, tranche le patron devant ses hommes. Ce président est un ami de la France, on n'aura que des ennuis. »

L'autre fois où « on » s'est mêlé de ses affaires, c'est quand le service a eu la prétention de s'en prendre à la

« Rouquine », personnage influent des nuits parisiennes. Auréolée d'un passé sulfureux, longtemps sponsor généreux des policiers de la brigade mondaine, la jeune femme tient à cette époque un club échangiste situé dans le 17e arrondissement. Rien à redire, jusqu'au jour où un tuyau est remonté aux oreilles du 127 : pour chauffer « le ban et l'arrière-ban », la reine des coquines et des coquins recourait discrètement au service de plusieurs prostituées.

Une surveillance technique de l'établissement, comme on désigne pudiquement les écoutes téléphoniques, permet de cerner un peu mieux le sujet – pour décrypter les conversations, un gardien de la paix s'est mis au verlan, qu'il pratique pour s'entraîner avec sa femme. Tant et si bien qu'un commissaire divisionnaire en poste à l'Élysée décroche son téléphone pour appeler Hubert Martinez et lui souffler « gentiment » la conduite à tenir. La « Rouquine », lui explique-t-il, entretient des contacts réguliers avec un haut personnage de l'État, lui-même intime du président de la République François Mitterrand ; elle se rend par ailleurs tous les quinze jours en Suisse avec un proche de ce haut personnage, officiellement par amour pour l'opéra. Message reçu cinq sur cinq par le patron de l'Office, qui en déduit que cette femme disposait d'une forme de sauf-conduit. Un « passeport » qui la mettait à l'abri des poursuites. « Tu penses, Hubert, que c'est opportun de continuer à t'intéresser à cette femme ? » demande le commissaire après avoir mis les cartes sur la table. « Tu tombes bien, car je me posais justement la question, réplique-t-il prudemment. Réflexion faite, je n'en suis plus certain. »

C'est encore la grande époque des affaires « réservées », celles qui échappent au traitement ordinaire, les seules, finalement, à focaliser l'attention permanente de la hiérarchie. Joseph Le Bruchec s'était en son temps lui aussi cassé les dents sur la « Rouquine ». Un nombre non négligeable de très hauts fonctionnaires défilant dans ses alcôves, cette maquerelle en chef en savait certainement beaucoup trop pour être dérangée dans son petit commerce. Hubert Martinez tire rapidement les conclusions de cet appel du « Château ». « Ma jeunesse et mon inexpérience me recommandent d'en rester là », annonce avec tact le patron au groupe chargé de ces investigations. Les frontières sont palpables. L'une des règles tacites en vigueur interdit aux hommes du 127 d'approcher les boîtes de nuit parisiennes, chasse gardée de la Mondaine. Plus d'un commissaire s'y est brûlé les ailes.

« Dans un tel service, tranche Hubert Martinez, moins on en sait, mieux on se porte. » Tout n'est d'ailleurs pas transmis à la justice. La PJ effectue son propre tri et ce maire d'une ville de Seine-et-Marne ramassé à la faveur d'un flagrant délit dans une maison de passe clandestine, dont il était l'unique client, s'en tire avec un après-midi d'angoisse au 127.

L'appel de la chair

Les tentations ne sont pas négligeables lorsqu'on est amené à croiser régulièrement des vendeuses de charmes. Plus d'un fonctionnaire de police a succombé, ce n'est pas Lucien Aimé-Blanc qui dira le contraire, lui que ses inspecteurs ont un jour enfermé dans son bureau, alors qu'il était encore à la tête de la Mondaine, avec un travesti, histoire de fêter dignement son anniversaire. « J'ai pu me sentir parfois frustré, mais je me suis moi-même condamné à l'abstinence et à la prière », proclame en souriant Hubert Martinez, qui se souvient d'une note de service appelant ses hommes à ne jamais déjeuner avec une prostituée et à ne se rendre dans son appartement qu'en « cas de nécessité et dans l'intérêt du service ».

L'appel de la chair étant parfois irrépressible, les accidents restent réguliers, comme le confirme cet appel passé par un collègue de province au patron de l'Office : des écoutes téléphoniques laissent entendre que l'un des membres de son service aurait des relations plus qu'équivoques avec une tenancière de maison de passe. Convoqué par Hubert Martinez, l'inspecteur se voit rappeler les règles : ce n'est pas parce qu'il parle à une « pute » que le flic doit nécessairement emprunter le vocabulaire des voyous.

Quelques mois plus tard, c'est au tour d'un chef de groupe d'être appelé dans le bureau du commissaire. À en croire un relevé d'écoutes téléphoniques en provenance d'un autre service, il pourrait avoir joué un rôle dans une fuite malvenue ayant permis à une équipe de bandits marseillais et toulonnais de comprendre qu'ils étaient sous surveillance. « J'ai appris que vous entreteniez des liens particuliers avec Mlle D., ex-danseuse de cabaret et prostituée », annonce le patron avant d'exiger un rapport. Son compte rendu n'étant pas vraiment à la hauteur, le chef de groupe est de nouveau convoqué, cette fois en présence d'un grand directeur qui lui met sous les yeux une transcription des écoutes. Le policier se met à pleurer. Pris sur le fait. Non seulement il vivait une liaison avec cette demoiselle, mais il en était très amoureux. Par légèreté, il lui avait parlé sur l'oreiller d'enquêtes en cours. Confidences que la fille s'était empressée de rapporter à son mac.

« Il y a des postes en sécurité publique en région parisienne, conclut le commissaire. Il serait opportun de postuler. » Vivement recommandé par ailleurs, car ce flic avait « toutes les qualités requises pour réussir », se souvient Hubert Martinez, qui assure avoir systématiquement fait venir son adjoint lorsqu'il devait recevoir une fille dans son bureau. Question de réflexe, celui d'un flic sur le bureau duquel un avocat a un jour posé une belle mallette certainement bourrée de billets, de quoi monnayer l'arrêt des hostilités contre son client, un proxénète notoire en cavale, « un mandat au cul ». « Cela ne relève pas de moi, mais je peux vous organiser un rendez-vous avec le procureur de la République », a répliqué le commissaire, qui a également à son palmarès un motard de la police nationale : le fonctionnaire montait régulièrement de Toulon jusqu'à la capitale, en moto, pour récupérer les sous récoltés par une fille, « l'une des plus grandes gagneuses de la rue Saint-Denis ». Pas à son coup d'essai, le motard avait sévi auparavant du côté de Clermont-Ferrand. « Il parlait comme un voyou, se remémore le commissaire. La fille ne pouvait pas bouger une oreille. » Pas sûr que celui-là ait été recasé.

La prostitution ne génère pas les flux d'argent que l'on trouve aujourd'hui dans le sillage de la drogue, mais de belles sommes sont parfois saisies. Comment limiter les mains baladeuses et une certaine évaporation ? Alors que 500 000 francs viennent d'être saisis dans une maison de passe clandestine, Hubert Martinez impose une nouvelle façon de procéder : un premier comptage des billets est effectué par un fonctionnaire sur place, en présence de la personne gardée à vue, avant un nouveau comptage à l'arrivée au service ; puis l'argent est stocké dans son propre coffre-fort, dont seule sa secrétaire dispose d'un double de la clef. De quoi faire reculer les mauvaises pratiques, a priori du moins, car le commissaire a peu de chances de transformer du jour au lendemain les indécrottables. Cet inspecteur, une figure de l'Office, entré dans la police juste après la guerre, habillé comme un ministre, est-il vraiment fiable ? Son allure ne plaide pas pour lui à une époque où ses collègues portent plutôt le jean, pas davantage que les dimensions de la pièce qu'il occupe, seul – un bureau de commissaire. Les deux inspecteurs qui travaillaient avec lui, indice troublant supplémentaire, ont insisté pour changer de service. Pour couronner le tout, convoqué devant son patron, il n'a pas été en mesure de fournir la moindre liste de ses enquêtes en cours. Tous les soirs, nul ne l'ignore, il promène son impeccable brushing dans les bars corses de la capitale, ceux on l'on joue au poker, ses chaussures vernies sous la table. Il en croque forcément, mais comment le démontrer sans le prendre en flagrant délit ? Le commissaire se contente de le priver de l'un de ses petits privilèges : il lui confisque son bureau et l'affecte au troisième étage, celui de la « Doc » et de la cellule technique, dans une petite pièce qui fera office de placard. La meilleure façon, sans doute, de gérer la police d'avant sans trop de casse ni de fracas. Il ne sera pas davantage donné suite à l'interpellation de cette brunette, membre d'un réseau de call-girls et mère de famille, dont il s'est rapidement avéré qu'elle était mariée à un inspecteur en poste dans une Sûreté départementale. Elle s'adonnait à cette activité « pour l'argent de poche », la PJ choisit de mettre un mouchoir sur le cas plutôt que de détruire une carrière et un couple.

Mais le monde bouge et celui de la prostitution est en plein chamboulement, comme les méthodes des policiers chargés de réprimer le proxénétisme. La première « mama » africaine, à la tête d'un important cheptel de compatriotes, fait sensation au 127, mais pas seulement. Invité à s'exprimer lors d'un congrès d'Interpol à l'automne 1988, Hubert Martinez explique devant un auditoire incrédule que près d'un proxénète sur dix est désormais une mère maquerelle en France. Une prise de parole restée dans les annales de l'organisation internationale, en attendant l'émergence, pointée par les analystes de l'Office central en 1993, d'un proxénétisme aux méthodes « barbares » en provenance des pays de l'Est. L'heure est aux filières communautaires, loin de ce temps où l'on se partageait le « pain de fesse » entre voyous, policiers et responsables politiques.

Chapitre 15

Chantages alimentaires

Les chantages au poison n'étaient pas moins délicats à gérer que les enlèvements, d'autant que, dans la plupart des cas, le secret total était requis vis-à-vis de l'opinion publique. Les victimes auraient en effet eu beaucoup à perdre, en termes d'image de marque, à découvrir leur nom étalé dans la presse, le risque étant grand de voir la clientèle paniquer et déserter les magasins concernés. Ainsi de cette tentative d'extorsion de fonds dont fait l'objet l'enseigne Auchan dans le nord de la France, en 1985, époque où l'on trouvait encore des produits inflammables dans les rayons, bouteilles de gaz et autres flacons de white-spirit. Les malfrats annoncent à la direction avoir disposé dans plusieurs grandes surfaces des systèmes de mise à feu, prêts à être actionnés si le groupe ne débourse pas la somme réclamée : 6 millions de francs. Et pour être certains qu'on les prenne au sérieux, les maîtres chanteurs déclenchent à distance un incendie dans un magasin situé dans le secteur de Creil (Oise).

« Ils nous ont baladés avant de se retrancher en Belgique au dernier moment », se souvient l'inspecteur Bernard Mondon, qui passe à l'époque environ trois semaines auprès du P-DG d'Auchan, Gérard Mulliez. Une présence active, puisqu'il répond lui-même au téléphone en espérant tomber sur l'équipe à l'origine de cette tentative de racket. « Vous allez risquer votre vie, mais vous êtes fou ! » lance le P-DG le jour où l'inspecteur s'apprête à endosser le rôle de porteur de rançon. « Mais vous gagnez une misère », ajoute Gérard Mulliez, visiblement compatissant. « On est là pour ça, c'est le service public », réplique Mondon, laissant le patron sans voix.

Les voyous commettent cependant l'erreur d'appeler deux fois depuis la même cabine téléphonique, en territoire belge, à deux jours d'intervalle. Sans se douter que les techniciens ont fait de considérables progrès en quelques années et qu'il ne faut pas plus de vingt-quatre heures pour « redresser » un appel, seulement quelques instants…

L'affaire Suchard a elle aussi commencé par un simple coup de téléphone passé au service consommateur de l'usine de Strasbourg, le 7 octobre 1988. Message : des tablettes de chocolat empoisonnées ont été dissimulées dans les rayons de deux supermarchés, à Mundolsheim (Bas-Rhin) et à Lyon. « Nous sommes très organisés », précise l'interlocuteur anonyme, sans formuler à ce stade la moindre exigence.

Deux tablettes de chocolat au lait des Alpes et au riz croustillant sont effectivement décelées sur les lieux. Toutes deux portent la mention « POISON » inscrite en décalcomanie sur chaque face. Les stocks en rayon sont retirés de la vente et le directeur adjoint de l'usine dépose plainte auprès de la PJ de Strasbourg, saisie par le parquet en même temps que l'OCRB, dont ces chantages deviennent une spécialité. Les examens du laboratoire déterminent que les tablettes ont été trempées dans un produit de type raticide et remballées, la toxicité de ce produit étant jugée très relative à une aussi faible dose.

La première hypothèse retenue est celle d'une vengeance d'un ancien employé, des incidents ayant opposé la direction à l'occasion du licenciement de trois d'entre eux, piste rapidement abandonnée. Une équipe de l'OCRB se rend au siège de la société Suchard, dans le Val-de-Marne, pour installer un système d'enregistrement des voix ; le directeur financier est désigné pour négocier avec les demandeurs de rançon. Un dispositif similaire est implanté à l'usine de Strasbourg, où l'interlocuteur anonyme rappelle le 14 octobre. Une fois pour proférer des menaces, la suivante pour demander à parler à la direction. « Qu'avez-vous décidé ? demande la voix. « Nous avons trouvé les deux tablettes, elles sont en cours d'analyse. Mais nous n'avons pas trouvé vos instructions. » « Je vais vous les envoyer par courrier », annonce le maître chanteur.

Dans une lettre reçue quatre jours plus tard au siège de la société, l'individu exige une rançon de 10 millions de francs suisses en coupures de 500 et de 1 000 francs, sinon d'autres tablettes seront empoisonnées, cette fois au cyanure, et la presse, corollaire au fort potentiel de nuisance, en sera avisée. Le tout écrit à la machine, en majuscules, de même que l'adresse sur l'enveloppe.

Un nouvel appel suit, exigeant que la rançon soit prête à partir du 26 octobre. « Les banques tiennent l'argent à notre disposition, mais il y a un problème avec les francs suisses, explique le négociateur. Accepteriez-vous les deutsche marks et les livres sterling ? » Son interlocuteur accepte, mais demande qu'on utilise un sac Nike, et non plus Lafuma, pour le transport de la rançon, qui devra être placé dans un sac-poubelle. La date du paiement est fixée au 29 octobre.

De nombreuses lignes téléphoniques ont été « branchées » depuis le début de l'enquête, ce qui permet de « remonter » l'un des appels, passé depuis Nancy. L'appel suivant est tracé en direct : deux hommes sont interpellés alors qu'ils s'éloignaient à peine de la cabine téléphonique. Jeunes, puisqu'ils ont respectivement 24 ans et 25 ans, ils ne nient pas très longtemps, dans la mesure où la machine à écrire ayant servi à formuler leurs exigences a été retrouvée chez la sœur de l'un d'eux, ainsi que les brouillons des instructions destinées au porteur de rançon.

Pas complètement idiots, les novices avaient préparé pour transporter l'argent une malle en ferraille, afin de brouiller un éventuel système de traçage électronique. Avec leurs copines, ils s'étaient inspirés, pour écrire leur scénario, d'une affaire survenue au Japon quatre ans auparavant, un chantage alimentaire qui avait provoqué la mort de cinq personnes après absorption de confiseries et fait des émules jusqu'aux États-Unis et en Angleterre. Leur mobile ? Nourris de séries télé, ils rêvaient juste de mariage grandiose, de mer bleue et de yachts.

Là encore, l'affaire n'a pas été ébruitée pour ne pas nuire au commerce, toujours avec l'idée d'éviter de faire des émules, selon le vœu formulé par écrit par le chef de l'OCRB à l'intention du cabinet du ministre de l'Intérieur : « Il semble opportun que la conclusion de ce dossier reste confidentielle, à la fois pour préserver l'anonymat de la victime et les techniques d'enquête, et ainsi éviter la multiplication de tels actes qui sont particulièrement difficiles à solutionner. »

Le chocolatier, lui, a été généreux. « Chaque fonctionnaire a eu son poids en chocolat, se souvient le commissaire Claude Taxis, alors chef adjoint de l'OCRB, qui n'a pas non plus oublié le repas de gala dans le restaurant parisien de Denise Fabre. On aurait pu leur demander la lune ! » Quant à la justice, elle a condamné les deux voyous amateurs à quatre ans de prison, dont un avec sursis, et les deux jeunes femmes à trois ans, dont un avec sursis.

L'affaire japonaise avait inspiré un autre illuminé quelques années auparavant. Le 17 avril 1984, la société Unisabi, spécialisée dans la fabrication d'aliments pour animaux domestiques, avait reçu à son siège, dans le Loiret, trois boîtes d'aliments pour chiens accompagnées d'une cassette dans laquelle un homme réclamait une rançon. Au total, il exigeait 3 millions de francs, dont deux devaient être versés à l'association « La faim dans le monde ». En cas de refus, la direction pouvait s'attendre à une hécatombe de chiens et de chats. Côté modalités pratiques, le maître chanteur ordonnait la publication dans le quotidien *Libération* d'une petite annonce intitulée « Bob rouge ».

L'OCRB, saisi par un juge d'instruction d'Orléans, avait mis en place une surveillance du téléphone de la société et de l'agence de publicité parisienne qui travaillait pour elle. Une fausse rançon était en même temps constituée dans les locaux du 127, avec cinq enveloppes de papier kraft renfermant quatre cents feuilles de papier pelure découpées au format d'un billet de 500 francs, traitées à la fuscine basique par le service central de l'Identité judiciaire, un produit colorant l'épiderme. La Banque de France avait fourni la valise en skaï susceptible de crédibiliser l'ensemble.

Le rançonneur s'était à nouveau manifesté le 21 juin. À cause des hésitations de son interlocuteur, il avait augmenté le tarif : 2 millions de francs pour l'Unicef et 125 millions de centimes pour lui. Un premier jeu de piste avait échoué le 9 juillet, alors qu'un inspecteur s'était pointé gare de Lyon, à Paris, avec une sacoche rembourrée. Pour se venger, l'individu avait inondé les associations de consommateurs, écrit à l'Agence France-Presse et disséminé des lettres dactylographiées dans les rayons d'aliments pour animaux, à Paris et dans le sud de la France. Il n'avait repris contact qu'à l'automne, par téléphone, et la représentante d'Unisabi chargée de le traiter avait accepté de verser la rançon au plus vite.

Une nouvelle annonce paraît dans *Libération* le 9 novembre 1984. Par téléphone, l'homme intime l'ordre au porteur de rançon de prendre un TGV pour Avignon. « Vous allez vous munir d'une sacoche souple sans armature et ne prenez que celle-ci pour tout bagage. Vous vous tiendrez prêt pour 11 heures et n'oubliez pas votre bob rouge. »

Six fonctionnaires prennent le TGV en même temps que l'inspecteur coiffé de son bob estival au cœur de l'hiver. Des collègues de la PJ d'Avignon quadrillent la gare, mais ce n'est qu'une escale, annonce par téléphone, à l'accueil, un certain André à l'inspecteur, rebaptisé pour l'occasion « Monsieur Lambert » :

« Prenez le train de 16 h 07 à destination de Nice. Installez-vous dans l'avant-dernier wagon de queue. Une fois arrivé, vous vous rendez au café PLM situé en face de la gare de Nice de l'autre côté de l'avenue, où de nouvelles instructions vous seront données. »

Aussitôt dit, aussitôt fait, tandis que le reste du dispositif prend place dans la motrice avec le chef de train. L'appel suivant montre un homme courroucé. « Il y a un petit problème, dit-il. Pourquoi y a-t-il la police à la gare de Nice ? Pourquoi ne portez-vous pas votre bob rouge ? »

L'inspecteur répond n'avoir rien remarqué, s'excuse pour le bob et écoute attentivement les directives : « Rendez-vous à la consigne de la gare où un billet de train vous attend dans le casier 359. Montez dans le wagon de queue et jetez la sacoche par la fenêtre du train quand, dans le sens de la marche, vous verrez un feu d'artifice sur le côté droit de la voie. À la moindre incartade, c'est la décarrade. »

La suite est ainsi consignée par un policier présent sur les lieux : « Après arrêt normal du train gare de Golfe-Juan, et alors qu'il reprend sa marche, observons sur le côté gauche de la voie un individu vêtu de sombre courant dans le même sens de la marche du train et tentant d'allumer des feux de Bengale. Faisons stopper le train, descendons arme à la main et intimons l'ordre à l'homme de s'arrêter. Il fait demi-tour en courant et s'enfuit. Il dévale le talus et lui intimons à nouveau l'ordre de s'arrêter et de se coucher. Ce qu'il fait immédiatement. Découvrons sur lui un passeport délivré en 1982 à San José (Costa Rica) des gants, des ciseaux une bouteille d'eau de Javel, des fusées de Bengale et un briquet. Il avoue avoir voulu récupérer la rançon et précise que les gants étaient destinés à ne pas laisser d'empreintes et l'eau de Javel à brouiller les pistes et neutraliser l'odorat des chiens. »

Inconnu des services de police et de gendarmerie, l'homme expliquera que les animaux étaient trop bien nourris à son goût, alors que des millions de gens mouraient de faim sur la planète. Un profil récurrent dans ce genre d'affaire, comme le démontre une nouvelle fois dans les années 1980 un chantage à l'empoisonnement des réservoirs d'eau potable, dans la région de Grenoble. L'inspecteur Bernard Mondon est encore désigné ce jour-là pour porter de rançon. Oreillette en place, un petit micro fixé à la hauteur de la poitrine, il attend sur un parking entouré de montagnes, au volant d'une Peugeot 604. La communication est mauvaise, pas sûr que le système de tracking fonctionne bien à cause du relief, mais voilà qu'un motard casqué ralentit à sa hauteur et lui remet un nouveau message. Un instant, l'idée traverse le policier qu'il pourrait le « foutre en l'air », mais peut-être n'est-il qu'un simple coursier qui ne connaît pas les tenants et aboutissants de l'affaire en cours. « On l'aura plus tard », songe-t-il en se reprenant.

Le message fixe aux policiers un nouveau rendez-vous deux semaines plus tard à des centaines de kilomètres de là, à proximité d'une cabine téléphonique de l'avenue Foch, à Paris. À l'heure dite, le gars est littéralement écrasé au sol par un essaim de flics en civil. La soixantaine, armé d'un 6,35 « pas très méchant », il a plutôt le profil d'un petit voyou et n'a apparemment pas d'autre complice que sa propre femme. À eux deux, ils auront tenu en haleine le 127 pendant trois mois, avec un coût non négligeable pour le contribuable, qui ne le saura pas : les journalistes accrédités ont été volontairement tenus à distance durant cette période, dans l'espoir de ne pas ébruiter cette menace qui pesait sur l'eau potable, susceptible de déclencher une réaction irrationnelle…

Il ne manquait plus que le lait, et cette fois, l'empoisonneur a recours aux grands moyens : le cyanure. Une brique de lait de la marque Candia, identifiable grâce à la pastille rouge collée par le maître chanteur, est retrouvée dans un rayon… Le jour de la remise de rançon, le chef du dispositif attend un coup de téléphone au siège de la société, dans le quartier d'affaires de la Défense. Les techniciens de France Télécom sont sur le qui-vive pour « redresser » la provenance de l'appel. En attente dans une voiture à la hauteur de la porte Maillot, deux inspecteurs se crispent en entendant sur les ondes ces mots en forme de signal : « Appel en cours. » Une cabine téléphonique située non loin est identifiée. Ils s'en approchent aussitôt, l'ennui c'est qu'il y a trois cabines, chacune occupée par un homme. Sur lequel se focaliser ? Celui de la cabine du milieu se retourne, et là, surprise : il porte sur le dos un polo arborant le logo de la marque, Candia. « On l'a », glisse l'un des policiers sur les ondes. L'homme sera interpellé après une courte filature, à la hauteur de l'avenue Foch. C'était tout simplement le fils d'un ancien employé de la maison.

Encore un « baltringue », mais que d'énergie déployée pour le neutraliser !

Chapitre 16

La PJ est submergée par la drogue

Le petit flic et la DEA

Son père avait choisi la police comme on s'accroche à une bouée de sauvetage, pour fuir le travail forcé en Allemagne. Philippe Rouleau, né en 1951, a connu dans sa jeunesse les grèves insurrectionnelles et les « événements » d'Algérie ; il avait 20 ans lorsqu'il a intégré le corps des enquêteurs. Un mois de formation et le Rochelais était sur le terrain à Sarcelles (Val-d'Oise), en un temps où la police était « respectée », les rares escarmouches se soldant à coups de « paires de baffes » distribuées par les anciens, pour beaucoup rapatriés d'Algérie comme bien des habitants du secteur, où avait débarqué une forte communauté de juifs séfarades. « On pouvait patrouiller tranquillement, les machines à laver ne tombaient pas du toit des immeubles », se souvient-il.

Cela ne l'empêche pas de rêver du prestige de la PJ, surtout depuis qu'il a vu *French Connection* au cinéma. Les locaux « inadaptés » du 127 le surprennent le jour de son arrivée, sa première fonction le déçoit forcément : pour faciliter les recoupements entre les dossiers, Philippe Rouleau complète des fiches perforées. À sa demande, il est « très gentiment » reçu par François Le Mouel, mais lorsqu'il intègre l'office chargé de lutter contre le trafic de stupéfiants, un autre commissaire en a pris la tête, Jacques Franquet. Affecté à la Doc, tout juste trentenaire alors que François Mitterrand vient d'être élu président de la République, il vit cette nomination comme une « consécration ». Le « petit flic » arrivé de la banlieue discute d'égal à égal avec les trois collègues américains de la DEA. L'inspecteur qui le prend sous son aile n'a que trois ans de « boîte » de plus que lui et s'appelle Bernard Petit, encore loin de devenir commissaire. Parfois, ils quittent la Doc pour aller renforcer ceux qui planquent sur le terrain. Bientôt, l'inspecteur attire l'enquêteur vers un groupe chargé d'étudier le milieu asiatique, avec l'héroïne thaïlandaise en ligne de mire. Un milieu difficile à infiltrer, malgré le recrutement de quelques collègues d'origine cambodgienne ou chinoise, impossible à écouter sans interprètes, mais ils peuvent compter, là encore, sur le renfort d'un flic américain qui a été en poste dans le Sud-Est asiatique, parle la langue, dispose d'un bel appartement aux frais de son ambassade et, de surcroît, cuisine admirablement les plats thaïlandais.

Des valises pleines d'héroïne ou de hash traînent sous les bureaux quand les armoires sont pleines, au point qu'il faut mettre un mot pour que le ménage ne soit pas fait. « La came n'avait pas encore envahi toutes les classes de la société, elle était encore marginale, mais les mafias chinoises s'étaient reconstituées à Paris et elles étaient en plein boom », raconte Philippe Rouleau, qui de son regard de jeune père de famille considère ces produits comme un « fléau ».

C'est à peu près à cette époque que les politiques ont recommencé à s'intéresser au sujet, mais l'enquêteur, devenu entre-temps inspecteur, l'affirme : leur arme principale restait la « bonne volonté des collègues », le reste n'étant-que « bouts de ficelle ». Ces nuits entières à planquer dehors, avec à la clef le sentiment, essentiel, de « servir à quelque chose, même si des quantités énormes de drogue nous passaient à côté ». La colère, parfois, pouvait aider, comme ce petit matin où il a vu un Asiatique sortir d'un hôtel avec une valise et la poser dans le coffre d'un taxi. « Police, bouge pas ! » Il est seul, fouille la valise, qui se révèle pleine de vêtements. Un de ses collègues le rejoint. « Ils font chier ces Chinois ! » gueule-t-il, avant de planter son tournevis dans la coque de la Delsey. Le plastique résiste. Il la retourne, plante à nouveau son outil, avec succès cette fois : l'héroïne était conditionnée dans la paroi.

Moins drôles, ces visites à l'Hôtel-Dieu où sont examinés ceux qui transportent des boulettes d'héroïne ou de cocaïne dans le ventre, détectées à la radio par les douanes. Les inspecteurs se déplaçaient pour les entendre avec une machine à écrire portative. « On les faisait chier dans un filet, c'était assez dégueulasse et on mettait ça dans des sacs étanches. La plupart étaient des crève-la-faim qui n'avaient rien à dire, et dont certains mouraient d'overdose. »

Loin de Sarcelles, le fils de flic découvre les routes de la drogue et le monde, l'Afrique et l'Amérique latine. Déjà, l'argent des stupéfiants finance l'effort de guerre dans plusieurs secteurs, en particulier au Proche-Orient, où le pavot de la plaine de la Bekaa est la pépite des milices libanaises. « C'est tellement juteux ! » constate l'inspecteur, qui voit aussi passer les premiers ballots de cannabis, une drogue en voie de popularisation accélérée, dont le transport n'est pas seulement perturbé par l'action de la police : la nature s'en mêle parfois, comme ce jour où un bateau en provenance du Liban avait prévu de décharger trois tonnes de shit à l'aide d'un Zodiac du côté du Grau-du-Roi. La mer était tellement forte que les transporteurs ont fini par tout bazarder par-dessus bord, privant les enquêteurs de l'Office central de leur flagrant délit – on a retrouvé des ballots jusque sur les plages corses.

Longtemps, la France a été exportatrice de ces produits, la morphine-base en provenance de Turquie étant transformée sur son sol ; désormais elle est la cible de trafiquants asiatiques, pakistanais, libanais, et bientôt colombiens pour la cocaïne… Quel plan inventer pour contrer l'arrivée de produits stupéfiants sur le territoire français ? Pierre Joxe prend le dossier à bras-le-corps peu après sa nomination à la tête du ministère de l'Intérieur, en juillet 1984. Jacques Franquet, désormais patron de l'office des stups depuis le printemps 1981, planche sur le sujet, à une époque où le service, fort de quelque soixante-dix membres, est divisé selon les produits et les zones du monde à couvrir : groupe « H », groupe « coc », groupe « French », groupe « Chinois »... Avec à chaque fois le renfort de personnels parlant les langues des trafiquants, notamment des hispanisants, mais aussi des Asiatiques.

Comment suivre une valise transportant vingt kilos de morphine-base sans risquer de la perdre ? À quel niveau recruter les indicateurs, sachant que les Américains n'hésitent pas à couvrir ceux qui transportent la came ? Les juges font la moue quand on leur présente des passeurs colombiens endimanchés : rien à en tirer. Ce ne sont pas les moyens qui manquent, en réalité, mais une stratégie. Seule certitude, l'Office central mène la bataille loin de la brigade des stupéfiants de la Préfecture de police afin de préserver ses précieuses informations en provenance de la DEA, où l'on s'efforce de parler la langue de Molière. Avec un appui encore faible des services régionaux, puisque le SRPJ de Versailles, pour ne citer que lui, ne comptait même pas de groupe « stups » en son sein.

L'héroïne chinoise

Les premiers succès contre la filière chinoise, qui occupe le terrain depuis la chute des parrains français, sont enregistrés à Paris. En l'absence de moyens technologiques, les enquêteurs se montrent créatifs et laissent la place à l'improvisation. Cette fois, ils décident de neutraliser un acheteur avant même qu'il n'ait réceptionné la came. Restés dans les parages, ils voient peu après arriver un gars qui attend quelques minutes, puis repart. En le suivant, bonne pioche, ils remontent jusqu'au dépôt de l'organisation, boulevard de la Villette, où ils découvrent un mini-laboratoire et saisissent dix kilos d'héroïne. Un succès qui leur serait passé sous le nez s'ils avaient sagement attendu la livraison pour réaliser un classique flagrant délit.

Du haut de Belleville, les trafiquants asiatiques émigrent bientôt vers le 13e arrondissement, en même temps qu'ils ouvrent une tête de pont à Aubervilliers. Les Chinois de Thaïlande occupent les premiers rôles, avec à leur tête un parrain qui mourra dans un attentat à la bombe, à Bangkok. Une enquête folle conduit les enquêteurs de l'Office central à travailler, en guise de première approche, sur les restaurants asiatiques de Belleville, ou plutôt sur leurs véritables propriétaires, pas forcément intéressés par ce qui se passe en cuisine. Avant de se concentrer sur la caféine, adjuvant caractéristique de cette héroïne rose écoulée dans les rues par de petits dealers généralement d'origine tunisienne ou cambodgienne.

Un responsable de la coopérative des pharmaciens parisiens explique au commissaire venu l'interroger qu'une officine ordinaire écoulait en moyenne un à deux kilos de caféine par an, cinq au maximum. En consultant la liste des commandes, il détecte une grosse anomalie : une pharmacie a commandé au cours de l'année deux cent cinquante kilos de caféine. Un policier est introduit au sein de la coopérative, avec mission de livrer les pharmacies suspectes. Il ne reste plus qu'à prendre les acheteurs en filature, jusqu'à une gargote du 3e arrondissement dotée d'une salle de jeu clandestine protégée par des caméras de surveillance. Une base arrière parisienne de la 14 K, l'une des triades chinoises les plus puissantes !

L'héroïne-base arrive en France dissimulée dans des boîtes de conserve de litchis ou de ramboutans, acheminées par containers vers Rotterdam ou Le Havre. Une quarantaine de cartons sont suivis jusqu'à un restaurant parisien. Plusieurs laboratoires sont bientôt découverts en plein Paris et une vingtaine de kilos d'héroïne-base saisis, de quoi fabriquer environ trois cents kilos de poudre une fois le produit coupé à l'acide chlorhydrique et à la caféine. Ultime obstacle inattendu : les collègues de la Préfecture de police, pas vraiment confraternels pour le coup, effectuent une descente prématurée dans le club de jeu où la fine équipe dépensait sans compter. Contrôle des identités, saisie de quelques grammes d'héroïne, perquisitions, le lieu fait l'objet d'une fermeture administrative. Par chance, l'Office disposait d'une taupe qui permit tout de même de démanteler le réseau et d'arrêter le chef, qui blanchissait ses revenus à Hong Kong et investissait dans l'immobilier en Thaïlande.

Les anciens inspecteurs, ceux qui avaient traqué la French, n'en croient pas leurs yeux. « Vous trouverez quatre grammes », se moquaient-ils en voyant leurs collègues se focaliser sur la caféine. « Vous prenez n'importe quel Chinois, persiflent maintenant les mêmes, vous les pendez par les pieds et il tombe des kilos ! » Injuste au vu du travail fourni, mais parfois la chance sourit aux flics, comme ce jour où ils guettent un bateau dans le port d'Anvers. Avisant une Mercedes immatriculée en France au pied d'un cargo en provenance de Thaïlande, ils interceptent un marin transportant un sac de sport contenant… dix-sept kilos d'héroïne. Ils trinquaient déjà avec leurs collègues belges, lorsqu'ils se sont ravisés : et s'ils s'étaient trompés de bateau ? Maintenu, le dispositif en place permet de saisir cinquante kilos deux jours plus tard à la faveur de l'arrivée d'un autre cargo. La première prise était en fait purement accidentelle…

Stupéfiant tsunami

Le grand banditisme traditionnel n'avait pas encore cédé la drogue aux caïds des quartiers. Il traitait les grosses commandes, conservant pour quelque temps encore le monopole des sources d'approvisionnement et veillant jalousement sur son carnet d'adresses, chez lui à Caracas comme à Medellín, Buenos Aires ou Mexico. Une nouvelle race de voyous fait cependant son apparition, plus businessmen que les braqueurs habitués à passer en force, face auxquels les enquêteurs innovent, s'inspirant des méthodes des collègues américains, grands spécialistes du coup d'achat et du système du « flash », consistant à faire miroiter l'argent sous le nez du vendeur pour l'éblouir et fragiliser ses défenses. Aux marges de la loi française, « pas contre, mais à côté », ils découvrent les livraisons « surveillées », autrement dit le suivi du produit dans l'espoir d'identifier les trafiquants qui l'écoulent, en même temps que les délices de l'infiltration, sans oublier l'armée des « tontons » sans lesquels ils seraient aveugles.

« C'était les prémices de la police moderne, analyse Bernard Petit. La lutte contre les stups a été une sorte de laboratoire du savoir-faire. Ce n'était pas le Far West, puisque la législation canadienne ou américaine nous guidait. Avec les moyens de l'époque, on n'aurait pas pu s'attaquer aux réseaux les plus puissants, capables de fournir dans l'instant dix kilos d'héroïne à partir d'un laboratoire dans la Bekaa libanaise. »

On ruse. On contourne. On triche un peu. On trouve un subterfuge pour contourner l'immunité protégeant un diplomate thaïlandais, consistant en l'occurrence à provoquer un faux accident de la circulation pour le pousser à sortir du véhicule de l'ambassade. On attire deux Palestiniens à Paris avec un faux acheteur canadien qui a commandé dix kilos d'héroïne, qu'on leur rend pour ne pas payer, avant de les balancer aux douanes. Le tout avec le parrainage actif de la DEA, toujours installée à deux pas du 127, rue La Boétie, prête à prêter de l'argent pour appâter les trafiquants (il y a bien une cagnotte à la Banque de France, mais elle est réservée aux enlèvements) et à mettre à disposition ses bijoux technologiques, permettant notamment aux policiers français de sonoriser des véhicules trente ans avant qu'une loi vienne encadrer ce procédé…

À la « blanche » de la French Connection a succédé le Brown Sugar asiatique, l'heure approche de l'explosion « atomique » de la cocaïne. La PJ privilégie encore une approche artisanale, « très ciblée et très humaine », selon les mots de Bernard Petit. Le flic reconnaît une voix au téléphone, une démarche dans la rue, il peut avoir un coup de fatigue, mais son groupe assure le suivi, depuis les écoutes jusqu'aux arrestations, avec une disponibilité presque totale. Un traitement qui doit bientôt s'adapter à l'ère industrielle du trafic, puisque la drogue devient le fléau du siècle. Les politiques s'en mêlent. Ils proposent plan sur plan. Allouent des fonds. Créent des missions, même si le nerf de la guerre reste le renseignement humain, sur lequel la PJ a d'autant plus misé qu'elle est longtemps restée assez pauvre en matériel. Les effectifs de l'office des stups augmentent encore, chaque gouvernement surenchérit sur un mode guerrier, au point que l'immeuble du 127 paraît soudain bien étroit…

Arrivée à l'office des stups au début des années 1980, la commissaire Sylvie Fleucher se souvient de l'importance accordée aux grosses saisies, mais, elle l'assure : « On avait déjà conscience de vider le tonneau des Danaïdes. » Deux décennies plus tard, laissons le dernier mot à un Lucien Aimé-Blanc plus réaliste (et pessimiste) que jamais : « Avant, ils passaient cent kilos au maximum dans une voiture, aujourd'hui les camions transportent dix à quinze tonnes à la fois. On ne peut plus rien faire dans les quartiers, sauf à arrêter la production au Maroc, qui est une usine à hachisch. La drogue est un combat perdu d'avance. »

Chapitre 17

Le temps béni des flics

On ne criait pas misère

Claude Taxis appartient à cette génération de tauliers qui a pris les commandes dans les années 1980. Né en 1949 à Alexandrie, où son père était commerçant, il était arrivé en France à l'âge de 3 ans. Il « glandouillait » comme pompiste le jour où le commissaire de police du coin, un pied-noir proche de ses parents, l'a convoqué après une « connerie » et convaincu de se présenter au concours d'officier de police adjoint. Lui qui se voyait plutôt comme un « zonard », ayant grandi dans une cité de l'abbé Pierre et se classant volontiers parmi les « bougnoules », se retrouve en 1972 à la DST (contre-espionnage) auprès d'un héros de la bataille Bir Hakeim (1942) « adulé de tous ». Affecté à la division « surveillances et filatures », le voilà embarqué dans la lutte contre des organisations palestiniennes en pleine effervescence terroriste. L'occasion d'apprendre auprès des anciens, avant de se perfectionner au sein de la division la plus en vue du service, chargée de détecter les menées de Moscou sur le sol français au plus fort de la guerre froide. Ses premières informatrices ne lui donnent pas grande satisfaction ; la troisième, approchée à l'accueil de l'agence parisienne de l'Aeroflot, la compagnie aérienne de l'URSS, deviendra son épouse, non sans lui avoir permis de sonoriser discrètement les locaux – les Russes s'en sont aperçus au bout de quatre jours.

La suite de l'apprentissage du jeune flic se déroule dans les quartiers Nord de Marseille, où Claude Taxis, devenu commissaire, est nommé à l'été 1981, avant de prendre la tête de la brigade criminelle, un tremplin idéal pour le 127, où il entre comme chef adjoint de l'OCRB en 1987. Il repère aussitôt le bar, se lie avec les inspecteurs et les trois chefs de groupe en concurrence pour passer « commissaire au choix », la filière de promotion intérieure. Des types d'une grande disponibilité, c'est d'ailleurs la première qualité requise pour être coopté dans ce genre de service, le commissaire le vérifie encore ce jour du mois de novembre 1987, un dimanche, où il doit partir sur-le-champ à Lyon pour installer des écoutes dans le cadre de l'enlèvement à Marbella de la petite Mélodie Nakachian, 4 ans, fille d'un riche homme d'affaires libanais et de la chanteuse sud-coréenne Kimera, par des malfrats français. Changement de programme à la dernière minute, il est convoqué par le ministre en personne ; en blouson et mal rasé, le voilà place Beauvau. Trois minutes plus tard, Charles Pasqua l'introduit auprès de son homologue espagnol et lui annonce qu'il part en fait pour Madrid avec l'inspecteur Bernard Mondon, dans l'avion du ministre.

Dès le lendemain, après une brève entrevue avec le patron de la police judiciaire espagnole, les deux policiers français sont mis dans un avion de ligne pour Málaga, en Andalousie, où le lieu de séquestration de Mélodie vient d'être localisé après une incroyable erreur de l'un des ravisseurs : au cours de son jogging, le voyou a perdu son portefeuille, avec à l'intérieur le brouillon d'une lettre envoyée à la famille et les coordonnées de ses complices.

« On se serait cru au Mexique », se souvient le commissaire Taxis, plongé avec l'inspecteur en pleine prise d'assaut de la villa où était retenue la petite fille, libérée au milieu des coups de feu après onze jours de séquestration. Paris expédie enfin un peu d'argent aux deux émissaires du 127, pas de quoi cependant régler l'hôtel de luxe où ils ont été logés, mais les envoyés spéciaux de la presse parisienne, débarqués en nombre, se chargent généreusement de l'addition (le récit de l'exploit méritait un petit effort de leur part). Les espèces expédiées par Paris permettent cependant à la petite équipe, à laquelle s'est joint un commissaire du 36, Philippe Féval, pilier de la Brigade de répression du banditisme, de « se taper quelques bons jours » en Andalousie une fois achetés chemises propres et rasoirs. Avec en prime la promesse faite par le père, Raymond Nakachian, de passer prochainement boire le champagne au 127. Et un cadeau personnel de Charles Pasqua, mémorable ministre, qui dès leur retour à Paris convoque les deux policiers à son bureau et sort de son coffre-fort deux enveloppes bourrées de billets. « Il y en avait à peu près pour deux fois notre salaire », se souvient Claude Taxis, et ce n'est pas fini : le ministre double généreusement la somme un mois plus tard, ce qui fait un total de 36 000 francs.

« À l'époque l'argent ne manquait pas dans les caisses », commente le commissaire. Il y en avait tellement que la secrétaire chargée de gérer les frais, la célèbre et indéboulonnable Henriette, refuse quelques mois plus tard de reprendre le reliquat rapporté par le commissaire au terme d'une mission en Allemagne.

« Ce qui est sorti ne rentre pas, lui dit-elle. Gardez tout. »

La période était si grasse que les policiers voyageaient en première classe, se distribuaient les bons d'essence restants en fin d'année et jouissaient de cartes pour prendre l'autoroute gratuitement, sachant que les commissaires partaient facilement en vacances avec les voitures de service.

Les contraintes étaient dures, mais cette disponibilité avait un prix, se souvient l'inspecteur Dany Charpy, qui plus d'une fois a dû interrompre un séjour en famille pour remonter dare-dare à Paris – un jour, son épouse a dû quitter le salon de coiffure avec ses bigoudis sur la tête. On calculait le temps de travail à la louche, mais les frais permettaient de vivre plutôt bien, assez pour oublier les servitudes. En mission, le policier doublait facilement sa paye, alors qu'aujourd'hui il doit ramener la facture du sandwich et encore, il en est souvent de sa poche. Même ceux qui ne sortaient pas des bureaux touchaient des espèces sonnantes et trébuchantes, pas loin de 2 000 francs (300 euros) par mois. Ces frais « fictifs » ne reposaient sur rien, mais la secrétaire, pour les justifier, inventait des missions. Une sorte de prime déguisée sanctifiée par tous les échelons, dans une légèreté propre à l'époque.

On filait le voyou

Ses collègues l'appelaient Pierrot. Entré dans la police en 1975, à l'âge de 24 ans, Pierre Winckel s'est formé sur le tas au sein de la 2e brigade territoriale, qui couvrait dans la capitale les secteurs chauds de Barbès et Pigalle, pépinière de délinquants « connus de la police ». Comme tous les débutants, il a été pris en main par les anciens, ces inspecteurs divisionnaires qui passaient pour des mandarins, eux qui s'emparaient des procès-verbaux et les raturaient au stylo rouge. « On les considérait comme des grands flics, raconte-t-il. Ils avaient les coudées franches pour mener les enquêtes. Les méthodes de l'époque étaient simples. Une affaire était réussie quand on obtenait des aveux, les moyens importaient peu. On passait son temps, à la 2e BT, à interroger les gardés à vue à coups de Bottin. Ça marchait très bien. On avait un taux de réussite proche de 90 %. Si ça tournait mal, on était couvert. Les chefs assumaient ces interrogatoires poussés. Les rares fois où l'IGS (Inspection générale des services) prenait contact avec eux, ils mettaient un veto catégorique. » Un jour, le parquet n'a pas pu fermer les yeux. Pierrot a été convoqué à l'IGS, mais le message est resté très posé : « Allez-y mollo, évitez de laisser des traces. »

Issu d'une famille de cheminots, Pierrot avait rêvé du métier de flic en regardant les feuilletons à la télévision. Propulsé au 127 à la faveur d'une permutation, il est affecté à la « 5 », la division chargée des faux papiers, qui se vendent à l'époque « comme des petits pains », et des trafics d'armes. La traque se déroulait surtout dans la banlieue nord de la capitale, en particulier sur la commune de Saint-Ouen. Les fabricants de faux papiers étaient pour la plupart dûment fichés, leurs bars et leurs cabines téléphoniques préférés étaient identifiés. « On les connaissait, ils nous connaissaient », résume Pierrot, qui découvre des méthodes « plus soft » que celles apprises du côté de Barbès et de Pigalle. « On prenait notre temps. » Plus question de cogner, il était nettement plus utile de sonoriser la bonne cabine téléphonique.

Son patron muté à l'office chargé du grand banditisme, Pierrot suit le mouvement sans bouder son plaisir : son truc, c'est « la chasse à l'homme ». « Ce n'était pas une croisade, précise-t-il. On était plus animé par le défi qu'on se lançait que par l'idée de courir après une société parfaite. On ne cherchait pas la punition. J'étais le gendarme, le voyou était le voleur. C'était une forme de jeu que l'on faisait avec plaisir. On n'avait pas d'obligation de résultats, pas de pression. On disposait des moyens nécessaires, d'un parc de bagnoles suffisant. C'était une police de luxe. »

Cette police ne jurait que par les filatures, faute de moyens technologiques susceptibles de remplacer l'œil humain. Un art qui se résumait à beaucoup de feeling et à quelques règles plus faciles à énoncer qu'à mettre en œuvre. Il était ainsi déconseillé de marcher sur le même trottoir que la personne suivie, comme de la coller de trop près. Les relais étaient cruciaux, encore fallait-il les effectuer au bon moment. On se positionnait « en quinconce » ou « en échelle de perroquets », sans oublier que la personne suivie pouvait à tout instant se fendre de ce que l'on appelle dans le jargon un « coup de sécurité » : le moment où, après avoir viré à l'angle d'une rue, elle revient subitement sur ses pas pour vérifier qu'elle n'est pas suivie.

« Si la personne tournait, on passait la main, confirme son collègue Dany Charpy. Dans une rue déserte, on lâchait aussi. On partait à trois et on se retrouvait souvent seul… Il fallait savoir changer d'attitude en cours de route, mettre une casquette, ou l'enlever, éviter surtout de caler son attitude sur celle du voyou, sinon il comprenait tout de suite. S'il te regardait, s'il avait un doute, c'était fini, on devait attendre plusieurs jours avant de le reprendre à son domicile. Il faut se faire mordre (démasquer) une fois pour apprendre. Notre force, c'était la patience. »

La filoche, c'était l'art d'anticiper tout en engrangeant le maximum de renseignements sur la personne. Il fallait être au pied de l'immeuble ou pas loin de la maison avant que l'« oiseau » ne s'envole. Disposer quand on pouvait de voitures sur le chemin, avec à l'intérieur un collègue chargé de signaler le passage de l'individu. Suivre un taxi pouvait se révéler complexe, la personne pouvant s'arracher à tout moment, faire un « coup de vice », une belle diversion, et disparaître. Si le gars était « logé », on le retrouverait, car nul ne dérogeait à ce principe : mieux valait perdre une filoche que de se faire détroncher, sachant que certains voyous étaient proprement « infilochables », usant de mille ruses pour semer l'adversaire. Comme celui qui s'engouffrait dans une impasse après avoir parcouru deux cents mètres en sortant de chez lui, puis se retournait et faisait un doigt d'honneur au policier démasqué comme un bleu. Cet autre avait pour habitude d'entrer dans un bar, d'y rester trois secondes, puis de repartir par une autre issue. Plus classique, beaucoup prenaient un malin plaisir à remonter dans le métro alors que la porte se refermait, histoire de planter l'adversaire sur le quai.

Comme le remarque l'inspecteur Bernard Mondon avec humour, la recette pour se rendre invisible n'avait pas encore été inventée ! Restait à se débrouiller pour ne pas « sentir le flic » et passer le plus inaperçu possible, trois jours de barbe et le perfecto valant mieux qu'un chapeau melon à l'heure d'entrer dans un quartier mal famé, à condition que le voyou ne termine pas sa journée au bar de l'hôtel Ritz, où l'on se ferait peut-être refouler à l'entrée. Sans compter la dose d'abnégation, particulièrement nécessaire le jour où ce malfaiteur issu de la banlieue sud de Paris a traversé la rue pour venir uriner dans la fente d'une palissade, à l'emplacement exact où l'inspecteur s'était dissimulé – petite vengeance, le casseur de coffres avait été arrêté dans la nuit.

« On vivait pour le flag », reprend Pierrot, et gare à celui qui commettait une erreur : le service s'en souviendrait longtemps. Comme de ce commissaire qui avait eu l'idée saugrenue de se mêler à une filature avec une gabardine sur le dos. À un moment, le voyou était entré dans une boulangerie pour acheter des viennoiseries ; le commissaire avait pointé sa gabardine devant la vitrine et toute l'équipe avait disparu du paysage, privant le groupe d'un flagrant délit en or.

Il fallait aussi se garder des collègues des services locaux, pas toujours informés des missions discrètes de la PJ. N'importe lequel d'entre eux pouvait décider de contrôler ces hommes aux allures suspectes et au comportement non moins étrange. Un inspecteur du 127 s'est ainsi retrouvé avec l'arme d'un collègue braquée sur sa tempe, alors qu'il suivait à distance un voyou. Filature rompue, comme lorsqu'un voisin vigilant signalait à la police ces « rôdeurs » dont il n'avait pas songé un instant qu'il pouvait s'agir des fonctionnaires en planque. De quoi rendre méfiant, mais il y a eu pire, ainsi ce jour où un voleur a fracturé la porte d'une « cuve », une camionnette de planque, n'ayant pas détecté la présence à bord d'un inspecteur bien obligé de le braquer alors qu'il s'installait au volant et tentait de démarrer le véhicule ; une scène digne d'*OSS 117*.

On occupait le terrain

Avec sa licence en droit obtenu en apprenant par cœur, petit-fils d'un employé des tramways de Marseille forcément communiste, Lucien Aimé-Blanc n'a jamais prétendu que les flics étaient plus malins que tout le monde. Mais à l'entendre, ils avaient au moins un mérite : ils occupaient le terrain, lui le premier.

« Tu sortais dans les bars, tu avais des flics. Ils étaient partout la nuit, et pas seulement pour aller acheter des cigarettes. C'était fait de bric et de broc, les premières BMW offertes par les Allemands ont été squattées par les patrons, les Américains payaient nos indics, mais les mecs s'impliquaient. Ils étaient passionnés. Ils ne comptaient pas les heures. Même huit jours d'affilée, ils y allaient. Ils étaient tous volontaires et heureux de travailler. Les syndicats ne nous emmerdaient pas, ils s'occupaient de la tenue. »

« Les gardiens de la paix comptaient une heure sup à partir de 19 heures, poursuit l'inspecteur Bernard Mondon. Nous, on dormait sur un piquet de tomate et on ne réclamait rien. La PJ, tu ne peux pas la faire si tu n'aimes pas ça, si tu n'as pas envie. Tu arrêtais un mec le vendredi, ton week-end était foutu, mais on ne calculait pas. On se battait pour garder notre place, alors que dix mecs lorgnaient dessus. J'ai toujours eu l'enthousiasme d'un cadet. »

Lorsqu'on était de permanence, pas question de s'éloigner, il fallait même donner le nom du restaurant où l'on déjeunait. On ne badinait pas avec les patrons : à la moindre alerte, le policier était là dans l'heure, avec armes et bagages ; la valise était prête sur le haut de l'armoire, à la maison, une consigne passée par Maurice Bouvier, le directeur. Question de réflexe, on répondait présent.

En l'absence de tout moyen de géolocalisation, il fallait du monde sur le terrain. « On était sur les lieux d'une interpellation une heure avant que le type ne se réveille et on restait sur place une heure après qu'il avait éteint la lumière, rappelle le commissaire Bernard Petit. Ça rigolait pas. On pouvait dormir au pied de l'immeuble pour éviter le raté, là où on mettrait aujourd'hui une balise ou une caméra. Tout le monde était passionné à mort. Une affaire, c'était une obsession, on voulait la sortir. »

On complétait ces surveillances physiques avec quelques interceptions téléphoniques, encore fallait-il savoir les interpréter. Comprendre un silence ou une intonation demandait une certaine éducation, une vraie connaissance de la rue et de ses vices, même pour le traducteur, qui devait être capable de donner le top départ d'une filature après avoir simplement entendu deux Chinois se donner rendez-vous, en cantonnais, sur un ton parfaitement badin.

L'essentiel n'était pas le nombre d'écoutes en cours, à peine une dizaine pour tout l'OCRB, mais la valeur ajoutée qu'apportait celui qui les transcrivait. Certains étaient plus perspicaces que d'autres, ils étaient capables de sentir une ambiance, de donner du sens à des mots anodins, ce qui ne les empêchait pas d'avoir l'humeur blagueuse, ainsi ce jour où une bretelle sauvage (pour écouter les conversations en direct) avait été posée sur la cabine téléphonique d'un village, en marge de la folle cavale de Gaston Rucquois (voir chapitre 12). Son casque audio sur la tête, le policier entend une fille raconter à sa mère qu'un mouton a carrément fait irruption sur son lieu de travail, deux jours plus tôt. Il ne peut s'empêcher de lâcher un bêlement, suscitant cette réflexion de la maman : « Mais je l'entends, le mouton ! » « Mais non, c'était il y a deux jours ! » proteste la fille, moment où le turbulent policier émet de nouveau un bêlement. « Mais, maman !! » s'énerve la fille, sans imaginer un instant qu'un flic de la police judiciaire est juste en train de se distraire.

Les « techniques sauvages », comme les praticiens appelaient les écoutes réalisées hors du contrôle de la justice, avaient leur intérêt pour capter une ambiance. Les éléments recueillis n'avaient pas de force probatoire, mais ils permettaient aux flics de rester aux basques des voyous, qui tôt ou tard auraient besoin de remonter au braquage pour financer leur train de vie en cavale, de communiquer avec un complice, avec la certitude, qui souvent les piégeait, qu'ils ne se feraient jamais arrêter.

« Aujourd'hui, on veut être chez soi, devant la télé, déplore le commissaire Georges Nicolaï. On a fait l'erreur des Américains, qui ont écouté tout le monde et se sont coupés de la réalité. On se repose trop sur les sources techniques et scientifiques au détriment du contact physique. Quand on était dehors, dans les boîtes de nuit, on voyait les voyous boire le champagne. On s'immergeait. On regardait les numéros des voitures. On faisait un travail de fourmi… »

On était tout sauf des fonctionnaires

« On allait jusqu'à Amsterdam avec des calibres cachés au fond de la voiture et quelques espèces », se souvient un inspecteur entré dans la police en 1969 après avoir failli devenir professeur de mathématiques, un métier où il aurait sans doute été mieux assis : au 127, il est resté presque un an sans chaise !

« On était ultra-performants, mais ingérables, observe Pierrot. On était tout sauf des fonctionnaires qui respectent les normes et les consignes. Le chef de groupe mettait en musique les compétences de chacun, et ça marchait. Il ne fallait pas trop nous contrarier, juste canaliser les énergies. Il y en avait qui n'auraient pas hésité à prendre leur chef par le colback s'ils n'étaient pas satisfaits. »

Chacun son petit truc, ces flics n'en faisaient qu'à leur tête, ou presque, pour piéger l'adversaire. « On montait des opérations illégales pour la bonne cause, à des fins louables, assume l'inspecteur Dany Charpy. On mettait des balises sous les voitures, mais le directeur était au courant. On sonorisait aussi certains endroits. C'était souvent une question de jour, d'heure même parfois, on n'aurait pas pu attendre le feu vert d'un magistrat. On piégeait les cabines téléphoniques avec l'appui de la petite cellule technique, qui récupérait du matériel américain auprès des gars des stups. On se trompait, c'était sans conséquence, le tout étant de ne pas se faire prendre. »

Côté garde à vue, on ne s'encombrait pas non plus de formalités. À peine ramené au service, le voyou était vissé à une chaise pour l'exercice obligé du « P-V de chique », un bref procès-verbal pour consigner ses dénégations. Puis on passait aux choses sérieuses, quand il faut aujourd'hui s'infliger plusieurs heures de procès-verbaux de pure forme qui laissent au suspect « le temps de cogiter et de prévenir sa famille », selon Dany Charpy, qui poursuit : « On lui mettait le cul sur la chaise et il ne bronchait pas. On profitait de l'effet de surprise, surtout quand on l'avait arrêté en flag. Il racontait des conneries qui nous permettaient par la suite de le mettre face à ses contradictions. Les garanties, c'était à notre discrétion et en temps voulu. La garde à vue était un outil, aujourd'hui elle est devenue une contrainte. »

« À l'époque, ajoute Bernard Mondon, il y avait une volonté de mettre les voyous hors d'état de nuire, alors qu'on arrive aujourd'hui à un stade où le policier est tellement effrayé à l'idée de commettre un impair qu'il ne touche pas son arme. »

Cette souplesse valait aussi pour la circulation des renseignements d'un pays à l'autre. Il arrivait que l'on s'affranchisse de toute règle et de toute hiérarchie pour la bonne cause, comme le fit ce week-end-là Dany Charpy. Apprenant qu'un ressortissant portugais en cavale avait mis des tueurs à gages sur le dos de son propre fils, homosexuel et atteint du sida, et convaincu de l'imminence du passage à l'acte, l'inspecteur a appelé un collègue à Lisbonne, connu à la faveur d'un stage, et lui a donné le nom du bar où étaient potentiellement stockées des armes. Non seulement l'information était juste, mais la PJ portugaise a élucidé dans la foulée trois meurtres. Ce succès a évidemment été porté aux oreilles des autorités françaises par le canal officiel, ce qui valut à l'inspecteur d'être convoqué par son patron, Jean-Gustave Paulmier. « Il était parti pour un savon, mais quand il a compris, il a arrangé le coup, se souvient Dany Charpy. On a fini par boire une coupe de champagne dans le bureau du patron avec le médecin qui m'avait donné le tuyau. De toute façon, en plein week-end, je n'aurais jamais trouvé un interlocuteur pour faire cette démarche dans les formes. Les Portugais eux aussi ont pris quelques libertés, mais si on ne le fait pas, on n'y arrive pas ! »

On traitait bien les indics

La « vieille police », celle qui se pratiquait à tous les étages du 127, fonctionnait avec une bonne dose d'indics et l'espoir chaque jour renouvelé de susciter des trahisons chez les voyous.

« Le meilleur agent, c'est celui qui vous aime, décrypte le commissaire Claude Bardon, passé maître dans l'art de s'implanter chez l'adversaire. D'une certaine façon, il faut qu'il tombe amoureux de vous. Vous êtes sympa. Vous lui rendez service. Plus il est intelligent, mieux ça vaut. Plus il est avide de reconnaissance, plus il vous apportera. Ce qui permet le plus de résultat, c'est de donner de l'importance à quelqu'un qui n'en a pas. En vous côtoyant, le type a un sentiment de puissance. Il se perçoit comme un *deus ex machina* qui va avoir la main sur le destin de ceux qui l'entourent et qui ne le respectent pas forcément. Pour le motiver, on peut insister sur le caractère civique de son engagement auprès de la police, ou susciter chez lui un patriotisme de rattrapage. »

Il est même arrivé au commissaire de distribuer des diplômes de reconnaissance de la patrie à des étrangers qui avaient collaboré à la lutte contre le crime… Joseph Le Bruchec, lui, pouvait compter ses indics sur les doigts d'une main. L'un d'eux avait l'avantage d'être un ancien braqueur ayant fini par prendre le milieu en détestation. « Il se manifestait de temps en temps », raconte le commissaire, qui décèle deux moteurs principaux derrière cette relation très particulière : le feeling et l'intérêt. Un autre avait le profil plus classique du proxénète vivant avec une fille, amoureuse de lui, à qui la police « foutait la paix » moyennant des tuyaux sur des braqueurs importants. Il y eut aussi cette jeune prostituée de Clermont-Ferrand recrutée comme indic à 23 ans, qui permit notamment de dénouer une affaire criminelle : le meurtre d'un proxénète par son prétendu protecteur, qui en fait le jalousait au point de lui tendre un piège… Petite règle que s'était fixée le taulier : ne jamais rencontrer ces auxiliaires au service.

« Le bon flic, c'était celui qui avait deux ou trois tontons qui produisaient », tranche Charles Pellegrini, qui avait hérité d'un commissaire un contact particulièrement généreux, un fourgue ? parisien à qui le patron du gang des Lyonnais avait un jour confié sa propre BMW ; le policier en avait profité pour la tester, tout en promettant d'obtenir le scalp de son propriétaire. « Ce tonton s'était pris au jeu, se souvient le commissaire. Il se voyait à ma place. Il se prenait pour un flic ! »

« Tous ceux que l'on tamponnait ne répondaient pas présent, mais quand on sentait une ouverture, on engageait le dialogue et on proposait au gars de passer à travers une affaire, du moins quand elle ne tenait pas vraiment, poursuit le commissaire Bernard Petit. Après, tout est dans le lien de confiance. Toujours prêts à nous aider, certains tontons auraient presque pu réclamer une carte tricolore, d'autant que l'enveloppe que leur accordait l'État n'était pas toujours à la hauteur ! »

La base entretenait elle aussi un parc d'indicateurs, généralement recrutés dans les échelons intermédiaires de la voyoucratie. Les services que les inspecteurs étaient en mesure de rendre en échange de leurs tuyaux n'allaient cependant pas très loin. « C'était des petits trucs, raconte Dany Charpy, la levée d'une trique (une interdiction de séjour) ou un permis de visite. On avait aussi les moyens d'arranger un procès-verbal, comme le jour où j'ai accepté de ne pas mentionner par écrit le nom de la copine d'un voyou. On disposait d'une petite marge de négociation, mais on passait à chaque fois par les tauliers. »

Parmi les petits accommodements qui ne coûtaient rien, on pouvait demander à un commissaire de quartier de ne pas trop contrôler tel ou tel café, dont le patron était disposé à transmettre quelques informations. Hasard de l'existence, un inspecteur de l'OCRB avait ainsi parmi ses amis d'enfance un restaurateur de l'Yonne dont l'établissement recevait de nombreux « tricards », voyous éloignés de la capitale sur décision de justice. On pouvait le cas échéant faire sauter une contravention en échange de bons tuyaux. Ou solliciter la générosité d'une compagnie d'assurances pour rémunérer sérieusement un informateur qui avait permis de résoudre une affaire importante. Et même franchir la ligne blanche en cas de nécessité, « le tout étant de savoir doser et d'en parler au patron », selon les mots d'un inspecteur. Jusque dans les années 1990, on prenait même le risque de laisser un gars consommer de l'héroïne pendant la garde à vue pour calmer le manque et lui permettre de continuer à se confier sur ses sources d'approvisionnement, largesse que plus personne ne se permettrait aujourd'hui.

Il arrivait également aux policiers du 127 d'extraire un voyou de sa prison le temps d'une bouffe ou d'une passe dans un hôtel, avant de le raccompagner le soir venu ; il saurait se souvenir de ces petits cadeaux à moindre coût et gratifier son bienfaiteur de quelques confidences. Le tout avec la bénédiction du juge d'instruction, du moins quand il fallait le mettre dans la combine, mais les magistrats étaient plutôt réceptifs, comme en témoigne cet épisode authentique : un indicateur de haut vol venait de tomber pour un malheureux vol de magnétoscopes la veille d'un important coup de filet dont il était l'un des rouages essentiels. Ennuyé, le patron du service prend attache avec un magistrat du parquet de Paris pour réclamer sa clémence. « S'il est écroué, notre affaire tombe à l'eau », plaide-t-il, organigramme du gang à l'appui. « Ne vous inquiétez pas, répond le magistrat. Je me le fais présenter demain, je le laisserai en liberté et il sera convoqué plus tard. » Il ne restait plus au commissaire qu'à puiser dans les frais de police pour aider son gars à rembourser le magasin cambriolé et éteindre le préjudice. Ce qui fut fait.

« On avait des tontons qu'on rémunérait sous la table, raconte Philippe Rouleau, ancien inspecteur à l'office des stups. C'était artisanal. C'était souvent des petits dealers qui cherchaient la tranquillité. C'était facile, quand je vois les conditions de travail actuelles. On n'était pas craintifs… »

La vieille PJ était composée de flics qui le plus souvent avaient fait leurs premiers pas en commissariat. Dans le quartier de leurs débuts, ils avaient appris à connaître les personnes sur lesquelles ils savaient pouvoir s'appuyer en cas de besoin, syndics d'immeubles, policiers ou militaires à la retraite, garagistes, restaurateurs ou cafetiers alliés. Une façon de combler les lacunes techniques, en attendant de fréquenter de vrais malfrats. Le tout sous la houlette de chefs généralement charismatiques, arrivés à leur poste pour leurs états de service et non grâce au coup de pouce politique, dont Lucien Aimé-Blanc dresse un portrait tranché : « S'il fallait écraser une affaire, on prenait ses patins et on y allait. On se mouillait certainement plus que nos successeurs ! »

De retentissantes affaires ont mis à mal le recours aux indics par la police judiciaire, débouchant même sur la chute fracassante de quelques grands flics, il serait cependant faux de croire que tout se passait, au siècle dernier, sans la moindre anicroche. Témoin cette prise de position d'un cadre du syndicat national autonome des policiers en civil, qui en décembre 1974 affichait son inquiétude dans les colonnes d'une revue : « De plus en plus souvent comparaissent devant le conseil de discipline des collègues auxquels on reproche d'avoir dépassé les limites admissibles des relations nécessaires entre eux et leur informateur en vue de la recherche du renseignement. Nous savons tous que ce n'est pas facile de délimiter par une frontière ce qui est permis de ce qui ne l'est pas car il existe une zone d'ombre dans laquelle évoluent le policier et celui qu'il manipule. La suspicion est aujourd'hui telle que des précautions autrefois négligées deviennent indispensables. »

De ce côté-là, celui du rapport des investigateurs avec leurs indicateurs, le jeu s'est terriblement compliqué : selon le petit livre rouge (Code de procédure pénale), le tonton est un individu qu'il ne faut pas inciter à trafiquer, ni favoriser, ni pousser à commettre la moindre infraction, fût-ce pour ramener du renseignement. Il est encore possible de couvrir un indic, mais le ratio est souvent difficile à jauger, entre ce qu'il rapporte au policier et les affaires qu'il s'autorise dans le même temps pour lui-même. D'autant qu'il est extrêmement compliqué pour le policier de mesurer le degré de transparence de cet auxiliaire. Que dira le juge ? Décidera-t-il d'invalider tout ou partie du dossier ? De poursuivre le fonctionnaire devant la justice ? D'interroger l'indicateur sur procès-verbal au risque de le démasquer ?

On maniait la poudre de perlimpinpin

Les années 1970 avaient vu débarquer les premiers ordinateurs et les premiers fichiers informatiques. Alors qu'un spécialiste vantait les mérites de son logiciel devant un aréopage de membres de l'office du banditisme, expliquant comment on pourrait bientôt sortir le nom de l'auteur d'un méfait en entrant quelques données, l'inénarrable Lucien Aimé-Blanc, alors chef du service, s'est levé pour protester : « T'es gentil, mais moi, le voyou, je vais le chercher dans sa tanière, j'attends pas que la machine le sorte. » Les débuts de l'informatique semblaient décoiffer le commissaire, pour qui primaient l'intuition, la nature humaine, le nez et l'expérience. En attendant, les inspecteurs allaient encore taper un certain temps leurs procès-verbaux sur les Jappy ou les Olympia, de grosses machines à écrire, non sans faire la course au ruban, au papier « pelure » ou au carbone, qu'ils recyclaient jusqu'à l'usure.

Il faudra la clairvoyance d'un autre commissaire, Jacques Genthial, pour que la PJ commence à changer de siècle. Allemand par sa mère, une Rhénane, il avait découvert à la faveur d'une enquête sur des membres de la « bande à Baader » planqués en France combien les policiers teutons faisaient des merveilles en matière de police technique et scientifique. Une « humiliation, dit-il. On en était à la poudre de perlimpinpin quand ils étaient capables de découvrir soixante traces et d'identifier douze personnes, dont plusieurs inconnues, à partir de documents sur lesquels nous n'avions rien vu. »

Jacques Genthial achève de se convaincre des bénéfices de la science en identifiant un *serial killer* d'homosexuels à partir d'un chèque, extorqué à sa dernière victime, qu'il avait commis l'erreur de déchirer et de jeter dans le caniveau en sortant de chez elle, geste opportunément signalé par un plombier témoin de la scène. Toutes les bouches d'égout du secteur avaient été ouvertes pour reconstituer le document, déchiffré par les experts du laboratoire du... musée du Louvre, avec à la clef l'identification d'un ancien militaire.

Le retard en la matière était considérable, tant la police française, la « meilleure du monde » au dire de son ministre de l'époque, Raymond Marcellin, était resté coincée au stade où l'on extorquait les aveux à coups de Bottin. Rien qu'en matière d'identité judiciaire, on comptait une vingtaine de fichiers ne communiquant pas entre eux, d'ailleurs celui de la police parisienne et le fichier national ne fonctionnaient pas de la même façon. « La police était capable de mettre la moitié des cabines téléphoniques de Paris en panne pour un enlèvement, ou de mobiliser quarante motos et quatre-vingts policiers pour retrouver une Renault 12 garée dans la capitale après l'assassinat de trois policiers, mais elle était mauvaise sur le plan technique, assène le commissaire. On misait sur le bon sens, sur l'enquête de voisinage, la démerde et les bignoles (concierges) qui nous renseignaient. Comme on sortait d'une époque violente, avec les organisations algériennes qui se battaient pour contrôler le territoire et des cadavres qui flottaient sous les ponts, on pouvait bien mettre à poil un type et lui coller des baffes pour le faire parler. On s'appuyait sur une armée d'indics, julots pour la plupart, rattachés à tel ou tel clan soucieux de balancer ses concurrents à la police pour s'en débarrasser. Cela ne me plaisait pas trop. Je préférais la technique et la science, mais il n'y a longtemps eu qu'un seul expert sur la place de Paris. À la fois prof de fac et directeur de labo, il encaissait les émoluments d'examens qu'il faisait faire par d'autres ! Ce n'était pas sérieux... »

Le changement de culture était pour bientôt. Il a pris forme en 1984, lorsque le ministre de l'Intérieur, Pierre Joxe, a chargé Jacques Genthial de préparer les fondations d'une sous-direction de la police technique et scientifique, créée un an plus tard, avec à l'appui un plan de modernisation sans précédent et inégalé depuis. Une révolution tardive, reconnaît le commissaire, qui propose une explication : à part ce qui touchait à l'ordre public et aux manifestations, en gros les CRS et les RG (Renseignements généraux), « la police n'intéressait personne ».

Revenue au pouvoir au printemps 1986, la droite a validé cette rupture, la lente disparition de l'aveu au profit de la preuve technique. « Vous savez, je crois à l'informatique », lança Charles Pasqua, le nouveau ministre de l'Intérieur, alors que son acolyte, le secrétaire d'État Robert Pandraud, plus flic que préfet, a semblé plus sceptique. « C'est bidon, a lancé ce dernier au commissaire Genthial, les voyous vont tous mettre des gants ! » Le vieux directeur de la PJ, Michel Guyot, n'y croyait pas davantage, lui qui comparait l'arrivée de la science aux fameux « camions renifleurs » que les Américains avaient proposé d'envoyer à Marseille pour flairer les laboratoires de transformation de la morphine-base. « Pour tous, c'était de l'hébreu », admet l'instigateur de ce vaste chambardement, assez reconnaissant envers Pierre Joxe d'avoir rompu avec cette posture qui voulait que les politiques ne se penchaient sur une affaire criminelle qu'après au moins trois articles dans les colonnes de *France-Soir*, le quotidien le plus populaire de l'époque.

On misait sur le nombre

Le nombre compensait en partie les faiblesses techniques. La PJ reposait sur une armada d'inspecteurs, environ vingt mille, rompus au travail de terrain ou à la procédure, un métier en soi ; avec les réformes engagées par la place Beauvau au milieu des années 1990, sous l'égide de Claude Guéant, ces policiers en civil, comme on les appelait, ont cédé leur place à une poignée d'officiers, commandants, capitaines ou lieutenants, à peine trois mille au total aujourd'hui, renforcés par des gardiens de la paix moins coûteux en salaires pour les caisses de l'État. Des gardiens de la paix imprégnés d'une autre culture, celle de la sécurité publique, où l'on a coutume de marquer ses heures et où l'on reste rarement plus de cinq à six ans dans un même service, un turn-over qui débouche immanquablement sur un affaiblissement du savoir-faire, une aubaine pour des avocats nourris au Code de procédure pénale, qui se font un devoir d'exploiter la moindre erreur pour faire voler en éclats un dossier.

Ce mouvement de rétrécissement a frappé dans le même temps le corps des commissaires, avec des conséquences que Claude Bardon revisite à sa façon : « Quand on recrutait un jeune commissaire, on le mettait dans la centrifugeuse. On le plaçait au milieu d'un groupe. Ou ça passait, et il restait, ou il partait. Celui qui arrivait en réclamant sa voiture et sa secrétaire se retrouvait dans la 4 L. Aujourd'hui, le commissaire n'a plus le temps d'aller sur le terrain. C'est souvent un sous-énarque à qui il manque le vice de la rue. Hiérarchiquement, c'est à lui que revient la décision, mais il n'est pas sur les lieux, il est dans son lit ou derrière son bureau. La nuit, dans certaines banlieues, plus personne ne contrôle quoi que ce soit. C'est open bar. Les collègues sont laissés à eux-mêmes. Soit ils baissent les bras et attendent que ça passe, soit ils essayent, ils partent à la courette, malheureusement le type tombe, se blesse et ça déclenche une émeute… »

Nostalgie d'un ancien ? Claude Bardon ne voit pas d'autres solutions que de recruter trois mille commissaires supplémentaires et de les remettre sur le terrain. D'autant que les juges auraient profité de la situation, déplore-t-il, pour prendre le pouvoir…

Le flic, le juge et le couteau

« Le jour où la justice chapeautera la PJ, elle ne sera plus bonne à rien », glissa un jour Robert Pandraud, pas encore secrétaire d'État à la Sécurité, à l'oreille du commissaire Lucien Aimé-Blanc, lequel assure ne jamais avoir eu de problèmes avec les magistrats, et pour cause : « Ils ne pointaient pas le bout de leur nez. » La nuit, dans la capitale, il y avait au moins quatre policiers de permanence au 36, quai des Orfèvres, pour un seul magistrat au parquet, et encore, à son domicile, que l'on réveillait. Ou pas.

« De Gaulle avait noyauté la Sûreté (la police en tenue) et la DST (le contre-espionnage) avec le SAC, rappelle Lucien Aimé-Blanc. Les magistrats, eux, rechignaient à s'occuper de la PJ, ce qui nous a permis de garder longtemps notre indépendance. On pouvait interpeller n'importe qui sans rendre de comptes au parquet. Aujourd'hui, la PJ est devenue une forme de cabinet de délégation. On prévient le parquet pour un oui ou pour un non. »

Le commissaire n'est cependant pas complètement dupe : c'était aussi le temps des passe-droits, inscrits dans les coutumes de la maison. On devenait inspecteur après trois mois de procédure pénale et trois mois de stage en commissariat, le reste s'apprenait sur le tas. L'important, c'était la doctrine, le cadre global dans lequel s'inscrivait l'action, que Lucien Aimé-Blanc résume à sa façon : « Ne pas embêter les riches, les gens établis. » Le danger, c'était les pauvres ; la brigade financière, censée traquer l'argent sale, était une brigade tout à fait subalterne, pour ainsi dire indolore.

« J'ai vécu les dernières bonnes années, lâche Charles Pellegrini. Nous n'avions rien, à part la bite et le couteau, mais nous avions la volonté de protéger la société. Le fait qu'on ne se noyait pas sous le formalisme ne veut pas dire que nous n'étions pas sous la surveillance de la hiérarchie, seulement la protection du voyou n'était pas notre objectif principal, comme c'est le cas aujourd'hui. On n'hésitait pas, de temps en temps, à s'affranchir du Code de procédure pénal pour avoir du résultat, mais nous avions un respect absolu des juges pour une raison simple : ils restaient à leur place. Les flics étaient flics, les juges étaient juges, ils instruisaient et nous faisaient confiance, même s'ils nous appelaient parfois la légion des bricolos. »

« On avait carte blanche, confirme Pierrot. Tout le monde fermait les yeux, à commencer par le parquet. Si un flagrant délit tournait mal, on s'arrangeait après coup en procédure. On pouvait toujours dire qu'on ne savait pas ce que les voyous allaient faire, ou qu'on les avait perdus de vue, afin de retomber sur nos pattes. » Mensonges que nul ne contestait, même si personne n'était dupe.

C'est peu dire que les relations entre enquêteurs et magistrats étaient empreintes de confiance, mais selon le commissaire Claude Taxis, les abus étaient limités. « On savait avec quel juge on pouvait s'arranger, cela nous donnait de la marge. On se servait d'une commission rogatoire comme on l'entendait, par exemple pour faire du chiffre, mais on ne se permettait pas de grosses fantaisies. On restait le bras armé de la justice et, au niveau procédural, on veillait à rester dans les clous. »

« La police était mentalement plus costaude parce qu'elle était soutenue, poursuit Dany Charpy, qui a terminé sa carrière en 1998 avec le grade de commandant fonctionnel après vingt et un ans à l'OCRB. Elle était soutenue par une hiérarchie qui savait prendre ses patins et par des magistrats qui ne pensaient pas qu'à tirer la couverture à eux. Les juges n'étaient pas frileux comme aujourd'hui, ils avaient des couilles. Ils étaient compréhensifs, surtout quand on les avait eus comme stagiaires au service. Aujourd'hui, non seulement bien des juges ne veulent pas prendre leurs responsabilités, mais beaucoup ont un a priori contre la police. Ils ne sont pas de son côté, mais contre elle. »

À quel moment la donne a-t-elle changé ? Petit à petit, à en croire Charles Pellegrini, qui situe le point de rupture avec l'émergence de deux juges d'instruction emblématiques, l'un à Lyon et l'autre à Marseille : François Renaud et Pierre Michel. Tous deux ont payé de leur vie (respectivement le 3 juillet 1975 et le 21 octobre 1981) le fait d'avoir endossé le vocabulaire et les façons de faire des flics, rudoyant les voyous dans leur cabinet au point de gagner le surnom avantageux, mais dangereux, de « cow-boys ». Un mimétisme qui avait poussé le magistrat lyonnais, racontait-on au 127, à s'offrir une excursion aux Saintes-Maries-de-la-Mer (Camargue) avec une femme proche du gang des Lyonnais, pour les besoins de la cause évidemment. À partir de cette époque, « on a vu des juges choisir de devenir des superflics », ponctue le commissaire. Et l'équilibre aurait commencé à s'inverser.

La PJ a-t-elle abandonné derrière elle une partie de ses prérogatives ? « Elle fait son travail, mais elle est plus bridée, suggère Claude Taxis. En cherchant, on trouvait des magistrats avec lesquels on pouvait travailler, mais la nouvelle génération sortie de l'École nationale de la magistrature a une vision gauchiste de la société, alors que le recrutement est beaucoup plus bourgeois que dans la police. Avec eux, les policiers ont toujours tort face aux cadors des quartiers, ce qui, à force, est assez démobilisant. » Toujours, sauf quand on parvenait à s'entendre, à créer des liens personnels, le commissaire se souvient de cette magistrate qui cessa de détester les flics après avoir été invitée à « picoler » avec eux, au point qu'ils se débrouillaient pour ouvrir leurs dossiers les jours où elle était de permanence.

« On a basculé dans un univers où ceux qui représentent la sécurité sont en insécurité, tranche l'ancien inspecteur Bernard Mondon. C'est le monde à l'envers. Hier, les voyous partaient en courant, aujourd'hui ils n'ont plus peur. Ils attaquent la force censée protéger le grand public. »

La PJ n'est certainement pas exempte de reproches dans cette évolution. Elle a longtemps considéré qu'elle incarnait l'aristocratie de la police face à l'aristocratie du crime. Elle n'a pas vu venir certains changements, restant enfermée dans son approche thématique au lieu de viser l'invention d'une forme de FBI à la française, comme en ont rêvé plus d'un. Très axée sur la lutte contre les vols à main armée, elle n'a pas forcément vu le crime organisé se déplacer vers de nouvelles activités, notamment financières, du moins pas tout de suite. Avec sur le dos des juges qui « se sont piqués d'enquête », selon les mots de Bernard Petit, qui enfonce le clou : « C'était audible, mais aujourd'hui, ce sont eux qui te disent où placer une caméra, sans penser à celui qui est derrière son écran. Ils ont commencé par verrouiller la communication, puis ont peu à peu éteint toute créativité dans nos rangs. »

La complication incessante de la procédure a facilité cette mainmise des juges sur les flics, appelés à « faire du papier » et à se concentrer sur les tampons. « C'était sans doute une garantie pour les citoyens, enchaîne le commissaire, mais la procédure et le politiquement correct ont fini par conditionner l'action. On craint trop l'exploitation politique du moindre incident, là où la police n'avait pas peur de se frotter physiquement aux malfaiteurs. » « Le temps que l'on passe à rédiger des procès-verbaux, on ne le passe pas à faire des vérifications, sans compter les risques de nullité si on oublie un document, déplore Hubert Martinez. C'est peut-être une garantie pour les libertés individuelles, mais il ne faut pas trop en faire. Vingt-quatre heures, ça passe vite. Une enquête, c'est une lutte contre le temps. »

Les juges d'instruction… ces alliés peu commodes, qui ont longtemps rechigné à accorder des balises aux enquêteurs à cause du coût (désormais assumé par le ministère de l'Intérieur), sont soupçonnés de restreindre le nombre d'arrestations quand ils sont débordés, ou de limiter le nombre d'écoutes téléphoniques pour qu'un dossier ne soit pas trop volumineux, au risque de passer à côté d'une partie de l'équipe de malfaiteurs. Sans compter qu'ils ne prennent pas les mêmes décisions à Lyon qu'à Lille ou Toulouse, comme si la loi s'appliquait en fonction de la latitude, et ils ne communiquent pas toujours de façon fluide avec leurs homologues du parquet. De quoi alimenter une forme de démotivation chez les enquêteurs qui se sentent dépassés par le crime, pour ne pas dire submergés. Et qui, très rarement, ont le sentiment d'avoir à leur côté, place Vendôme, un ministre de la Justice vraiment à son aise avec le domaine régalien.

La classe politique n'est pas pour rien non plus dans cette fragilisation, même si la récente vague terroriste a permis de légaliser un certain nombre de choses qui se faisaient jusque-là en douce, comme les sonorisations d'appartements ou de voitures. En imposant un nouveau Code de procédure pénale au début des années 1990, les politiques ont même clairement marqué leur volonté, explique Charles Blandignères, un ancien officier de police judiciaire spécialisé dans les affaires financières. « Les électrons libres qui partaient sans prévenir pour perquisitionner chez Michel Charasse (pilier de la Mitterrandie régnante) ou au siège de la Banque de France, ça leur est resté en travers de la gorge. Ils ont décidé de changer les règles du jeu pour en finir avec cette autonomie. Aujourd'hui, pour boire un café, le policier a besoin de l'autorisation du procureur, en particulier dans les affaires financières. Le policier ne décide plus de rien. Les politiques veulent savoir, ils entendent être prévenus de tout. C'est une véritable régression. Les nouvelles règles du Code de procédure pénale ont coupé les ailes des flics au nom de l'affairisme et du besoin d'argent de la classe dirigeante. Il fallait protéger les donateurs. Il était impératif de sauver les espèces pour payer les colleurs d'affiches, et accessoirement faire la java... »

De quoi balayer définitivement du paysage ces flics qui n'informaient pas leur état-major de leurs intentions « belliqueuses » à l'égard de tel P-DG ou de tel élu, car, pour le reste, le temps a fait son œuvre, emportant ces « flics à la papa » finalement assez efficaces – et touchant à la fin du mois l'équivalent de leur salaire en cash.

Aux derniers survivants de cette époque, un directeur aurait récemment dit : « Vous êtes de bons flics, mais vous n'êtes pas dans le moule. »

C'est pourtant ainsi qu'à l'époque la police protégeait les citoyens.

Postface

« Tout le monde se penche sur nous avec beaucoup de sollicitude, d'aucuns veulent faire de nous des greffiers, d'autres des contractuels bien-pensants suivant le régime au pouvoir, d'autres des ronds-de-cuir, vont-ils réussir à faire de nous des fonctionnaires ? C'est surtout là où est le danger, car les voyous n'en sont pas et, pour les rencontrer, il faut, à mon humble avis, que nous allions vers eux, à moins qu'ils ne défèrent à nos convocations pendant les heures de bureau, étant bien entendu qu'ils ne risqueront pas d'être placés en garde à vue puisque pour certains, il s'agit là d'une atteinte grave à la liberté individuelle malgré les garanties données par le Code (durée, heures d'interrogatoire, visites médicales...). »

Ce coup de gueule remonte au mois de janvier 1973. Il émane encore d'un représentant du syndicat majoritaire chez les inspecteurs (le SNAPC, ancêtre du syndicat des cadres de la Sécurité intérieure), choqué par la tournure que prenait le débat politique. Il suffirait de changer la date pour retrouver un propos similaire près d'un demi-siècle plus tard.

Les flics sont-ils voués à camper inlassablement sur les mêmes positions d'une décennie à l'autre ? Y aurait-il des maux récurrents, propres à affaiblir une action à leurs yeux légitime ? À peu près à la même époque, un inspecteur prenait la plume pour se plaindre de la… paperasse. « Depuis 1971, écrivait-il, nous assistons à une abondance paperassière comme on n'en avait jamais vu. Nous voyons la hiérarchie, tant administrative que judiciaire, compliquer notre tâche comme à plaisir. » N'est-ce pas très précisément le mal qui semble ronger la police judiciaire du XXIe siècle ? « On s'attarde plus sur la forme et la procédure que sur le fond et le résultat s'en ressent, résume un descendant des inspecteurs du 127 en poste rue des Trois-Fontanots, à Nanterre, le nouveau quartier général de la PJ. Un tampon oublié et tout est recalé ! Les gardes à vue fournissaient l'occasion de tête-à-tête mémorables avec les bandits. On passait la nuit à causer, la bouteille de whisky sur le bureau. Aujourd'hui, tout est filmé. On a perdu en chemin le vice du policier. »

Le greffier tarde-t-il à remplir un document ? Le prévenu est relâché bien qu'une tonne de cannabis ait été saisie dans son pavillon ; il faudrait aux enquêteurs déployer des moyens démesurés pour essayer de démontrer que l'individu ne respecte pas son contrôle judiciaire et le faire réincarcérer, mais les enquêteurs auront-ils suffisamment la foi pour s'accrocher et tout reprendre ? Un renseignement désigne-t-il un homme suspecté de convoyer de la drogue avec une voiture de tel modèle ? Si son domicile est entouré d'un mur, la loi n'autorise pas à monter sur un toit pour prendre une photo. Inutile par ailleurs de miser sur les écoutes téléphoniques, elles ont fait leur temps, émoussées par la généralisation des téléphones cryptés, la PJ n'étant pas, à ce jour, outillée du logiciel espion nécessaire pour casser les codes informatiques...

« Les textes s'empilent au point que plus personne n'y retrouve ses petits, même à la Chancellerie, observe un commissaire. La peur qu'inspirent les avocats a conduit à multiplier les garde-fous. Aujourd'hui, 80 % des mecs en garde à vue se retranchent derrière le droit au silence. Même quand ils veulent parler, leur avocat les coupe. À ce train, on nous demandera peut-être un jour d'avertir le voyou qu'on travaille sur lui ! »

La PJ avait son savoir-faire et ses chasses gardées. Elle se percevait comme un service d'élite à qui étaient confiées toutes les affaires complexes. Les ambitions des gendarmes, qui n'ont eu de cesse ces dernières années qu'ils ne grappillent des parts de ce marché convoité, désespérés de traiter le crime dans le seul territoire rural qui leur était jusqu'alors imparti, ont d'abord irrité, avant d'inquiéter. Dans le même temps, les réformes successives au sein du ministère de l'Intérieur ont provoqué une forme de nivellement entre les différents services de police, privant peu à peu la PJ des arguments qu'elle déployait pour séduire et retenir les éléments les plus brillants dans la maison. « On ne les attire plus, constate un hiérarque inquiet de voir les sachants d'hier remplacés par des fonctionnaires comme les autres. Pourquoi aller mouiller sa chemise en bossant jour et nuit et le week-end pour pas une thune de plus ? »

La PJ est en réalité confrontée à la forte concurrence des services de renseignements, la DGSI (Direction générale de la sécurité intérieure) et le SCRT (Service central du renseignement territorial), qui depuis la vague terroriste qui a frappé le pays à partir de 2015 ont vu leurs effectifs gonfler à son détriment, aspirant notamment ceux qui y ont vu le moyen de retourner dans leur région d'origine. Le tout avec la certitude que la classe politique ignore à peu près tout du crime organisé, quand elle ne s'en moque pas carrément, sauf quand les cadavres s'accumulent soudain dans les rues de Marseille. Les ministres en poste à l'époque du 127, de Roger Frey à Raymond Marcellin, en passant par Charles Pasqua, n'avaient pas forcément le même respect pour les textes, ni la même définition de ce que doit être une police « républicaine », eux qui n'hésitaient pas à s'allier à certains malfrats pour combattre l'ennemi. Certains de leurs successeurs passent dans les couloirs de la PJ pour ignorer à peu près tout de ce qui se trame sur le terrain du crime.

Des fichiers informatisés performants ont remplacé les microfilms et les vieilles armoires métalliques du 127, mais la population délinquante s'est radicalement transformée. Les inspecteurs de l'époque disposaient de dossiers plus ou moins étayés concernant la plupart des grands bandits en exercice ; leurs héritiers doivent faire face à un rajeunissement et à une explosion de cette population, avec de nombreuses surprises au détour des dossiers, quand un parfait inconnu se retrouve impliqué dans un braquage dantesque ou devient riche à millions grâce au trafic de stupéfiants.

La modernité a relégué les moyens d'hier au musée, mais il reste une limite de taille : les politiques n'ont pas autorisé les policiers à croiser les fichiers pour lutter contre la délinquance et les fraudes ; ce serait, leur dit-on, une atteinte aux libertés. « La seule chose qui compense ces faiblesses, c'est la police technique et scientifique, suggère un officier. On se repose sur l'ADN. »

L'avenir pourrait apporter d'autres perspectives, si nos actuels gouvernants allaient au bout de leurs projets. Dans l'air, l'agrégation de la police judiciaire parisienne à la direction centrale, une idée maintes fois avancée et autant de fois repoussée qui achèverait d'affaiblir le bastion parisien et transformerait l'ex-Quai des Orfèvres en succursale comme les autres de la direction centrale. L'autre apport de sang frais pourrait venir des Sûretés départementales, placées jusqu'à présent sous le contrôle de la direction de la sécurité publique, avec de vrais obstacles à la circulation de l'information opérationnelle entre les deux maisons. De 5 500 aujourd'hui (dont 800 en direction centrale), la PJ passerait à 10 à 12 000 personnes, ce qui lui donnerait un poids autrement plus lourd. Avec quelques difficultés au tournant, puisque la même boutique devra être capable de traiter en même temps les cambriolages et les attaques de fourgons blindés, de pister une équipe de monte-en-l'air en début de carrière et de retrouver un Redoine Faïd en cavale…

À quelle sauce les successeurs du 127 vont-ils être cuisinés ? Un descendant de Lucien Aimé-Blanc et de

Charles Pellegrini ébauche un vœu : voir les gouvernants « sortir du déni, de l'inconséquence et du manque de connaissance » dans lesquels baigneraient trop d'élus, y compris ceux qui ont eu la chance, en tant que maires, d'être confrontés à la vraie vie. Sinon ? « On va se réveiller un matin, mais ce sera trop tard. La France aura des airs de Chicago. »

Dernier flag

C'est ainsi que les inspecteurs du 127 consignaient leurs opérations, en l'occurrence un flagrant délit comme à l'école, réalisé par une équipe de l'OCRB. Où se vérifie que la patience est d'or et que la moindre inattention peut mettre en péril tout un dispositif.

Extrait :

6 juin 1989, 6 heures : mise en place d'un dispositif de surveillance aux abords du domicile du nommé B., villa Grenelle à Paris 15e.

Constatons la présence d'une Renault 25 utilisée habituellement par l'intéressé, stationnée à l'angle de la rue de Lourmel et du boulevard de Grenelle.

7 h 30 : arrivée auprès de son véhicule de B. Il dépose sur la banquette arrière un imperméable de couleur beige, met des lunettes foncées et emprunte le boulevard de Grenelle à pied. À la suite de son parcours dans les rues avoisinantes, on le perd de vue rue Saint-Amand, dans le 15e.

7 h 50 : B. réapparaît accompagné d'un individu de type asiatique, identifié comme P. Ils montent dans la R25 vont jusqu'à la rue du Sommet-des-Alpes (toujours dans le 15e). P. descend de la R25 et monte dans une Citroën BX et les deux voitures démarrent dans Paris. Ils sont filés jusqu'à l'autoroute A1 qu'ils empruntent. Ils roulent jusqu'à la sortie Compiègne.

9 h 10 : sont à Compiègne et stationnent à 100 mètres d'un grand rond-point. P. descend de la BX et va à la R25 discuter avec B. Quelques instants plus tard, les deux véhicules repartent et empruntent la voie rapide contournant la ville.

9 h 30 : les deux véhicules se dirigent vers le parking de l'Intermarché, à l'entrée de la ville. B. stationne la R25 à l'entrée du parking, et la BX disparaît de notre vue sur le même parking.

Peu après, les deux véhicules reviennent dans le centre-ville de Compiègne. Ils rejoignent le bord de l'Oise, près de la gare. P. et B. descendent de voiture et entrent dans un café près de la gare à 10 heures.

10 h 10 : ils ressortent du café et montent dans la R25, se dirigeant vers le centre-ville.

Chargeons l'enquêteur D. de rester en observation aux abords de la gare, dans son véhicule administratif. Le reste du dispositif, à savoir 3 voitures et une moto prennent en filature la R25 qui emprunte les petites rues du centre-ville.

Par souci de discrétion, le dispositif est légèrement écarté.

10 h 15 : la R25 est repérée stationnée place du Château, vers la rue des Minimes, avec P. seul à bord.

L'inspecteur D. signale la présence de B. rue Fournier-Sarlovèze où est implanté le Crédit agricole.

B. revient à la R25 qui repart en direction du centre-ville (10 h 20) toujours en passant par les petites rues.

10 h 30 : la R25 est à nouveau stationnée place du Château. B. en descend et emprunte la rue des Minimes, dans laquelle, à une cinquantaine de mètres de la place, est implantée une agence de la Banque populaire. D., en piéton dans cette artère, signale par radio portable que B. est entré dans l'agence bancaire pour en ressortir aussitôt. L'individu rejoint la R25 dans laquelle est resté P. Le véhicule redémarre et emprunte à nouveau les petites rues du centre-ville puis est perdu.

10 h 45 : A. signale l'arrivée de la R25 sur le parking de la gare. Elle se gare en épi et les deux hommes descendent de voiture pour se diriger dans la gare ou dans un café à côté de la gare.

11 heures : les deux hommes ressortent du buffet de la gare et se dirigent chacun vers leur véhicule, P. vers BX, B. vers la R25.

P. est porteur d'un sac blanc en bandoulière. Ils remontent dans leurs véhicules et se suivent en direction du centre-ville.

Afin d'éviter tout risque de repérage du dispositif, les véhicules du service assureront les sorties principales du centre-ville.

11 h 10 : la BX et la R25 sont perdues dans les petites rues. Les passages effectués rue des Minimes et rue Fournier-Sarlovèze sont négatifs.

11 h 30 : P. et R., sur le parking du Château, annoncent qu'ils viennent de voir un homme vêtu d'un K Way foncé, capuche rabattue, avec une écharpe rose sur le visage, portant un sac blanc en bandoulière et venant de la rue Fournier-Sarlovèze. Il court pour rejoindre le parking situé à côté du Château. Il monte dans un véhicule et démarre à vive allure, partant en direction de la sortie de la ville. Les véhicules de service étant trop éloignés, aucune filature ne peut être amorcée.

Dans le même temps, P. et R. signalent la présence de B. revêtu de l'imper beige, coiffé d'un chapeau mou, porteur de lunettes foncées. Il vient de l'esplanade du Château et remonte dans la R25 garée dans le même parking d'où est partie la BX. Avant de monter, B. retire son chapeau, son imper, ses lunettes et part tranquillement pour sortir de Compiègne.

Engageant la filature, la R25 se dirige vers la A1.

À ce stade, R. et P. informent le dispositif par radio de la commission d'un VMA (vol à main armée) à 11 h 30 au Crédit agricole rue Fournier-Sarlovèze par un individu au signalement similaire à celui de l'homme aperçu courant sur l'esplanade du Château et prenant la fuite avec la BX (propos recueillis auprès des fonctionnaires de police locaux, en ce qui concerne l'heure et la victime du braquage et du signalement de l'auteur).

Agissant alors en flagrant délit, prescrivons à tout le dispositif de nous rejoindre sur la filature de la R25.

Sommes informés par R. qu'un véhicule de police 305 break, gyrophare allumé et sirènes hurlantes, occupé par des policiers en tenue s'est mis à la poursuite du dispositif en filature.

Chargeons A. d'intercepter ce véhicule, d'informer ses occupants de notre présence et de les inviter à la discrétion afin de ne pas alerter l'occupant de la R25.

La filature se poursuit sur la RN 31, direction Rouen Beauvais, où la R25 rejoint la BX et la suit.

11 h 50 : les deux véhicules BX en tête quittent la RN 31 et se dirigent dans le centre de Clermont-sur-Oise. Ils pénètrent dans un parking square Saint-Denis, près de l'hôpital. La BX stationne régulièrement sur un emplacement matérialisé au sol, tandis que la R25 est en attente. Le conducteur de la BX, P., porte en bandoulière un sac blanc et monte à pied le long du parking. Il prend une petite rue en direction du centre-ville.

La R25 se dirige aussi dans cette rue et P. remonte à bord. Après un tour de sécurité, la R25 stationne rue du Maréchal-Leclerc à hauteur du 21, à côté de l'église.

12 h 05 : les deux hommes s'apprêtant à descendre de voiture, ordonnons l'interpellation.

B. ne manifeste aucune résistance, alors que P. se dégage, prend la fuite, le sac toujours en bandoulière. Il longe l'église et saute sur le capot du véhicule administratif Fiat Chroma bloquant la rue.

Il chute lourdement sur la chaussée, face contre terre, opposant une vive résistance due à son excitation extrême. Il est relevé saignant de la face et d'un genou.

Le sac est sommairement inventorié. Il contient 21 billets de 500 francs, 161 de 200, 142 de 100, 200 de 50 et 77 de 20. Une arme de poing est découverte. Un revolver approvisionné de 6 cartouches, un ensemble K Way de couleur noire, une écharpe de couleur violette mauve.

Transport dans les locaux de la gendarmerie.

Remerciements

Pour maintenir vivante la mémoire du 127 se réunissent chaque année pour un déjeuner les derniers des Mohicans, du moins ceux qui sont encore assez vaillants pour « monter » à Paris. On s'enquiert des problèmes de santé des uns et des autres, au nom d'une mémoire commune, de moments joyeux et d'autres plus tendus que l'on se remémore sans trop tenir compte des grades.

D'autres amicales entretiennent les liens, comme celle qui rassemble les anciens du Groupe national d'intervention (GNI), longtemps dirigé par une forte personnalité : Humberto Alberghi (décédé en juillet 2013), à l'instar de bon nombre des acteurs de cette saga où s'est jouée une partie de l'histoire de la police judiciaire.

Qu'ils soient tous remerciés de m'avoir ouvert leur porte, leur mémoire et leurs tiroirs secrets.

Table des matières

Préface 9

Chapitre premier : **Les fantômes de la 1re brigade mobile** 17
Le P'tit Claude fait des dégâts 17
Magnéto 25
Le 127 se vide une première fois 27
L'affaire Markovic 31

Chapitre 2 : **Chasse à l'homme : sur la piste du « beau Serge »** 35

Chapitre 3 : **Le 127, une ruche en plein Paris** 47
Plan de coupe 47
Les locataires du 127 51
Stencil et ronéo 56
Les bricoleurs du 127 60
Les bars du 127 63

VIP et grands bandits 67
Cherchez le magistrat 73

Chapitre 4 : **On les appelait les tauliers** 77
François Le Mouel, un cycliste contre les braqueurs 77
Joseph Le Bruchec, Breton vacciné à Alger 83
Lucien Aimé-Blanc, le mandarin de la Belle de Mai 88
Charles Pellegrini, un Corse au 127 99
Jean-Gustave Paulmier, chef de bande 103

Chapitre 5 : **Proxénétisme,
la tolérance explose en vol** 105
Le petit livre rouge 105
36 et 127 à couteaux tirés 110

Chapitre 6 : **Chasseurs d'élite** 117
Pierre Winckel, alias Pierrot 117
Jean-Marie Flori, les fonctionnaires et les poulets 120
Dany Charpy, force de frappe disponible 124
Christian Bordoni, le foot et les « braquos » 126
Jean-Pierre Simon, fils de poulet 128
Michel Vincent, le paysan et le MAC 50 132
Jean Baillot face au vice 135

Chapitre 7 : **Les femmes du 127** 139

Chapitre 8 : **La « Doc », arme fatale** 149

Chapitre 9 : **La PJ découvre la drogue** 159
La puce à l'oreille 159
Les camions renifleurs 166

Chapitre 10 : **Enlèvements en série** 173
Le petit Mérieux 173
Chasse aux P-DG 178
Mesrine et le milliardaire de la Sarthe 183
La cabine de Périgueux 187
Mortel jeu de piste à Lyon 190
Shergar, l'étalon en or 192

Chapitre 11 : **Flics et braqueurs, armes au poing** 199
Le piège final 199
Les flics au cul 207
« On fonce, on casse la porte » 211
Fusillade en plein Paris 216

Chapitre 12 : **Ennemis publics numéros 1** 221
Le tueur de Corfou 221
« Une fois qu'ils s'étaient rendus, c'était bon, sauf avec Mesrine » 231
Gros et Havot, serial braqueurs en (rase) campagne 238
L'homme de Rio 245

Chapitre 13 : **Banditisme et politique, liens occultes** 251
La main dans le SAC 251
Corsitude/1 255
Corsitude/2 260
Des pesos pour les révolutionnaires 263
Un contrat sur le maire de Marseille 267

Chapitre 14 : **Proxénétisme, le retour de bâton** 269
L'élégant MZH 269
Descente au bois de Boulogne 273
L'appel de la chair 280

Chapitre 15 : **Chantages alimentaires** 285

Chapitre 16 : **La PJ est submergée par la drogue** 295
Le petit flic et la DEA 295
L'héroïne chinoise 299
Stupéfiant tsunami 302

Chapitre 17 : **Le temps béni des flics** 305
On ne criait pas misère 305
On filait le voyou 309
On occupait le terrain 313
On était tout sauf des fonctionnaires 317
On traitait bien les indics 319
On maniait la poudre de perlimpinpin 324
On misait sur le nombre 328
Le flic, le juge et le couteau 329

Postface 337
Dernier flag 343

Remerciements 349

Composition et mise en pages
Nord Compo à Villeneuve-d'Ascq

PAPIER À BASE DE
FIBRES CERTIFIÉES

Fayard s'engage pour l'environnement en réduisant l'empreinte carbone de ses livres. Celle de cet exemplaire est de :
1,000 kg éq. CO_2
Rendez-vous sur www.fayard-durable.fr

61 - 6680 - 9 / 04
Achevé d'imprimer en novembre 2019
par La Nouvelle Imprimerie Laballery (Clamecy, France).
N° d'impression : 911349

LOS QUE OYEN

JORDAN TANNAHILL

LOS QUE OYEN

JORDAN TANNAHILL

Traducción de
Magdalena Palmer

Capitán Swing

Título original:
The Listeners (2021)

© Del libro:
Jordan Tannahill

© De la traducción:
Magdalena Palmer

© De esta edición:
Capitán Swing Libros, S. L.
c/ Rafael Finat 58, 2º 4 - 28044 Madrid
Tlf: (+34) 630 022 531
contacto@capitanswing.com
capitanswing.com

© Diseño gráfico:
Filo Estudio - filoestudio.com

Corrección ortotipográfica:
Álvaro Villa

ISBN: 979-13-990392-1-4
Depósito Legal: M-14583-2025
Código BIC: FV

Impreso en España / *Printed in Spain*
Artes Gráficas Cofás, Móstoles (Madrid)

Queda prohibida, sin autorización escrita de los titulares del *copyright*,
bajo las sanciones establecidas en las leyes, la reproducción total o parcial de esta
obra por cualquier medio o procedimiento.

Índice

01. 09
02. 27
03. 37
04. 47
05. 55
06. 69
07. 77
08. 79
09. 119
10. 141
11. 145
12. 153
13. 179
14. 191
15. 205
16. 211
17. 225
18. 247
19. 249
20. 251

Agradecimientos 263

LOS
QUE OYEN

Para James

LOS QUE OYEN

01

Es muy probable que en algún momento hayáis visto un meme viral donde aparezco gritando desnuda ante un montón de cámaras de televisión, un momento de puro desenfreno que se ha convertido para siempre en un GIF y se ha añadido a hilos de comentarios y mensajes de texto de todo el mundo. También es muy probable que hayáis visto reportajes sobre los trágicos acontecimientos que tuvieron lugar en Sequoia Crescent. Y lo más probable es que penséis que me han lavado el cerebro en una secta o que me dedico a las teorías de conspiración. No os culparía por creer eso ni cualquiera de las otras historias sensacionalistas que circularon en los días, semanas y meses posteriores al suceso.

La verdad es que soy una madre, esposa y antigua profesora de Lengua Inglesa de secundaria que ahora imparte clases nocturnas de inglés para extranjeros en la biblioteca que hay cerca de mi casa. Quiero muchísimo a mi familia. Mi hija, Ashley, es la persona más importante de mi vida. Cuando leo sobre padres que repudian a sus hijos transexuales o que se niegan a hablar con sus hijas por casarse con un judío o por no casarse con un judío, pienso que es una atrocidad. La fe se convierte en una enfermedad mental si te lleva a hacer algo tan alejado de tus instintos naturales como progenitor. Recuerdo sostener a Ashley en mis brazos cuando tendría unos cuarenta y cinco segundos de vida, antes incluso de que abriese los ojos, cuando no era más que una cosita viscosa, casi un mes prematura, y pensar que literalmente mataría por ella. Mientras la sostenía, imaginé toda la alegría y el placer que ella sentiría a lo largo de su vida, todo el dolor del que no podría protegerla, y eso me sobrepasó. Imaginé a los hombres que algún día le harían daño y me imaginé castrándolos uno a uno con mis propias manos. ¡Y todo eso antes de que tuviera un minuto de vida! Así que no, nunca he entendido que alguien anteponga un credo o una ideología al amor por sus hijos y, sin embargo, eso es precisamente de lo que Ashley me acusó el año previo a los sucesos de Sequoia Crescent.

En este libro he intentado recrear los acontecimientos con la mayor fidelidad que me permite mi experiencia subjetiva. He sido yo quien ha escrito estas palabras, no he contratado a nadie para que lo haga por mí. No pretendo sacar provecho de cualquier fama menor y temporal que pueda haber adquirido, ni tampoco exonerarme en modo alguno. Lo he escrito para dar sentido a mis circunstancias.

Siempre he recurrido a los libros para eso. Soy una lectora voraz desde mi infancia. Me criaron una madre soltera y la televisión. De pequeña no había libros en nuestro piso, así que sacaba todos los que me permitían de la biblioteca y a veces algunos más que no devolvía. Siempre me han atraído las historias de mujeres al límite, que viven tiempos extraordinarios y soportan grandes dificultades. No me interesan los relatos de personas sumidas en la autocompasión o la autodestrucción, que vagan sin rumbo ni esperanza. Es decir, a quién le importa, ponte las pilas. Y, aunque en esta historia sea mi vida la que se va a la mierda, espero que me creáis cuando digo que luché de verdad cada instante del camino, y que no me veía, y sigo sin verme, como una víctima. En realidad, estoy segura de que para mucha gente soy una villana en esta historia, aunque yo intento no verme así.

En el instituto era una aspirante a ensayista al estilo Joan Didion. En cuanto acabara los estudios, me imaginaba en una vida nómada donde fumaba medio paquete al día y recorría Estados Unidos en coche para imbuirme del espíritu de los tiempos, cuaderno y bolígrafo en mano. Solía llevar una gran chaqueta militar con los bolsillos llenos de ejemplares arrugados de Rimbaud y Pound. Lo único que quería entonces era ver mi nombre impreso. Eso fue antes de quedarme embarazada a los veintidós años, casarme con Paul y matricularme en la Facultad de Magisterio. Nunca me arrepentí. Disfruté siendo una madre joven. Cuando Ashley era pequeña, solíamos terminar las frases de la otra. La gente bromeaba con que teníamos telepatía, y a veces llegaba a creérmelo. Yo tenía sed y ella me traía un vaso de zumo. O me despertaba sabiendo que Ashley sufría una pesadilla y entraba en su habitación antes de que me llamara a gritos.

Con todo esto quiero decir que nunca pensé que acabaría escribiendo un libro después de tantos años, y menos aún en estas circunstancias. Sencillamente, llegó un punto en el que me harté de escuchar las opiniones de otras personas sobre mi historia, a un nuevo experto o entrevistador enjuiciando los sucesos de Sequoia Crescent como si supieran algo al respecto, o ridiculizando la tragedia para arrancar unas risas al público de un programa nocturno. Y, creedme, sé aguantar una broma. Seguro que me reí más que nadie al verme con el pelo alborotado y las tetas caídas en ese meme. Pero si queréis saber toda la verdad, hay que profundizar más de lo que lo hace un chiste fácil.

Lo que todavía me cuesta asimilar es que algo tan pequeño, tan inocuo, precipitase la desintegración absoluta de mi vida. Que toda esa búsqueda espiritual, trascendencia y devastación se iniciaran con un sonido tenue, apenas perceptible.

—¿Oyes eso?

Estaba acostada al lado de Paul. Él leía *The New York Times* en su tableta y yo corregía los trabajos de mis alumnos sobre *Noche de Reyes*.

—¿Oír qué? —preguntó mientras seguía leyendo su artículo.

Dejé el trabajo sobre el edredón.

—Es como un zumbido —dije. Paul levantó la vista y los dos nos quedamos escuchando.

—¿Un zumbido?

—Como un zumbido muy bajo.

Paul se encogió de hombros y volvió a su tableta.

—No lo oigo.

Recogí el trabajo e intenté seguir corrigiendo. Un momento después Paul me preguntó si me lo había pasado bien en la cena. Asentí con la cabeza, sin decir más. En teoría, la velada iba a ser una simple reunión mensual de mi club de lectura sobre literatura distópica formado exclusivamente por mujeres, pero se convirtió en una cena en la que preparé un tajín complicadísimo para celebrar el cumpleaños de Nadia y acabé invitando a los maridos. Paul señaló, con razón, que eso era típico de mí. Lo había alistado como ayudante de cocina, pobrecillo. Los nueve habíamos pasado la mayor parte de la cena hablando de Trump y del *informe Mueller*, lo que luego derivó en una intensa y amplia discusión sobre ética y fe en la que la mitad de la mesa hablaba animadamente mientras que la otra mitad guardaba silencio.

Paul volvió la cabeza sobre la almohada y me dijo:

—¿Sabes?, no me he sentido del todo cómodo cuando nos has llamado ateos.

Tardé un momento en darme cuenta de lo que decía. Levanté la vista de mi corrección.

—¿Cómo dices?

—En la cena. Has dicho que no creíamos en Dios.

—¿Y qué iba a decir? Tara me ha preguntado a bocajarro.

—Bueno, yo habría dicho que quizá, que en realidad sí. —Me sostuvo la mirada hasta que me eché a reír.

—¿Qué dios?

—¿Qué quieres decir?

—¿Como Jesucristo?

Paul me miró como si fuera idiota.

—Sí —dijo.

—¿Y su papaíto?

Estudié la cara de Paul, preguntándome si aquello no sería una de sus bromas pesadas. Entonces me contó que, desde la muerte de su padre el pasado otoño, se había descubierto pensando en la cuestión de la fe.

—Bueno, no solo pensando, sino también…

—¿Sino también…?

—Rezando.

—¿Rezando? ¿Cuándo?

—Mentalmente, en el coche, a veces.

Me dijo que volver a la iglesia para el funeral le había resultado extrañamente reconfortante y que había despertado algo en él. Me dijo que sabía que yo lo trivializaría, que por eso no me lo había contado, y yo le aseguré que no, para nada, mientras intentaba ponerme seria. Me dijo que había estado pensando en buscar una iglesia en nuestra zona para poder asistir aunque fuese una vez al mes. Fue entonces cuando supuse que probablemente se trataba de una prueba y que él esperaba que mordiese el anzuelo, quizá porque todavía estaba un poco borracho y quería tener la última palabra en alguna discusión anterior, pero desde luego yo no iba a picar. Me limité a abrir mucho los ojos y a asentir. Entonces me recordó, como si hiciera falta, que Cass y Aldo eran evangélicos.

—¿Y?

—Que has sido bastante grosera al respecto.

—No es verdad.

—Sí. Has sido contundente y despectiva.

—Bueno, pues te aseguro que no era mi intención, y si Cass lo ha visto así puede decírmelo ella misma mañana.

Esperaba que ahí acabase todo, pero me di cuenta de que Paul seguía dándole vueltas mientras miraba el techo, acostado en la cama. Aunque era un hombre gigantesco, cuando reflexionaba sobre algo parecía un niño pequeño.

—La verdad es que creo que he enterrado esta parte de mí durante años por tu culpa, y ahora yo…

—Por favor.

—No, es cierto, lo he hecho por tu ateísmo, pero creo que si me dejaran a mi aire quizá me habría inclinado por la fe.

—Si te dejaran a tu aire, también te inclinarías por las cenas con microondas y por ver *The Wire* en HBO.

Volvió de nuevo la cabeza hacia mí y sonrió, luego se acercó y me empujó suavemente la cara con su manaza.

—Si quieres empezar a ir a la iglesia, pues adelante —le dije—. Pero conmigo no cuentes.

—Nunca he sugerido lo contrario —respondió.

Paul sabía que era preferible no hablarme de Dios. Yo había invertido veinte largos años en ayudarle a que esas cosas dejaran de joderle la cabeza. Había visto lo que la Iglesia le había hecho a personas como su madre y de ningún modo iba a vivir una vida pequeña y mezquina bajo el yugo del patriarcado. Mi opinión sobre el tema era: yo ya me las apaño, no necesito a Dios. Así es como me he sentido desde los dieciséis años, cuando de pronto me di cuenta de que Dios no era diferente de cualquier otro chico de mi instituto; no estaba interesado en mí a menos que me arrodillara.

Para ser dos personas que estaban juntas solo porque una inseminó a la otra cuando apenas superaban la edad legal para beber, Paul y yo habíamos hecho un buen trabajo sincronizando nuestros sistemas de creencias. Cuando nos conocimos, yo era una punk feminista poliamorosa que enseñaba inglés a refugiados latinoamericanos y él un obrero no cualificado que construía casas en urbanizaciones como en la que vivimos ahora. Él era enorme, medía uno noventa y tres; tímido y educado, de esos que solo bailan con los hombros. No era el tipo de hombre que metería mano a una chica en el transporte público, ni que se uniría a ella en las protestas por los derechos de los inmigrantes. El ácido, los aguacates, cuidar el aspecto personal, Tarkovski…, le abrí muchas puertas rápidamente. Siempre le deslumbró un poco cómo me desenvolvía socialmente, que siempre pareciese ser el centro de mi grupo de amigos. Una vez me dijo que yo conseguía que ser importante pareciese lo mismo que hacer un bocadillo.

En aquellos tiempos, incluso su ausencia en la habitación podía excitarme; su ropa interior en el suelo, su sudor en las sábanas, su olor en la almohada. Nos llenaba la felicidad irracional de una pareja reciente. A veces me metía en la ducha con él y pensaba: «Acuérdate del agua resbalándole por el cuello, con su fina cadena de oro y sus pecas, acuérdate siempre», porque quizá sabía que esas duchas en común eran algo temporal, un capítulo de nuestro amor, y lo eran, por supuesto. Pero afortunadamente lo recordaba. Aún recuerdo cómo lucía el agua en el joven cuello de Paul.

Paul tenía ese tipo de belleza que llama la atención, y no concedérsela, tratar su belleza como algo que daba por sentado, me parecía un lujo extravagante. Es más, él no tenía ni idea de que era guapísimo ni de que yo lo veía así, y ocultárselo me producía una emoción casi erógena. Una vez le dije que tenía la cara como un copo de maíz, franca y soleada, con hoyuelos. Algo que no interpretó con la intención que yo le había dado. Cuando parecía más atractivo era cuando estaba frustrado o muy concentrado. Cada vez que se mordía el labio, me acordaba de un trenecito de juguete que tenía de niña. El tren tenía cara y yo tiraba de él con una cuerda.

Llevábamos saliendo unos seis meses cuando se produjo el embarazo. Decidí quedarme con el bebé, pero necesitábamos la ayuda de la familia de Paul, que nos la dio con la condición de que nos casáramos. Paul era pobre pero soñaba en secreto con ser rico, mientras que yo era pobre y soñaba en secreto con ser glamurosamente pobre. Pobre con gusto. Pobre a lo Jean Genet. Paul acabó montando su propia empresa de construcción cuando Ashley tenía doce años y despegó, y desde entonces nos encontramos en un estrato totalmente distinto de la vida. Sin embargo, cuando se crece sin nada, eso se convierte en una patología. Paul se burla de mí diciendo que uso hasta tal extremo la ropa interior que necesito ponérmela con cinturón. Me parece estupendo reparar un retrovisor con cinta adhesiva o utilizar un secador de pelo que echa chispas. Soy torpe y rompo objetos continuamente, lo que a veces pienso que se debe a que todavía no estoy acostumbrada a tener muchas cosas, cosas que no sean de plástico, cosas como delicados jarrones encaramados a estanterías y lámparas sobre mesitas auxiliares.

Yo crecí en la pobreza urbana, pero Paul era auténtica basura blanca que compartía habitación con tres hermanos en un bungaló con suelo de madera contrachapada a media hora de Amarillo, donde podías escribir tu nombre en el polvo del parabrisas del coche si pasabas más de tres días sin conducir; un paleto amable y serio al que le encanta quedarse dormido mientras una mujer le lee poesía. Todo en Paul está sobredimensionado. Las manos, las orejas, la cara, el corazón. Si tuviera que describirlo con una palabra, sería *preocupado*. Preocupado por mí, por mi felicidad, por si tengo demasiado frío, demasiado calor, por si estoy demasiado callada; preocupado por Ashley, por sus notas, por sus amigos, por sus cortes de pelo; preocupado por el futuro, por nuestras finanzas, por el calentamiento global, preocupado por lo que sus vecinos piensan de él, por su madre que envejece, enferma y muere, por su hermano alcohólico, por ser bueno, por ser correcto, por ser puntual. Yo soy decididamente despreocupada.

Mientras Paul se levantaba de la cama e iba al cuarto de baño a orinar, yo volví a coger el pomposo trabajo escolar, pero, antes de poder concentrarme, me detuve. Seguía ahí. Aún podía oír el sonido. No era cosa de mi imaginación. Era un tono sordo y reverberante, apenas perceptible por el eco de la orina de Paul en el retrete, el rumor del aire acondicionado y la conversación amortiguada de FaceTime procedente de la habitación de Ashley, al final del pasillo. Era muy posible que el sonido hubiese estado ahí todo el tiempo y que no me hubiese percatado. Sin embargo, como ahora lo oía, me resultaba extraño.

Paul tiró de la cadena y volvió a entrar en la habitación.

—¿Qué pasa? —preguntó.

Señalé el aire.

—Sigue ahí.

Paul suspiró y negó con la cabeza, pero los dos nos quedamos escuchando, esta vez durante diez segundos enteros, mientras barríamos la habitación con la mirada.

—No oigo nada —dijo él por fin.

—Es casi como una vibración.

Paul me preguntó si me había dejado encendida la campana extractora de la cocina. Yo no pude descartarlo. Gemí, me levanté de la cama y me puse el camisón que había dejado tirado en el suelo. Salí al pasillo, pasé por delante de la habitación de Ashley y bajé la escalera hasta la oscuridad de la planta baja, donde una constelación de luces LED rojas y verdes indicaban la presencia de alarmas de seguridad, detectores de incendios, detectores de monóxido de carbono, wifi, controles del termostato…, todos los sistemas que animaban el cuerpo de nuestra casa, desapercibidos e infravalorados como la respiración o la circulación sanguínea. Entré en la cocina y escuché. La campana extractora estaba apagada. El frigorífico hacía el mismo ruido de siempre. Pero el zumbido seguía ahí, tan fuerte como en el dormitorio.

Pasé al comedor y el sonido no cambió, lo que me pareció inquietante. Me pregunté si no estaría sufriendo algún tipo de acúfeno. Levanté las manos, me tapé los oídos y el sonido se amortiguó. No estaba en mi cabeza; el ruido venía de otra parte. Me detuve a oscuras junto a la mesa, donde aún seguían apilados los platos de la cena, abandonados hasta la sobriedad de la mañana, y fui girando la cabeza lentamente, esperando detectar alguna variación en la intensidad o la dirección. Luego empecé a andar por la habitación. En cuanto tenía la certeza de que el sonido procedía de un sitio y me dirigía hacia allí, de pronto parecía que venía directamente del extremo opuesto, a mi espalda. Me pregunté si no sería nuestro vecino Farhad trabajando con una herramienta eléctrica en el garaje; sabíamos que le daba por cortar el césped a las diez de la noche. Pero ese ruido vendría de una dirección clara. Fuera lo que fuese, el rumor parecía completamente difuso.

—¿Ashley? —llamé al piso de arriba. Esperé una respuesta y luego me acerqué al pie de la escalera—. ¡Ashley!

—¡Sí! —gritó ella desde su habitación.

—¿Puedes comprobar… si alguien se ha dejado el extractor del baño encendido ahí arriba?

Siguió una pausa, y luego oí que se abría su puerta.

Apareció en lo alto de la escalera con un bóxer a cuadros y una camiseta blanca holgada, rascándose el corte de pelo posgénero. Ashley me había dicho que su animal espiritual era Sinéad O'Connor cuando rompió la foto del papa en *Saturday Night Live*.

—¿Qué? —preguntó.

—El extractor del baño. ¿Te lo has dejado encendido ahí arriba?

Desapareció un momento y luego reapareció negando con la cabeza. Le describí el sonido. Me escuchó un momento y volvió a negar.

—Supongo que me estoy volviendo loca —dije, encogiéndome de hombros.

—Perimenopausia —respondió.

—¿Qué?

—Es la vida.

—Eres una cabrona. Tengo cuarenta años.

—Una anciana.

—Cabrona al cuadrado.

Fingir crueldad era nuestra forma preferida de hablarnos. No recuerdo cuándo empezamos con eso, se trataba de una de esas bromas privadas que se iban metamorfoseando con los años. Otros apodos que solía dedicarme eran Marie Claire, Claire Danes y Clarona. Mis apodos preferidos para ella eran Ashelia, Ashton Kutcher y Ashavamos. Paul bromeaba con que solo la Agencia de Seguridad Nacional sería capaz de descifrar nuestras comunicaciones.

Ashley miró abajo y se rascó un hombro.

—O puede que sean las tormentas solares —me dijo—. Por lo visto ahora son más bestias que nunca. ¿Has oído hablar de eso?

—No.

—Van a interferir en nuestros sistemas electrónicos, y algunos científicos dicen que incluso en nuestro estado de ánimo y en nuestras funciones cognitivas básicas, así que...

Ashley abrió mucho los ojos y desapareció de mi vista, como un genio que vuelve a su lámpara.

Volví al comedor. Había algo en ese ruido que parecía casi ambiental. Levanté la vista a la rejilla de ventilación del techo, me acerqué al termostato y apagué el aire acondicionado, pero el zumbido persistía, con mayor claridad si cabe. Se me ocurrió que podía tratarse de una vibración en las paredes o en los cimientos de la casa, quizá consecuencia de un microtemblor. Sabíamos que de vez en cuando se producían pequeños terremotos en la zona. Toqué la pared más cercana, pero no sentí nada. Acerqué el oído y el sonido no cambió. Me arrodillé y apreté la oreja contra la fría madera del suelo, pero nada.

—¿Cariño? —llamó Paul desde arriba.

Tendría que haberlo dejado entonces. Tendría que haberme levantado, recolocado el pelo y haber vuelto a la cama. Debería haberme arrebujado en el calor de Paul, cerrar los ojos y olvidarme del asunto. Así habría acabado todo y mi vida habría seguido como siempre. Pero ya era demasiado tarde. Aquel ruido me irritaba. Y creedme cuando os digo que no soy una obsesiva. No me importan los detalles, no soy una perfeccionista. Me importa un bledo que la casa esté impecable, incluso cuando tenemos visitas. Suelo ser muy relajada, en realidad demasiado para el gusto de Paul (o el de sus padres). Sin embargo, no podía olvidarme del ruido. Probablemente una parte de mí temía que se tratara de algún problema con la casa, que aún era relativamente nueva y se había construido demasiado deprisa, como todas las de este tipo de urbanización; Paul encontraba constantemente problemas con las tuberías, o los conductos de ventilación, o las juntas de las ventanas, lo que lo volvía loco, porque siempre era meticuloso con su trabajo. Sin embargo, para seros sincera, se trataba de algo mucho más profundo.

El sonido me inquietaba. Tenía algo que me chirriaba, no se parecía a ningún otro ruido blanco que hubiese oído antes y sabía que no podría dormirme hasta descubrir su procedencia.

—Ahora subo —le respondí.

Pero no subí. Me pasé otras dos horas rondando por la casa, mucho después de que Paul se diera por vencido y volviera a dormirse. Me desplacé en la oscuridad esquivando muebles con la memoria muscular, deteniéndome de vez en cuando para contener la respiración y ampliar así el silencio. El ruido persistía, un zumbido con escasa variación o modulación. A veces me parecía detectar una leve modificación en el tono, pero creo que simplemente se debía a que me concentraba demasiado. Busqué en la sala, en el sótano, en el garaje; desenchufé todos los aparatos, el *router*, el microondas, el televisor, el calentador de agua; quité las pilas a los detectores de humo. En un momento determinado, llegué a desconectar el interruptor general de la luz. De inmediato recordé esa vez, cuando tenía seis años, que nos quedamos sin luz durante una tormenta eléctrica. Hubo algo revelador en el silencio que siguió. Nunca me había planteado que nuestro piso tuviera un sistema nervioso, ni que fuera tan ruidoso. Me maravilló que hubiese sonidos que solo podían percibirse en su ausencia, y me inquietó comprender cuánto había conseguido programarme para no oírlos. Lo mucho que teníamos que pasar por alto para sobrevivir.

Al final tomé un par de somníferos y me acosté con el corazón palpitando de frustración. Me tapé la cabeza con la almohada. Al cabo de media hora fui a buscar unos tapones que había en el mueble de debajo del lavabo, pero no sirvieron de nada. Me quedé tumbada intentando meditar. Hice algunas cosas con mis chacras. Abrí los ojos y vi que el reloj marcaba las tres. Luego las cuatro. El ruido no era muy fuerte, estoy segura de que la mayoría de la gente habría tenido que esforzarse para oírlo, pero en el silencio de la casa empecé a sentir que me consumía. Era un poco como oír la conversación susurrada de una pareja detrás de ti en un restaurante y luego ser completamente incapaz de centrarte en nada más: ni en el ruido de los otros comensales, ni en el camarero, ni en la persona sentada justo delante de ti.

A las cuatro y media ya no podía seguir acostada ni un momento más. Me quité los tapones, bajé la escalera y salí de casa. La noche era cálida. Nada se movía en la calle: ni el viento alborotaba las hojas ni ningún avión surcaba el cielo. Solo se percibía el olor del arbusto de la creosota y del aire ionizado, de la lluvia que estaba acumulándose en algún lugar lejano. Esa quietud lo impregnaba todo de una sensación extraña, como de decorado de película. Quizá una de esas películas de terror en las que un ente infernal mata uno a uno a los adolescentes del barrio, de las que suelen estar ambientadas en urbanizaciones como esta: casas iguales, árboles jóvenes, entradas con su correspondiente todoterreno. Me escocían los ojos. Me picaban. Me sentía ofuscada por los somníferos. Crucé el jardín, salí a la calle y escuché. El ruido no estaba ni dentro de mi cabeza ni en la casa, sino ahí fuera. Procedía del exterior, quizá de la casa de los vecinos o de la calle de abajo, o puede que de algún lugar más alejado de nuestra zona; era imposible calcular la distancia.

Entonces percibí, calle abajo, una sombra que se acercaba casi imperceptiblemente. Me esforcé para distinguirla en la oscuridad; se deslizaba hacia el resplandor de una farola cercana y comprendí que era un coyote. Orejas con la punta blanca y un triángulo de pelaje blanco en el cuello. Parecía demasiado flaco para ser un adulto; sería más bien un coyote adolescente o preadolescente, si es que eso existe. Sonreí al verlo. Cuando estoy acostada, suelo oír coyotes aullando en la noche. Pero este se deslizó en la oscuridad sin hacer ruido. Esperé a que reapareciera en el charco de luz más cercano, pero no volvió. Se había ido.

Los coyotes me daban pena. Mis vecinos los odiaban porque hacían salir a sus perros y gatos al jardín y se los comían. Pero así era su naturaleza. Yo siempre había sentido cierta afinidad con ellos, intrusos sarnosos en urbanizaciones de clase media. Mis vecinos olvidaban que la naturaleza estaba a una manzana de distancia. Al final de nuestra calle, la ciudad daba paso a tierras baldías: el fondo de un antiguo mar interior donde, a lo largo de millones de años, una milla vertical de criaturas marinas fueron asentándose unas sobre otras, se condensaron y se licuaron en forma de petróleo, lo que explicaba algunos de los garajes para tres coches y las grotescas McMansiones de las urbanizaciones vecinas. Si se miraba nuestra ciudad de noche desde el espacio, nuestro barrio era como un pequeño dedo de luz que se asomaba en la oscuridad. Estábamos en el extremo norte de la urbanización, de la civilización. Y no se trataba de unos límites definidos. En realidad, cada vez se volvían más imprecisos. A veces la naturaleza entraba furtivamente al anochecer y volcaba los cubos de basura o se cagaba en el portal de tu casa. Otras veces eran los chicos del barrio los que se volvían salvajes. Aullaban y rompían botellas de cerveza contra las puertas de los garajes o les daba por la pirotecnia calle abajo.

—¿Claire?

Me volví, sobresaltada. Paul salió de las sombras armado con un palo de golf.

—¿Qué demonios pasa? —preguntó.

Yo estaba en medio de la calle, descalza y en camisón. No imaginaba que hubiese vecinos levantados a esas horas, pero habríamos sido todo un espectáculo: yo de pie bajo la farola y mi marido avanzando hacia mí con un hierro largo.

—Cariño, te hemos buscado por toda la casa.

—¿Ashley también está levantada?

—Sí, estábamos histéricos. Se ha ido la luz.

Me disculpé, frotándome la cara. No pretendía convertir eso en una catástrofe. No era nada, en realidad, solo un ruido apenas perceptible, y ahora todos estábamos despiertos a las cuatro de la madrugada y Paul blandía un palo de golf. ¿Un palo de golf? Por fin caí en la cuenta y me eché a reír.

—Me he despertado y no podía encender la luz —dijo Paul, acercándose—. No te veía por ninguna parte. Pensé que había entrado alguien en casa. La puerta de la calle estaba abierta y los muebles… No tiene gracia, ¿de qué te ríes?

—Así que has pensado: voy a coger un palo de…

—¡Es lo que había a mano!

Paul siempre llevaba sus emociones escritas en la cara; es algo que siempre me ha parecido entrañable y de lo que a veces me burlaba cuando veíamos películas. Me reí al ver su expresión de pánico, pero también me pareció muy conmovedora. Paul tenía una afección cardiaca bastante rara para un hombre de su edad: la compasión. Tenía pinta de «bruto grandullón», como él decía, pero, en cuanto a su inteligencia emocional, yo lo situaría en el uno o dos por ciento superior de los hombres que he conocido. Estoy segura de que sus hermanos lo veían como un calzonazos, pero yo preferiría que me torturasen durante toda la eternidad antes que casarme con ninguno de ellos. Me gustó que mi marido cogiera un hierro nueve cuando vio que yo no estaba en la cama. Recomiendo a todo el mundo que se busque una pareja que coja un hierro nueve cuando nos eche en falta.

—¿Qué demonios pasa?

Me serené y moví la cabeza con cansancio. Le dije que no podía dormir.

—Así que se te ha ocurrido salir a las cuatro de la mañana en camisón.

Yo no sabía qué cara poner y estaba demasiado cansada para saber cuál tenía en ese momento, así que me pasé la mano por delante como si fuera una goma de borrar.

—Estoy intentando averiguar de dónde viene —le dije—. Te lo he dicho, a las doce, a la una, a las dos, que no podía dormir.

Paul cerró los ojos y se apretó los párpados con el pulgar y el índice.

—Me parece increíble que sigas hablando de ese puto zumbido.

—Y a mí que no puedas callarte y escuchar.

¿De verdad no lo oía, incluso ahora que estábamos fuera, en aquel silencio nocturno? Paul me dijo que podía usar sus tapones, y yo se los mostré en la palma de la mano antes de tirarlos al suelo.

—¿Y qué, has estado merodeando en la oscuridad?

Volví a reírme por lo absurdo de todo aquello, no pude contenerme.

—Un poco siniestro, ¿verdad? —respondí.

—Sí, mucho —dijo él, ablandándose.

Ahora estaba a mi lado y sus ojos resplandecían a la luz de las farolas. De pronto comprendí que, sorprendida por su presencia, me había olvidado del coyote. Me planteé contárselo, pero decidí guardármelo como una revelación privada. Paul no estaba en el estado mental adecuado. Bajé la vista al suelo un momento y luego volví a mirarlo; su cara seguía siendo la viva imagen de la preocupación.

Me temblaban las manos y de pronto deseé tener bolsillos donde esconderlas. Me crucé de brazos.

—No le quites importancia —dije.

—No lo hago.

—Ni pienses que exagero.

—No, yo solo…

—¿Y entonces?

—Es que no sé de qué estás hablando.

—Te lo estoy diciendo.

—Vale.

—Soy más sensible a estas cosas.

Hizo ademán de rebatirme, pero tragó saliva y cerró los ojos.

—Lo sé —respondió.

—Tampoco me creíste con lo de la fuga de gas.

—Eso era un olor.

—Que yo olí y tú no, y podría habernos hecho volar por los aires. He notado terremotos que tú no has percibido. He oído dos veces que el radiador del coche estaba roto antes de que tú te dieras cuenta.

—Esas cosas existen, Claire. Esto no es una cosa.

Las sombras de la farola caían con dureza sobre el rostro de Paul y le daban un aspecto demacrado. Viejo. Estaba a unos palmos de distancia, pero yo me sentía muy lejos de él. Le dije que lamentaba lo de la luz. No había sido mi intención dejarla desconectada, solo pretendía comprobarlo un momento.

—Espera, ¿qué? ¿Has cortado la luz?

Repetí que no había sido mi intención, pero que necesitaba saber, necesitaba el silencio.

—¿Has cortado la luz? —insistió Paul, mientras la incredulidad daba paso a la ira.

—Tenía que saber si ese ruido venía de dentro de mí y ahora sé que no, que está ahí fuera.

Señalé la calle con un gesto.

—¿Por dónde? ¿Allí? ¿En el jardín de los Campanele? —dijo, girando sobre sí mismo y señalando la casa de nuestros vecinos. Sabía que estaba bromeando, pero me había planteado que el sonido quizá viniese de la bomba de la piscina de los Campanele, y así se lo dije. Respondió que no, que no salía ningún ruido de su jardín y que dejara de decir ridiculeces, y le informé de que su nueva piscina era gigantesca, prácticamente un lago, y que seguro que necesitaba una bomba enorme que probablemente funcionaba toda la noche. Cuando sobrevolaba la ciudad, siempre me sorprendía cuánta gente tenía piscina. ¡En el desierto! Este paisaje nunca fue concebido para albergar ciudades, ni mucho menos instalaciones personales destinadas a la natación.

Paul apoyó la base del palo de golf en el asfalto y lo usó de bastón.

—¿Y qué, saltarás su valla con una pértiga para investigar? —preguntó.

Sugerí acercarme a su jardín y, al menos, comprobar si con la proximidad aumentaba el ruido. Sabía que me estaba pasando. Paul tenía mucha paciencia, pero no era infinita.

—¿Y si ven a alguien husmeando en su patio? Llamarán a la policía.

—¿Entonces qué puedo hacer si no?

—Dejarlo correr.

—Puedo acercarme a su valla.

—No.

—No puedo permitirme no pegar ojo por esto.

Paul puso cara de asombro y respondió que él tampoco. Lo cierto era que el sonido podía salir de cualquiera de las casas o jardines que nos rodeaban. Me volví en el acto para observar toda la calle.

—Claire, son las cuatro y media de la mañana, ¿por qué me haces esto?

—No te estoy haciendo nada, estoy tratando de entender esto.

—¿Esto? Esto es lo que me estás haciendo. Mira dónde estamos. Ni siquiera llevas zapatos, joder.

Mientras él seguía hablando, noté una ligera presión en la cabeza. No resultaba particularmente intensa; no era una jaqueca, sino más bien una especie de embotamiento. Una sensación de espesor. Al concentrarme, me di cuenta de que también lo notaba en el pecho. Tardé unos instantes en relacionarlo con el sonido. Comprendí que, en realidad, estaba sintiendo el sonido. Como ondas de presión. Lo sentía resonar en las cavidades de mi cuerpo, en el cráneo. Impregnaba mis espacios vacíos. Mientras pensaba en eso, noté un cosquilleo en la nariz. Me rasqué y, cuando volví a mirarme la mano, estaba manchada de sangre.

—Ay, vaya.

—¿Qué pasa?

—La nariz…

Vi que Paul veía la sangre.

—Jesús —murmuró, y le dije que dejara a Jesús fuera de esto—. ¿Qué te pasa?

—Tal vez deberías intentar un exorcismo.

—Creo que un pañuelo de papel servirá por ahora. Mantén la cabeza hacia atrás y…

—No… no me toques —le dije. Retrocedí con un paso vacilante—. Estás haciendo como si no existiera todo esto, ¡esto! —añadí, mostrándole la mano ensangrentada.

—¿El sonido hace que te sangre la nariz?

—No lo digas así.

—¿Cómo se supone que debo decirlo?

—¿Y si es cierto? A lo mejor me está pulverizando el cerebro, Paul, y tú me ofreces tapones para los oídos y un clínex.

—Entra. Por favor.

—¿Me crees?

—Yo…

—Mira —le dije, poniéndome más sangre en la mano, como si eso fuera prueba suficiente. La hemorragia nasal, la presión y el sonido estaban relacionados y, al menos, la sangre era algo tangible que Paul podía ver—. Di que me crees.

Paul apartó la cabeza, como si le preocupase que fuera a tocarlo. Francamente, me habría encantado dejarle un manchurrón rojo en la cara, como en una pintura rupestre de Lascaux. Pero no se atrevió a responder. Repitió que todo se debía al estrés, ergo que me lo inventaba, ergo que estaba histérica, y yo le dije «joder», meneando la cabeza y sonriendo sin alegría. Joder.

—De acuerdo —dijo, derrotado—. Te creo.

—¿Que oigo algo?

—Sí.

—¿Y crees que esa cosa, ese sonido, existe de verdad?

Levantó y bajó los brazos, y preguntó:

—¿Cómo puedo saber si el sonido que solo tú oyes…?

—Porque te lo estoy diciendo y eso debería bastarte.

Me miró como un perro tonto, y yo me di la vuelta y empecé a alejarme.

—Eh, vamos. ¿Adónde…? ¿Qué quieres que te diga? Estás siendo completamente irracional.

Dejé de caminar y grité de frustración. Me salió de dentro. Temblaba por toda la adrenalina acumulada. «Sí, estoy montando un numerito, aquí mismo, en plena calle», pensé. Me reí de mí misma. Vaya por Dios. Ni siquiera la compasión de Paul podía alcanzarme. ¿Era eso cierto? ¿Él no era capaz de algo más? Quise decirle «sé lo que oigo y es culpa tuya, Paul, no mía, que no me creas». Me volví para gritar, pero lo encontré ya a mi lado, tendiéndome la mano y envolviéndome en sus brazos. Dejé que me abrazara largo rato, hasta que dijo con ternura:

—Te creo.

Me limpié la nariz.

—No, no me crees.

—Sí. —Me lo susurró al oído y me abrazó más fuerte—. Sí, te creo. Te creo y te quiero. —Se apartó y me volví para mirarlo—. Te quiero —volvió a decir.

Fue entonces cuando noté que el cielo empezaba a clarear. Un momento después, oí el primer trino de los pájaros.

—¿Has oído eso? —pregunté.

—No —dijo, suspirando.

—Ha amanecido.

02

Solía pensar que los aficionados al *jogging* eran la forma más baja de vida en la Tierra. Juraba que nunca me degradaría así. Y, sin embargo, a los dos años de mudarme a esta zona ya corría durante treinta minutos. Incluso a mí me sorprendió la rapidez con la que se derrumbó mi convicción. En mis carreras matutinas me gustaba observar los coches aparcados en la calle que emergían entre la niebla del amanecer. Parecían dinosaurios acorazados o gigantescos armadillos prehistóricos. Las casas se convertían en los brumosos acantilados de algún cañón mesozoico. En este mundo nebuloso me gustaba imaginar que el tiempo se superponía y que los seres del pasado convivían con los del futuro. Era tan probable encontrarme con un ciervo asustado que con un dron pilotado por el hijo antisocial de algún vecino. Sin embargo, por norma general nunca me cruzaba con nadie. Normalmente era el único momento del día que podía estar a solas con mi cuerpo. Cuando podía convertirme en puro movimiento.

Cuando se trataba de correr, yo era un animal de costumbres. Me ponía las mismas mallas, la misma camiseta, las mismas gafas de sol. Siempre salía a las seis en punto de la mañana. Si me retrasaba unos minutos, sentía que ese atraso se prolongaba al resto del día. A esa sensación la llamaba «arrastrar el culo». Me gustaba evitarla. Me ceñía a la misma ruta porque me conocía bien: no tenía el menor sentido de la orientación y las calles de mi barrio se retuercen y giran sobre sí mismas, por lo que, incluso después de seis años, seguía perdiéndome.

Ashley y yo creábamos listas de reproducción de Spotify compartidas y personalizadas a las que bautizábamos con nombres como «Muerte a los *incels*» (Bikini Kill, Hole, M.I.A.), «Aguántame el cubata» (Lizzo, Nicki Minaj, Megan Thee Stallion) o «Chicos blancos tristes» (Sufjan Stevens, Sam Smith, Bob Dylan). A la mañana siguiente de mi primera noche en vela, puse la mejor lista de reproducción de Ashley —una auténtica obra maestra que se llamaba «Destituir al presidente Krump»—, subí el volumen un poco más de lo habitual y empecé a correr. Me sentía bien en movimiento, aunque estuviese agotada. Pasé por delante de todas las viviendas conocidas de mi ruta, una combinación de bungalós y casas de dos plantas de estuco tostado con contraventanas de imitación y tejas de arcilla roja, patios de guijarros llenos de yucas, suculentas regordetas y senderos curvos de piedra que llevaban a portales ocultos bajo voluminosas arcadas. Unas calles más lejos empezaban las casas de clase alta que aspiraban a una especie de realeza Disney con torrecillas medievales, buhardillas de Nueva Inglaterra y frontones eduardianos, una arquitectura desvinculada del tiempo y del buen gusto.

Aún no sé muy bien cómo me había dejado convencer para vivir en una urbanización de las afueras. El objetivo de Paul siempre había sido tener una casa «de verdad», como las que llevaba años construyendo. Supongo que había una especie de justicia poética en eso. Ambos queríamos para Ashley cosas que nunca tuvimos de niños. Él quería que nuestra hija tuviera tranquilidad, espacio, carriles bici. Yo le regalé un vibrador por su decimocuarto cumpleaños. Dejé que Paul me convenciera de que había alcanzado esa edad en que me convenía estar cerca de la naturaleza. Pajaritos destripando roedores en mi jardín. Grandes extensiones de cielo. La vida es más vivaz aquí que en la ciudad, me dije. Pero me he dado cuenta de que no es así. Es más bien que el menor susurro es muy audible en una habitación silenciosa.

Al doblar la esquina para volver a Cascadia Drive, me encontré con una cuadrilla de obreros vestidos con chalecos reflectantes. Estaban evaluando un poste negro de doce metros que acababan de instalar a unos pasos de la carretera. Aquel poste me pareció inquietante, incluso sobrenatural; como un monolito alienígena. Apareció entonces mi vecina Linda paseando a su perro fantasmal. No estoy segura de qué raza era, pero se trataba de un perro muy austero y muy gris. En la bruma de la mañana parecía casi un espectro. No sé por qué a alguien se le puede ocurrir comprar un animal con una pinta tan fantasmagórica. Linda se acercó con los brazos cruzados y la mirada fija en el poste. Gimió y dijo:

—Bueno, ahí está.

Supuse que se refería al poste y no a mí.

—¿Qué es? —le pregunté.

—Es la torre de telefonía móvil que nos comentaron —respondió, volviéndose hacia mí. Abrió mucho los ojos, como si la torre fuera una amiga nuestra que acabara de aparecer con un vestido especialmente feo y no tuviéramos valor para decírselo.

—¿Quién nos lo comentó?

—Dejaron unos avisos en nuestros buzones la semana pasada, ¿recuerdas?

Le dije que no. Linda me explicó que la torre iba a mejorar el servicio de telefonía móvil y de datos en la zona.

—Pero ya veremos —añadió.

—Seguramente empezaron a instalarlo anoche —le dije.

—¿Qué te pasa? —dirigió esta pregunta al perro, que gimoteaba.

Me planteé si debía mencionarle lo del ruido y decidí que no tenía nada que perder. Le pregunté si lo había oído. Una especie de zumbido, le dije, que había empezado la noche anterior.

—¿Quieres decir desde la torre? —me preguntó.

—Pues no lo sé, eso es lo que me tiene intrigada.

Miró a su alrededor y se encogió de hombros.

—No creo que esté funcionando, acaban de instalarla. —Su perro tiró de la correa y la obligó a avanzar de nuevo—. Pero qué sé yo de esas cosas.

Estoy segura de que lo que Linda no sabía de esas cosas podía llenar un libro.

Durante los días siguientes conseguí hablar con algunos vecinos mientras cuidaban sus jardines o sacaban la basura, pero nadie parecía oír el ruido. Paul seguía insistiendo en que me creía. Yo sabía que no, pero apreciaba su apoyo. Con cada día que pasaba estaba más preocupado. Yo no dormía por la noche y había empezado a tener migrañas, que nunca había sufrido antes. A saber si se debían al sonido o a la falta de sueño, pero eran intensas. Las hemorragias nasales continuaron periódicamente. Lo curioso era que no se trataba de un sonido fuerte ni desagradable. Simplemente estaba ahí, todo el tiempo, constantemente, agotándome, mermándome. Y, sin embargo, a veces hasta yo empezaba a dudar de su existencia.

Seguí yendo al instituto porque soy así: perseverante. En el aula, tomaba paracetamol y mantenía las persianas bajadas. Un medio día, en una clase sobre *Beloved*, tuve que convertir la lección en un debate para poder sentarme y descansar un poco. En esas estaba cuando un alumno me hizo una pregunta que no oí; solo me di cuenta cuando levanté la vista y descubrí que toda la clase me miraba. Otro alumno me preguntó si me encontraba mal. En ese momento pensé que probablemente era más preocupante fingir que todo iba bien a abordar el problema, así que pregunté a mis alumnos si ellos también lo oían.

—Como un zumbido profundo, una especie de vibración. Un ruido de fondo. —Observé sus expresiones de perplejidad. Nadie dijo ni una palabra—. ¿O solo lo oigo yo? —tartamudeé.

De pronto me sentí ridícula. Me fijé en dos chicos que sonreían y cuchicheaban en la última fila. Probablemente tendría que haber evitado la palabra *vibración*. Oí más susurros, seguidos de risitas, seguidas de risas amortiguadas e insoportables. «Da lo mismo», les dije, y me disculpé. Asigné algunas lecturas y terminé pronto la clase. Seguro que eso les dio mucho de que hablar a la hora de comer.

En general, no me importaba lo que pensaran de mí los alumnos, aunque tenía la sensación de que les caía bien. Se reían con mis bromas. Sabían que en mi clase podían decir lo que pensaban. Siempre los animaba a cuestionar la sabiduría y la autoridad que se daban por sentadas. Había un grupo de chicos que me llamaban «señorita», aunque para el resto del personal y estudiantes yo era la «señora Devon». «Señorita, ¿puedo abrir la ventana?». «Señorita, ¿puedo ir al baño?». Me di cuenta de que estos chicos no utilizaban ese epíteto con otros profesores. Aunque ofendía mi feminismo, llegué a encontrarlo vagamente entrañable, como si transmitiera una especie de familiaridad. Sospechaba que también indicaba una sexualización inconsciente, o tal vez consciente entre aquellos chicos, algo que me producía ambivalencia, pero probablemente no me disgustaba del todo. Si alguna vez me planteaba seriamente mi nivel de popularidad entre mis alumnos era por Ashley. Seguro que no era fácil ir al mismo instituto donde enseña tu madre.

A la hora del almuerzo, después de mi pequeño episodio, me comí las sobras de un *curry* en la sala de profesores mientras Cass me resumía el episodio de *Drag Race* de la noche anterior. Yo no veía el programa, pero lo seguía gracias a sus relatos entusiastas y detallados. Como un antiguo bardo, Cass era capaz de memorizar toda la mitología de la serie y de referirse a las hazañas de las *drag queens* de temporadas anteriores como si fueran semidiosas de un gran panteón cósmico. En algún momento notó que no seguía su monólogo con mi atención habitual.

—Cariño, ¿estás bien?

—Sí, estoy…, lo siento.

—¿Sigues sin dormir?

No estaba en mi forma habitual. Volví a disculparme y ella me dijo que dejara de disculparme. Se acercó, me puso la mano en la rodilla y me dijo que tenía un aspecto de mierda. Respondí que era justo como me sentía. Siempre confiaba en Cass para que me dijera la verdad. Muchos de los otros profesores la encontraban demasiado intensa, y lo era, pero me atraían las mujeres que ocupaban espacio; yo procedía de una prodigiosa estirpe de ellas. Cass vivía a lo grande. Por qué llevar dos colores cuando puedes llevar cinco; por qué sonreír cuando puedes reír; por qué hacer dieta cuando vas a morir. Nos conocimos trabajando juntas en una producción de *En el bosque* cuando yo llevaba dos años en el instituto. Yo dirigía la obra y ella, profesora de música, era la directora musical. Casi acabamos matándonos. Teníamos unas broncas colosales, incluso delante de los alumnos. Se trataba de diferencias creativas en casi todo: el reparto, el vestuario, la iluminación, cosas que no tenían nada que ver con su cometido. Ella había visto el espectáculo «en Nueva York» y quería ser «fiel a su espíritu original», mientras que yo quería cambiar el género de algunos de los papeles y tener un decorado minimalista que, según ella, era «demasiado artístico». Pero simplemente me negaba a dar todos los papeles jugosos a chicos poco entusiastas y sin oído musical cuando había una legión de chicas más capaces, y desde luego no iba a llenar el escenario con un bosque de papel maché ni ningún otro horror estético que ella defendiese entonces, ahora ya no me acuerdo. En cualquier caso, sobrevivimos a la colaboración y nos hicimos amigas, y desde entonces nos hemos torturado poniendo en escena cuatro musicales más, incluido uno que la propia Cass escribió sobre Amelia Earhart del que preferíamos no hablar.

Junto con nuestra amiga Nadia, éramos el equipo de salvamento emocional de las otras. Nadia había trabajado en el departamento de educación especial de nuestro instituto antes de mudarse al otro extremo de la ciudad. Cuando Cass estaba con la quimio, Nadia y yo mantuvimos su nevera llena de guisos, sopas y pasteles. Cuando murió la madre de Nadia, Cass y yo la llevamos a un concierto de Janelle Monáe con unos pastelitos de marihuana. Eran mis hermanas mayores; las dos tenían diez años más que yo. Habían sobrevivido al maltrato infantil y al maltrato en su matrimonio, se habían vuelto a casar con chicos cristianos con perilla y ahora sacaban mucha fuerza de su fe, sobre todo Cass.

—Oye —me dijo, mientras salíamos de la sala de profesores al final de la hora del almuerzo—, ya te cubro la clase de la tarde.

—No, ¿qué dices?

—No tengo nada ahora. Vete a casa. Duerme. Lo digo en serio.

—Eso es…

—Calla, coge tu mochilita Fjällräven Kånken y vete.

—Eso era lo que querías decir, ¿eh?

—Te acompaño a tu aula y de camino me cuentas el plan para la lección de hoy.

—No, no, no me pasa nada. De verdad, querida. De todos modos, Ashley tiene un partido después de clase.

—Vamos, no te quedarás para eso.

—Sí, quiero quedarme.

Me agarró del hombro y me miró a los ojos cuando sonó el timbre para volver a las clases.

—No seas una mártir, ¿vale? Si necesitas tomarte un par de días libres, habla con Valeria.

Después de clase encontré un lugar tranquilo en las gradas. Solo era un partido amistoso con la escuela católica cercana, no formaba parte del torneo regional ni nada parecido, pero aun así intentaba ver todos los partidos de Ashley. Normalmente aprovechaba para corregir y, cuando no tenía nada que corregir, me llevaba un libro. La temporada pasada me había leído *Anna Karénina* enterita. Me gustaban las cadencias del partido: los gritos, el silbato, el choque de dos tormentas de color. Los deportes no me interesaban. Aún me sorprende que mi hija, que compartía una parte de mi alma, acabara siendo deportista.

Estaba bastante segura de que Ashley me había identificado sentada en las gradas, pero hizo como si no me viera. Normalmente me saludaba con la mano o me sacaba la lengua. Me pregunté si se habría enterado de mi pequeño episodio en clase, pero era algo que seguro que no me echaría en cara. Sin embargo, a medida que avanzaba el partido tuve la sensación de que me ignoraba. Empecé a darle vueltas a aquello. Probablemente yo estaba agotada y decaída. Esperé un poco más hasta que decidí no hacerla sentir incómoda quedándome con ese aspecto tan demacrado y me largué. Nunca me había ido de un partido suyo antes de que acabara. Mientras me dirigía al coche, no supe si al darse cuenta se sentiría dolida o aliviada, ni tampoco qué me dolía más.

Paul y Ashley habían adoptado posturas opuestas para tratar mi «problema», como empezaron a llamarlo. Paul se volvió cada vez más cariñoso y protector; preparaba las comidas, organizaba las citas médicas y me compró unos auriculares con cancelación de ruido. Ashley se distanció enseguida. Su reconocimiento selectivo de mi existencia continuó días después del partido, hasta llegar al extremo de empezar a ignorarme por completo cuando me cruzaba con ella en los pasillos del instituto. La primera vez que lo hizo, sentí como si me hubiera apuñalado con un cuchillo de carnicero. Evidentemente, mi comportamiento en clase y en el instituto se estaba convirtiendo en tema de conversación, y ella me estaba castigando. Empecé a hacer todo lo posible por organizar mis movimientos por el edificio para evitar cruzarme con ella. La situación se volvió insostenible.

Por fin, una noche entré en su habitación para hablarle del asunto. Ashley estaba tumbada en la cama, viendo un vídeo en el móvil. Me eché a su lado y nuestros cabellos se tocaron. El vídeo era un documental sobre la caza de ballenas en Japón. Me quedé acostada a su lado, mirando al techo, escuchando la grabación. Al cabo de un par de minutos, ella alargó la mano y me la puso en la frente.

—Pareces salida de la puta *Noche de los muertos vivientes*, mamá.

Exhalé.

Lo sé.

—Estás demacradísima.

—Hum. Gracias.

Se volvió para mirarme, con sus ojos justo al lado de los míos.

—De veras, mamá, ¿te has mirado al espejo?

—Tengo uno, sí.

—Pues la cosa pinta mal, cabrona.

—Soy consciente.

—Estás quemada.

Asentí y me sujetó suavemente la cabeza sin dejar de mirarme a los ojos.

—Deja de ir al instituto. Por favor. Te lo suplico, literalmente.

—Te estoy avergonzando.

—Sí. Es verdad. Lo siento, pero sí.

Me escocían los ojos y los cerré. Recordé que una vez mi madre se presentó oliendo a alcohol a una reunión de padres y profesores y deseé evaporarme en el aire. Recordé cuán desesperadamente había deseado desde siempre que mi hija nunca se avergonzara de mí. Tragué saliva y le prometí entre dientes que por la mañana hablaría con Valeria y le pediría un permiso por estrés.

Valeria Moreno, la directora de mi centro, me permitió utilizar la totalidad de mis días de baja remunerados de ese año. No tenía intención de estar tanto tiempo sin trabajar, pero pronto se hizo evidente que no mejoraba. Siguiendo el consejo de mi médico de cabecera, me tomé dos semanas más de baja sin sueldo, pero ni siquiera entonces conseguí dormir. Me pasaba los días sola en casa, medicándome, meditando, masturbándome. No sé si sois conscientes de lo mucho que trastorna llevar semanas sin dormir; nuestro cerebro no es tan robusto como nos gusta creer. Durante todo este tiempo Paul me acompañó a mis citas con la audióloga, la doctora Sandra Hoigan (no bromeo), que me hizo toda una serie de pruebas y descartó los acúfenos, las otoemisiones acústicas espontáneas y básicamente todas las demás explicaciones médicas. Ella creía que quizá yo era hipersensible al ruido blanco de mi entorno y que me estaba obsesionando con un tono que normalmente pasaría desapercibido; unos síntomas que había visto ocasionalmente en pacientes que sufrían estrés agudo. Le dije que no me había sentido especialmente estresada antes de que empezara todo esto. Ese año no dirigía el musical del instituto, me gustaban mis alumnos, contaba con buenos colegas, las cosas iban bien con Paul, teníamos algunas deudas, pero ¿quién no? La doctora Hoigan dijo que todo eso estaba fuera de su competencia, pero me animó a que considerase la posibilidad de ver a un psicólogo.

Así que empecé a ver al doctor Humberto Gompf, que me propuso la terapia cognitivo-conductual para entrenar mi cerebro y conseguir que se relajara e ignorase el ruido. No pareció considerar mi sugerencia de que este pudiera tener un origen real, como las ondas electromagnéticas de la nueva torre de telefonía móvil, por ejemplo, o quizá un murmullo procedente del polígono industrial de Ranchlands. ¿Tenía que tomar medicación y hacer terapia para poder soportar la contaminación acústica? ¿Tenía que entrenarme para ser menos sensible? ¿Cuándo ser demasiado perceptiva se había convertido en un lastre, en un déficit, y a quién servía que así fuera?

Al intentar describir el sonido a mis médicos, a mis vecinos o a Paul, me di cuenta de que solo podía hablar de él mediante analogías. ¿De qué otra forma se podía articular una sensación que otra persona era incapaz de percibir? Se parecía a describir un color a un ciego: solo podía explicarse a través de otro sentido. Gris como el olor de las calles después de una tormenta. Amarillo como el calor de las sábanas al sol de la mañana. Por la noche, mientras estaba tumbada en la cama, era como si alguien hubiera dejado un coche con el motor al ralentí delante de casa. O como si un avión la sobrevolase, ese tenue rumor ambiental; salvo que nunca se alejaba, sino que continuaba durante horas y horas. O como estar en un décimo piso y oír un martilleo en el sótano que reverbera a través de las paredes de hormigón. O el profundo retumbar de una nota grave en un concierto, sostenido durante días.

Una noche no pude quedarme acostada ni un segundo más. El zumbido me pelaba la piel como si yo fuera una patata. Imaginé a Paul despertándose para encontrar solo una larga monda a su lado. Salí de la cama y me fui a dar un paseo. Era una noche clara. El zumbido era el único sonido; nunca lo había oído con tanta intensidad. Caminé sin rumbo y, sin embargo, tenía un propósito. ¿Me hallaba en un estado disociativo? Es muy probable. Empecé a imaginarme que estaba en una película. En la película, llegaba al final de la calle, doblaba la esquina y la veía. Una sombra alta y oscura, como una cicatriz en la noche. La torre de telefonía móvil. Un escalofrío me recorrió el cuerpo. Me quedé mirando la torre un buen rato y luego eché a andar hacia ella, preguntándole mentalmente: «¿Eres tú? ¿Estás tú haciéndome esto?». Me detuve, me agaché para coger una piedra del tamaño de mi palma y la lancé contra la torre. Al principio fallé, así que cogí otras dos piedras, lancé una, luego otra, y la tercera dio de lleno en la torre, que hizo un ruido metálico. Asombrosamente fuerte. Me sorprendió. Es decir, me sorprendí a mí misma —una mujer adulta, una profesora de instituto, una madre—, lanzando piedras a una torre como una maleante preadolescente de barrio. Pero creo que me sorprendió más lo tangible que era todo. La torre estaba realmente allí. Existía. Y mi cuerpo existía. No eran solo cosas que yo también había imaginado.

03

La buena voluntad y la paciencia de Paul se agotaron. Después del primer mes me trasladó a la habitación de invitados, diciendo que tampoco podía permitirse noches de insomnio, lo cual me pareció justo, aunque también me sintiera un poco como condenada a una especie de cuarentena o al manicomio. Paul llamaba a la habitación de invitados «el gimnasio» porque era donde guardaba sus cosas para ejercitarse; quizá un nombre más apropiado habría sido «el almacén», o tal vez «la habitación de los propósitos fallidos». Tenía paredes blancas y desnudas que nunca nos habíamos molestado en decorar. Ni que decir tiene que no me ayudaron a dormir.

Al cabo de dos meses tuve que decidir si volvía al trabajo o me acogía a una incapacidad prolongada, lo que habría supuesto una importante reducción de mi sueldo, algo que realmente no podíamos permitirnos. Así que volví al instituto, no más descansada que antes y oyendo todavía el ruido, pero muy mejorada en lo de fingir que no lo oía.

Durante el almuerzo del jueves de esa primera semana, mientras recogía los papeles de mi mesa, levanté la vista y vi a un alumno, Kyle Francis, esperando en la puerta. Llevaba una sudadera demasiado grande y un auricular en la oreja izquierda. Tenía el pelo tan rubio que parecía casi blanco, lo que le daba un aspecto de bebé y anciano al mismo tiempo. Había que fijarse mucho en su cara para verle las cejas. Siempre había sido una especie de fantasma en clase. Nunca hablaba a menos que se lo pidiera, aunque las pocas veces que lo hacía, sus ideas eran realmente apabullantes: una interpretación específica de un relato de Ray Bradbury, por ejemplo, o una lectura de un poema de Langston Hughes que realmente nunca se me habían ocurrido en todos los años que llevaba enseñando esos textos. Su mente funcionaba de otra manera, cuando funcionaba; cada vez parecía más abstraído en clase.

—Perdón. ¿Tiene un segundo?

—Hola, Kyle. ¿Qué puedo hacer por ti?

Inclinó la cabeza.

—No sé muy bien cómo hablar de esto —dijo.

—Pues no lo hagamos de un extremo a otro del aula —respondí.

Hizo ademán de cerrar la puerta, pero le dije que la dejara abierta. Eran las normas del instituto; ningún profesor puede estar a solas con un alumno tras una puerta cerrada. Le ofrecí una silla, se acercó y se sentó. Me apoyé en el borde de la mesa y crucé los brazos.

—Dime.

Carraspeó y se miró las manos.

—Sé que últimamente he estado... muy distraído en clase.

—Sí, es cierto.

—Y solo quería decirle que lo siento. Y quiero esforzarme más.

—Vale. Te lo agradezco.

—No quería faltarle al respeto. Cuando me dormí... No pretendía... —Se interrumpió y miró la puerta con expresión dolorida.

—Lo sé —dije, sacando la silla de detrás de la mesa para sentarme a su lado—. Solo me frustra porque sé de lo que eres capaz —añadí, y él asintió—. ¿Qué estás escuchando?

Se disculpó y se sacó el auricular.

—¿Qué escuchas? —le repetí.

—Solo cosas anticuadas.

—¿Mozart?

Una sonrisa se dibujó en su cara.

—Exacto —respondió.

—Conociéndote, no me sorprendería.

Kyle actuaba como un tipo duro y oscuro, pero siempre sospeché que en otra vida podría haber sido un friqui de la música. Me pasó uno de sus auriculares. Lo escuché un momento, antes de sacármelo con incredulidad:

—¡Missy Elliott no es anticuada!

—¿*Get Ur Freak On*?

—Es de…

—¡De 2001! El año que nací —dijo.

Eso me produjo una sensación parecida al vértigo. Aún no me había hecho a la idea de que los estudiantes no recordaran la caída de las Torres Gemelas. Le dije que creía que estaba hablando de Public Enemy.

—Señorita, eso ya es prehistórico —respondió.

Le devolví el auricular.

—Pero en serio —le dije—, no quiero verte con los auriculares en mi clase, ¿vale? Me da la sensación de que te importa un bledo lo que digo y que pasas de todo. Y sé que no es el caso. O tal vez lo sea.

Puso cara de dolor y dijo que no.

—Y te hace imposible concentrarte, y entonces te quedas dormido.

—Lo sé.

—Entonces dime qué te pasa. Todavía no tengo tu propuesta. El trabajo es para el lunes.

—Estoy atascado.

—¿Qué libro has elegido?

Sacó de la mochila un tomo enorme con las páginas arrugadas. Le dio la vuelta y mostró la cubierta: *La montaña mágica*, de Thomas Mann. Me eché a reír.

Movió el cuerpo bajo la sudadera, cohibido.

—Sé que es un poco ambicioso —dijo.

—Sí. No me extraña que estés cansado, andando con este ladrillo en la mochila.

Le quité el libro de las manos y empecé a hojearlo. La letra era minúscula.

—Transcurre en un hotel de los Alpes o algo así, ¿verdad?

—Sí. Un joven ingeniero llamado Hans viaja a Davos…

—¿Hans? —dije, exagerando el acento alemán.

—Sí, Hans —contestó Kyle, sonriendo, con un acento aún más exagerado— va a visitar a su primo a un sanatorio para tuberculosos aislado en las montañas, pero acaba con unas fiebres y se convence…, bueno, los médicos lo convencen, de que son los primeros síntomas de la tuberculosis, y lo que se suponía que iba a ser una visita corta se convierte en una estancia de siete años. Pero probablemente todo es psicosomático.

—¿Y vas a escribir un ensayo de mil palabras sobre este libro de setecientas veinte páginas?

—Lo estoy intentando.

—Te asignaron *El guardián entre el centeno* y *De ratones y hombres*...

—O un libro de nuestra elección —intervino él.

—Bien, pero permíteme... —Dejé *La montaña mágica* sobre mi escritorio y saqué ejemplares de *El guardián entre el centeno* y *De ratones y hombres* del cajón de arriba. Los apilé junto al libro de Mann. Combinados, apenas alcanzaban un tercio de la altura de *La montaña mágica*. Le pregunté si entendía adónde quería yo llegar.

Kyle se encogió de hombros y se recostó en la silla.

—La mayoría de la gente es analfabeta —dijo.

—O tú eres un poco fanfarrón —dije yo, y esbozó una media sonrisa—. Pero creo que quien mucho abarca poco aprieta. ¿Cuál es tu tesis?

Se pellizcó la boca con el pulgar y el índice.

—Quiero escribir sobre la dualidad del libro, cómo muestra escepticismo tanto hacia la credulidad como hacia la incredulidad.

—Bien.

Me di cuenta de que intentaba impresionarme y yo no quería darle la satisfacción de demostrarle que lo había conseguido.

—¿Lo has redactado? —le pregunté.

—Todavía no.

—¿Ya tienes algo escrito, al menos?

Negó con la cabeza. Estaba irritada, pero no podía evitar sentirme un poco maravillada. Sabía que era un alumno brillante y él sabía que yo lo sabía. Quizá se había mentalizado para incumplir su promesa, por miedo a que el resultado no fuera tan impresionante como habíamos imaginado, considerando toda su genialidad dilapidada.

—Bien —dije—. Recuerda, no estoy buscando un doctorado con esto. Mil palabras. Tampoco es tanto.

Volvió a mirarse las manos y asintió. Le dije que el próximo lunes quería que me enseñara lo que tuviera y le devolví el libro.

—Y nada de dormirse en clase, ¿de acuerdo?

—Lo sé. Lo siento.

Mientras guardaba su libro, me fijé en las ojeras que tenía.

—La verdad es que se te ve muy cansado, Kyle.

Ignoró el comentario unos segundos, mientras cerraba la cremallera de su mochila, y luego me miró.

—No duermo —dijo. Iba a añadir algo más, pero se detuvo.

—¿Y eso por qué? —le pregunté. Se encogió de hombros. Le pregunté si tenía problemas con los amigos y me dijo que no—. ¿Luke y Mohamed?

—No, esos tipos son geniales.

—¿Seguro?

—No es eso.

Movía la pierna nerviosamente. Vio que me daba cuenta y se detuvo.

—Porque, en tal caso, podrías decírmelo. Siempre estoy aquí. Pero tienes que dejar que te ayude. —Señalé los auriculares que sobresalían del bolsillo de su sudadera—. Nada de eso, ¿vale?

—Es que a veces siento que los necesito para bloquear el ruido.

—Vaya, gracias.

—No me refiero a usted.

—Parece un poco contradictorio, ¿no? Necesitar música para bloquear el ruido.

Se pasó la mano por la cara.

—Lo sé, estoy hecho un lío.

—Yo no he dicho eso.

—No puedo dormir por el ruido. No me deja dormir.

Me dirigió una mirada penetrante y el corazón empezó a latirme un poco más deprisa. ¿Qué me estaba diciendo exactamente?

—¿Tu familia se queda despierta hasta tarde? —le pregunté.

—No.

—¿Tus vecinos?

—Le estoy diciendo que oigo el ruido todo el tiempo. En todas partes. Es como… —Giró el dedo por encima de la cabeza. Nos miramos fijamente, sin respirar. Al menos yo no respiraba. No me había dado cuenta de que eso se podía olvidar. Entonces me dijo que, desde que yo había preguntado por el ruido en clase hacía unos meses, se había dado cuenta de que él también lo oía. Sus ojos recorrieron mi cara en busca de alguna reacción.

—¿Todavía lo oye? —preguntó.

Tragué saliva y asentí.

—Continuamente.

—Es casi como… una especie de rumor.

—Sí.

—Casi como…

Intentó imitar el sonido con la garganta. Como el gemido de un hombre después de que lo apuñalen. Ninguna voz humana era bastante grave como para imitar el zumbido. Era un sonido imposible, pero me sentí extrañamente conmovida por sus ganas de intentarlo. Reconocí el deseo de forma visceral: dar voz al ruido que nadie más oía. Y, sin embargo, finalmente había alguien que sí. Alguien sentado cerca de mí. Era difícil expresar con palabras lo que sentí: resignarse a vivir en la invisibilidad y de pronto saber que alguien podía verte, una sola persona en el mundo. La intimidad que eso suponía. El alivio. Y que esa persona fuese un chico de diecisiete años, un alumno, y no un alumno cualquiera, sino Kyle Francis, con su hosca precocidad. Aunque Kyle estaba lejos de imitar el zumbido, sí que había expresado la sensación de ser perseguido por él. Me di cuenta de que su sonido era el mío. Lo reconocí de inmediato y se me puso la piel de gallina. Kyle guardó silencio y luego me preguntó qué era. Negué con un gesto y le dije que ojalá lo supiera.

—Al principio creí que tenía una conmoción cerebral. Un día jugaba al baloncesto, alguien me dio un codazo en la cabeza y empecé a oírlo. Y no ha parado desde entonces. Pero fui al médico y no había conmoción ni nada. —Volvió a mirar hacia la puerta del aula y luego sus manos—. Es usted la primera persona a quien se lo cuento.

—Nadie más puede oírlo —le dije—. Ni mi familia, ni mis vecinos; no tienen ni idea de lo que hablo. Ninguno de los profesores de aquí.

—Sí, todos mis profesores están en plan: «Tío, despierta» —dijo, chasqueando los dedos—. Mis amigos creen que voy colocado. No puedo concentrarme. Me meto en líos.

Sentí que se me sonrojaba. Extendí la mano y le apreté el hombro, lo que esperé que interpretara como una especie de disculpa.

—Por la noche es peor —añadió.

«Dios mío», pensé.

—¿Verdad? —preguntó.

—Mucho peor.

—Entre la medianoche y las seis de la mañana —dijo, frotándose los ojos, dejándolos irritados. Se le estaban llenando de lágrimas. Me di cuenta de que me secaba los míos con el dorso de la mano—. Cuando hay silencio. No hay tráfico ni aviones. Si me despierta ya está, no puedo volver a dormirme. He probado los tapones para los oídos.

—Sí, claro.

—Ayudan un poco.

—A mí, no.

—No. Porque aún puede oírse.

—Exacto.

Miró el flujo constante de estudiantes que deambulaban por el pasillo, fuera del aula, y preguntó si podía cerrar la puerta. Fruncí los labios pero no me negué, así que se levantó, cruzó el aula y la cerró. Cuando volvió a sentarse, empezamos a hablar de las migrañas. De la confusión mental. Mencioné las hemorragias nasales. Reconocí que era difícil imaginar que un sonido provocara hemorragias nasales, pero él dijo que no le parecía nada descabellado.

—Los sonidos pueden hacer daño —dijo—. ¿Esos cañones de sonido que usan en las protestas? Y lo de la Embajada de Estados Unidos en Cuba, ¿lo has leído?

Negué con la cabeza. Me conmovía ver esta faceta de Kyle: apasionada e implicada.

—Agredieron a los trabajadores de la embajada con ataques sónicos —continuó—. Empezaron a oír unos extraños sonidos agudos por la noche y a sufrir un montón de síntomas, hasta que al final tuvieron que enviarlos de vuelta a casa. Algunos acabaron con daños cerebrales permanentes.

—Dios.

—Puede hacer daño.

—Tal vez nos esté atacando el Gobierno —dije, recostándome con una ceja arqueada.

—Correcto —respondió, siguiéndome la broma—. Los cubanos nos persiguen.

Me reí entre dientes, aunque seguía al borde de las lágrimas. Solté el aire lentamente, tratando de serenarme. Y entonces empecé a contarle cosas a Kyle. Le hablé de mis problemas con Paul y Ashley. De mi confusión y aislamiento. No sé por qué sentí que podía ser franca con él. Era inapropiado y, sin embargo, también profundamente reconfortante.

—¿Paul es su marido?

—Sí.

—¿Cómo es?

—¿Cómo es?

—¿Qué pinta tiene? —preguntó. Me reí, pues me había pillado desprevenida—. Da igual —dijo—. Solo intentaba hacerme una imagen mental.

Le dije que Paul era un buen hombre, aunque probablemente me tomaba por loca.

Kyle me miró fijamente.

—¿Y lo está?

—A veces creo que sí —le dije.

Asintió con la cabeza y se inclinó hacia delante.

—Yo no creo que usted esté loca.

Y, por primera vez desde hacía semanas, no me sentí como si lo estuviera. Y no me pareció una locura inclinarme y abrazarlo. En realidad, en ese momento, me pareció que era lo único razonable que podía hacer. Sentí que su cuerpo se hundía levemente en el mío. Y algo pasó entre nosotros. Un secreto. Una sincronía. Un silencio, que comunicaba todo lo que todavía no podíamos saber ni decir.

En ese momento llamaron a la puerta y Cass entró en el aula cargada con dos ensaladas envasadas mientras decía algo sobre su gato Ricardo, pero se detuvo al ver que Kyle y yo nos separábamos. Dejé una mano en el hombro de Kyle para indicar a todos que me sentía cómoda con lo que acababa de ocurrir, pero él se puso nervioso y se levantó, apartándose de mí.

—Lo siento —le dije a Cass—. Estábamos teniendo una conversación difícil.

—Claro, lo siento, no era mi intención irrumpir así.

—Nosotros…

—¿Lo dejamos para otro momento? —preguntó Cass.

—No, no, ya hemos terminado.

—Vale. Puedo…, ¿por qué no te espero en el pasillo? —Cass sonrió y volvió a salir del aula, dejando la puerta abierta.

Kyle miraba al suelo. Parecía enfadado, o tal vez avergonzado; era difícil interpretar su expresión. Yo esperaba que saliera, pero se quedó.

—A lo mejor podemos seguir hablando de esto otro día —dijo.

—Por supuesto. Sí.

—¿Cuándo?

—Me quedaré después de clase para corregir unos trabajos.

—¿Aquí?

—Sí.

Me miró y asintió. Se colgó la mochila al hombro y se dirigió a la puerta.

—Kyle —dije, y se volvió. Tenía la mandíbula apretada y una expresión neutra. Ya estaba volviendo a un mundo que estaba fuera de mi alcance. Un mundo alejado de la franca vulnerabilidad.

—Quiero ver algo de ese trabajo para el próximo lunes, ¿de acuerdo?

04

Quizá no lo sepáis, pero el mundo está lleno de zumbidos y resonancias imposibles de rastrear que afligen a miles de personas a diario, llevándolas a la locura y la desesperación. Yo no lo sabía. No tenía ni idea. No hasta que me convertí en parte de las legiones de afectados y descubrí que había chats y foros donde se desahogaban de sus penurias después de haber perdido la esperanza en que los médicos, la ciencia o los medios de comunicación los ayudaran a dar sentido a su sufrimiento. Cientos de lugares en todo el mundo sufren las consecuencias de diversas fuentes locales de contaminación acústica. Industria irresponsable, falta de supervisión gubernamental, planificación urbanística descuidada. Sin embargo, por mucho que busqué, nunca encontré a nadie que viviera en mi zona y describiera mi sonido. Estaba segura de que a algunas almas sensibles de Auckland o Brístol no les quitaba el sueño el mismo zumbido que a mí, pero aun así me consolaba leer sus mensajes. Sí, empecé a encontrar consuelo en la compañía de chalados anónimos. Pero ¿por qué, si no, existía Internet? Vídeos de gatos y el consuelo de chalados anónimos. De pronto me descubrí pasando horas sumida en las diferentes teorías sobre los posibles orígenes de esos sonidos. La red eléctrica, las turbinas eólicas, los submarinos, los insectos, los meteoritos, el viento que pasa a través de cavernas subterráneas, las vibraciones de las olas al chocar con la plataforma continental, las llamadas de apareamiento de los peces sapo, la tecnología de control mental de los Gobiernos, las transmisiones alienígenas, las erupciones volcánicas lejanas… La erupción del Krakatoa en 1883 hizo que el planeta vibrase durante días. El Ejército estadounidense, por supuesto, era uno de los culpables favoritos, y en muchos comentarios se hablaba largo y tendido de las señales de radio de muy baja frecuencia utilizadas para rastrear buques en las profundidades oceánicas; un sonar del que nada podía esconderse, que volvía el océano del revés como si de un bolsillo se tratara. Y, cómo no, estaban los que prescindían de la geología y la meteorología para dirigirse directamente a Dios. ¡En el fin de los tiempos las estrellas cantarán y sonarán los grandes cuernos del cielo! Éramos los heraldos de la revelación.

Antes, nunca me había parado a pensar en todos los sonidos incognoscibles del mundo, sonidos que solo podíamos ver en gráficos o en medidas. Los sonidos profundos de la Tierra que nadie oye. La erupción de chimeneas volcánicas a miles de metros bajo el agua. El roce de los icebergs en el fondo del océano. Los misteriosos estallidos de la Tierra que ni siquiera la ciencia puede explicar. Los terremotos celestes que retumban como cañones en los tranquilos días estivales sobre la bahía de Fundy, o que hacen vibrar los platos en las cocinas de Lough Neagh, Irlanda. O el gas que se escapa de las fumarolas y de la vegetación que se pudre en el fondo de los lagos o que se libera de la piedra caliza que se descompone en las cuevas submarinas; el explosivo y caprichoso aparato digestivo de la Tierra, que burbujea, eructa y expulsa. El desprendimiento de los fragmentos de la plataforma continental que caen al abismo atlántico. Los rugidos de los vientos solares. De la actividad magnética. De las avalanchas. De truenos distantes que, por una anomalía de la alta atmósfera, consiguen liberar su voz a través de valles y cordilleras para llegar a diferentes ciudades y estados.

Antes, el sonido era algo que daba por sentado. Siempre estaba ahí, aportando una textura agradable e información útil a mi vida cotidiana. Me gustaba la música, pero nunca he sido una gran aficionada como Paul. Nunca supe distinguir la calidad de sonido de un CD y la de un disco. Sin embargo, en cuanto empezó todo esto ya no pude pensar en nada que no fuese el sonido. Y no solo en el mío —porque llegué a considerarlo «mi sonido», como si me perteneciera o yo le perteneciera—, sino en las misteriosas dimensiones del sonido en general.

Una noche, cuando Paul ya se había acostado, abrí el portátil en la oscuridad de la sala. Busqué en Google «el sonido más bello del mundo» y me pasé una hora escuchando el croar de las ranas en un pantano de Malasia, las cascadas del río Neretva, el gorjeo de los zorzales al amanecer, el viento azotando un acantilado en Sonoma. Pero, cuando lo pensé, el sonido más hermoso que probablemente había oído era el de un cortacésped. De niña, tumbada en la cálida hierba estival de la casa de mi abuela, escuchando el sonido lejano de su vecino cortando el césped, recuerdo haber sentido que viviría para siempre. El ronroneo de aquel cortacésped, tres o cuatro casas más allá, era como el sonido de la misma eternidad. Y ahora, sentada en la sala, se me ocurrió que toda la historia de mi vida podría contarse mediante los sonidos que la habían rodeado. Una grabación continuada de cuarenta años. Una biografía de tonos ambientales, cantos de pájaro, canciones pop, mensajes de voz, risas, silbidos de tren, ladridos perrunos y del rumor del viento entre innumerables hojas.

Cuando volví al trabajo, fingí que ya no oía el zumbido. Fue una actuación convincente. Paul volvió a dejarme dormir en nuestra cama, como un perro al que dejan volver a entrar en casa si no se mea en la alfombra. Ashley me sacaba la lengua en los partidos y me tocaba el culo cuando me cruzaba con ella por los pasillos. Daba mis clases, gastaba bromas en la sala de profesores y mis colegas volvieron a contarme las minucias de sus disfunciones conyugales. En otras palabras, las cosas volvieron a su cauce.

Avancemos dos semanas. Una tarde, unos cuarenta y cinco minutos después del final de las clases, cerré la puerta de mi aula, caminé por los pasillos despidiéndome del personal de limpieza y salí al aparcamiento, que estaba casi vacío. Los autobuses escolares amarillos se habían ido. Algunos chicos seguían esperando el autobús urbano al otro lado de la calle, fumando. Subí a mi Toyota plateado, recorrí tres manzanas, doblé la esquina y me detuve junto a un pequeño parque sombreado. El parque se comunicaba, a través de un sendero cubierto de maleza y el patio de la escuela primaria adyacente, con el campo trasero del instituto. Fingí que buscaba algo en la guantera para no parecer sospechosa, aunque sabía que no había nadie en los alrededores. Al cabo de unos cinco minutos, Kyle apareció en el pequeño parque con la capucha puesta, cruzó hasta mi coche y se subió al asiento del copiloto. Nos pusimos en marcha sin hablar durante unos instantes, vigilando las calles cercanas, antes de que Kyle se quitara la capucha y entráramos en nuestra dinámica habitual.

Habíamos empezado a vernos después de clase. Al principio era solo para hablar y contarnos nuestras experiencias. Después pasamos a analizar teorías. Ninguno de los dos estaba dispuesto a creer que el sonido venía del interior de nuestra cabeza. Pensábamos que tenía un origen externo y que, de ser así, era posible encontrarlo. Comparamos artículos que habíamos encontrado en Internet, peinamos los hilos de comentarios y elaboramos una lista de posibles culpables, que ubicamos en un mapa del barrio: nueve páginas de la vista por satélite de Google Maps que imprimimos, pegamos con cinta adhesiva y plastificamos. En poco tiempo, algo se hizo evidente: si queríamos localizar el origen, tendríamos que salir del aula.

Nos detuvimos en el arcén de grava de Ranchlands Road, junto a la valla que rodeaba el perímetro del polígono industrial. Estábamos lo más cerca posible de la fábrica Grenadier sin tener un pase de empleado. Comprobé por los retrovisores si pasaban vehículos o si había curiosos y di el visto bueno. Al salir del coche, me sorprendió de inmediato el estruendo que salía de la fábrica, aunque no estaba muy segura de que el ruido fuera lo bastante grave o reverberante para ser nuestro zumbido. Entre el arcén de grava y la valla había una zanja poco profunda cubierta de matorrales y flores silvestres. Las cigarras cantaban mientras cruzamos las zarzas que se nos enganchaban a los vaqueros, hasta llegar a la alambrada.

Kyle se sacó el móvil del bolsillo y abrió su aplicación de audio. Guardamos silencio mientras hacía la medición. Tenía los ojos entornados al sol del atardecer y unas pequeñas gotas de sudor en el vello translúcido del labio. El aire era denso y tranquilo. Miré las tierras baldías que se extendían más allá del polígono industrial, aún vírgenes para los constructores: un paisaje de horizontes y sutiles gradaciones de luz. Un paisaje como un cuadro de Agnes Martin, pura forma y color. La geometría púrpura de las montañas lejanas y las líneas que se pierden en el olvido.

—Las cigarras lo están estropeando —murmuró Kyle. Vi que aparecía un coche en el calor resplandeciente, por el sur. Me aparté de la carretera. Kyle hizo lo mismo.

La fábrica había estado desde el principio en nuestra lista de posibles orígenes del zumbido. Grenadier era un importante contratista de defensa que fabricaba piezas aeroespaciales y militares. Yo no sabía con exactitud qué tipo de actividad se producía allí, pero Kyle había leído que algunos hornos industriales pueden emitir sonidos de baja frecuencia y ondas de presión. Por el momento era una pista tan buena como cualquier otra, aunque no cuadraba del todo con nuestro zumbido, que, además, se intensificaba de noche, cuando la fábrica estaba cerrada. Tampoco explicaba por qué habíamos empezado a oírlo recientemente, aunque la fábrica funcionaba desde antes de que se construyera nuestra urbanización. No obstante, era demasiado pronto para descartar cualquier posibilidad.

Kyle levantó la vista del móvil.

—Setenta y ocho hercios. Y treinta y dos decibelios, a unos doscientos metros de distancia.

—Es una frecuencia bastante baja —dije mientras anotaba las mediciones en mi cuaderno, junto a las palabras «Fábrica Grenadier, Polígono Industrial Ranchlands».

Sin embargo, ambos sabíamos, sin tener que decirlo, que no era lo bastante baja. Nuestra teoría —en realidad, la teoría de Kyle— era que el zumbido debía ser de una frecuencia extremadamente baja, justo en el umbral de la audición humana. La mayoría de los humanos apenas pueden percibir sonidos de veinte hercios. Resultaba plausible que simplemente estuviéramos percibiendo un sonido más bajo de lo que la mayoría de la gente es capaz de oír.

Muchos animales oyen y emiten sonidos infrasónicos. Se cree que algunos hasta son capaces de percibir las ondas infrasónicas que recorren la Tierra tras las catástrofes naturales y utilizarlas como una especie de sistema de alerta temprana. Como las ratas y las serpientes que abandonaron la antigua ciudad griega de Helike antes de que la destruyese un terremoto. O los animales que escaparon de las zonas afectadas por el tsunami del océano Índico horas antes de que se produjera el desastre. Una vez leí que algunos órganos de iglesia pueden producir notas graves infrasónicas que inducen sentimientos de trascendencia al aumentar el ritmo cardíaco y liberar endorfinas, lo que hace que los congregantes lloren, tiemblen o sientan que están en comunión con Dios. No estaba muy lejos del efecto que el zumbido tenía en mí, francamente. Al menos en lo referente al llanto y los escalofríos.

De vuelta al coche, saqué el mapa de nuestra zona. Lo extendí sobre el salpicadero, coloqué una pequeña pegatina amarilla sobre la vista aérea pixelada del polígono industrial y anoté las medidas con un rotulador negro de punta fina. Las pegatinas rojas indicaban los lugares que producían sonidos por encima de los cien hercios; las amarillas, los sonidos por encima de los cincuenta hercios, y las verdes, los sonidos en el punto óptimo, los que podían ser nuestro zumbido. Con suerte, poco a poco iría apareciendo un patrón o un probable núcleo. Guardé el mapa y arranqué rumbo a nuestro siguiente emplazamiento: la subestación eléctrica de la carretera de San Mateo.

—Sigo pensando que deberíamos visitar Harding —dijo Kyle, sacándose el vapeador del bolsillo.

—Oye, ¿qué te he dicho? No en el coche.

—Pensé que podía con la ventanilla bajada.

Me mordí el interior de la mejilla. A veces Kyle ponía a prueba mi paciencia. No podía soportar el olor de su vapeador aromatizado: a cereza dulzona y empalagosa, que me recordaba al jarabe para la tos de mi infancia. Bajé las ventanillas del coche.

—A saber qué tipo de aviones o armas de baja frecuencia están probando allí —dijo, echando una nubecilla aromática por la ventana.

—No vamos a ir a Harding —le dije. Él lo sabía y no insistió. Ir y volver de la base militar de Harding era un trayecto de casi dos horas. Deambular en coche por nuestro barrio era bastante arriesgado, pero al menos siempre podía inventarme alguna excusa medianamente viable, como que iba a dejarlo en casa porque había perdido el autobús y me pillaba de camino, o algo así. No sé muy bien cómo lo racionalizaba entonces, sobre todo porque con cada semana que pasaba nuestros trayectos se hacían más largos y ampliábamos el radio de búsqueda. En última instancia, no se trataba de racionalizar. Sabía que mis actos no eran defendibles desde un punto de vista profesional, pero en lo referente al bienestar emocional y a la salud mental, eran esenciales. Nos negábamos a ser víctimas. Nos negábamos a creer que alucinábamos. Teníamos demasiada iniciativa y éramos demasiado proactivos para sentarnos a sufrir. Si te están atormentando, torturando, no te sientas a hablar de eso eternamente. Pasas a la acción.

Mientras nos dirigíamos a la estación eléctrica, bajé el parasol para protegerme de la luz del atardecer y Kyle conectó su móvil al coche. Empezó a sonar una canción de R&B que reconocí de la radio. Acompañó nuestro trayecto como una banda sonora, aunque no supe con certeza para qué clase de película, ni qué clase de personajes interpretábamos. A veces me resultaba inevitable sentirme la antagonista de mi propia historia, la que socava de forma encubierta la buena voluntad y la estabilidad por las que yo había trabajado incansablemente durante décadas. Mientras avanzábamos por tranquilas calles residenciales, empecé a darle vueltas a la palabra *depredador*. Tal vez porque había un chico de diecisiete años en mi coche. Tal vez porque ambos estábamos a la caza, nuestros sentidos en sintonía. O quizá porque ambos habíamos sido presas de ese ruido y nos sentíamos desgarrados y devorados por él. Tomé una ruta ligeramente circular por el barrio para evitar pasar cerca del instituto o de zonas más transitadas, como el centro comercial o el estadio. El atardecer llenaba el coche de una cálida luz anaranjada.

—¿Has oído la leyenda de la ballena más solitaria del mundo? —me preguntó Kyle. Negué con la cabeza, sonriendo—. Bueno, no es una leyenda, es una historia real, no es una invención. La han apodado la ballena de los cincuenta y dos hercios.

Me miró, pero yo seguía con los ojos en la carretera. Me contó que había una ballena solitaria, de una especie desconocida, a la que habían grabado emitiendo una llamada totalmente única de cincuenta y dos hercios. La llamada tenía la firma sónica de una ballena, pero no se parecía a ninguna especie conocida: era mucho más aguda, corta y frecuente.

—Las ballenas azules y los rorcuales, por ejemplo —siguió Kyle, usando sus manos para dar forma a una pequeña ballena— vocalizan alrededor de los veinte hercios.

Ya había notado que eso era típico de Kyle: utilizar un oscuro dato de Internet para simular un conocimiento mucho mayor del que realmente poseía sobre un tema determinado. Me dijo que la migración de la ballena de cincuenta y dos hercios a través del Pacífico era extraña, en el sentido de que no coincidía con el movimiento de ninguna otra especie de ballena conocida. Era un misterio. Pero esa misma y singular llamada de cincuenta y dos hercios se registraba todos los años desde que se había detectado por primera vez hacía dos décadas. La ballena que llama eternamente en el oscuro vacío del Pacífico. Y que nunca encontrará otro ejemplar de su especie.

—La ballena más solitaria del mundo —dije, asintiendo. Miré al cielo, como si pudiera encontrarla escondida entre las nubes. Poco después nos detuvimos en el arcén de grava de San Mateo, al lado de la subestación eléctrica, junto al zumbido de sus transformadores y de sus torres de alta tensión. Miré por los retrovisores por si pasaban coches o curiosos y, tras respirar hondo, di el visto bueno.

05

Paul y yo sustituimos el sexo por audiolibros. Fue un proceso gradual de unos cuatro o cinco años. De vez en cuando, aún conseguíamos combinarlos. Cuando volví a nuestro dormitorio tras mi exilio en el gimnasio, empezamos a escuchar *La montaña mágica*. Una noche, mientras la engolada narración de acento británico sonaba en el altavoz *bluetooth*, yo estaba de pie en la ventana forcejeando con el sujetador, perdida en la majestuosidad alpina de la prosa y las largas frases llenas de curvas, cuando Paul se acercó por detrás y lo desabrochó con una destreza que contradecía a sus manazas.

—Dime otra vez quién es este autor.

—Thomas Mann.

—Uf, qué pasada —murmuró, deslizando las manos sobre mis pechos, y yo me reí, porque cuando Paul se hacía el seductor, era una caricatura del seductor. Para Paul el sexo siempre había tenido una parte de broma, que probablemente surgía de una incomodidad innata con su propio cuerpo desgarbado. Uno de nosotros tumbó al otro en la cama y los dos nos reímos, cosa que hacía tiempo que no hacíamos juntos y, sinceramente, fue la risa, más que nada, lo que empezó a excitarme. Apagué el altavoz y, cuando me volví hacia Paul, vi que tenía una impresionante erección bajo los calzoncillos, que liberó con entusiasmo.

—¿Qué, me estás retando a un duelo? —le dije.

—¡En guardia! —exclamó, agitándola.

—Sir Gawain y sus calzoncillos Walmart.

—Prepárese para ser atravesada por la picota.

Me tumbé de espaldas, riéndome. Él se echó a mi lado con una sonrisa bobalicona.

—¿Qué? —preguntó.

—No puedes atravesar a alguien con la picota, estás mezclando cosas.

—Claro que puedes.

—No, se dice «pasar por la picota», que era una columna de piedra…

Paul señaló su miembro viril.

—Ejem.

Puse los ojos en blanco y él se me subió encima, frotándome la polla en el muslo.

—Columna tallada en la cantera del deseo —murmuró.

—Vale, Chaucer, aparta —resollé—. Me estás aplastando.

Paul se relajó y se quedó tendido encima de mí.

—Estoy muerto —dijo.

—No puedo respirar.

—Tu novio cadáver.

—En serio, sal de encima.

Yo no podía respirar de verdad, me entró el pánico y volví a decirle con firmeza que se apartara. Su sonrisa desapareció mientras se deslizaba a mi lado. Me di cuenta de que se sentía rechazado, lo cual no era mi intención. Noté que nos cubría una especie de pesadez. Quería que las cosas fueran ligeras, así que me volví hacia él y sonreí.

—Gordo.

Se rio y le pasé la mano por la barriga. Tenía la cantidad justa de vello. Ni demasiado áspero, ni demasiado espeso.

—Mi gran oso —dije con voz tonta—. Mi gran oso embarazado.

—Para.

—En el tercer trimestre.

Se incorporó y me apartó la mano.

—Hablo en serio —dijo—. Me pongo susceptible con eso.

Apoyé la cabeza en la mano.

—¿De veras?

—Pues sí.

—Perdona.

Fui a besarle en la mejilla, pero como me pareció demasiado impersonal me acerqué a sus labios y, en mi indecisión, acabé en un punto intermedio. Esa pequeña vacilación privó al beso de toda intimidad. En realidad, de pronto pareció mostrar un desfase aún mayor.

—Yo siempre tomo la iniciativa y a ti nunca te apetece —me dijo.

Le señalé que no habíamos estado durmiendo en la misma habitación y me preguntó de quién era la culpa.

—Pues no lo sé, ¿por qué lo dices? ¿Me culpas a mí?

—Bueno, mi culpa no es —dijo, tumbándose de nuevo para mirar el techo mientras su erección disminuía. Le pregunté por qué tenía que ser culpa mía. Había algo en su menguante erección que me pareció profundamente trágico.

—A la mierda, follemos —le dije, poniéndome a gatas sobre él y pasándole la mano por el muslo.

—Da lo mismo.

—No, yo quiero, de veras.

—El momento ha pasado.

—No, yo..., mira. —Agarré lo que quedaba de su erección—. Estoy aprovechando el momento, ¿ves?

Al ver que daba un pequeño respingo, pensé que quizá con demasiada fuerza.

—Ya lo veo.

Aflojé un poco y me incliné para besarlo, esta vez con seguridad, en los labios, con la boca abierta. Las lenguas se encontraron, tantearon. Al principio fue una coreografía. Una representación. Sin embargo, poco a poco se hizo real. Corporal. Nos perdimos el uno en el otro como hacía siglos que no lo hacíamos, hasta que él apartó la cabeza y estudió mi cara con una sonrisa furtiva.

—Es bueno tenerte de vuelta —dijo.

—No me había ido a ninguna parte.

Asintió, mirándome a los ojos pero también sin verme, perdido en sus pensamientos.

—Ah, quería decírtelo... —Empezó con una risita, y sus ojos volvieron a centrarse en mi cara—. Lucas me ha enviado hoy un artículo de locos sobre una pareja de Florida que oía un zumbido en su casa. No los dejó dormir durante días, y cuando investigaron descubrieron que había un enorme avispero en una pared hueca y tuvieron que derribar toda la...

—¿Por qué me cuentas esto? —interrumpí. Me notaba la cara caliente.

—Yo solo...

—¿Podemos solo besarnos? —dije. Y eso hicimos unos instantes, hasta que volví a desconcentrarme—. ¿Por qué me has dicho eso?

—Olvídalo.

Pero no podía. Ahora estaba irritada y preocupada.

—¿Le has contado a Lucas lo que me pasa?

—No, no tiene ni idea; solo me lo envió porque le pareció una locura.

Le dije, hablando al mismo tiempo que él, que lo que yo oía no sonaba como un avispero.

—Lo sé, yo...

Le dije que sonaba como un trueno lejano retumbando constantemente, que no era un avispero, que no era una historia divertida en algún artículo «de locos». Me separé de Paul y me tumbé en la cama.

—Solo me había parecido gracioso.

—Pues no lo es.

—Ya nada lo es, ¿verdad? —dijo, incorporándose. Me quedé tumbada durante largo rato, mirando al techo con los puños apretados. Oí que Paul empezaba a mirar el correo electrónico en su móvil.

—Tal vez no debería dormir aquí esta noche —murmuré.

—Va, venga.

—No creo que estemos listos —dije, deslizándome fuera de la cama. Me dirigí a la puerta, pero él se levantó y me abrazó por detrás. Me rodeó la cintura y me mantuvo allí.

—Por favor —susurró. Dejé que me abrazara y me fundí lentamente en la gran rebanada que era su pecho. Nos quedamos quietos, respirando juntos durante un buen rato, hasta que sentí su erección en el muslo.

—Ya estamos de vuelta —dije.

—De nuevo en la picota.

Me volví hacia él. Tenía una mirada infantil y expectante. Sonreí. Se inclinó y me besó en los labios.

—Lo siento —murmuró—. Lo estoy intentando.

—Lo sé.

Le devolví el beso. Posó los labios en mi cuello mientras deslizaba los dedos cintura abajo. Nos dirigimos a tientas a la cama y nos dejamos caer con los labios pegados. Empezó a quitarme las bragas y lo ayudé, bajándomelas por las piernas con el pie izquierdo. Era extraño sentir tanto el zumbido como los jadeos de Paul. Procuré ignorar el zumbido y concentrarme solo en nuestras trémulas exhalaciones. En nuestros gruñidos. En la humedad de nuestros cuerpos. En el roce de nuestra piel. Me extravié en esos sonidos hasta que un mensaje de texto llegó a mi móvil en la mesilla de noche. No hice caso e intenté concentrarme de nuevo en la respiración de Paul, en el sonido de nuestros cuerpos, hasta que el móvil volvió a vibrar, y luego otra vez. Le di un manotazo al teléfono.

Paul se detuvo.

—Joder —murmuró, mientras una gota de sudor resbalaba de su frente a mi mejilla.

—Lo siento.

—¿No puedes apagarlo?

Me di la vuelta y eché un vistazo a los mensajes. Se me hizo un nudo en el estómago.

—¿Quién te manda mensajes a las once de la noche?

Me acerqué el móvil al cuerpo para impedir que Paul viera la pantalla.

—Es Cass —mentí—. Está pasando una mala racha con Aldo.

Paul preguntó cuál era el problema y yo negué con un gesto mientras leía los mensajes.

—Lo siento, te lo contaré más tarde. Tengo que llamarla. Está fuera de sí.

—Bueno, pues dile que nosotros también estábamos fuera de sí.

—Lo siento —dije, levantándome de la cama y poniéndome la bata.

—Follamos por primera vez desde hace un siglo y Cass te obliga a que la llames.

Se tumbó en la cama como un perrito caliente caído de un panecillo.

—Lo sé, lo siento —repetí, anudándome el cinturón de camino a la puerta.

—Tenéis todo el puto día para hablar en el instituto.
—¡Serán cinco minutos!
—¿Y qué?, ¿se supone que tengo que quedarme aquí sentado y mantener el motor en marcha? —dijo acariciándose la erección con desgana.
—Cinco minutos —repetí, cerrando la puerta al salir de la habitación.
Bajé la escalera y entré en el comedor, con el móvil como única luz en la oscuridad. Me senté en una silla y marqué el número. Mientras esperaba el tono, pensé en Paul y su pene en el piso de arriba, en esa lamentable escena. Oí un clic y una respiración al otro lado de la línea.
—¿Hola?
—Hola. —La voz de Kyle sonaba entrecortada y tensa.
—¿Qué pasa? ¿Estás bien?
—Solo necesitaba hablar contigo.
Cerré los ojos.
—Acordamos que solo enviarías mensajes en caso de emergencia —le dije.
—Lo sé, pero…
—No puedes andar enviándome mensajes a medianoche.
—Esto es una emergencia.
Le pregunté dónde estaba.
—He salido a dar un paseo.
—¿Dónde?
—Por aquí. No podía llamar desde casa. —Oí el roce de su zapato pateando una piedra en el asfalto—. Oye, ¿estás en algún sitio discreto?
—Más o menos —respondí en voz baja.
—Podríamos vernos en el parque. Cerca del instituto.
—No, no puedo hacer eso.
—Solo cinco minutos.
Sabía que algo iba mal, pero era difícil calibrar la gravedad del problema por su voz.
—No puedo salir —le dije—. Dime qué pasa.
Guardó silencio un buen rato. Le pregunté si seguía allí.
—Hay otros —dijo en voz baja.

—¿Qué quieres decir?

—Otros que lo oyen.

Me tomé un momento para procesar lo que estaba diciendo.

—¿Cómo lo sabes? —le pregunté.

—Hay un tipo con quien juego al baloncesto, Julián Delgado.

—Conozco a Julián —le dije. Le había dado clase hacía dos años.

—Estábamos jugando esta tarde y se lo he contado.

Se me cortó la respiración.

—¿Qué?

—Solo...

—¿Lo nuestro?

—No, no, lo del zumbido, se ha dado cuenta de que me pasaba algo, y luego me ha dicho que su madre también lo oye. Que le da dolor de cabeza y no la deja dormir.

—Muchas cosas hacen eso —le dije sin ocultar mi enfado. Hasta ahora habíamos sido escrupulosamente discretos.

—No, créeme, lo oye de verdad —insistió.

—¿Cómo sabes que es lo mismo?

—Porque he hablado con ella —dijo, mientras se me encogía aún más el corazón.

—¿Has hablado con su madre?

—Te aseguro que lo oye. Me lo ha descrito, exactamente. Y luego me ha dicho que trabaja para una pareja que vive en Sequoia Crescent y que al parecer los dos también oyen el ruido. Y esta pareja sabe de otros que también lo oyen y están organizando una reunión.

Me esforcé por asimilar todo lo que me decía.

—¿Qué... qué tipo de reunión? —pregunté.

—Para hablar del sonido. Para averiguar qué es.

Era evidente que estaba alucinado por la noticia, pero yo no sabía qué decir. Ni siquiera estaba segura de cómo me sentía ante la perspectiva de que hubiera otros. Me había acostumbrado a tener un único interlocutor secreto. Nuestros encuentros me habían reconciliado con la posible existencia del asombro y el misterio, algo que no sentía desde hacía años. Me entretenía todo el día pensando en nuestra próxima misión, en las pistas que aún no habíamos seguido o en los indicios que podríamos haber pasado por alto. Durante las clases, o a la hora de comer, tomaba notas mentales de detalles que quería hablar con él, y a veces hasta sentía la necesidad de enviarle un mensaje de texto para ver su reacción. Aunque, por supuesto, me contenía. En clase hacía todo lo posible por ocultar nuestro vínculo, lo que se traducía en que no le hacía el menor caso. Evitaba cualquier contacto visual y ya no le animaba a participar, por lo que Kyle nunca hablaba en clase.

—¿Sigues ahí? —preguntó.

—Sí.

—Es el sábado de la semana que viene al mediodía en Sequoia Crescent, 12. Me lo ha anotado en un papel.

Repetí la dirección, intentando visualizar en qué zona estaba, y luego le pregunté qué creía que debíamos hacer.

—Bueno, está claro que tenemos que ir.

Le dije que no lo veía tan claro. ¿Y si alguien nos reconocía? La madre de Julián, por ejemplo.

—Eso no importa —dijo.

—Por supuesto que sí, no me pueden ver contigo fuera del instituto.

—Pero...

—En la casa de unos desconocidos un sábado por la tarde, o sea, ¿cómo...?

—Esto es lo que estábamos esperando —me interrumpió—. Puede que haya alguien que sepa qué es lo que pasa.

Mientras Kyle hablaba, pensé que al principio lo único que había querido era que los demás validaran mi experiencia y me ofrecieran respuestas. Pero eso había sido antes de la extraña dicha que me producía la complicidad que tenía con él.

—¿No sientes curiosidad? —preguntó.

—Claro que sí, esa no es la cuestión.

—Entonces, ¿a qué viene esto? Si no podemos dar el siguiente paso, estamos perdiendo el tiempo.

Sabía que intentaba herirme con ese comentario, y lo consiguió. Le dije que fuera por su cuenta; yo no iba a impedírselo.

—¿Y si llego yo primero? —sugirió—. Si hay algún riesgo, puedo enviarte un mensaje para que no vengas. En cambio, si no hay peligro, te envío un mensaje de que todo está bien. No tienes que sentarte a mi lado ni decir nada sobre nosotros.

Se quedó callado un momento. Oí pasar un coche.

—No puedo ir solo —dijo—. Te necesito allí.

Me sentí como una rama arrastrada por la rápida corriente negra de mi propia vida. Con la palma de la mano, dejé un pequeño círculo en la suave oscuridad de la mesa del comedor y suspiré.

—De acuerdo.

—Gracias.

—¿Estás seguro de que no les has dicho nada de nosotros ni a Julián ni a su madre?

—Seguro.

Le dije que nos adentrábamos en territorio peligroso y me respondió que era consciente. Contemplé, a través del ventanal, el gris oscuro del jardín delantero y el tenue resplandor de la calle. Intenté imaginar qué haría si viera a Kyle ahí fuera, hablándome por teléfono. Sinceramente, lo veía capaz. Había algo impredecible en él. Tenía alma de poeta y cerebro de adolescente, lleno de impulsos caprichosos y descontrolados.

—No más mensajes de texto a medianoche, ¿de acuerdo?

—Vale.

—Ahora intenta dormir un poco.

—Tú también —dijo. Y tras una pausa, añadió—: Buenas noches, Claire.

Sentí una sacudida al oír mi nombre. Era la primera vez que Kyle lo pronunciaba. Pero que ahora me llamara «señorita» habría sido ridículo. De repente, me sorprendió el hecho de que ese tema nunca hubiera salido en ninguna de nuestras charlas después de clase. Me pregunté cuánto tiempo había estado esperando para decirlo o si no se lo había planteado hasta ahora. Antes de poder despedirme, presentí un cambio en la habitación. Una presencia detrás de mí. Me volví con un grito ahogado, me levanté de la silla de un salto y solté el teléfono. ¿Pero qué…?

Había una sombra apoyada en la puerta de la cocina. Llevaba una camiseta enorme a modo de camisón y sostenía un vaso de agua.

—Me moría de sed —dijo Ashley con la típica entonación de las adolescentes, mientras bebía lánguidamente. Tan deprisa como pude, cubrí con el pie la brillante pantalla del móvil para ocultar el nombre de mi interlocutor. Pero ¿había sido lo bastante rápida? Repasé mentalmente los últimos cinco minutos de conversación.

—¿Estabas ahí de pie, escuchando?

—¿Quién era?

De pronto sentí una presión caliente en todo el cuerpo, como si mi piel no pudiera contenerme. Me agaché, cogí el móvil y pulsé el botón rojo para cortar la llamada.

—¿Por qué estabas escuchando mi conversación?

—¿Con quién hablabas?

—Con Cassandra.

—Anda ya —respondió con desgana.

—Está pasando un mal momento, y yo intentaba…

—¿Tienes una aventura?

Me reí, aunque sonó más como si un puñetazo me hubiera sacado el aire de los pulmones. Ashley subió el interruptor regulable de la luz del comedor, lo justo para vernos las caras.

—¿Es una mujer? —insistió.

—¿Qué?

—Te he oído decir: «No puedo salir». ¿Te referías a salir del armario?

Forcé una risita, pero no sabía si hablaba en serio.

—Siempre he pensado que eras un poco tortillera —dijo.

—Eso no tiene gracia —respondí, fulminándola con la mirada.

—¿Es el señor Gaddis?

—¿Qué? No. Dios, no.

—«No me pueden ver contigo fuera del instituto» —dijo, imitándome.

Ashley había estado escuchando con meticulosidad forense. Yo no veía otra salida. Traté de captar algún movimiento arriba, o en la escalera. Lo último que necesitaba era que Paul estuviese escuchando.

—Tienes que prometer que no se lo dirás a nadie.

Ladeó la cabeza.

—¿Y por qué iba a prometer algo así? —preguntó.

—Porque podría perder mi trabajo.

—Joder —murmuró—. Así que es un profesor.

Me sujeté al respaldo de la silla e incliné la cabeza.

—No es una aventura —dije—, ni es un profesor.

—¿Qué, un estudiante? —preguntó con una risita. La sonrisa se le borró de pronto de la cara—. Joder, sí que lo es.

—Tienes que prometerme que esto quedará entre nosotras.

Dejó el vaso de agua con fuerza sobre la mesa.

—¿Qué demonios me estás contando?

—No hay nada inapropiado entre nosotros.

—Dios mío, estás teniendo una aventura con un alumno —dijo, boquiabierta.

—No es verdad.

—Fijo que puedo adivinar quién es.

—Ash, esto no es una broma.

Se cruzó de brazos, sonriendo.

—¿Es Luke?

Bajé la voz hasta convertirla en un susurro crispado.

—Necesito que te calles y me escuches, ¿de acuerdo? Esto podría acabar conmigo. Tienes que prometerme que puedo confiar en ti. Por favor.

Me miró fijamente, como un genio esperando mi tercer y último deseo espantoso.

—De acuerdo —dijo.

—Kyle Francis también oye el zumbido.

Me miró a los ojos. La sonrisa había desaparecido de su cara.

—¿Kyle Francis?

Le conté que había acudido a mí sin que yo le dijera nada, que sufría los mismos síntomas, que se sentía muy mal y no tenía a nadie con quien hablar, y que, como estaba preocupada por él, le había dado mi número.

—Conozco algunas chicas que literalmente matarían por tener el suyo.

—¿Qué?

—Aunque sea un porrero y esté esquelético.

—Ash…

—Y sea un poco escoria blanca.

—Basta.

—Y a lo mejor le van los tíos, aunque quién sabe.

—¿Qué?

Yo solía ser la profesora preferida de los chicos para salir del armario, probablemente porque dirigía los musicales del instituto; pero desde hacía un par de años había surgido una nueva y fluida vanguardia de la sexualidad que ponía a prueba mi afinado radar gay. Kyle sería, sin duda, un buen ejemplo.

—A saber, pero una vez le envió un vídeo de él masturbándose a Pierre-Antoine Defreine, y él, Pierre-Antoine, se lo envió a Emma, que nos lo envió a un montón de nosotros y, francamente, mamá…, ¿ese vídeo? Joder. O sea, claro que no te lo voy a enseñar, pero es legendario.

Y entonces me preguntó cuál era su urgencia de medianoche. ¿Se le había acabado la hierba o algo así?

Solté un pequeño sonido de desaprobación que me hizo sentir como si tuviera setenta años, y de pronto caí en la cuenta de que, pese a todas las horas que últimamente habíamos pasado juntos, sabía muy poco de Kyle o de su reputación entre los demás estudiantes. Supongo que no debería haberme sorprendido oír hablar de él como alguien que le daba a los porros o era escoria blanca, o incluso como alguien por quien las adolescentes podrían «matar literalmente», aunque en verdad sí que me sorprendía. Ashley se cruzó de brazos y cambió de postura.

—¿Y bien?

—Me ha llamado para decirme que… hay otros que pueden oír el ruido. Y se reunirán dentro de un par de sábados.

Ashley soltó aire bruscamente y movió la cabeza como un padre exasperado. Me preguntó si hablábamos a menudo, y le confesé que a veces sí, después de clase, pero que los alumnos acudían continuamente a mí para contarme sus problemas. Por los libros que estudiábamos en clase surgían muchas cuestiones difíciles, y a veces los alumnos se sinceraban o una conversación hacía que después quisieran hablar conmigo en privado. En señal de reproche por mi débil defensa, Ashley frunció los labios y puso cara de rana. Evidentemente esos alumnos no me llamaban a medianoche.

—Parece que tenéis una conexión muy especial —dijo. Lo confirmé con mi silencio—. Quiero decir que Kyle es inteligente —añadió.

—Sí, mucho —respondí—. Y muy perceptivo.

Me miró con cierta comprensión. Y una leve preocupación. Sentí que algo se descongelaba entre nosotras y de pronto me pareció que existía la posibilidad de una pequeña reapertura en la que pudiéramos volver a hablar con franqueza, sin juzgarnos.

—Poder hablar con él… Ni soy capaz de expresarlo. Es cierto, lo que tenemos es muy especial. Él es mi confidente, y yo el suyo. Y sé que desde fuera parece…

—Chungo —dijo rotundamente.

Asentí con la cabeza, dándome cuenta de mi error de juicio, y procedí con cautela.

—Comprenderás que esté nerviosa —dije.

—Sí, es… es un tema jodido.

Me clavé las uñas en la palma de la mano. No debería haber bajado la guardia. De repente sentí que su mirada me desnudaba.

—Por eso necesito confiarte esto.

—¡No quiero que me confíes esto! No quiero tener nada que ver, y tú tampoco deberías. No mola, ¿entiendes? Y no quiero que te jodas la vida. Ni la mía. ¿Has pensado en…? Kyle es amigo mío, es amigo de todos mis amigos.

—Lo sé, es complicado.

—No, no lo es —dijo Ashley con los ojos muy abiertos—. La verdad es que es sencillísimo. Para. Deja de ver a Kyle o a cualquiera que crea que puede oír tu puto zumbido.

En ese momento, por primera vez en mi vida, sentí miedo de Ashley; sentí una pérdida de estatus casi vertiginosa. ¿Cuándo se había producido ese cambio? Supongo que era solo otra cosa que el zumbido me había arrebatado. O quizá se trataba de un desgaste gradual a lo largo de los años, quizá desde que Ashley había empezado en el instituto, cuando noté una cierta relajación de nuestro vínculo psíquico; pero siempre me había parecido algo natural, incluso saludable. Nunca me había alarmado. Sin embargo, ahora, de pronto, esa distancia me parecía peligrosa. Un abismo donde podía caerme.

—Creo que sería conveniente que no le mencionaras esto a tu padre.

Tomó un sorbo de agua.

—¿Y qué te hace pensar que puedes pedirme eso?

—Solo te digo…

—Sé lo que me estás diciendo, y esto es lo que te digo yo: para. —Sus ojos me taladraron mientras cogía el vaso de agua—. Para y podremos olvidarnos de todo. Tú eliges, mamá.

Y, dicho eso, salió del comedor y subió la escalera. Me quedé allí, en la penumbra, apoyada en la mesa, hasta que oí el portazo en su dormitorio como una pistola disparando un cartucho de fogueo.

06

Estar con Kyle era sentirse un poco menos sola, un poco menos asustada y un poco menos como una heroína destrozada de Lars von Trier. Era sentirme proactiva sobre mi estado y rechazar el victimismo. Era sentir que me creían. Pero todas las madres que lean esto me entenderán: cuando tu hija te pide que pares, tú paras. No había lugar a dudas. Hacer algo que lastimara o angustiase a Ashley era lo que más había temido desde que empujé su cuerpo resbaladizo y llorón fuera del mío. No valía la pena arriesgar nuestra relación ni su bienestar, aunque eso significara quedarme atrapada eternamente en la locura del zumbido. Así que esa mañana fui a trabajar con el plan de llevarme a Kyle aparte al final de la clase y decirle que no podíamos continuar…, pero él no apareció.

Durante el almuerzo, Cass y yo estábamos comiendo unos sándwiches decepcionantes en mi escritorio y analizando su persistente sueño sexual con Alfred Molina cuando llamaron a la puerta y Valeria entró en el aula seguida de una mujer compacta de piel ajada y pelo rubio desvaído como el agua de fregar. Kyle ya me había enseñado una foto de esa mujer. Se llamaba Brenda y era su madre. Cajera de un banco, probablemente de mi edad. Siempre había sentido afinidad por las madres jóvenes. Todas habíamos pasado por situaciones difíciles, de una forma u otra. Siempre las distinguía entre la multitud: pocos años extendidos sobre demasiada vida. Kyle las seguía con la vista clavada en el suelo.

—Hola, Claire —dijo Valeria con una sonrisa cortante—. ¿Tienes un momento?

—Sí, hola —dije levantándome de la silla—. ¿Qué pasa?

—Bueno, eso es lo que hemos venido a averiguar. —El corte bob de Valeria se agitó cuando se volvió hacia Cass—. ¿Te importaría dejarnos unos minutos, Cassandra?

—Por supuesto —dijo Cass, mirando a Kyle y luego a mí. Vi que leía el miedo en mi cara. Frunció el ceño mientras recogía sus cosas y se dirigía a la puerta. Valeria acercó dos sillas más a mi escritorio. Desde el pasillo me llegaban las conversaciones y las risas de los alumnos, completamente ajenos a la inminente implosión de mi vida. Al llegar a la puerta, Cass me dirigió una mirada extraña, que le devolví mientras ella cerraba al salir.

—Claire, esta es la madre de Kyle, la señora Francis —dijo Valeria. El parecido familiar era asombroso, sobre todo en los ojos.

—Encantada de conocerla —respondí, tendiéndole la mano.

—¿Qué hace con mi hijo? —preguntó, ignorando mi mano. Le dije que estaba más que dispuesta a hablar con ella al respecto.

—¿Ah, sí? —respondió con malicia.

—Sí, por supuesto. Su hijo vino a verme hará cosa de un mes después de clase —dije, sosteniéndole la mirada—. Me dijo que se distraía en mis clases porque no dormía, y le pregunté…

—Eso del ruido es cosa tuya, tú se lo has metido en la cabeza —dijo, interrumpiéndome.

Valeria señaló las sillas que había preparado.

—¿Por qué no nos sentamos todos?

Le dije a Brenda que nunca había hablado con Kyle sobre el ruido antes de que se acercara a mí y lo miré en busca de confirmación, pero él tenía la vista clavada en sus manos.

—Ni una vez había hablado del ruido antes de que usted le sacara el tema. Nunca lo había mencionado, y de pronto… —Brenda extendió las manos hacia Kyle, como si su presencia física fuera el único argumento que necesitaba. Cogió una silla y se sentó, y los demás la imitamos.

—¿Oyes este ruido ahora mismo? —me preguntó Valeria. Le dije que sí. Se volvió hacia Kyle y le preguntó si él también podía oírlo. Kyle levantó la vista, pero parecía no saber qué decir.

Brenda lo señaló.

—No, ¿ven?

—Sí —dijo él.

Brenda se volvió y se inclinó hacia su hijo.

—¿Sí qué? Eso no es lo que has dicho hace dos horas.

Él suspiró y se encogió de hombros, y Brenda se volvió hacia mí, con los ojos muy abiertos.

—¿Ve? Usted se lo ha metido en la cabeza —dijo—. No tiene energía, está cansado, está deprimido. Sus notas han bajado muchísimo. No me escucha cuando le hablo, solo... —Hizo un gesto hacia la distancia—. Y entonces me entero de que ha estado viéndola después de clase, que ha pasado tiempo con ella en su aula y en su coche, que ha dado vueltas con ella *en su coche*, cuando todo el tiempo me decía que estaba en baloncesto.

Se me encogió el corazón. Brenda sabía lo de los paseos en coche. ¿Cuánto le había contado Kyle y por qué?

—¿Es cierto, Claire —preguntó Valeria con expresión dolorida—, que has ido con Kyle en tu coche?

—Sí. —Oí mi voz como si hablara un ventrílocuo.

—Hablando de este ruido imaginario, y díselo —añadió Brenda, volviéndose hacia Kyle—, dando vueltas en coche en busca de ese sonido, como si estuvieran persiguiendo fantasmas. Está loca.

—¿Es cierto? —volvió a preguntar Valeria.

—Hemos dado un par de paseos en coche después de clase para... —empecé a decir débilmente.

—¿Cuántos?

—Cinco o seis.

Valeria abrió los ojos de par en par, como si acabara de decir una cifra imposiblemente alta.

—Cinco o seis veces —dijo.

Le expliqué que en la mayoría solo habíamos hablado de cómo nos sentíamos, del modo en que el ruido nos había aislado de nuestros amigos y de nuestra familia, y entonces Brenda dijo que yo era la razón de su aislamiento, que era yo quien lo había aislado. Y, sinceramente, si ella fuera la profesora de Ashley y fuese Ashley quien hubiera estado en su coche, yo le habría dicho lo mismo y también le habría exigido respuestas. Sabía lo que esto parecía desde fuera. Sabía que estaba fuera de lugar y, por supuesto, me solidarizaba con ella, de madre a madre. Pero quería decirle a Brenda que había salvado a su hijo. ¿Le había contado alguna vez que había querido suicidarse? ¿Que había empezado a autolesionarse? Debería darme las gracias, señora. Debería agradecerme que su hijo siga aquí, sentado en esa silla, mirándose las manos.

Respiré hondo e, intentando que no me temblara la voz, les expliqué que habíamos estado buscando el posible origen del sonido y les hablé del mapa de todos los lugares que habíamos visitado. Pensé que, quizá, el nivel de reflexión y compromiso que habíamos invertido las ayudaría a entender que nos tomábamos el asunto muy en serio, cuánto nos había afectado y hasta dónde estábamos dispuestos a llegar para ayudarnos cuando nadie parecía dispuesto a hacerlo. Les expliqué nuestra teoría sobre el sonido y la aplicación del móvil de Kyle que habíamos usado para hacer mediciones acústicas en cada localización. Expliqué por qué elegíamos los sitios que elegíamos. La subestación eléctrica. Las obras en Saguaro Drive. Las turbinas eólicas junto a la interestatal. Noté que Valeria hacía muecas. Intenté imaginarme cómo debía de verme en ese momento. Una colega leal y respetada desde hacía casi una década, de pronto desquiciada. Irreconocible. Respiré y les dije que era consciente de lo extraño que debía sonar todo esto.

—Hemos intentado informarnos lo mejor que podíamos —dije.

Valeria se volvió hacia Kyle:

—¿Es cierto lo que ha dicho la señorita Devon...?

Él levantó la vista, se pasó la lengua por el labio inferior y asintió.

—¿Puedes decirlo con palabras? —preguntó Valeria.

—Sí.

—Entonces sí oyes este ruido —dijo Valeria—. Si todo lo que dice la señorita Devon es cierto, entonces...

Brenda dio un golpe en mi mesa.

—¡Deje de jugar con las palabras de mi hijo!

—Solo estoy tratando de averiguar...

—Espero que comprenda que estoy así de cerca de ir a la policía.

—Sí, lo entiendo, pero...

—Así que deje de poner palabras en su boca.

—Si esto va a continuar, tengo que oír el resto de la historia de boca de Kyle.

Brenda apuntó con el dedo la cara de Valeria.

—No ponga palabras en boca de mi hijo.

—De acuerdo.

—O llamo a la policía.

Valeria levantó las manos, asintiendo. Luego le preguntó a Kyle si podía dejarle escuchar las grabaciones que había hecho con el móvil.

—La aplicación no hace grabaciones, es un espectrograma —respondió él—. Registra el sonido en tiempo real.

—Es casi imposible grabar el zumbido —dije yo—. Lo hemos intentado, pero hay demasiado ruido ambiental.

—Pero sí se capta lo suficiente para medirlo —aclaró Kyle—. No nos lo imaginamos.

Miró a Brenda a los ojos mientras hablaba, por primera vez desde que llegaron. Ella lo observó con desconfianza y luego, todavía sosteniéndole la mirada, me preguntó si alguna vez me había llevado a su hijo a casa.

—Mamá, no —contestó Kyle, exasperado.

—Puede estar segura, señora Francis, de que nunca invitaría a un estudiante…

—¿Segura? ¿Cree que estoy segura?

—Mamá, ya te lo he dicho.

—¿Que me lo has dicho? No me has dicho nada hasta que te lo he sacado a la fuerza. Y solo gracias a su hija, señora Devon.

—¿Qué? —exclamé.

Brenda se quedó boquiabierta.

—¿No sabe nada de lo que he hablado con Ashley esta mañana?

Me sentí como si me hubieran golpeado en el estómago con un bate de béisbol. No sabía si podría soportar lo que estaba a punto de oír.

—Pues bien —continuó Brenda, claramente disfrutando de ese giro en la conversación—, deje que se lo cuente. Estaba en la cocina preparando café. Kyle se había dejado el móvil en la encimera y he visto que se iluminaba con un mensaje de WhatsApp. «¿Quieres arruinarle la vida?». —Brenda me miró, y luego a Valeria, con las cejas levantadas en teatral indignación, antes de continuar—. Eso es lo que decía: «¿Quieres arruinarle la vida?». Así que, como se pueden imaginar, lo he obligado a bajar para que desbloqueara el móvil y me enseñara toda la conversación, porque quería saber qué clase de hijo estoy criando.

Me ardía la garganta y, por más que tragaba, no servía de nada. «Ay, Ash. ¿Qué has hecho?», pensé.

—Así que cuando he descubierto lo que estaba pasando —continuó Brenda—, he respondido al mensaje. Le he dicho: «Soy Brenda Francis. Dile a tu madre que sí. Que claro que eso es lo que voy a hacer».

—¿Y qué ha dicho ella? —me oí preguntar.

Brenda se sacó el móvil de Kyle del bolsillo.

—Todavía nada —dijo, y luego me miró—. Pero ha leído el mensaje.

«Pero ha leído el mensaje». Esas palabras fueron las que más me dolieron. Incluso ahora, sigo preguntándome por qué Ashley no vino a avisarme del inminente desastre antes de que llamara a la puerta de mi aula. ¿Quería castigarme? ¿O no lo hizo porque se sentía culpable, por miedo a lo que había iniciado sin querer? He intentado no permitir que eso me consuma.

Hasta el día de hoy, me sigo repitiendo mentalmente la conversación que tuve con Valeria después de que Brenda se marchara hecha una furia, arrastrando a Kyle. La oigo decir que me respetaba muchísimo como profesora, que se preocupaba por mí y que, cuando yo estaba luchando contra el agotamiento, me había apoyado para que me tomara el tiempo libre que necesitaba. Y me oigo intentando salvar algunos muebles, aunque ya sabía que era demasiado tarde. La oigo diciéndome que cancela mis clases de la tarde y que remite mi caso al consejo escolar con la recomendación de que se rescinda mi contrato, y me oigo suplicándole que por favor no me haga esto, y a ella diciéndome «me parece que te lo has hecho tú sola», y a mí gritándole que no tenía ni puta idea de lo que nos ocurría, y entonces se acabó; una vez la insulté, se acabó. Recuerdo cómo me esperó mientras recogía mis cosas.

Una de las grandes alegrías de mi vida ha sido trabajar con jóvenes, mostrarles el poder del lenguaje, la literatura y las ideas, y ayudarlos a liberarse de todos los esquemas patriarcales, blancos, homófobos y, en general, contrarios a la imaginación, al placer y al riesgo, en los que se los encierra como a ganado. Más que una alegría, era mi propósito. Y, por tanto, que me lo arrebataran fue una de las mayores humillaciones de mi vida. Al recordarlo veo que el desmoronamiento de mi identidad como docente fue un punto de inflexión importante. Quizá *el* punto de inflexión. El momento en el que dejé de ser una persona respetable, incluso para mí misma.

No culpé a Brenda por destruirme. Probablemente yo habría hecho lo mismo. Pero aquella tarde me juré que no dejaría que destruyera a Kyle, ni aunque fuese por amor. Como profesora, de vez en cuando me encontraba con un estudiante como Kyle que parecía un oasis en el desierto, una existencia contra todo pronóstico; alguien curioso y culto, o que tenía el deseo de serlo, pero que procedía de un hogar sin libros, donde se desalentaba la curiosidad y donde los intelectuales eran vistos, en el mejor de los casos, con escepticismo, pero sobre todo con desprecio. Yo había sido esa clase de estudiante, había nacido en un hogar así, y siempre reconocía a otros cuando los veía. En la mayoría de los casos, esa curiosidad se agotaba antes de que el alumno acabase el bachillerato. Vi cómo sucedía una y otra vez, un poco cada día, hasta que, al graduarse, el estudiante era un erial seco y endurecido. Nunca culpé a las madres como la mía, ni a Brenda, que se limitaban a hacer lo que podían, ellas mismas calcificadas desde hacía tiempo. Pero me negaba a que eso le ocurriera a Kyle.

Valeria me acompañó hasta el aparcamiento mientras yo llevaba mis cosas, pasando por delante de estudiantes y colegas que no tenían ni la menor idea de lo que estaba ocurriendo. No soportaba la idea de llegar a casa, así que me limité a dar vueltas y más vueltas en coche sin rumbo fijo, hasta que salí a la autopista y me adentré en el desierto. Pasé por moteles cerrados y por la parada de camiones hasta llegar a Harding, donde paré en la base militar y escuché en vano, antes de conducir de vuelta a casa al anochecer por un desierto color cardenal. Todavía recuerdo la cara que puso Paul cuando entré con el contenido de mi escritorio en una caja. Recuerdo que ni siquiera me quedaban fuerzas para hablar con Ashley cuando llegó media hora más tarde, todavía con la ropa de fútbol manchada de barro. Recuerdo que corrió escalera arriba, se encerró de un portazo en el baño y se quedó una hora bajo el agua caliente de la ducha antes de acostarse, y que no lloré hasta que por fin me quedé sola en la habitación de invitados. Todavía recuerdo que me levanté por la mañana temiendo las interminables horas del día que me esperaban, sin más compañía que el zumbido; y luego me pasé todo el día temiendo el regreso de mi marido y de mi hija. Recuerdo que ni Cass, ni Nadia, ni nadie del club de lectura me llamaron ni enviaron siquiera un correo electrónico. Recuerdo los rumores que empezaron a circular por los pasillos del instituto, por la sala de profesores y por el aire, en forma de miles de mensajes de texto. Recuerdo a Ashley encontrándome una noche en el sofá, mirando la pantalla de mi portátil; el aire cargado de su presencia, de su silencio. Y recuerdo su peso cuando se sentó a mi lado.

—Le mandé un mensaje a Kyle porque estaba asustada por ti, joder.

—Lo sé —me oigo decir—. Lo sé, pequeña.

—Pero ¿tienes idea de cuánto me ha jodido la vida todo esto? Yo soy la que tiene que vivir con… ¡Kaitlynn y Sarah ni siquiera me hablan! La gente está publicando todo tipo de mentiras sobre mí. ¿Y las miradas que me echan cuando entro en el baño de las chicas? Tú estás bien aquí escondida en el sofá, pero yo tengo que ir a clase a diario y enfrentarme a todo.

Al mirarla, recuerdo lo que sentí al verla por primera vez después de dar a luz, con la cara retorcida por la angustia, como ahora. Era la sensación que había experimentado al comprender que, a partir de ese momento, ya no volvería a ser una persona completa. Que a partir de entonces siempre habría una parte de mí viviendo fuera de mi cuerpo sobre la que solo tendría un control nominal, si es que tenía alguno. La quería con una intensidad que a veces me asombraba incluso a mí, me asombraba en su insistencia animal, un imperativo genético que no atendía a razones.

Ashley se secó los ojos, se acercó y le pasé un brazo por los hombros. La abracé fuerte, la abracé como si se me fuera a escurrir. Sentía que todos nos escurríamos. Que nos precipitábamos a un hogar de secretos, silencios y resentimientos. Y yo, más rápido que nadie, me precipitaba a la oscuridad. A días de no salir nunca de casa. De no salir nunca de mí misma. De no salir nunca del zumbido.

07

NO ERES UNA DELINCUENTE
No eres una pervertida
No eres malvada
No eres estúpida
No eres egoísta
No estás loca
No estás cancelada
No eres una gilipollas
No eres una mala esposa
No eres una mala madre
No eres tu madre
No eres tu reflejo cansado en el espejo
No eres un saco de carne con forma humana
No eres víctima de un castigo cósmico
No eres las ruinas de tus deseos sublimados
No vas a aparecer así en el partido de Ashley
No volverás a llorar delante de Paul
No volverás a tocarte mientras lloras
No volverás a sacar la ropa de Paul del armario
No volverás a sacar el bote de pastillas del armario
No llamarás al instituto
No llamarás a Brenda Francis
No enviarás mensajes de texto a Kyle
No irás a esa reunión en Sequoia Crescent
No entrarás en Facebook
No entrarás en Facebook
No entrarás en Facebook

08

Fui a la reunión de Sequioa Crescent.

Fui a la reunión pese a saber que Paul y Ashley se pondrían furiosos si se enteraban. En realidad, fui sin saber si quería ir o si sería productivo para mi salud mental, dado el estado en que me encontraba. Fui sin saber si Kyle estaría allí o no; habíamos cortado el contacto. Quizá solo fui porque sospechaba que iba a estar. Supongo que eso dice todo lo que necesitáis saber sobre dónde tenía la cabeza entonces. Pude ir porque Ashley tenía un partido ese sábado por la mañana, Paul la había acompañado en coche y se quedaba a verlo; de lo contrario, me habría resultado imposible escaparme.

Soy consciente de que quizá algunos lectores estén pensando: un momento, ¿entonces qué era eso de no querer arriesgar tu relación con Ashley o su bienestar? ¿Qué hay de lo de parar cuando tu hija te pide que pares? Es difícil para mí mirar atrás y justificarme, pero en aquel entonces me consumía la desesperación al pensar que le estaba fallando a Ashley como madre. Sentía que tenía que hacer algo para salir de mi estupor. Necesitaba información. Aunque mi hija podía enfadarse u ofenderse a corto plazo si se enteraba, fui a la reunión con la intención de mejorar a largo plazo para poder ser la madre que Ashley se merecía y la compañera que Paul necesitaba.

Había una parte de Paul que se había rendido cuando todo lo de Kyle y de mi despido salió a la luz. La única vez que hablamos al respecto, me dijo que se sentía traicionado. Que se sentía como «un tonto» después de todos sus esfuerzos y cuidados.

—Paso —dijo, arrugando la boca y encogiéndose de hombros—. Simplemente paso.

Pasó de mi estado, de mi insomnio, de hablar de ello, de hablar conmigo, de preocuparse. Y, a fin de cuentas, no lo culpé. Yo sentía una especie de desesperación que me resultaba difícil expresar con palabras sin parecer que estaba loca, que era, en cierto modo, como estaba. Había caído en una especie de estado maníaco del que yo era muy consciente y hacía todo lo posible por salir de él. Pero cuanto más forcejeamos para salir de las arenas movedizas de la manía, más maníacos parecemos y más maníacos acabamos volviéndonos.

Cuando llegué a la casa de Sequoia Crescent, lo primero que pensé fue: esta gente paga por un paisajista profesional. El asfalto de la entrada parecía recién instalado. Su casa era grande, sin ser ostentosa. Mientras subía por el sendero del jardín, con sus luces a ras de suelo incrustadas en la piedra, pensé que la gente adinerada compraba casas grandes, pero que la gente realmente rica compraba casas grandes que, a saber cómo, no lo parecían. Estaba ansiosa, cuando estoy ansiosa tengo gases y me tiré un pedo apestoso justo al llegar a la puerta, por lo que tuve que esperar veinte segundos a que la cosa se calmara antes de llamar al timbre. Menos mal que tomé precauciones, porque enseguida abrió la puerta un hombre corpulento de pelo cano despeinado, con barba de académico en ciernes y jersey burdeos con cremallera. Su cara de búho esbozó una sonrisa amplia y acogedora.

—Hola, soy Howard —me dijo, tendiéndome una mano bien hidratada que estreché mientras me presentaba. Al cruzar la puerta, oí una conversación ligera y relajada en la sala contigua. Howard llevaba unas zapatillas grises de fieltro y me dijo que no hacía falta que me quitara los zapatos, pero me descalcé igualmente y lo seguí por un vestíbulo con suelo de amplios tablones de madera, tonos tierra y máscaras de teatro kabuki en las paredes. Entramos en la sala contigua, donde seis personas charlaban de pie alrededor de una mesa baja como si estuvieran en un cóctel. Kyle era una de ellas. Tenía un vaso de Coca-Cola con cubitos en la mano. Todos nos miraron y sonrieron excepto Kyle, que clavó los ojos en un punto indeterminado del suelo, entre nosotros. Howard me presentó y luego les estreché la mano a todos, uno por uno, a medida que se presentaban. Cuando le llegó el turno a Kyle, nos presentamos con una pantomima murmurada y —sospeché— poco convincente, pero nadie pareció percatarse.

Además de un sofá escandinavo de aspecto algo incómodo y dos butacas curvas a juego, había cuatro sillas de cocina blancas y lisas dispuestas en semicírculo al otro lado de la mesa de centro. Me fijé en el resto de la habitación: el gran óleo abstracto con impasto, el jarrón de piedra tallada a mano sobre la mesa auxiliar de teca, la alfombra marroquí de color vino; parecía que un ojo perspicaz había visualizado y colocado cada objeto en relación específica con los demás. Hasta el sutil y ubicuo aroma a sándalo parecía estudiado. El techo abovedado ascendía hacia una gran claraboya que bañaba la estancia con el suave resplandor del mediodía. Frente al ventanal había una pared con estanterías altas y una escalera corredera de madera. La escalera de la librería me parecía una afectación, pero me gustó.

Howard era un poco como una escalera de librería: una afectación intelectual andante y parlante que resultaba inevitable admirar, alguien anticuado y carismático al mismo tiempo. Era un geofísico jubilado que hablaba con una voz de barítono cálida y melosa, como el narrador de un documental de animales que no muestra ninguna emoción mientras los depredadores destripan a sus presas. Si yo era alguien que a veces utilizaba mi inteligencia como escudo, Howard blandía la suya como una espada, esgrimiendo frases como: «Durante mi trabajo de campo en Mauricio…». Al oírlo hablar, tuve que sonreír; cuando era niña, le contaba a mi amiga Jennifer que tenía un excéntrico tío millonario que viajaba por el mundo «coleccionando especímenes» y que algún día volvería para llevarme a sus expediciones. Howard era un tío excéntrico, científico y millonario salido de un *casting*, aunque quizá un poco más afectado de lo que me había imaginado de niña; más un intelectual de salón que un investigador aventurero.

En algún momento sucumbí a la atracción gravitatoria de la librería y me acerqué mientras Howard me seguía. Además de infinidad de novelas, las estanterías estaban repletas de gruesos libros de arte, desde el Renacimiento y los maestros flamencos hasta volúmenes sobre el dadaísmo, la Bauhaus y numerosos arquitectos y artistas: Le Corbusier, Zaha Hadid, Eva Hesse, Joseph Beuys, Rachel

Whiteread. Howard sacó una monografía sobre Alberto Durero y, mientras hojeaba lentamente las páginas, hablamos de la xilografía del rinoceronte que había hecho Durero sin ver nunca uno. A su manera silenciosa, estos libros me comunicaron que Howard era mi tipo de persona. Alguien que quería sentirse parte de la conversación, la conversación inmortal de palabras e imágenes que había empezado con los primeros humanos y que continuaría mucho después de nuestra muerte, quizá incluso después de nuestra extinción como especie, tallada en las laderas de los acantilados y transmitida al espacio. Cuando era niña y cenaba bocadillos de mortadela mientras mi madre trabajaba en el turno de noche, el deseo de formar parte de esa gran conversación era el deseo de liberarme del silencio de la pobreza. El silencio de un apartamento de una habitación sin libros. El silencio que proviene no de la falta de intelecto, sino de la falta de tiempo y medios para nutrirlo.

Poco después se acercó Jo, la compañera mucho más joven de Howard. Transmitía una sensación tan serena y pausada como la caligrafía. Era una profesora de yoga que hablaba sin una sola palabra innecesaria o irreflexiva. Mientras yo divagaba sobre pasarme al descafeinado y mi discusión con la compañía telefónica de esa mañana, ella me escuchó como si excavara de mis palabras capas de significado de las que yo ni siquiera era consciente, asintiendo con la cabeza y murmurando por lo bajo como una psiquiatra. Por alguna razón no me molestó, quizá porque parecía algo muy natural en ella, y de hecho empezó a tener en mí un efecto curiosamente tranquilizador. Más tarde la observé interactuar con otros en la sala y me imaginé lo que se debe sentir al moverse por el mundo con una elegancia tan natural, como un nadador en un lago fresco y tranquilo.

En cambio, cuando me senté en el sofá me vi atrapada en una conversación con Leslie, una mujer de unos cuarenta años que llevaba un jersey de cachemira de aspecto caro y que soltaba frecuentes risitas vacilantes. Todo en Leslie parecía afilado: sus rasgos, su voz, su ansiedad. Era brutalmente inteligente e insegura, como tantas mujeres de nuestra edad. Probablemente con un trastorno alimentario de la época universitaria. Seguro que estaba en LinkedIn. Me habló de Toby, su *cocker spaniel* que se había pasado la mañana vomitando por toda la alfombra. Yo me moría de ganas de preguntarle por el zumbido, pero no me dejó meter baza. Leslie me transmitió la sensación de que tenía éxito y era infeliz. Me la imaginé en la carretera, avanzando lentamente entre el tráfico y hablando por *bluetooth* en el microclima regulado de su todoterreno.

Aunque estoy segura de que era una persona poderosa tanto profesional como económicamente, de inmediato sentí empatía hacia ella, incluso una especie de sentimiento protector.

Cuando Leslie se levantó para ir al baño, vi a un hombre sentado solo en una de las sillas junto a la mesa de centro, así que me acerqué y me senté a su lado. Era un antiguo soldado atractivo y taciturno que se llamaba Damian. Por razones que no especificó llevaba unos años de baja por invalidez, el tiempo suficiente para haberse dejado una perilla y una coleta realmente lamentables. Era una prueba de su atractivo natural que estos rasgos autodestructivos no anularan el resto. Me recordaba a un técnico de gira, de esos que enrollan cables de micrófono después de un concierto de Kid Rock. Transmitía unas vibraciones de masculinidad tóxica bastante intensas, pero intenté ser generosa; estaba segura de que Damian había pasado por muchas cosas y que había visto más horrores de los que le correspondían. Le hice algunas preguntas sobre el zumbido —cuándo había empezado a oírlo, cómo le sonaba—, pero se mostró avergonzado y evasivo, como si le estuviera preguntando por algún turbio fetiche sexual. Al final abandoné, lo que pareció aliviarlo profundamente.

A nuestro lado, en una de las butacas, estaba Nora Delgado, una mujer corpulenta de unos cuarenta años, voz suave y profundas cicatrices de acné. Era la madre de Julián, el amigo de Kyle, y supongo que la razón de que Kyle y yo hubiésemos acabado en aquel salón. Me presenté e intercambiamos unas palabras de cortesía. No mencioné que le había dado clases a su hijo, ni tampoco que, aunque era la primera vez que nos veíamos, no era la primera vez que pensaba en ella. Julián había escrito un cuento para mi clase sobre una mujer guatemalteca que después de cruzar la frontera mexicano-estadounidense con su hijo pequeño empezaba a vivir como inmigrante indocumentada en un motel de Texas. La mujer trabajaba en el motel como limpiadora a cambio de alojamiento y tenía que rechazar las insinuaciones sexuales del dueño. Cuando le pregunté a Julián por la historia, negó que fuera autobiográfica. Sin embargo, había algo en aquella madre tan específico y vívido que era inevitable pensar que tenía algo de verdad. En cualquier caso, le puse la nota máxima, aunque el relato solo tuviese la mitad del mínimo de palabras requerido.

A nuestro lado había una joven de sonrisa fácil llamada Seema que, por lo que oí, era residente en el Hospital General. Tenía una cara angelical, un corte de pelo masculino, un tatuaje en el cuello y un pendiente de oro en la nariz. Admiré su despreocupado estilo transgresivo en una zona residencial donde ya llamaban la atención unos simples vaqueros pitillo de color negro. Mientras hablaba, Seema escondía las manos en las mangas de su amplia camisa de franela, y a veces, cuando escuchaba, ocultaba la boca en el cuello de la camisa; no por timidez, sino como un gato que juega con una bolsa vacía por su exceso de energía. Era la más joven de la sala después de Kyle y habían entablado conversación de forma natural. Parecían estar comparando notas sobre el zumbido, cronologías y teorías. Quise unirme a ellos, pero me pareció que Kyle necesitaba algo de espacio.

Kyle llevaba una camiseta negra holgada con una imagen del Joker de Heath Ledger. Su conversación con Seema le había permitido evitar cualquier contacto visual conmigo hasta que Howard convocó la reunión y sugirió que todos tomáramos asiento, pero ni siquiera entonces Kyle miró en mi dirección. Parecía que había pasado una eternidad desde nuestra última conversación y yo había sentido la ausencia como un dolor físico. Me pregunté qué mentira le habría contado a Brenda antes de salir de casa aquella mañana, o si ella se había dado cuenta. Parecía cansado, pero todos lo parecíamos. En aquella sala había una palpable sensación de agotamiento. Éramos un círculo de espíritus destrozados, unidos por la débil esperanza de que tal vez, por fin, estuviéramos a punto de experimentar una catarsis colectiva.

Howard inició la reunión diciendo:

—Sé que todos os habéis estado peleando con este ruido y resulta confuso, pero sé exactamente lo que es y no tenéis nada de que preocuparos.

Francamente, aunque me pareció un poco ridículo, era exactamente lo que necesitaba oír justo entonces de esa voz amaderada. La confianza con la que pronunció esa afirmación general casi la hizo parecer plausible. Entonces empezó a guiarnos a través de una especie de experimento mental.

—¿Cuántas veces creéis que cae un rayo sobre la Tierra a lo largo de un día? —preguntó sonriendo, disfrutando evidentemente de presidir nuestro embelesado grupo—. ¿Alguna propuesta?

Damian se encogió de hombros y rompió el silencio diciendo que veintitrés.

—Creo que más —dijo Seema.

—¿Qué dirías entonces? —le preguntó Howard.

—Puede que varios miles. ¿Unas cinco mil?

—Cinco mil, vale. ¿Alguien más?

Leslie dijo que cinco mil le parecían bien. Howard le preguntó a Kyle cuántas calculaba él.

—Cinco mil quinientas —respondió Kyle, lo que hizo reír al grupo.

—¿Qué es esto, *El precio justo?* —bromeó Seema—. ¡Cinco mil quinientas una!

Howard esperó un momento por si había propuestas de última hora.

—En realidad son ocho millones de veces al día —dijo por fin, lo que provocó más risas—. Lo que equivale a unas cien veces por segundo.

—Veintitrés —repitió Damian para sí, riendo entre dientes.

—Yo no tenía claro lo de veintitrés —dijo Seema—, he visto veintitrés rayos en la misma tormenta.

—Eso equivale a unos tres mil millones de veces al año —continuó Howard—, así que, como os podéis imaginar… —De pronto levantó la vista y se detuvo—. Ah, hola.

Todos se volvieron hacia la pareja de ancianos que acababa de asomarse. Como no habían llamado a la puerta ni al timbre, era como si hubiesen surgido de la nada.

—Adelante, por favor —dijo Jo, indicándoles que entraran.

—Sentimos llegar tarde —dijo el hombre, dando un paso al frente. Llevaba una camisa elegante de color azul claro y parecía atlético para su edad, como si fuera miembro de un club de tenis.

Howard se levantó del sofá para estrecharles la mano.

—Tranquilos, no pasa nada.

—La puerta no estaba cerrada —dijo la mujer con una sonrisa tímida, encogiendo el cuello entre los hombros.

—Nos hemos perdido un poco —añadió su marido.

—Ha puesto «Sierra» en el GPS y yo le he dicho: «Creo que es Sequoia», pero...

La mujer levantó y bajó los brazos riendo, pero estaba claro que aún no se le había pasado la irritación. Jo les aseguró que era fácil desorientarse en esta zona.

—Estábamos hablando de los rayos —dijo Howard.

—Rayos, de acuerdo —dijo la mujer, mientras Jo se ocupaba de las chaquetas de forro polar a juego—. ¿En qué sentido?

—Supongo que es usted el doctor Bard —dijo el hombre, antes de que Howard pudiera responder a la pregunta de su mujer.

—Sí, pero, por favor, llámame Howard.

El hombre se presentó como Tom, y luego presentó a su esposa, Emily.

—Hola —dijo ella, saludando a todo el mundo. Su lustrosa manicura era obra evidente de una inmigrante, pero su corte de pelo indicaba que votaba a los republicanos. Se acercó a Howard e hizo un gesto hacia Jo, que estaba en el vestíbulo—. Disculpe, ¿puede recordarme el nombre de su hija?

—Jo no es mi hija.

—Ah, perdone —respondió Emily, sorprendida.

—Por favor —dijo Howard, señalando las sillas vacías.

Leslie se levantó para saludar a los recién llegados.

—Soy Leslie —dijo, dándoles la mano. Tom ladeó un poco la cabeza y comentó que le sonaba de algo.

—Soy agente inmobiliaria —respondió ella con una sonrisa estirada.

—Claro, he visto carteles con tu fotografía.

—Sí —dijo Leslie con una risita. Suelen decírmelo.

Jo volvió del vestíbulo mientras los demás nos presentábamos por turnos. Para ser útil, serví unos vasos de agua de la jarra que había en la mesita y empecé a ofrecerlos a los demás. Le serví agua a Kyle, cuyo vaso solo tenía hielo, y él me dio las gracias sin mirarme a los ojos.

—También podemos ofreceros café o té —dijo Jo.

—No, agua está bien, gracias —respondió Emily mientras se sentaba.

—Yo me tomaría un café, si no es molestia —dijo Tom—. Solo.

Jo asintió y se dirigió a la cocina.

—No la molestes con eso —murmuró Emily—, acabas de tomarte uno.

—Por favor, eso no cuenta.

Tom nos miró e, inclinándose en plan confidencial, nos dijo que Emily dejaba una cafetera francesa llena de café en la encimera durante días y luego se limitaba a calentar tazas en el microondas.

—Es muy práctico —dijo Emily con expresión sincera.

—Es una salvajada.

Tom y Emily disfrutaban interpretando a una pareja mal avenida. Siempre me habían intrigado las parejas que discutían y se provocaban en público, casi me parecía una forma pervertida de afecto. Sobre todo me parecía vergonzoso.

—Bien. Tres mil millones de rayos —dijo Leslie, dándose una palmada en el muslo.

Me gustaba Leslie. ¿Dónde estaría el mundo sin mujeres de tipo A dándose una palmada en el muslo para poner las cosas en su sitio?

Howard se pasó el dedo índice por la frente.

—Sí, como os decía, caen tres mil millones de rayos al año en todo el mundo. Cien por segundo. Eso acumula una enorme carga electromagnética en la atmósfera. Y esta carga atmosférica resuena. Y con lo de resonar me refiero a que crea una onda de sonido real. Un zumbido muy muy muy bajo a una frecuencia de 7,83 hercios.

—¿Dices que los rayos hacen zumbar la atmósfera? —preguntó Seema.

—Esencialmente, sí.

Levantó los pies del suelo para sentarse con las piernas cruzadas en el sofá.

—¿Y eso es algo aceptado por la ciencia? —preguntó.

Howard se rio.

—Sí, desde luego.

—Bueno, nunca se sabe. Corren muchos bulos por ahí.

Vaya, también me gustaba Seema.

—Se llama resonancia Schumann —dijo Howard—. La conocemos desde principios de los años cincuenta.

—¿Y está zumbando todo el tiempo o...?

—Exacto, de modo que —Howard extendió el brazo hacia Seema para disculparse por haberla interrumpido— existen unas resonancias electromagnéticas constantes en todo el globo, generadas por los rayos en la cavidad entre la superficie de la Tierra y la ionosfera. ¿Has soplado alguna vez por la boca de una botella? —le preguntó a Seema.

—Sí.

—Del mismo modo que el espacio dentro de una botella tiene una frecuencia de resonancia específica que puedes oír cuando soplas por su cuello, en el caso de la Tierra, el rayo es como el soplo en la botella. Y la frecuencia de resonancia de la Tierra es de 7,83 hercios.

Tom levantó la mano.

—Lo siento, sé que he llegado tarde a la conversación, pero ¿de qué demonios estamos hablando? ¿Estás sugiriendo que este es el sonido que oímos?

—Bueno, supongo que esa es la parte controvertida.

—Ajá —dijo Tom, frunciendo el ceño.

—Todo lo que queda por debajo de los veinte hercios suele ser inaudible para los humanos —dijo Howard. Miré a Kyle, pero no se volvió hacia mí—. Por debajo de esa medida, casi siempre sentimos las ondas sonoras como una especie de presión física. Algunos mamíferos, como las ballenas, pueden oír frecuencias tan bajas como los 7 hercios, pero para los humanos oír 7,83 hercios es...

—Imposible —dijo Tom.

—La mayoría diría que sí —dijo Howard—, pero hay algunas personas, entre las que me incluyo, que sugieren que no es así. Que solo es... excesivamente raro.

—Un momento. —Tom extendió la mano hacia el centro del círculo como si estuviera parando el tráfico—. Esto, esto que afirmas, y siento si me he perdido algo, ¿es algo que has leído en un artículo?

—Fui decano del Departamento de Geociencias de la Universidad Politécnica de Virginia durante dieciocho años —dijo Howard—. He publicado muchos artículos sobre el tema.

—¿Sobre esta resonancia?

—Sí.

—Vaya —murmuró Emily.

—Howard es un científico famoso —dijo Leslie sin ironía.

Howard se rio entre dientes.

—Bueno, yo no iría tan lejos, pero…

—¿Hay científicos famosos? —preguntó Tom—. Creo que no podría nombrar ninguno.

Emily puso cara de hartazgo.

—Claro que sí.

—No creas.

—Stephen Hawking —dijo Emily.

—Ya, pero no cuenta, está muerto. Claro que puedo nombrar científicos famosos muertos.

Jo regresó con el café de Tom.

—Gracias, muchas gracias.

—Elon Musk —dijo Damian.

Tom resopló.

—Dudo que sea científico.

—Debo mencionar que Jo es una antigua alumna mía de doctorado —dijo Howard, sonriéndole.

Jo cerró los ojos durante un instante más prolongado que un parpadeo, mientras se apartaba el pelo de la cara.

—Sí, bueno, me di cuenta de que el mundo académico no iba a alimentar mi alma —dijo.

Eché un vistazo a la sala y me pareció que había algo extraño en el hecho de estar sentada en un corro con otros desconocidos. Me recordaba a los cuáqueros o a una reunión de alcohólicos anónimos. Mi incomodidad probablemente obedecía a un desdén por la religión, la autoayuda y la terapia de grupo que yo sabía que nacía de mi propia arrogancia. Y tal vez de mi miedo a ser vulnerable. Así es como me criaron. Desconfiaba intrínsecamente de la gente que buscaba que la curasen, ayudasen o iluminaran. O quizá solo tenga una aversión natural a los grupos. A las dinámicas de grupo, al pensamiento de grupo, a las actividades de grupo. Siempre he recelado de la experiencia colectiva compartida. Dicho esto, había algo en la erudición y el carisma profesoral de Howard que me daba confianza.

Intenté una vez más cruzar miradas con Kyle. Me preguntaba qué estaría pensando de todo esto. No se me escapaba que él era un niño en una habitación de adultos. Sin embargo, no lo parecía; mostraba una confianza moderada y madura. Estaba segura de que se le ocurrirían observaciones muy divertidas sobre este grupo. Sonreí pensando en las imitaciones que haría de Damian o Leslie. Tom y Emily eran claramente búmers. Personalmente, sentí que me ahogaba en la conversación. Era la primera vez desde hacía días que estaba con tanta gente, que oía tantas voces. Como si se diera cuenta, Howard unió las manos y dijo:

—Espero que no os importe que haya ido tan directo al grano. Sé que puede ser muy difícil de asimilar al principio. Me ha parecido que esto es de lo que todos hemos venido a hablar.

—Tu teoría —dijo Seema, sin rodeos.

—¿Cómo dices?

—Yo en tu lugar, Howard, no daría por sentado que sabes de qué hemos venido a hablar. Con el debido respeto, has estado dominando la conversación desde el principio, y apenas conozco a nadie en esta sala ni su experiencia con el zumbido, que es lo que nos interesa a todos. Así que aunque aprecio tus ideas, también me gustaría escuchar las de los demás.

Howard parecía escarmentado.

—No, por supuesto, me parece bien —dijo.

—Para ser sincero —intervino Tom—, no creo que se trate de un fenómeno natural.

Damian asintió entre dientes.

—Esto es algo nuevo en nuestro barrio —continuó Tom— y estoy aquí para hablar de estrategias para localizarlo y hacerle frente.

—Estoy en el mismo barco —dijo Seema—, pero…

—¿Entonces por qué no nos centramos en eso?

—… Pero me gustaría conocer las experiencias de los demás con este asunto. —Señaló a Emily—. No tengo ni idea de quién eres, ni sé si lo que oyes es lo que yo oigo. Ni cuánto tiempo llevas oyéndolo.

Emily se enderezó.

—Bueno, Tom y yo estamos aquí porque vi el anuncio en la biblioteca. Llevábamos dos meses volviéndonos locos con ese ruido.

—Yo también llevo dos meses oyéndolo —dijo Seema.

Damian y Leslie asintieron.

—Yo igual —dijo Nora.

—No podíamos dormir —añadió Tom—. Teníamos unos dolores de cabeza espantosos.

—El ruido era tan fuerte que tenía que subir el volumen del televisor para no oírlo —continuó Emily—. Empezamos a dejar la tele encendida las veinticuatro horas del día. Así que no puedo expresar el alivio que sentí cuando vi el anuncio, y…

Emily se interrumpió y Tom le puso una mano en la rodilla.

—Perdón, pero ¿de qué anuncio estáis hablando? —pregunté.

Damian se sacó un papel del bolsillo y me lo dio.

—Ojalá no lo hubieras arrancado —dijo Howard con una risa frustrada.

Mientras miraba el cartel, claramente diseñado e impreso en un ordenador doméstico, Jo me explicó que Howard y ella habían colocado algunos carteles en espacios públicos de la zona.

—Solo para ver quién podía estar interesado en hablar —dijo.

En la parte superior de la página, en letras *sans-serif* rojas, aparecía la pregunta: «¿Oyes el Zumbido?». Ver las palabras en mayúscula lo convirtió de pronto en Algo Real que existía en el mundo. Debajo de la pregunta había una descripción del sonido, sus efectos secundarios y una dirección de correo electrónico.

Seema había visto el cartel en la tienda de productos ecológicos próxima al centro comercial. Damian, en el centro comunitario. Me pareció curioso que ni Kyle ni yo nos hubiéramos topado con uno, ni tampoco Paul o Ashley. Aunque, francamente, el cartel era tan sencillo e inocuo que podía haberlo visto en una farola y pasarme desapercibido.

—No estoy seguro de qué es lo que esperaba —dijo Howard, carraspeando—. La verdad es que ha venido mucha gente.

—Deberías haberlo publicado en Internet —dijo Damian.

—Bueno, queríamos empezar poco a poco —dijo Jo—. Encontrar un grupo de vecinos con los que pudiéramos hablar de esto.

Damian admitió que lo había publicado en Reddit. Jo pareció desconcertada.

—¿Qué?

—Para que corriera la voz —dijo Damian.

—La verdad es que hubiera preferido que no lo hicieras —dijo Howard, claramente incómodo.

—Esto no es solo algo de nuestro vecindario —replicó Damian, inclinándose hacia delante—. ¿Y el resto del mundo? Este zumbido nos afecta a todos y solo algunos de nosotros lo notamos.

—Ya, pero…

—Solo algunos estamos sintonizados.

—… no podemos empezar por todo el mundo, ¿verdad? —dijo Howard—. Es una casa grande, pero ni siquiera yo tengo tanto espacio.

—Más personas habrían dificultado mantener una conversación en condiciones —dijo Leslie—. Y tengo la sensación de que eso es lo que todos necesitamos ahora mismo —añadió, mirando a Seema—. ¿Me equivoco?

—Tengo que hablar —dijo Nora en voz baja, y todos se volvieron. Las pulseras de sus muñecas tintinearon cuando cruzó los brazos sobre el generoso busto. El grueso delineador negro hacía que sus ya penetrantes ojos pareciesen enormes—. Necesito que me escuchen. Nadie me escucha. Ni mis amigos, ni mi familia, nadie.

Su voz era quejumbrosa y enérgica a la vez. Sentí un escalofrío al oír que otra mujer adulta ponía palabras a mi desesperación.

—A mí tampoco —dije—. Esto… —Levanté el cartel—. Creo que tengo que enseñárselo a mi marido.

Nora dijo que el suyo se pondría furioso si supiera que ella estaba aquí. Jo parecía perturbada.

—¿En serio?

—Ay, sí —dijo Nora, muy seria.

—El mío también —dijo Leslie.

—Mi pareja dice que son imaginaciones mías —añadió Seema.

Comenté que eso me sonaba y Jo nos preguntó por qué nuestras parejas nos hacían sentir así. Leslie sugirió que se preocupaban por nosotras. Yo dije que creía que se sentían amenazados. De repente me pareció clarísimo, por supuesto, que nuestros seres queridos se sentían amenazados porque no podían ayudarnos. No podían aceptar que no tuvieran un lugar en este misterio.

—Mi marido cree que necesito ayuda médica —dijo Leslie—. No encuentros sociales «para darle a la aguja y a la lengua», en palabras suyas.

—¿Darle a qué? —preguntó Nora.

—Como esas reuniones de mujeres que charlan mientras hacen punto.

—Eso suena bastante despectivo —dijo Seema—. Y sexista.

Leslie dijo que la otra noche su marido había atravesado la pared con el puño de pura frustración.

—Dios mío —exclamó Seema, horrorizada.

Leslie insistió en que su marido no era una persona violenta. Seema enarcó las cejas.

—Nunca me haría daño, lo sé —dijo Leslie—. Fue algo muy atípico en él.

—Todo el mundo ha estado actuando de forma distinta —dijo Damian—. Nos afecta a todos.

Jo miró fijamente a Leslie y le dijo:

—Pero tienes que avisarnos si lo vuelve a hacer, ¿de acuerdo?

Leslie movió la boca de un modo extraño y asintió.

—Sí, eso no está bien —dijo Seema, arremangándose la camisa de franela como si estuviera a punto de darle un puñetazo al tipo.

Emily miró a Tom y puso una mano sobre la suya.

—Supongo que es una suerte tenernos el uno al otro —dijo—. Pero nuestros hijos creen que estamos, ya me entendéis... —Giró el dedo alrededor de la sien y soltó una risita.

—Tampoco es eso —respondió Tom.

—Sí, sí, están muy preocupados.

—Claro, pero eso no es lo mismo que pensar que chocheamos o algo así.

—No he dicho nada de chochear.

—Bueno...

—Nos han estado tratando de forma distinta.

—Porque hay algo distinto.

—Creen que hemos perdido la cabeza.

—No, no es verdad.

—Sí. Creen que estamos enfermos.

—No quiero... —Tom despachó la conversación con un gesto, como si fuera una mosca, y el círculo guardó silencio. De repente vi que Emily llevaba toda una vida siendo despreciada de esa forma y sentí pena por ella. No se había inmutado. Si Paul me hubiese hecho algo así, le habría sujetado la mano y se la habría estampado en la mesita.

Mientras los diez estábamos allí sentados, me di cuenta de que el Zumbido —porque ahora lo escribía con mayúsculas en mi conciencia— era lo más ruidoso de la sala. Sentí que los demás se daban cuenta poco a poco. Allí estábamos todos, en lo que cualquier otra persona percibiría como un silencio total, atormentados por un sonido que solo nosotros podíamos oír. Me pareció algo inquietante y reconfortante al mismo tiempo.

—Apenas puedo trabajar por culpa de eso —dijo Leslie por fin—. Estoy agotada, crispada y tengo los nervios destrozados. Estoy enseñando una propiedad a los clientes y no puedo concentrarme en lo que dicen. Me hacen preguntas sobre el aire acondicionado o el jardín trasero y es como si no los oyera. Una vez rompí a llorar delante de una pareja joven. No sabían qué hacer, los pobres. —Se echó a reír—. Ahora puedo reírme, pero... —Movió la cabeza con una sonrisa apesadumbrada—. En fin, al final fui a un psiquiatra.

—Yo también —dijo Seema.

—¿En serio? —preguntó Nora, frunciendo el ceño.

—Sí —asintió Leslie.

—Nunca he pensado que me estaba volviendo loca —dijo Nora.

—Tienes suerte.

—Todo lo que es un poco diferente o inconveniente lo convertimos en una patología, ¿verdad? —dijo Jo, mirando a Leslie.

Leslie asintió y se miró el regazo. Respiró hondo, temblorosa.

—Han hecho que me sienta tan... castigada —dijo, con la voz quebrada como una ramita—. ¡Me han castigado tanto por esto! Era como si nadie pudiese ayudarme. Los médicos me hicieron creer que estaba loca. Me recetaron toda esa medicación porque me estaba deprimiendo. Incluso, es increíble, me recetaron antipsicóticos.

Jo se inclinó hacia delante.

—¿Qué?

—Creían que estaba delirando.

—Eso es inconcebible.

—Me han estado haciendo luz de gas —dijo Leslie—. Me levantaba por la mañana, me miraba al espejo y pensaba: estás loca. Eso es lo que me condicionaron a pensar. Y esa medicación, dejad que os diga, es muy nociva. Para la mente, para el cuerpo. Solo ha pasado un mes y he engordado siete kilos. Y estoy enfadada —dijo, con los ojos muy abiertos llenándose de lágrimas—. Sobre todo estoy muy muy enfadada.

Jo le puso la mano en la rodilla y en ese momento sentí que algo se desbloqueaba dentro de mí. Oír una historia tan cercana a la mía, contada de esa manera… De pronto vi la valentía de Leslie. La valentía de levantarse por la mañana, vestirse, salir de casa, enfrentarse a los demás, mostrar su yo más vulnerable en una habitación llena de desconocidos. Y entonces, antes de poder pensarlo siquiera, me descubrí hablando. Las palabras salían de mi boca.

—Perdí mi trabajo por ese ruido —dije.

Jo se volvió hacia mí, atónita.

—¿Qué?

Los demás murmuraron, asombrados.

—Lo siento mucho, Claire —dijo Howard.

—Mi vida es…

Levanté los brazos y los dejé caer sobre el regazo. Intenté reír, pero algo dentro de mí cedió, se derrumbó y, en su lugar, un sollozo me brotó de dentro como un alud de barro. Jo me cogió de la mano y se arrodilló a mi lado mientras yo lloraba. Me sentía avergonzadísima. Yo, berreando delante de un grupo de desconocidos. ¿Cuándo había llorado por última vez? Sinceramente, no lo recordaba. Ashley me habría sujetado por los hombros y me habría dicho que me calmara de una vez. Sin embargo, al mismo tiempo, recuerdo que pensé: «Dios, qué bien sienta esto». Me hacía tanto bien desahogarme, tener un espacio reservado para mí… Poder permitirme ser débil…, ¿débil? ¿Era esa la palabra correcta?

Vulnerable, flexible, porosa, expuesta, sincera. En cualquier caso, se trataba de algo fuera de mi control. Jo me miraba a los ojos, pero apenas podía verla a través de mis lágrimas.

—Kyle es alumno mío —dije. De pronto sentí la necesidad de contarles la verdad. Necesitaba hacerles comprender, hacer que alguien comprendiera aunque fuesen desconocidos; en realidad, mejor así—. Era alumno mío —aclaré.

Vi que Kyle se movía incómodo en su silla. Noté su sorpresa y su ansiedad desde el otro lado de la sala. Le conté al grupo lo de las reuniones después de clase, los trayectos en coche, la intervención de Ashley y el enfrentamiento.

—Así que me despidieron —dije con voz quebrada. Me aclaré la garganta y me pasé la mano por los ojos—. Bueno, me han suspendido a la espera de una revisión, lo que significa que me despedirán oficialmente el mes que viene, después de que se celebre el procedimiento. No sé qué hacer. Mi marido ya no quiere hablar del tema. Mis colegas me han repudiado. Soy como una leprosa.

Jo me apretó la mano. Sonreí a su cara amable y le di las gracias. Luego miré a los demás, vi sus expresiones cariñosas y preocupadas, y sentí un arrebato de gratitud por todos ellos y por el espacio que me habían concedido para escucharme sin juzgarme. La última cara que miré fue la de Kyle, que la tenía cenicienta. Quise cogerle la mano. Quise disculparme y tranquilizarlo al mismo tiempo. Pero lo que hice fue volverme de nuevo hacia los demás y decirles que si alguien se enteraba de que estaba aquí con Kyle, probablemente llamaría a la policía.

Tom murmuró algo que no entendí. Miré y vi que su lenguaje corporal indicaba incomodidad.

—Pero ¿cuáles son nuestras opciones? —continué, planteando la pregunta en su dirección—. ¿Con quién tenemos que hablar? Sé que no debería estar diciendo esto, es decir, sois básicamente desconocidos, pero yo…

—Puedes confiar en nosotros —dijo Jo, dándome un último apretón en la mano antes de volver a su silla. Asentí y le dije que lo sabía. Y era cierto. A saber por qué, ya confiaba en ellos.

—Me parece increíble que te despidieran por esto —dijo Howard.

Seema comentó que, aunque perdiera el procedimiento, debería demandarlos por despido improcedente. Le dije que ahora ni siquiera podía imaginarme tener la energía o los medios para intentarlo.

—Sinceramente, ya me cuesta levantarme de la cama por la mañana. Sigo conmocionada. Pero no voy a dejar que me intimiden para que finja que no estoy experimentando todo lo que me pasa. Y tampoco Kyle, y por eso estamos aquí.

—Bien hecho —dijo Leslie asintiendo, mientras los demás se hacían eco de sus palabras.

—No sabéis lo bien que me sienta poder contar todo esto —continué, animada—. Cuando todo empezó, estaba completamente...

—Lo siento —me interrumpió Tom—. No quiero ser insensible, pero ¿puedo sugerir que centremos nuestras energías en averiguar el origen de este zumbido y hacer algo al respecto?

Me puse como un tomate. Me sentí como una niña a la que estuvieran regañando. Leslie fulminó a Tom con la mirada.

—En eso estamos —dijo.

—No, eso no es lo que estamos haciendo —repuso Tom.

—Tom, la gente se ha sentido aislada —dijo Jo, intentando rebajar la tensión.

—Lo sé, pero no creo que sea productivo sentarnos aquí a lamernos las heridas...

Emily le puso la mano en la rodilla.

—Nadie se está lamiendo las heridas, querido.

—... o a regodearnos, revolcarnos en el asunto.

Sentí una rabia volcánica y traté de encontrar algún lugar donde mirar que no fuera la cara de Tom. Revolcarse. La palabra me hizo pensar en una cerda revolcándose en la mierda, en el barro. Ni me revolcaba ni era un perro lamiéndome las heridas. Ya entonces supe que, al utilizar esas metáforas animales, Tom se refería a un dolor y un sufrimiento exclusivamente femeninos.

—Creo que es importante que la gente se sienta libre para hablar en un espacio seguro —respondió Jo.

—Muchos de nosotros lo hemos pasado mal —dijo Seema.

Tom levantó la mano.

—¡Yo también!

—Entonces...

—No me hagas callar —le espeté a Tom, temblando. No pretendía gritar tanto.

—No lo hago.

—Sí. Eso es lo que has hecho.

—Solo digo que tenemos que centrarnos en resultados productivos.

—Vaya, siento ser tan improductiva —dije.

Jo sugirió que todos estábamos tratando de entender y que debíamos ser pacientes.

—Y, Tom, la gente de este círculo está diciendo que necesita que se la escuche —añadió.

—A mí tampoco me importaría —respondió—. Lo que no necesito es un grupo de apoyo emocional.

A lo que me limité a negar con la cabeza, asombrada. Jo le dijo que no se trataba de eso.

—A lo mejor algunos de nosotros sí lo necesitamos —dijo Seema, lo que francamente no me pareció útil porque ese no era el caso ni tampoco lo que yo necesitaba, y me molestó que insinuara lo contrario.

—¿Y qué pasa con los que queremos hablar de soluciones? —preguntó Tom.

—Ya llegaremos ahí —dijo Seema.

—Bueno, quizá esas personas —empecé yo— podrían tener un poco de compasión por los que necesitamos reconstruirnos primero porque nos han hecho sentir como una mierda y nuestros amigos y familiares nos han abandonado, ¿vale?

Se hizo el silencio. Tom miró al suelo. Yo no podía soportar que otro hombre con camisa de vestir me desairase, tal cual, no podía soportarlo ni un segundo más.

—Bien —dijo Howard—. Obviamente todos tenemos diferentes intenciones y razones para estar aquí.

—No he venido aquí con intenciones —dijo Tom, despacio y con mordacidad.

—Y haremos todo lo posible para ser respetuosos —continuó Howard—. Para escucharnos unos a otros mientras, sí, Tom, al mismo tiempo…

—No, no digas mi nombre así, Howard. No se trata solo de escucharnos y trabajar juntos. Tenemos que hablar con nuestro concejal y tenemos que empezar a ejercer presión para que investiguen de qué demonios se trata.

—Ya habrá tiempo para eso —dijo Seema, con creciente frustración.

—El momento es ahora —respondió Tom—. No quiero vivir así más tiempo del necesario. Ya he vivido con esto lo suficiente.

—Creo que es muy natural —dijo Howard— que cuando estamos disgustados y confusos queramos culpar a alguien, al Gobierno o a alguna corporación, cuando en realidad se trata de algo mucho más grande y complejo.

—Sin ánimo de ofender, Howard; ¿sabes cómo sé que tu teoría es una chorrada? —preguntó Tom. Howard extendió las manos, dándole la palabra—. Fui a una conferencia en Phoenix la semana pasada. Subí a un avión, volé, aterricé —explicó Tom, ilustrando el viaje con sus manos— y no oí el Zumbido. Recorrí Phoenix durante tres días y no lo oí ni una sola vez. ¿Sabes lo que eso significa? Eso significa que hay un origen localizado. Algo en esta ciudad, o incluso en esta zona, que es nuevo y que nosotros…

—El Zumbido se oye en todo el mundo —lo interrumpió Howard— y si no lo oíste en Phoenix quizá fue porque el tráfico era más ruidoso. O quizá simplemente no querías oírlo. Pero estaba allí. Y está en Japón, París y Sídney, te lo aseguro.

—Entra en Internet —le dijo Damian a Tom—. Echa un vistazo a algunos foros. No es solo en nuestra zona.

Tom se adelantó en su silla hasta sentarse justo en el borde.

—Hace casi veinte años que vivo aquí, cuando casi toda esta zona solo era tierra y cimientos, y te aseguro que algo ha cambiado y que está afectando negativamente nuestra capacidad de vivir y disfrutar de nuestras vidas, y no voy a quedarme aquí sentado y dejar que alguien me diga que es por culpa de los rayos. Ha habido rayos toda mi vida, Howard. Esto es nuevo. Y —continuó, eludiendo la interjección de Howard— cuanto más nos demoremos, más precedentes tendrán para sugerir que no es una crisis acuciante. Creo que nuestro primer paso debería ser encontrar al mayor número posible de personas que estén sufriendo esto.

Seema se sentó en el extremo del sofá para imitar la postura de Tom y dijo:

—¿Puedo señalar que Claire acaba de decirte que la has hecho callar y, sin embargo, has seguido dominando la conversación? Ya hemos oído lo que tenías que decir.

—Francamente, no lo creo.

—Tom, por favor —dijo Emily, cerrando los ojos.

—Os animo a los dos —dijo Seema, mirando a Howard— a que seáis conscientes de quién ocupa espacio en esta habitación.

—Y a quién escuchamos —añadió Nora, abriendo sus ya de por sí grandes ojos.

De pronto, la presencia de las dos mujeres de color cargó intensamente el ambiente.

Tom se volvió hacia mí y se disculpó con toda la sinceridad de la que lo creí capaz. Asentí con la cabeza, aceptándolo, aunque me moría por expulsar la ira acumulada. Solté un suspiro digno de un Óscar, lo que me ayudó un poco.

—Claire, no hace falta decir que aquí nos tienes —dijo Jo—. Y que mantendremos una discreción absoluta.

Varios de los demás asintieron y les di las gracias.

—Creo que ahora deberíamos acordar todos que nada de lo que se diga en esta sala se repetirá fuera de ella —continuó Jo.

—¿Cómo puede eso ser práctico? —preguntó Tom, masajeándose el puente de la nariz—. Si vamos a hablar de estrategias para localizar y tratar este zumbido, tendremos que interactuar con el mundo exterior. —Jo se dispuso a responder, pero Tom se volvió hacia mí y dijo—: No estoy hablando de tu dilema personal, pero no creo que una política de bloqueo informativo sea la más adecuada.

—Creo que puede haber algún matiz —lo interrumpió Jo.

—Bueno, eso no es lo que acabas de decir.

—No hay que revelar nada personal, ni detalles personales —aclaró—. Eso es lo básico.

—Pero, repito, ¿qué significa eso exactamente? ¿Detalles médicos? ¿El impacto en nuestras vidas? Será importante comunicar esos datos al ayuntamiento si queremos que investigue, o a las empresas que puedan ser responsables de lo que ocurre.

Seema admitió que coincidía con Tom en este punto.

—Creo que es de sentido común —dijo Leslie— lo que está permitido revelar y lo que no.

—¿Ah, sí? —preguntó Tom.

—Sí, yo no... —dijo Seema.

—Según mi experiencia, el sentido común no existe —dijo Howard.

—Y lo siento —me dijo Tom—, pero si no te está permitido ver a... —Se volvió de pronto hacia Kyle—. Perdona, he olvidado tu nombre.

—Kyle.

—... A Kyle fuera del instituto, entonces hay implicaciones legales si lo consentimos tácitamente.

Se me revolvió el estómago.

—No hay nada ilegal en que los dos estemos aquí —dije.

Tom me señaló.

—Tú misma acabas de decir que si te...

—¿No te sientes cómodo con eso, Tom? —preguntó Jo.

—No lo sé.

—Bueno, ¿qué estás diciendo, entonces? —le insistió.

—No conozco la dinámica. No conozco ninguno de los detalles.

Howard sugirió que tal vez deberíamos avanzar.

—Supongo que no, no me siento cómodo —dijo Tom, cruzándose de brazos—. Si te han despedido del trabajo y te han dicho que no vuelvas a relacionarte con este estudiante, y estamos aquí sentados con vosotros dos, eso me parece mal, ¿no?

—Solo nos teníamos el uno al otro para hablar —estalló Kyle—. ¿Lo entiendes? Y ahora os tenemos a vosotros. No nos apartes.

Kyle tenía los ojos brillantes, fijos en Tom. Parecía transformado, ya no era un niño en una habitación de adultos al que había que proteger, sino un hombre que se enfrentaba a otro hombre, y por un momento tuve la impresión de que Kyle me estaba protegiendo a mí.

—¿Alguien más tiene reparos con esto? —preguntó Jo, intentando mantener el control de la sala. Me volví hacia Nora y le pedí que no le dijera a Julián que Kyle y yo estábamos en la reunión.

—Lo siento, pero yo no miento a mi hijo —respondió ella, impasible—. Nunca le he mentido.

—No te pido que le mientas. Solo te pido discreción.

—Por favor —dijo Kyle—. Podría traernos muchos problemas.

Tom resopló.

—¿Qué, estamos hablando de cargos criminales?

—¿Quién es Julián? —preguntó Seema.

—Señora Delgado, se lo ruego —dijo Kyle. Nora parecía dolorosamente indecisa.

—Para que esto funcione, tenemos que apoyarnos mutuamente —dijo Jo.

—De acuerdo —respondió Nora con reticencia—. De acuerdo.

Seema señaló a Nora, a Kyle y a mí.

—¿Así que vosotros tres ya os conocíais?

—Juego al baloncesto con Julián —aclaró Kyle—. Una vez le hablé del Zumbido y me contó lo de su madre —dijo, señalando a Nora con un gesto.

—Y yo trabajo para Howard —dijo Nora, lo que sorprendió a unos cuantos, incluyéndome a mí.

—Nora está transcribiendo años de viejas grabaciones de audio de mi investigación —dijo Howard, mirándola con una sonrisa algo compungida—. Son cientos de horas.

—He empezado a oír su voz en sueños —dijo Nora con cansancio, y nos reímos.

—Un momento, ¿todos vosotros…? —Seema se volvió hacia Leslie—. ¿Y tú ya conocías a Howard y Jo?

—Jo es mi profesora de yoga —confirmó Leslie.

Seema asintió, frunciendo el ceño mientras trazaba mentalmente las conexiones.

Jo dijo que impartía clases en su estudio del sótano, normalmente en sesiones individuales, adaptadas a las necesidades y capacidades específicas de cada persona. También tenía formación en trabajo corporal y energético. Intentaba ofrecer a sus clientes enfoques holísticos y amplios para su bienestar físico, mental y espiritual.

—Llevo un par de años haciendo yoga —dijo Emily—. Me ayuda con la artritis.

—O puede que sea la causa —añadió Tom, riendo entre dientes—. Si te obliga a convertirte en un *pretzel* humano.

Leslie le dijo a Emily que debería plantearse hacer sesiones con Jo.

—Es increíble, muy paciente, me deja ir a mi propio ritmo.

—Quizá debería. —Emily miró a Jo—. ¿Eres cara?

—Sí —respondió Leslie, lo que provocó unas cuantas risas—. Pero el refuerzo de la zona abdominal hace que merezca la pena. Deberías enseñarles tu pavo real —le dijo a Jo.

Jo se rio y rechazó la idea con un gesto.

—Ahora no.

—¿Su qué? —preguntó Tom.

—¿Por qué no? —dijo Seema.

—¡Sí! —insistió Leslie. El resto del círculo se unió a ella, animando a Jo, diciéndole cuánto deseaban ver «su pavo real», lo que deduje que era una postura de yoga.

—¿Lo decís en serio? —preguntó Jo.

—Es increíblemente impresionante —dijo Howard.

—¡Vamos! —la animó Leslie.

Jo levantó los brazos en señal de rendición. Apartó la jarra de agua y los vasos de la mesita, puso las palmas de las manos en el centro y procedió a equilibrar el resto del cuerpo en una tabla perfecta. El grupo aplaudió y rio. Era realmente impresionante, aunque me preocupaba un poco que la mesa volcara o cediera. Debía de estar bien construida; no creo que la mía hubiese aguantado tan bien. La idea de hacer una plancha en mi mesita de centro me hizo soltar una carcajada que transformé en una ovación, mientras aplaudía animando a Jo, que aguantaba francamente bien la postura.

—Increíble —dijo Emily.

—No te gustaría meterte con ella, ¿verdad? —comento Leslie.

A continuación, Jo transformó la postura en otra aún más precaria e impresionante, llevando ambas piernas hacia delante de manera que su trasero descansaba ahora sobre la parte posterior de sus brazos. Eso provocó en el grupo exclamaciones de alegría. Todos gritaron y aplaudieron, Tom incluido. La mitad del grupo se puso en pie. Damian se quedó sentado con las manos en los bolsillos, pero sonreía. Jo se bajó de la mesa e hizo una pequeña reverencia. Todo el episodio fue una forma magnífica y ligeramente surrealista de liberar la tensión. No sé muy bien la razón, pero fue como si estuviéramos perdonando a Tom por su agresividad anterior, y su risa entusiasta dio a entender que lo había captado. Entonces me pregunté si Jo, aunque en principio se hubiera mostrado reacia, no habría planeado aquel momento para conseguir ese restablecimiento emocional. Cuanto más lo pensaba, más probable me parecía que estuviera operando en un plano intuitivo al que yo no podía aspirar.

Leslie abrazó a Jo por los hombros.

—Cuando te llegue el momento de parir, será coser y cantar —dijo, bombeando el puño por lo bajo.

—Ay, Dios —dijo Jo palideciendo, sin dejar de reír.

—Eso es lo que destruyó mis abdominales —continuó Leslie—. Mi cesárea.

Jo dio unas palmaditas en los abdominales de Leslie.

—Bueno, ya lo estamos consiguiendo.

Luego se sentó de nuevo y los que estábamos de pie volvimos también a nuestras sillas.

—Hace un par de semanas Les y yo estábamos meditando en una sesión y noté que le estaba costando —dijo Jo—. No podía concentrarse. Recuerdo que te vibraba el cuerpo de la ansiedad. Te pregunté y resultó que tú también oías el Zumbido.

—Entonces empecé a llorar —dijo Leslie—. Seguro que pensaste: ¿quién es esta loca? ¡Me sentí tan aliviada!

—Y un par de días después nos enteramos de que Nora también lo oía —dijo Jo.

Todos miraron a Nora, que asintió lentamente y jugueteó con el pequeño crucifijo de oro que llevaba al cuello.

—Al principio pensé que era porque escuchaba muchas grabaciones, creía que era una especie de daño auditivo.

—Es tan raro… —intervino Seema, con los ojos entornados—. O sea, que os haya pasado a las tres, es casi como un virus contagioso o algo así.

—Fue entonces cuando se nos ocurrió la idea de la reunión —dijo Howard—. Comprendimos que también les tenía que pasar lo mismo a otras personas de los alrededores.

—Y probablemente haya muchas más —dijo Seema.

Damian asintió.

—Cientos. Puede que miles.

—Seguramente mucha gente sufre en silencio —dijo Jo.

—Pero ¿por qué ahora? —pregunté—. ¿Por qué aquí?

Howard se adelantó en la silla con los codos apoyados en las rodillas y unió las manos.

—Según mi experiencia, al parecer hay ciertos lugares del mundo donde, por la razón que sea, pequeños grupos de personas de pronto oyen la Resonancia de forma más intensa.

Tom volvió a masajearse el puente de la nariz y Seema echó la cabeza hacia atrás, ambos claramente irritados por que Howard retomara su teoría.

—A lo largo de los años van llegando noticias de personas —continuó Howard, sin darse por aludido ante su nerviosismo—. Una veintena en Sausalito. Un puñado de gente, todos del mismo barrio de Windsor, Canadá. Y en algunos casos hay un origen evidente que acaba descubriéndose, como una fábrica cercana o…

—Exacto —dijo Tom, señalando a Howard—, por eso nosotros…

—Pero —continuó Howard, tendiendo la mano— hay muchísimos casos en todo el mundo donde la gente se queja, las autoridades investigan y no se encuentra ninguna explicación. Y eso es porque no consideran la globalidad del asunto. Se centran en las turbinas eólicas y las fábricas. No tienen ni idea de geofísica.

—Pero ¿por qué crees que aquí lo notamos con más intensidad? —pregunté—. ¿Y de forma tan repentina?

Aunque Howard hablaba con una serenidad y una seguridad que eran persuasivas, yo seguía sin entender por qué ahora, por qué nosotros.

—No ha sido tan repentino —dijo.

—Porque hace dos meses inauguraron la nueva ampliación de la autopista —intervino Tom con una floritura de las manos, como si acabara de ejecutar un truco de magia. Emily chasqueó la lengua a modo de amonestación, pero Seema se echó a reír y dijo, señalando a Tom:

—Vale, eso te lo concedo.

—¿A que tengo razón? —preguntó Tom.

Seema asintió.

—No hay duda de que se trata de la autopista.

—Gracias.

Nora parecía confusa.

—¿La autopista?

—La nueva ampliación entró en funcionamiento en primavera y desde entonces se oye una especie de rumor —explicó Emily—. Está a poco menos de un kilómetro de aquí. No han instalado barreras acústicas ni nada.

—Y supongo que eso ha hecho que aparezcan más coyotes en la zona, ¿lo habéis notado? —preguntó Tom—. Últimamente se ven muchos más merodeando por las calles.

—Vamos, hay coyotes por aquí desde hace años —dijo Leslie—. Desde que empezaron a construir todas esas nuevas subdivisiones en Solar Valley.

—Pero últimamente hay más, créeme —repuso Tom—. Hasta nuestro perro sufre. Hace dos meses empezó a portarse de una forma extraña, al final hemos tenido que darle Prozac. —Kyle soltó una risita, y a Tom se le endureció la expresión—. ¿Qué es lo que te hace gracia?

—En realidad es muy mala señal —dijo Emily. Kyle se tapó la boca y tosió, como indicando que eso era lo que había estado haciendo.

—No es divertido —dijo Tom.

—Siempre ha sido un perro muy nervioso, pero últimamente era excesivo —dijo Emily—. Y seguramente también habrá notado nuestro estrés.

—Lo que estoy diciendo es que, por mucho que aprecie tu... teoría, Howard —dijo Tom, girando la mano en el aire—, creo que ha llegado el momento de ser realistas.

—¿La ciencia no es lo bastante realista para ti, Tom? —preguntó Jo, con un sutil nuevo tono en la voz.

—¿Rayos zumbando en la atmósfera? No, no es lo bastante realista para mí y te diré por qué.

—Es un fenómeno natural verificable y objetivo —dijo Jo.

—Sí, pero una autopista también es muy verificable y objetiva —contraatacó Seema.

—Si fuese un fenómeno natural, todos habríamos oído hablar de él desde hace siglos —dijo Tom, y Seema hizo un gesto afirmativo—. Sería algo ampliamente conocido.

—Llevo oyendo el Zumbido toda mi vida adulta —dijo Howard—. Y es algo ampliamente conocido.

El grupo se mostró sorprendido. Esas afirmaciones eran como si de pronto lanzaran bengalas a la sala.

—Perdona, ¿llevas oyendo esto toda tu vida? —preguntó Seema, incrédula.

—Desde que era estudiante de posgrado.

—Entonces, no es lo mismo —dijo Tom, negando con la cabeza—. Debes de tener alguna dolencia.

—¿Llevas treinta años lidiando con esto? —le pregunté.

—Para mí no es algo con lo que tengo que «lidiar». Para mí es un don.

Eso también produjo una pequeña onda expansiva en nuestro círculo.

—Un don —dijo Nora.

—Es un privilegio poder oírlo.

Tom puso cara de hartazgo.

—Dame paciencia, Señor.

Howard explicó que, por supuesto, al principio no sabía qué era. Había empezado sus estudios de posgrado sobre el ruido atmosférico cuando una noche, en la cama, empezó a oír el Zumbido.

—Aunque no lo relacioné. Fui a ver a varios médicos y me dijeron que eran acúfenos, pero no me lo creí. Los síntomas no encajaban. Hasta que finalmente caí en la cuenta: «Vaya, puedo escuchar la Resonancia». Estaba seguro de que había estado ahí todo el tiempo, muy suave en un segundo plano, pero ahora la percibía y, una vez se percibe, ya es imposible dejar de oírla. Se lo conté a mis colegas y pensaron que estaba loco. Creyeron que me había obsesionado con la investigación y que perdía la cabeza. Pero nunca dejé de oírlo. Y he pasado toda mi carrera investigándolo. Mi mujer, mis hijos, nunca lo oyeron. Y entonces conocí a Jo y...

—Has dicho que llevas años oyéndolo —lo interrumpió Tom—, pero para todos nosotros empezó de pronto, hace dos meses.

—Tom, ¿quieres que te explique que las variaciones en la temperatura global o en el vapor de agua de la troposfera superior afectan a dónde y cómo se oye la Resonancia? Llevo tres décadas estudiándola y no me dejas hablar ni tres minutos seguidos sin interrumpirme.

—Es una cuestión de lógica básica, Howard.

—Sé que los dos tenéis muchas ganas de escribirle esa carta al concejal y no quiero entreteneros —dijo Howard, señalando con un gesto a Tom y Seema—. Pero os aseguro que esto es mucho más complejo y, francamente, sublime que la ampliación de una autopista.

Kyle carraspeó de pronto y todos nos volvimos hacia él.

—Por si sirve de algo, Claire y yo también creemos que es algo en la zona —dijo, mirándome—. ¿Verdad?

—Hum, bueno... —respondí, vacilando—. Ese fue nuestro primer impulso.

—Sigue siendo el mío —dijo Kyle, sosteniéndome la mirada.

Asentí, como dando a entender que coincidía con él, pero me volví hacia Howard y le dije que también me interesaba lo que estaba diciendo.

—Hemos pasado mucho tiempo buscándolo —insistió Kyle.

—Pero no hemos tenido mucha suerte, ¿verdad? —dije.

—Estamos en ello.

Le hablé al grupo de las diferentes localizaciones que habíamos visitado y las mediciones que habíamos hecho, y luego saqué del bolso el mapa que estábamos completando con las coordenadas de cada posible origen, con la esperanza de encontrar algún patrón o concentración sonora. Todos parecían asombrados. Tom hasta se puso a aplaudir, en un eco incómodo y solitario de nuestro momento de diversión colectiva anterior.

—A eso me refiero —exclamó—. Eso es lo que tiene que hacer el ayuntamiento con el equipo apropiado. Sin ánimo de ofender —me dijo—, pero con un estudio sistemático y adecuado de la zona.

—¿Y qué ha mostrado vuestra investigación? —me preguntó Howard.

—Bueno... No hemos encontrado ninguna coincidencia.

—Aún —añadió Kyle.

—Es impresionante —dijo Seema. Pidió ver el mapa y se lo ofrecí.

—No hemos encontrado ninguna frecuencia que sea lo bastante baja —dije—. Solo cincuenta, sesenta, setenta hercios. Nada que suene como nuestro zumbido.

Tom le pidió el mapa a Seema. Como le dijo que aún no había terminado, él se levantó y se sentó en el reposabrazos, a su lado.

—En lo que coincido —dijo Kyle, volviéndose hacia Howard— es que, se trate de lo que se trate, es una frecuencia muy baja. Algo que esto… —levantó su móvil— apenas puede captar.

—Por eso es el ayuntamiento el que tiene que hacerse cargo como es debido —dijo Tom, levantando la vista del mapa. Nos preguntó si habíamos medido el sonido de la autopista.

Kyle me miró y luego volvió a mirar a Tom.

—No, no se nos ocurrió.

Tom señaló el mapa.

—Por eso necesitamos expertos.

—Creía que no te interesaba escuchar a los expertos —dijo Jo con frialdad. Howard le indicó con un gesto que lo dejara correr.

—Creía que lo encontraríamos —dije—. Algunas tardes me parecía que estábamos tan cerca como a la vuelta de la esquina.

Les conté que me imaginaba que sería algo insignificante, como un aparato en el cobertizo de un vecino que podía coger y romper en pedazos.

—Eso sería precioso —dijo Leslie. Nora asintió, como si disfrutara con la idea.

Me pregunté cómo se imaginarían los demás el origen del sonido. ¿Lo veían como un objeto? ¿Un lugar? Me había pasado noches en vela intentando imaginármelo. A veces me parecía un altavoz de subgraves en un almacén abandonado. Otras, visualizaba un bungaló solitario en un extremo de la urbanización, con todas las persianas bajadas. Y otras veces era un fenómeno natural, como una gran fisura en la tierra. O una misteriosa cueva en el desierto.

—Cuando descubra quiénes son los responsables, quiero hacerles daño —dijo Damian en voz baja. Howard le preguntó si hablaba en serio. Damian asintió.

—¿Crees que hay alguien responsable del Zumbido? —preguntó Howard.

—Claro. No una persona, sino un grupo.

—¿Y quieres lastimarlos?

—Howard, soy militar. Encuentro y elimino al enemigo, me han entrenado para eso.

—Esto no es tu enemigo.

—Yo soy así.

Howard se volvió hacia mí:

—¿Y tú también quieres destruir el Zumbido?

—¿No es por eso por lo que estamos aquí? —preguntó Seema.

—Claro que quiero —respondí yo, sosteniéndole la vista a Howard. No entendía que estuviese preguntando eso, después de todo lo que Leslie, Emily y yo acabábamos de contar.

—¿Por qué?

—Porque me está destrozando la vida.

—¿De veras?

—¿No nos has escuchado?

—¿No será la gente, la reacción de la gente porque oyes el Zumbido, lo que te está destrozando la vida?

—No, te lo aseguro, el Zumbido es lo que me está jodiendo la vida y quiero dejar de oírlo lo antes posible —le dije, puntuando el final de la frase con un movimiento de la mano.

—Pero no puedes, Claire. Esa es la cuestión. Una vez lo oyes, ya no puedes dejar de oírlo.

Negué con la cabeza y le dije que eso no lo aceptaba.

—Me temo que no te quedará más remedio.

—Pues no lo haré.

—Pero puedes aprender a vivir con él. Y no solo convivir, sino verlo como algo que mejora tu vida.

—¡Que la mejora! —se burló Seema.

—No quiero perturbaros; solo intento ofrecer los datos necesarios.

Le dije que lo que necesitaba era que el ruido parase.

—Pues… no parará.

—Parará, tiene que parar.

—Claire…

—Necesito que pare.

—¿Y cómo van a mejorar mi vida las jaquecas y las hemorragias nasales? —preguntó Seema.

—El Zumbido es muy poderoso y puede hacer cosas extraordinarias, si lo dejáis. Pero, si lucháis contra él, os lastimará.

—Vale —dijo Seema, claramente nada convencida. Me dirigió una mirada de irritada complicidad.

—Tenéis que transformar vuestra relación con él —dijo Howard.

—¿Y qué significa eso? —pregunté.

—Es lo que hemos venido a descubrir aquí.

—Yo no he venido aquí para eso —dijo Tom.

—Ya, yo tampoco, lo siento —dijo Seema con una risita.

Tom se levantó del reposabrazos y dio una palmada.

—Bueno, creo que tengo que irme. Evidentemente he venido aquí con la idea equivocada.

Emily le dijo que se sentara y parecía que Leslie también quería que se quedase, pero él se negó.

—Tengo clarísimo que no he venido aquí para que me sermoneen ni para sentarme en un corro y sentirme mejor —dijo Tom—. Ni para «transformar» mi maldita relación con algo.

—Siéntate —dijo Emily, exasperada.

—Si quiere irse, que se vaya —dijo Jo, con un gesto hacia la puerta.

Tom miró a Howard.

—He venido aquí para llegar al fondo del asunto.

—Y eso es exactamente lo que intentamos hacer —dijo Howard—. Acceder a la verdad de esto.

—Y no has hecho más que dar por supuesto que la tienes —repuso Seema—. No estás dispuesto a plantearte que quizá esto sea otra cosa y parece que no hay sitio en esta sala para nadie...

—Perdona, pero sí que lo hay —intervino Jo—, eso es exactamente lo que estamos haciendo.

—No es cierto, no es un verdadero espacio de debate.

—Esto va de reunir a un grupo de personas para promover tu causa o lo que sea —dijo Tom—. Pues bien, conmigo no cuentes.

—No tengo ninguna causa, Tom —dijo Howard, que de pronto parecía agotado.

—Estás operando dentro de un marco muy específico —intervino Seema, haciendo una cajita con las manos.

—¿Quieres saber por qué estoy aquí? —preguntó Tom. Cogió el papel y lo blandió—. Para mí, para mí esto parece la reunión de una asociación de vecinos o algo así. ¿Soy la única persona que lo cree? Porque esto es lo que nos hace falta.

—Pues vete —dijo Jo.

Tom miró a Emily:

—Vamos.

—No.
—No pienso quedarme.
—Pues yo sí —dijo Emily, cruzando las manos en el regazo.
Tom la miró, incrédulo.
—¿Por qué?
—Porque quiero. Porque me interesa.
—¿Te interesa?
—Puedes irte, no voy a retenerte —dijo Emily.
—¿Qué es lo que te interesa?
—Esta conversación.
—¿Ese puto rollo de la Resonancia? —preguntó Tom, con un gesto hacia Howard.
—¿Por qué te estás poniendo tan agresivo? —le dijo Emily.
Tom parecía estupefacto:
—Me parece increíble que me estés diciendo esto.
—Pues… —Emily le indicó la puerta. Tom se volvió hacia Seema esperando encontrar una aliada en ella, pero por muy frustrada que estuviese, no tenía intención de marcharse. Luego se volvió hacia mí, pero yo ni lo miré. Las palabras de Howard me habían intrigado y estaba lejos de haber terminado de descifrarlas. Tampoco me imaginaba yéndome sin Kyle. Tom recorrió el círculo una última vez, se despidió con un gesto irónico y salió de la casa, cerrando de un portazo. Emily nos miró y, en el silencio que siguió, se disculpó ante todos.
—No, el que lo siente soy yo —dijo Howard—. De veras.
—¿Por qué? —preguntó Leslie—. Tú no has hecho…
—No, he empezado demasiado fuerte —dijo—. Esto es muy reciente para todos vosotros, mientras que yo llevo décadas procesándolo. Me he entusiasmado demasiado y he ido directo al grano, lo siento. Creo que eso ha asustado a Tom. Es que llevaba tanto tiempo queriendo hacer esto, no os lo podéis ni imaginar. Y nos quedan muchos avances y descubrimientos increíbles por delante.
Justo entonces, para sorpresa de todos, Tom volvió a entrar en la casa y en la sala. Emily suspiró.
—A ver si lo adivino: te has dejado las gafas.
Tom señaló el ventanal.
—Hay un hombre sentado en un coche blanco en la entrada.

—¿Qué? —dijo Jo, con cara de confusión.

—¿Quién es? —le preguntó Leslie a Tom.

—Ni idea, pero se le ve muy nervioso.

Mi teléfono empezó a sonar y se me encogió el corazón. «Ay, Dios», susurré. Me levanté y, como en una especie de trance, crucé la habitación hasta la ventana. El coche de Paul estaba aparcado en la entrada y él estaba de pie junto a la puerta abierta con el teléfono en la oreja. Intenté recuperar el aliento. Jo me preguntó si era mi marido. «Joder», oí murmurar a Tom. Jo se acercó a la ventana y le dije que no sabía qué hacer. Me rodeó los hombros con el brazo. Yo estaba a punto de desmayarme.

—¿Cómo lo sabe? —preguntó Kyle desde algún lugar de atrás.

Me aparté de la ventana y Jo me condujo de nuevo hacia el sofá, intentando calmarme.

—Viene hacia aquí —dijo Seema. El móvil seguía sonando en mi mano. ¿Cómo podía ocurrir algo así? ¿Qué se me había pasado por alto? ¿Había dejado alguna pista? Hacía días que no me despegaba del móvil. Le había contado a Ashley lo de la reunión hacía siglos, la noche de la llamada de Kyle, pero ¿cómo sabía ella la fecha, la dirección? ¿Había dicho esas cosas en voz alta? Ahora no lo recordaba. Por Dios. ¿Cómo era posible que Ashley se acordara? Ni siquiera habíamos vuelto a hablar del tema desde aquella noche. ¿Había estado mi hija probándome, para ver si iba? ¿Tenía partido hoy? Sentí que me mareaba, me flaquearon las rodillas y de pronto me vi en el sofá.

—¿Quieres que hablemos con él? —se ofreció Tom, agachándose a mi lado. Nuestras miradas se cruzaron y sentí un momento de gratitud. Le dije que no sabía qué hacer.

—Aquí no va a entrar —dijo Jo, como si rodeara la casa con un campo de fuerza protector.

—No, si tú no quieres —dijo Howard, mirándome.

—Yo me siento… —empecé a decir, pero ¿cómo me sentía? ¿Asustada? ¿Humillada? ¿Idiota? El teléfono seguía sonando sin parar y no podía soportarlo, así que contesté—. ¿Paul? ¿Estás…?

Pero antes de que pudiera seguir hablando, se puso a aporrear la puerta y se oyeron varios rápidos timbrazos.

—Quedaos todos donde estáis —ordenó Howard, ahora de pie.

—¿Querrá hacerte daño? —preguntó Leslie, colocándose a mi lado y poniéndome la mano en el muslo.

—No, no —dije, pero eso no me hizo temer menos su ira y su intensidad. Paul había sido un gigante bueno y gentil hasta que dejó de serlo, hasta que se convirtió en un gigante que solo me hacía callar.

—No pasa nada, querida, estamos aquí para apoyarte —dijo Emily.

—¿Quieres que responda? —le preguntó Tom a Howard, pero Howard levantó la mano y negó con la cabeza. Luego se serenó un instante, fue a la puerta de la calle y abrió. Desde donde yo estaba sentada, apenas podía verle la espalda en el umbral, al fondo del pasillo.

—¿Puedo ayudarle en algo? —preguntó Howard.

—Sí que puede. —La voz de Paul llegó grave y firme desde el otro lado de la puerta, donde no podía verlo—. Mi mujer está dentro y tengo que hablar con ella.

—¿Y quién es usted, disculpe?

—Paul Devon, mi mujer se llama Claire. ¿Me permite?

Vi que Howard le impedía la entrada.

— No, no puede pasar.

—Me gustaría verla, por favor.

—Lo siento, pero está indispuesta en este momento.

Miré a Kyle y él me devolvió la mirada desde el otro lado de la sala con una calma casi inquietante. No parecía asustado ni molesto, solo resignado, como si de algún modo hubiese esperado que esto sucediera. ¿Yo también? Tal vez ambos sabíamos, en el fondo, que nos atraparían, que era inevitable, pero habíamos decidido venir igualmente. ¿Acaso teníamos otra opción?

—No me iré sin mi mujer —oí decir a Paul.

—Sí, sí que se irá —respondió Howard.

—¿Qué?

—Le pido educadamente que salga de mi…

—¿Y quién demonios es usted?

—Soy el dueño de esta casa.

—¿Cómo se llama, dueño de esta casa? —preguntó Paul. Howard no contestó—. He dicho que cómo…

—Doctor Howard Bard.

—¿Me está impidiendo ver a mi mujer?

—Su mujer no quiere verle.

—¿Ah, sí? ¿Es esa su opinión médica profesional?

—Le sugiero que se vaya ahora mismo antes de que…

—¿Antes de qué? ¿Antes de QUÉ? Sal de mi puto…

Paul se abalanzó sobre Howard, haciéndole tambalearse, y por una fracción de segundo vi que cruzaba la puerta, pero Howard lo agarró de los brazos y le obligó a salir, lo cual fue impresionante dado el tamaño de Paul. Los oí forcejear en los peldaños del portal y cerré los ojos. Sabía que podía acabar con todo aquello, pero me sentía completamente abrumada. En el pasado habría respondido a la furia de Paul con la mía, pero estaba agotada. Hecha trizas. Exhausta. Ni siquiera tenía fuerzas para sentir miedo o rabia. Oí a Paul amenazando:

—Te voy a meter una puta demanda.

—Adelante, y yo…

—¡Claire! —gritó Paul, con la voz quebrada—. ¡Sé que puedes oírme!

«Vamos —me dije—, levántate, grítale, está intentando sacarte a rastras con una cuerda, como a una mula». Los demás nos rodearon a Kyle y a mí y me conmovió su protección. Apenas me conocían; por lo que sabían, yo podía ser una maníaca; solo los maníacos provocaban escenas como esta. Oí que Howard amenazaba con llamar a la policía.

—¿Está Kyle Francis ahí dentro? —preguntó Paul a Howard, sin aliento.

—¿Quién?

—No te hagas el tonto, ya sabes de quién hablo.

Y entonces se hizo el silencio. ¿Qué estaba pasando? ¿Se había marchado Paul? Estaba a punto de levantarme cuando, de pronto, se oyó un fuerte golpe en el ventanal. Todos se sobresaltaron y al volverse vieron a Paul con las palmas en el cristal, mirando la sala.

—¡Puedo verte! —gritó Paul, la voz amortiguada por el cristal—. ¡Puedo verte, joder!

Kyle se levantó de un salto y gritó:

—¡Ven aquí!, ¿crees que te tengo miedo, viejo?

Howard apareció en el ventanal y sujetó a Paul por el hombro, pero este se dio la vuelta y lo estampó contra el cristal. Emily apretó la mandíbula y Nora murmuró una oración en español. Paul desapareció de nuestra vista y, anticipándose a su próximo movimiento, Tom corrió hacia la puerta principal para cerrarla, pero llegó demasiado tarde. Paul irrumpió en la casa, atravesó el vestíbulo y entró en la sala, donde todos retrocedieron, sobresaltados. Paul tenía un corte en la frente y sangraba. Por primera vez Kyle parecía asustado e, instintivamente, me puse delante de él para protegerlo con mi cuerpo.

—Vámonos —me dijo Paul, jadeando.

—No.

Jo le ordenó que se fuera de su casa.

—Claire… —empezó a decir Paul.

—No —le dije, con la fuerza de un puñetazo.

Howard volvió a entrar, cojeando ligeramente. Parecía que se había torcido el tobillo. Jo corrió a atenderlo.

—No os preocupéis —anuncié a todo el mundo—. Ya se va.

—¿Ah, sí? —dijo Paul, avanzando un paso hacia mí.

—Sí.

—Si salgo por esa puerta y no me acompañas, se acabó.

¿Se acabó? ¿Qué quería decir con eso? Me quedé desconcertada, pero estaba dispuesta a desafiar su farol. Levanté los brazos y negué con la cabeza.

—¿Conque ya está? ¿Prefieres esto a mí? —preguntó, señalando a su alrededor como si se tratara de un fétido pantano.

—Me estás obligando.

—¿Yo? Tú te has metido en todo esto.

—Me estás obligando a tomar esta decisión.

—Pues tómala.

Sentía el calor del cuerpo de Kyle detrás de mí, como un conejo asustado que, por alguna extraña conspiración del destino, me había tocado cuidar.

—Sí —dije.

—¿Sí qué?

Tragué saliva.

—Elijo esto.

Paul señaló a Howard.

—¿A este mierda?

—Vete.

Paul miró una vez más la sala, a todas y cada una de las personas allí presentes, como si memorizara sus caras. Luego se volvió hacia mí como si no me reconociera. Como si yo no fuese Claire. «Estoy aquí, Paul. Estoy delante de ti». Pero él no me veía. Percibí su confusión, su falta de reconocimiento. Y lo miré mientras él consideraba la totalidad de nuestro amor, lo sopesaba y decidía irse. Vi cómo daba media vuelta y salía, y oí la puerta cerrarse tras él sin dar un portazo, solo con un silencioso chasquido de resignación. Escuché el crujir de sus zapatos en la gravilla, tal era el silencio de la sala. Lo oí abrir y cerrar la puerta del coche, arrancar, salir de la entrada y desaparecer calle abajo.

09

Paul no se mudó enseguida. Los tres vivimos como desconocidos en la misma casa otros cuatro insoportables meses más. Perdí el procedimiento con el consejo escolar. Seguí asistiendo a las reuniones de Sequoia Crescent, que se convirtieron en lo único que tenía. Eran los únicos momentos en que entablaba conversaciones reales, ya que Paul y Ashley prácticamente me habían excluido, supongo que como una especie de castigo, o tal vez como una forma de protegerse a sí mismos. Mirando atrás, me doy cuenta de que nuestra dinámica se había convertido en un círculo vicioso: ellos no me hablaban mientras yo siguiera yendo a las reuniones, pero yo no tenía a nadie si no iba a las reuniones, ni contacto, ni afecto, ni comunicación. Durante todos los años de nuestro matrimonio, Paul y yo habíamos intentado no acostarnos nunca enfadados, por lo que vivir en una zona de perpetua guerra pasivo-agresiva era territorio desconocido. Nos comunicábamos a través de los cartones de leche vacíos que dejábamos en la encimera, o por la intensidad con la que cerrábamos un cajón. Hasta el sonido de Paul orinando en el baño al final del pasillo podía interpretarse como un reproche hacia mí.

Al principio iba a las reuniones una vez a la semana, los lunes por la noche; luego dos veces, los lunes y los jueves, y finalmente empezamos a reunirnos también los sábados por la tarde. En las reuniones cada uno traía algo de comer que compartía con los demás, lo que me dio una razón para cocinar, ya que Paul y Ashley habían empezado a arreglárselas por su cuenta para cenar. Los asistentes ponían mucho empeño en sus contribuciones. Nora hacía milagros culinarios con sus chiles rellenos, pimientos rebozados rellenos de carne, verduras y especias. También preparaba un postre llamado *rellenitos*, una especie de dónut guatemalteco de plátanos cocidos con frijoles refritos, azúcar y canela. Estaban tan deliciosos que, tal cual, solté un taco por lo bajo la primera vez que los probé. Debo admitir que a simple vista Damian parecía un hombre de patatas fritas y kétchup, pero trajo bandejas de costillas glaseadas y pollo a la barbacoa. Leslie y Jo mantenían el campamento vegano con lasaña de berenjena y chili de lentejas. Emily no era cocinera, pero compraba buenos pasteles y pan de plátano, y yo solía llevar ensaladas y guarniciones, que no eran llamativas pero nunca sobraban.

Paul me exilió de nuevo al gimnasio. Yo seguía durmiendo solo unas tres horas por noche y probablemente me estaba volviendo cada vez más impredecible, aunque sentía que poco a poco estaba recuperando las fuerzas y tenía las ideas más claras. Dejé de ver al doctor Gompf y rechacé cualquier otra intervención médica o psiquiátrica, sobre todo a instancias de Howard y el grupo, que me ayudaron a ver que mi medicalización beneficiaba a los que me rodeaban como forma de contenerme y silenciarme, pero no a mí. Me ayudaron a entender que embotar o adormecer mi capacidad perceptiva era una especie de violencia, una herida autoinfligida. Empecé a preguntarme cómo podía transformar mi relación con mi propia sensibilidad perceptiva. ¿Era posible transformar mi relación con los sonidos que oía? ¿Con el Zumbido? Si se trataba de un fenómeno natural, ¿cómo podía aprender a vivir con la naturaleza, en lugar de oponerme a ella?

Es importante para mí afirmar mi libre voluntad en todo esto. No me lavaron el cerebro. No me coaccionaron. Por supuesto, cuanto más insisto en que no me lavaron el cerebro, más se utiliza ahora como prueba en mi contra de que sí lo hicieron. Pero no me considero una víctima ni una incauta, ni nunca me sentí así. Yo decidí comprometerme, creer y participar en esas reuniones y en las conversaciones que en ellas entablábamos. En casa de Howard y Jo reinaba un auténtico clima de atención, compasión e investigación intelectual. Sentía que me escuchaban y que confiaban en mí. Creo que todo eso no se ha tenido en cuenta al informar sobre los acontecimientos que siguieron. Con ello no pretendo en modo alguno desestimar las graves acusaciones que han aparecido sobre Howard y que se dirimen en los tribunales en el momento en que escribo estas líneas. Pero hablando solo desde mi experiencia, la casa de Sequoia Crescent fue un refugio para un grupo de personas bienintencionadas, trabajadoras y agotadas que hacían todo lo posible por entender en profundidad su propio sufrimiento.

Aparte del sentido de comunidad, una de las cosas esenciales que me aportaron las reuniones fue el orgullo de tener un objetivo. Devolvieron un elemento de dignidad a mi vida. Se acabó lo de estar chalada. Se acabó lo de estar equivocada. Había dejado de ser una paciente. De hecho, durante este periodo empecé un diario del que os ahorraré los detalles —es bastante solipsista y cotidiano—, pero que me sorprendió al releerlo por la lucidez con la que escribía en aquel entonces. No era la divagación caótica que me esperaba, se trataba de un texto metódico, meditado y mesurado. No me arrojé en brazos del grupo de forma irreflexiva e imprudente, sino que mantuve todo mi cinismo y escepticismo habituales, y realmente me planteé cuánta vulnerabilidad mostrar, cuánto exponer, cuánto dejar entrar. Fue gradual. Al contrario de lo que Paul podía ver o pensar de mí, fui reconociblemente yo misma durante toda esa época. Al leer el diario, eso me reconfortó.

Una noche llegué a casa y Paul no estaba, ni tampoco vi su Ford Escape en la entrada. Ashley volvía a quedarse en casa de su amiga Julie. Tardé dos horas en darme cuenta de que Paul se había ido. Solo cuando abrí el armario comprendí que algo había pasado. Entré en el cuarto de baño y me di cuenta de que no estaban el cepillo de dientes, ni la maquinilla ni la crema de afeitar. Se había llevado solo lo esencial. Un solo viaje en el coche. Más tarde, esa misma noche, me envió un mensaje de texto para decirme que se quedaría con su amigo Nathan unas noches mientras resolvíamos qué pasaría después. Me gustó que usara el plural en «resolvíamos», como si fuera a haber algún tipo de conversación o negociación entre nosotros.

Al parecer, Ashley y él ya habían hablado del asunto, lo cual me pareció francamente cruel, pero supongo que, desde la perspectiva de Paul, yo estaba actuando unilateralmente sin consultar, por lo que él se sentía con derecho a hacer lo mismo. Más tarde me diría que no había querido tener un gran enfrentamiento conmigo y que creía que era la salida más suave para todos. Ashley se había negado a mudarse; le gustaba su habitación y tenía demasiadas cosas entre manos, con el colegio y el fútbol, como para contemplar un desarraigo. Una parte de mí no pudo evitar preguntarse si su padre le había pedido que se quedara para vigilarme. Finalmente Paul vivió dos semanas con la familia de Nathan antes de encontrar un pequeño estudio junto al Home Depot, en un edificio genérico de nueva construcción con vistas al aparcamiento. Me dije que era una solución temporal. Después de casi dos décadas de matrimonio, no se tira la toalla por unos meses malos, ni siquiera por un mal año. No era propio de Paul. Pero ¿qué sabía yo de la naturaleza de otra persona? ¿Lo que yo estaba haciendo era natural, era propio de mí?

«La naturaleza se rebela». Eso decían los rótulos de las noticias una noche, debido a las temperaturas históricamente altas de esa primavera y su efecto en las épocas de apareamiento, las migraciones, los niveles de los acuíferos y los incendios forestales. Tal vez mi naturaleza se rebelaba. O quizá siempre había sido rebelde.

En aquel entonces, fue inevitable que me planteara si las noticias hablaban de una inquietud mayor que se estaba instalando en nuestra zona; una sensación de malestar que se manifestaba de formas pequeñas e inocuas. Carros de la compra volcados en aparcamientos vacíos. Un sofá quemado junto al carril bici. Zorros que copulaban en las entradas de las casas. Mientras corría a primera hora de la mañana, al pasar ante las casas de los vecinos y verlos vistiéndose en sus dormitorios o desayunando en sus cocinas, se me ocurrió que el Zumbido influía en la mente y en el cuerpo de la gente, se dieran cuenta o no. Afectaba a su estado de ánimo, a su digestión, a su vida sexual, a lo que sentían por sus maridos, esposas e hijos. Una noche, desde la ventana de mi habitación, vi a nuestro vecino nadar de extremo a extremo de su piscina por debajo de la cubierta plastificada. Debía de llevar una hora nadando y me pregunté: ¿qué pasa si se queda atrapado? ¿Quién lo salvará? Yo tardaría al menos cinco minutos en bajar la escalera, calzarme y dar la vuelta a la manzana hasta llegar a la puerta de su casa, y entonces ¿quién me abriría? Ni siquiera sabía si había alguien más en su domicilio. La gente probablemente no tenía ni idea de por qué hacía la mitad de las cosas que hacía.

Nunca había buscado presagios ni les daba mucha importancia a las coincidencias, pero algo en mi forma de pensar de entonces hizo que empezara a verlas por todas partes. Tal vez las reuniones de Sequoia Crescent agudizaban mi percepción o condicionaban mi cerebro para que no pasara por alto las imágenes y los sonidos que me resultaban incongruentes. Cuando aparecían esos momentos, no los descartaba como solía hacer, sino que intentaba dejarles espacio para que me revelaran lo que implicaban. Por ejemplo, una mañana mientras hacía *footing*, justo cuando la niebla empezaba a disiparse, un coyote cruzó corriendo la calle. Me detuve, me quedé mirándolo y comprobé, para mi alegría, que era el mismo que había visto la primera noche que oí el Zumbido. Las mismas puntas blancas en las orejas, el mismo triángulo blanco en el cuello. Ahora era mucho mayor, casi un adulto. Tenía un pelaje brillante y espeso. Sus grandes orejas, como las de un murciélago, estaban erguidas y se movían para captar sonidos que yo solo podía imaginar. Me quedé allí quieta admirándolo y él me observó, permitiendo que lo admirara.

—Mírate —le dije—. Eres lo más perfecto del universo.

Avancé un paso con cuidado. No sabía si debía mirarlo a los ojos. No quería que creyera que lo estaba amenazando, por lo que fijé la vista en un punto indeterminado justo debajo de la suya, como Kyle había hecho conmigo cuando entré en la sala de Howard y Jo por primera vez. Me agaché y alargué lentamente el brazo. Estaba temblando. ¿Cómo sería tocar algo tan salvaje? ¿Había tocado alguna vez un animal verdaderamente salvaje? Probablemente no, lo que me pareció extraordinario, considerando mis cuatro décadas de vida. Quizá una vez, cuando sostuve un gorrión herido que agonizaba después de estrellarse contra la puerta del jardín. Pero un animal salvaje herido, debilitado, no contaba. Levanté la vista y volví a encontrarme con los ojos del coyote. Solo nos separaban unos cuatro o cinco metros. Me sostuvo la mirada, sin pestañear. Bajó la cabeza y la extendió ligeramente hacia mí, como si se inclinara agachando las orejas. ¿Se trataba de un saludo o de una amenaza? Intenté avanzar otro paso con las rodillas flexionadas, pero el coyote se sobresaltó y salió corriendo a un jardín cercano. Permanecí agazapada en la calle, con el corazón acelerado, hasta que un coche tocó la bocina a mi espalda.

El otro animal salvaje que intenté alcanzar y tocar en esa época fue Ashley. Me fui acercando gradualmente, día a día. Una respuesta a un mensaje de texto por aquí, una charla de treinta segundos en la cocina por allá. Empecé a llamarla Boo Radley, como el personaje de *Matar a un ruiseñor*, por su presencia espectral en la casa; a veces le daba un toque más hip-hop y la llamaba My Boo por la canción, o incluso Boourns, una referencia a *Los Simpson* que le arrancaba una sonrisa. Seguía existiendo una estricta moratoria sobre mi asistencia a sus partidos, aunque yo tampoco podía soportar que me vieran antiguos colegas y alumnos, ni tampoco sus padres. La razón tácita por la que nunca más me invitaría es que ella me culpaba de su caída en desgracia. Había sido una de las mejores de su equipo al principio de la temporada, pero en mayo su entrenador la había exiliado más o menos al banquillo.

En esta época ocurrió algo extraño, y la mejor forma de describirlo es que creo que mi cuerpo empezó a pasar una especie de luto por Ashley, aunque seguíamos viviendo juntas. Era un duelo físico por la pérdida de nuestra intimidad. Estaba haciendo mis cosas tan tranquila cuando, de pronto, sentía el calor pegajoso de su mano de nueve años en la mía. O, al mirarme en el espejo del baño, mis brazos, mi pecho, recordaban de pronto la absoluta confianza con que ella me dejaba levantar el peso de su cuerpo de cinco años. Una noche que Ashley dormía en casa de su amiga Julie, no sé qué me poseyó, pero entré en su dormitorio y me senté en el borde de su cama. De repente sentí su pelo en mis manos, cuando era largo y ella tenía doce años y estaba acostada con gripe, cuando hasta su pelo parecía caliente al tacto. Le pasé lentamente los dedos por la cabellera, que parecía ser lo único que la reconfortaba. Era nuestra forma de hablar cuando habíamos agotado todas las palabras.

Una tarde de mayo, Ashley se enteró de que no la habían admitido en ninguna de las dos universidades con mejores equipos de fútbol donde había solicitado plaza. Me estaba bañando cuando ella entró sin llamar y se sentó en el borde de la bañera. Se quitó los calcetines, metió los pies en el agua y yo le sujeté la pantorrilla y el muslo mientras lloraba.

—Debería dejar caer una radio aquí dentro —murmuró. Intentó esbozar una mueca triste, pero se le escapó una pequeña carcajada.

Luego hablamos casi una hora, nuestra primera conversación real desde hacía meses, mientras la espuma se disolvía y el agua se entibiaba, y fue en ese estado de frío y culpabilidad cuando acepté la propuesta absolutamente descabellada de organizar la fiesta posterior al baile de graduación, con la condición de que esa noche me quedara a dormir en casa de una amiga. Se me hizo un nudo en el estómago en cuanto las palabras salieron de mi boca, pero ¿cómo iba a negarme? Sabía que aquella conversación era una rama de olivo por parte de Ashley y que la fiesta lo era por mi parte. También sabía que probablemente Ashley había sufrido una pérdida de capital social en el instituto que esto contribuiría a rectificar, y también que, en el fondo, me parecía un triunfo, por improbable, que de entre todos los padres fuese precisamente yo la que organizara la fiesta posterior al baile, y que tal vez eso indicara a Paul, a mis antiguos alumnos y colegas y a cualquiera que se fijara en mí, que estaba en un estado de ánimo diferente y mucho mejor de lo que nunca habrían imaginado.

Y así me encontré, tres semanas después, encaramada a una silla pegando serpentinas azules y doradas en el comedor. Ashley hinchaba globos en ropa interior, con la cara y el pelo de punta en blanco. Podía contar con los dedos de una mano las veces que la había visto maquillada. La mesa del comedor estaba repleta de bandejas con tentempiés de verduras y queso envueltos en plástico, bolsas de patatas fritas, botellas de dos litros de refrescos, platos de papel, cubiertos de plástico, montones de servilletas y una gran variedad de vinos y licores. *Old Town Road* sonaba en el altavoz *bluetooth.*

—Tengo que enseñarte mi pancarta —gritó Ashley.

—¿Qué?

—He hecho una pancarta para colgar en la pared.

—No te… Google, baja el volumen a cinco.

La música se calmó, mientras Ashley cogía una pancarta de papel y me entregaba un extremo.

—Quiero colgarla encima de la puerta.

Se subió a otra silla y la pegamos a la pared. Una vez desplegada, la pancarta decía: «Todo cuesta abajo a partir de aquí». Le dije que «Enhorabuena» habría necesitado menos letras.

—Ya, bueno, pero yo soy realista —dijo encogiéndose de hombros.

—Hablando de eso, te he puesto dos condones en el bolso.

Ella me fulminó con la mirada.

—Mamá...

Le pregunté si Liam vendría.

—¿Crees que me importa?

Me reí.

—¿Qué? —preguntó.

—Eres una mentirosa terrible.

—De verdad que me da igual.

—De acuerdo —dije, y de la mueca que puse las cejas desaparecieron por detrás del pelo.

Empezó la siguiente canción de su lista de reproducción, ordenó a Google que subiera el volumen a ocho y bailamos mientras seguíamos decorando. Cuando Ashley era pequeña, yo bajaba las persianas y ponía los éxitos de los ochenta a todo volumen hasta que, sudorosas y agotadas, nos desplomábamos en el suelo muertas de risa. Me encantaba lo mucho que se ensimismaba; la expresión de profunda concentración de su cara, los bracitos subiendo y bajando, y las caderas moviéndose de aquí para allá.

Miré el móvil y le grité que eran las seis menos cuarto. Salió de la sala y volvió con su vestido de graduación de color rosa dorado.

—Lo detesto —dijo sin aspavientos—. Parece un iPhone.

Empecé a ayudarla a ponérselo y le recordé que lo había elegido ella.

—Ya lo sé, los detestaba todos.

—Te lo dije, tendrías que haberte decidido por el esmoquin.

Justo entonces sonó el timbre.

—Mierda, mierda —dijo Ashley

—No pasa nada.

—¡Sí que pasa, no estoy lista!

La ayudé a ponerse el vestido, una pierna y luego la otra, y le subí la cremallera de la espalda antes de que ella corriera a abrir la puerta... y se encontrara con Tom y Seema en el portal.

—Hola —dijo Tom, que llevaba una gran bolsa de la compra—. Perdona, pero ¿está tu...?

—¡Mamá! —llamó Ashley.

Me dirigí a la puerta y saludé a Tom y Seema con una risa entre sorprendida y confundida. No los veía desde la primera reunión, hacía casi cuatro meses. Ninguno de los dos había asistido a la segunda. Sin embargo, yo había anotado el número de Seema y desde entonces nos enviábamos mensajes de vez en cuando.

—Adelante —dije—. Google, apaga.

La música se detuvo y, en el silencio que siguió, el Zumbido volvió a ocupar su lugar como ruido dominante en mi conciencia. Seema le dijo a Ashley que estaba guapísima. Ashley le dedicó una sonrisa cortés y les comenté que esa noche era el baile de graduación.

—¡Ah, claro! Podemos volver más tarde —dijo Seema, pero yo rechacé la sugerencia.

—No, no pasa nada, sus amigas pasarán a recogerla en cualquier momento. Celebrarán aquí la fiesta posterior al baile.

Sin decir palabra, Ashley dio media vuelta y subió corriendo a su dormitorio, tropezando con su vestido a mitad de la escalera. No tenía ni idea de quiénes eran las visitas, pero debió de suponer que eran dos *zumbantes*, como ella nos llamaba. Ashley nunca había conocido a otros, y me pregunté si el *piercing* de Seema en la nariz, sus tatuajes y otros signos contraculturales, incluso su edad y su origen étnico, harían que Ashley se replanteara quién podía entrar en la categoría de zumbante.

Para que quede claro, los que oíamos el Zumbido nunca nos pusimos nombre alguno. Ashley había acuñado el término *zumbante* de forma evidentemente peyorativa, lo que siempre pensé que nos hacía sonar como una especie de secta cristiana del siglo XVIII en Nueva Inglaterra, que quizá era lo que pretendía. Me pregunto ahora cómo habríamos decidido llamarnos si hubiéramos sabido que era necesario encontrar un nombre antes de que otros lo encontraran por nosotros.

Seema se disculpó por aparecer sin avisar, sin duda percibiendo la tensión que había causado su llegada.

—No sé si has leído mi último mensaje —dijo mientras entraba en el comedor y miraba la decoración.

—Sí, lo siento, iba a responderte.

—Ha habido novedades —dijo Tom.

—De acuerdo. Bien. —Aparté unas sillas para que se sentaran y señalé las montañas de comida y alcohol—. Si os apetece algo…

—No me importaría tomarme un Johnnie Walker, si no es molestia.

Abrí la botella y le serví un trago en un vaso de plástico, antes de decidir servirme otro para mí.

—¿Tienen los chicos edad para beber? —dijo Tom.

—Bueno, ya sabes cómo son estas cosas.

Seema me preguntó si me preocupaba que me destrozaran la casa, y me eché a reír.

—¡Lo digo en serio! —exclamó.

—No, si ya lo sé. Hemos guardado bajo llave todas las cosas de valor.

—Dios, yo sería tan quisquillosa —dijo mientras miraba a su alrededor.

Tom tomó un sorbo de *whisky*.

—Supongo que te quedarás para ir echando un vistazo.

—No, me iré de casa. No quieren madres en las inmediaciones.

Seema estaba asombrada.

—Eres una santa.

Le respondí que yo también había tenido diecisiete años.

—¿Y adónde irás?

—A casa de Leslie. Del grupo —añadí, por si se habían olvidado.

—Ah, eso está bien —dijo Seema, algo sorprendida.

Tom miró su bebida con expresión reflexiva.

—Quería decirte que siento mucho que Paul y tú os hayáis separado. Me lo ha dicho Emily.

Asentí y le di las gracias.

—Esto nos ha pasado una factura muy grande a todos —añadió.

Miré las cajas de cartón que seguían apiladas en el recibidor, junto a la puerta que daba al garaje.

—¿Veis esas cajas en el pasillo? Son de Paul —dije.

Al principio, después de su partida, a veces me parecía que solo estaba de viaje de negocios, hasta que veía esas cajas y todo volvía a hacerse real. Había planeado pasar a buscarlas hacía un par de semanas, pero le surgió algo. Luego iba a pasar el día antes de la fiesta, pero no se presentó. Le envié tres o cuatro mensajes de texto para recordárselo. Entonces estaba segura de que lo hacía para fastidiarme; pero eran sus cosas, no las mías, las que iban a quedarse en el pasillo cuando cuarenta adolescentes aterrizaran en casa. Si me hubiese sentido magnánima, habría llevado las cajas al garaje como medida de protección, pero no lo hice.

Tom carraspeó y me volví para mirarlo.

—Bueno, hum, no queremos robarte demasiado tiempo.

—No, mucho menos en una noche como esta —dijo Seema.

Y entonces, sin mediar palabra, Tom sacó un pedazo de metal calcinado de la bolsa.

—¿Qué diantres es esto?

—Esto, Claire, es mi buzón. Alguien lo incendió anoche.

—¿Qué?

—Están intentando intimidarnos—dijo Seema.

Tom se recostó en la silla.

—Hemos estado presionando al ayuntamiento, al gobernador, a nuestro congresista —dijo—. Y nada. El ayuntamiento ni siquiera nos ha respondido. De modo que acudimos a los medios.

—Lo sé. Os vi en la tele.

Tom señaló el buzón, como sugiriendo que su aparición televisiva había precipitado el vandalismo.

—¿Solo por una pequeña entrevista? —pregunté.

—Y los artículos en los periódicos —dijo Seema.

—Pero ¿quién haría algo así?

Tom empezó a contar con los dedos.

—Alguien de Grenadier, alguien del ayuntamiento, vecinos enojados que creen que estoy destrozando el valor de su propiedad…

—¿Vecinos?

—Sí. He tenido algunas discusiones desagradables.

Seema dijo que había cientos de personas interesadas en que no se investigase el Zumbido. Sabían cuánto les costaría.

—Así que intentan acallarnos.

Les pregunté que cómo iban a saber dónde vivía Tom y ella se encogió de hombros.

—Cualquiera puede averiguar algo así.

—Tenéis que ir con cuidado —les dije.

—No, tenemos que ir a más —dijo Seema—. Esa es la única forma de estar a salvo.

—A menos que realmente vayan a por vosotros.

Tom golpeó la mesa con un dedo.

—Si esos cabrones creen que pueden asustarnos, es que no saben con quién se están metiendo.

—Tenemos que mantener este asunto en los medios —dijo Seema—. Y por eso te necesitamos. Necesitamos una masa crítica. Necesitamos ser cuantos más mejor para que los medios nos apoyen.

—Pero...

—Hemos peinado todo el barrio en busca de otros —dijo Tom, dándome un folleto.

Era mucho más cuidado y detallado que los carteles que habían pegado Howard y Jo. Seema me dijo que también habían sido mucho más metódicos, llamando casa por casa, calle a calle. Le pregunté si habían encontrado a otros.

—Sí —dijo Tom.

—Un puñado —aclaró Seema.

—Es una respuesta más lenta de la que nos hubiese gustado, pero...

—Esperamos que algunas personas reflexionen unos días y nos llamen —dijo Seema mientras yo leía el folleto, que parecía el típico que había en las salas de espera del médico para tratar la depresión o la menopausia.

—A lo mejor, conocer la existencia del Zumbido hará que se planteen si lo oyen —dijo Seema.

—La mayoría firmará la petición, pero no quieren hablar sobre su experiencia —dijo Tom—. Y lo que necesitamos son testimonios. ¿Tu experiencia, la forma en que te expresaste en casa de Howard? Esa es la clase de historia que necesitamos para transmitir la gravedad de lo que pasa. Y, oye, sé que tú y yo no nos entendimos de buenas a primeras y lo siento...

—Sí, bueno, nosotros dos tampoco —dijo Seema, mirándolo.

—Pero pareces una mujer muy razonable y sensata, y necesitamos a alguien como tú de nuestra parte —me dijo Tom.

Me miraron, expectantes. Era evidente que habían invertido días y semanas de trabajo y admiraba su empuje, pero nuestros caminos se habían bifurcado. Iban en una dirección muy distinta a la mía. Seguían atrapados en la mentalidad de aquella primera reunión, intentaban formar una especie de asociación de vecinos y estaban decididos a encontrar un origen físico. Mi forma de pensar, y la forma de pensar del resto del grupo que había seguido reuniéndose semana tras semana en casa de Howard y Jo, había evolucionado y profundizado en formas que ni Seema ni Tom podían empezar a comprender.

—Lo siento —les dije, devolviéndoles el folleto—, pero no puedo.

Seema señaló el buzón calcinado.

—No permitas que esto te asuste, Claire. La unión hace la fuerza.

Me tomé un momento para elegir cuidadosamente mis palabras.

—Estoy aprendiendo a estar en paz con el Zumbido —dije.

Seema torció el gesto.

—Pero no tienes por qué soportarlo.

—No lo «soporto». He decidido acogerlo en mi vida.

Tom murmuró «joder» y bajó la vista al suelo.

Seema endureció su expresión.

—¿Howard te ha lavado el cerebro, entonces?

—Howard no me ha lavado el cerebro, soy capaz de pensar de forma independiente, gracias. Solo que ya no creo que provenga de unos altos hornos ni de una autopista. A ver, escuchad.

Me detuve y los tres nos quedamos escuchando, rodeados de globos y serpentinas a medio colgar.

—Es atmosférico —les dije—. Lo envuelve todo por completo.

Tom suspiró y apuró el *whisky* que le quedaba en el vaso.

—Claire, la teoría de Howard es absurda. Es…

—Es como el equivalente científico de los bulos —dijo Seema.

Les dije que era muy fácil ser cínico y mucho más difícil abrirse a la posibilidad del descubrimiento.

—Inicialmente casi todas las teorías científicas se refutan. La teoría de las cuerdas, la materia oscura. Tampoco que la Tierra girase alrededor del Sol era algo muy popular al principio, como recordaréis.

Seema extendió las manos hacia mí por encima de la mesa.

—Soy médica residente. Estoy habituada a todo tipo de seudociencias y curas alternativas.

Le sugerí que leyese al respecto y se informara, que estaba todo en Internet si se tomaba la molestia de consultarlo.

—Ah, está en Internet, entonces debe ser verdad —dijo Tom, levantando los brazos.

—Hay muchos sitios fiables…

—Esa longitud de onda de la que habla Howard —interrumpió Seema—. Es totalmente imposible que la anatomía humana pueda oírla. Es físicamente imposible.

—Supongo que esa es la naturaleza de lo que es el descubrimiento, ¿no? —repuse—. Lo que parecía imposible se reevalúa y reconsidera.

—¿De verdad crees lo que te ha contado? —me preguntó, aunque era más una acusación que una pregunta.

—No me sorprende que vosotros no —dije—. No le habéis dado la menor oportunidad. Llegasteis con vuestras ideas preconcebidas y cuando se presentó otra posibilidad, os largasteis. No escuchasteis ninguna explicación ni volvisteis después de esa primera vez. No tenéis ni idea del… verdadero alcance de… de la revelación que rodea todo esto.

Esa fue, quizá, una elección léxica poco adecuada.

—Revelación —se burló Tom—. Por favor. Ilumínanos.

—La verdad es que no lo queréis saber.

—Sí que quiero —dijo él.

—Solo para burlarte.

—Sinceramente, yo sí, yo quiero saber —dijo Seema—. Y no me burlaré.

La miré a los ojos.

—Como médico que eres, creo que esto lo apreciarás. Hemos estado estudiando las ondas cerebrales.

—De acuerdo.

—Perdona, ¿ondas cerebrales? —dijo Tom—. ¿Eso existe?

Seema suspiró.

—Por supuesto, Tom. ¿Nunca has oído hablar de un escáner cerebral?

—Pues no.

—Entonces, quizá mejor que te calles.

—Son las fluctuaciones de las corrientes eléctricas del cerebro —expliqué—. Y las imágenes de escáner muestran que el cerebro se ilumina cuando las ondas cerebrales alcanzan los 7,83 hercios.

—La resonancia Schumann—dijo Seema.

Asentí, impresionada de que se acordara de nuestra primera reunión.

—Sí. Exacto. Y a esa frecuencia específica, áreas enteras de nuestro cerebro que nunca usamos, de pronto, se activan. Por lo general, únicamente usamos el diez por ciento de nuestro cerebro.

—Eso es un mito popular —dijo ella.

—Los estudios lo apoyan.

—Me gustaría ver esos estudios.

—Y, si esa es la frecuencia de resonancia de la atmósfera terrestre —continué—, entonces llevamos millones de años en el planeta evolucionando bajo su influencia. Cada célula, cada ser vivo. Por lo que es natural que nuestros cerebros quieran sintonizar con ella. Muchos seres vivos lo hacen. Las ballenas, los pájaros, las abejas…, todos utilizan la resonancia Schumann para navegar. Y para nuestra salud y bienestar tenemos que aprender a sintonizarnos.

Tom rio entre dientes.

—¿Sintonizarnos?

—Sí.

—¿Y cómo se hace eso?

—Esa es la cuestión, ¿verdad? —Les expliqué que la gente lleva milenios intentándolo. Los cantos de los budistas. El Om hindú. Los órganos de las iglesias. Los diyeridús australianos—. Religiones de todo tipo, quizá todas las religiones, han intentado hacer precisamente eso: alcanzar la trascendencia recurriendo a la Resonancia —dije, oyéndome fracasar al intentar exponer el esplendor y la complejidad de las conversaciones en casa de Howard.

Tom apuró su *whisky*.

—No soy religioso, así que…

—Yo tampoco —le dije.

—… así que no he sentido ese impulso de sintonizar con nada —dijo, antes de volverse hacia Seema—. ¿Y tú?

—Bueno…

—¿Con un zumbido?

—No, pero…

—Olvídate un momento de la religión —dije—. ¿Nunca habéis experimentado un instante en que os habéis sentido en perfecta armonía con el universo? ¿En el que pensáis con total claridad y todo tiene sentido?

—Quizá después de una buena taza de café —dijo, mientras cogía la botella de Johnnie Walker y la abría.

—Yo sí —dijo Seema.

—¿Ah, sí? —preguntó Tom, desconcertado.

—Y se experimenta una especie de euforia, ¿no? —continué—. Imaginaos que nos pudiéramos sentir así todo el tiempo. Y 7,83 hercios es la frecuencia de nuestras ondas cerebrales durante la meditación y el sueño. Es como una puerta a estados más profundos de conciencia y creatividad.

Seema suspiró.

—Claire, la cuestión es…

—¿Y eso no te parece una chorrada? —interrumpió Tom, sirviéndose otro *whisky*.

—Pues no, y te agradecería que no dedujeras…

Desde su habitación del piso de arriba, la voz de Ashley retumbó de repente…

—¡Es una chorrada! Es una chorrada, es una chorrada, es una chorraaaada.

Tom levantó las cejas y contuvo una carcajada. Cerré los ojos. Por favor, marchaos, quise decirles. Hace cinco minutos estaba ayudando a mi hija a ponerse el vestido del baile, llevaba días dejándome la piel para que fuera una noche especial para ella, y esto era lo último que me faltaba.

—Solo puedo hablar de mi experiencia —dije con los ojos aún cerrados.

—¿Y tú has experimentado esa trascendencia? —preguntó Seema con compasión. Abrí los ojos y la miré.

—Todavía no del todo, no.

—¿Crees que lo conseguirás?

—No lo sé. Ojalá.

Dijo que percibía a una escéptica en mí.

—Bueno, esa es mi forma de ser. Me cuestiono las cosas.

—¿Y te has cuestionado esto?

—Claro que sí; me ofende tu insinuación.

—No estoy insinuando nada, solo…

—No soy una crédula, Seema.

—Nunca he dicho que lo fueras.

—Y sí que puedo decirte que las cosas han empezado a tener mucho más sentido para mí.

—¿Desde Howard?

—Desde… desde que tengo esta información. El aire parece vibrar. El Zumbido es más fuerte por la noche. Y parece venir de todas partes y de ninguna al mismo tiempo.

—Y entonces empiezas a rastrear en Internet —dijo Tom con frialdad— en busca de blogs que repitan la misma teoría hasta que entras en una pequeña cámara de resonancia con personas que no tienen ni puta idea de ciencia porque en el colegio los chalados como tú apenas nos enseñáis lo básico.

Seema le dijo que parara. Tom dio un sorbo al *whisky*. Noté un movimiento por el rabillo del ojo y vi que Ashley se había sentado en la escalera y nos observaba. Bien, pensé, quería que oyera lo que estaba a punto de decir. Me volví hacia Tom.

—Tom, la Tierra nos está haciendo conscientes de su presencia de una forma extraordinaria. Y puedes elegir escuchar o no. Pero yo escucho. Porque se me ha concedido el don de poder hacerlo. Y a ti también. —Miré a Seema—. Y a ti. Entonces, ¿por qué negarse? ¿Por qué no entrar en contacto con la Tierra a un nivel más sensible y fundamental de lo que la mayoría de la gente podría imaginar?

Tom bajó la vista a su buzón y luego volvió a mirarme.

—Con el debido respeto, creo que estás loca.

Asentí.

—Chalada. Loca. Bruja. Sí. Conozco la historia, Tom. Los que ven las cosas de otra manera…

—Sí, ya, eres una mártir —dijo levantándose—. Una auténtica Juana de Arco.

Recogió su buzón y se dirigió a la puerta.

—¿Y Emily? —le pregunté.

—¿Qué pasa con ella?

—También lo cree.

—No hablamos de eso.

—Pues permite que te diga que ella sí lo cree.

Tom me dirigió una sonrisa dolorida.

—Lo sé.

Miró a Seema y luego a Ashley en la escalera. La saludó y salió por la puerta al atardecer.

—No sé cómo lo soportas —le dije a Seema mientras la puerta se cerraba.

—Es la única persona dispuesta a ayudarme a averiguar qué es esto en realidad —dijo, encogiéndose de hombros.

Apuré el *whisky* como si fuera un mafioso de película y dejé caer mi vaso en el vaso vacío de Tom.

—Sé que tú también piensas que estoy loca —le dije.

Sonrió y negó con la cabeza. Le dije que lamentaba no poder ayudarla y me respondió que ella también lo lamentaba.

—Así que no crees que la Resonancia exista —le dije.

—Claire. Sé que quizá sea la explicación más emocionante o poética, pero sinceramente… Nuestro zumbido es solo ruido blanco industrial. Y voy a encontrarlo y voy a enfrentarme a él. Por si no me bastara con toda la otra mierda que hay en mi vida. —Se rio brevemente—. Hago turnos de dieciocho horas en el Hospital General. Tom está jubilado, así que él puede…, yo no puedo dedicar todo mi tiempo libre a esto. Pero sé que, si no me implico, no llegaremos a ningún lado. ¿Te imaginas a Tom haciendo esto solo? Se pondría a discutir mientras reparte folletos y se pegaría con alguien. Te ríes, pero ha estado bien a punto.

Le deseé suerte. Se levantó, me dio las gracias y me deseó lo mismo. Luego me dijo que tuviera cuidado.

—Gracias —le contesté—, pero creo que eres tú quien debe tenerlo.

Se lo pensó un momento y pareció que iba a añadir algo, pero solo sonrió. Se dio la vuelta y antes de irse le deseó a Ashley un feliz baile de graduación.

Miré a Ashley en la escalera, encogida en su vestido.

—Deja que te peine —le dije. Me ignoró mientras recogía unas pelusas del peldaño enmoquetado—. Vamos.

Le hice señas para que bajara y se reuniera conmigo en el comedor, pero no se movió. Me acerqué a la escalera, subí hasta donde ella estaba y me senté a su lado.

—Estoy completamente sola —murmuró.

—Yo estoy aquí mismo.

—No, no estás. Te han alejado de mí. Esta cosa se te ha llevado a ti y ahora también a papá, y todo se ha jodido para siempre. Y no puedes verlo porque estás atrapada dentro y ellos también, con sus estúpidas peticiones y folletos. Es como un delirio colectivo —dijo, agitando la mano en el aire.

—Solo porque no puedas oírlo, no…

—No puedo porque no existe. Estás atrapada en esta histeria y ni siquiera…

—Oye, señorita feminista…

—Lo sé, lo sé, pero joder, mamá, es lo que hay. Es como esa epidemia de baile de la Edad Media o algo así.

—Howard ha dedicado su carrera a esto.

—¿Y qué? Mamá, un cura se pasa toda su carrera dedicado a Dios, eso no significa que tenga que importarme una mierda lo que dice.

—Pero esto es algo que existe, esto es ciencia.

—Existe para Howard Bard, mamá, no para el resto del mundo.

—Es un académico respetado internacionalmente.

—Anda ya.

—¡Tiene más títulos que un emperador!

—También los tenía Robert Mugabe. —Me eché a reír y Ashley sonrió, a su pesar—. Es verdad. Escribí un ensayo sobre él.

—Howard no es un dictador de pacotilla.

—No, es un dictador conspiranoico.

—Fue decano de Geociencias en la Universidad de Virginia durante dieciocho años.

—Sí, antes de que lo despidieran.

Le dije que la administración se había sentido amenazada por él.

—¿Sabes lo difícil que es que echen a un viejo blanco de un puesto de profesor titular? —preguntó—. Era decano, joder, prácticamente tendría que asesinar a alguien para perder su trabajo.

—Era un renegado que revolucionó totalmente su departamento.

Ashley ocultó un momento la cara entre las manos y luego me miró.

—No pisas un terreno estable, mamá, y sinceramente... Da miedo. Porque cuando estás en este estado, la gente se aprovecha de ti.

—Nadie se aprovecha de mí.

—No eres tú, mamá, y estás en un momento vulnerable.

—Sí, lo soy y no... ¿Me tomas por una persona débil? Una persona débil, Ash, se habría cruzado de brazos y habría esperado a que pasara. Una persona débil todavía estaría en el instituto enseñando y luego de vuelta a casa, seguiría con su vida como si todo fuera de maravilla. —Me señalé el pecho—. Estoy luchando. Voy a luchar todas las horas del día.

—No estoy diciendo que seas una persona débil, estoy diciendo que eres...

—Y no puedo hacer esto sola, ¿vale? Te necesito de mi parte. No puedes dejar que tu padre te ponga en mi contra.

—Para, para —dijo levantando las manos, como si yo acabara de sacar una pistola.

—Sé que lo está intentando.

—No empieces...

—Te está diciendo que soy bipolar, ¿no?

Ashley miró hacia otro lado, a la escalera:

—¿Con quién más va a hablar?

—¿Te ha estado diciendo eso?

—Nuestras conversaciones son privadas.

—No debería desahogarse contigo.

—¿Y a quién más tiene si no?

—Te necesito conmigo en esto.

—¿En qué? —preguntó, volviéndose hacia mí, indignada—. ¿Howard? ¿El Zumbido? No, lo siento. Te quiero, pero tengo miedo por ti.

—¿Miedo de qué?

—¡De la completa desintegración de tu vida!

No soportaba mirarla a los ojos, así que me miré los pies en la escalera. Me toqué la punta del dedo gordo que asomaba por un agujerito del calcetín izquierdo.

—Ojalá pudieras alegrarte por mí —le dije—. He encontrado una comunidad de personas que se preocupan por mí y me quieren.

—Joder, mamá, no te quieren. Yo soy tu hija y te quiero. Papá te quiere. Esta gente apenas te conoce.

—Me conocen mejor... Ash, saben cosas de mí que ni siquiera tu padre conoce.

—Eso es horrible.

—No, no lo es. Porque tratan esas partes de mí, de mi vida y de mi historia, con un cuidado y una compasión que ni siquiera él podía mostrarme.

—Eso son chorradas —murmuró.

—No lo son, y ojalá dejaras de rechazar todo lo que digo, me duele.

—Ah, ¿crees que esto te duele?

Intenté explicarle que había encontrado un espacio donde podía ser verdaderamente libre y desinhibida por primera vez en mi vida. Un espacio en el que me sentía verdaderamente segura.

—¿Sabes lo raro y valioso que es eso para mí? —le pregunté—. No entiendo de qué tienes tanto miedo.

—Ese Howard es un puto psicópata —respondió ella.

Su teléfono vibró y se lo sacó del sujetador para echar un vistazo.

—Están fuera.

Sin mirarme, se levantó y bajó la escalera.

—Ash, espera. —Me apresuré a bajar tras ella y le puse la mano en el hombro—. Diviértete esta noche, ¿vale?

Ella esbozó una sonrisa.

—Solo prométeme que te habrás ido cuando volvamos.

Le dije que por supuesto.

—Y no dejes tu bebida sin vigilancia —añadí mientras se marchaba. La observé bajar apresuradamente por el sendero del jardín mientras saludaba a sus amigas Sophie y Jess, que gritaban y vitoreaban asomadas a las ventanillas de un Escalade blanco. Si me vieron en el portal, fingieron lo contrario. Cerré la puerta, me volví al comedor decorado a medias y sentí que el ánimo se me desinflaba como una rueda pinchada. La habitación estaba hecha un desastre, aún quedaba mucho por hacer. Crucé hasta la mesa, me senté y me serví otro *whisky* antes de echar un vistazo a la pancarta de Ashley.

10

Hasta esa noche, tras mi conversación con Ashley en la escalera, creo que no había llegado a entender del todo hasta qué punto la histeria era una herida psíquica que, como mujeres, aún arrastrábamos; una herida que se nos infligía desde hacía siglos porque nuestros síntomas, nuestro instinto sobre nuestros propios cuerpos, nuestros placeres y sufrimientos, siempre eran los primeros en ser rechazados y desacreditados, incluso por otras mujeres. Incluso por nuestras propias hijas, como era el caso. Se trataba de una herida que aún padecíamos porque, en cualquier momento, se podía invocar toda una historia para silenciarnos con una palabra, en un instante. A ojos de mi familia, de los que más me querían, yo era ahora el sujeto histérico.

Yo era la mujer de la antigua Grecia cuyo útero se desplazaba por las entrañas como un perro salvaje simplemente por sentir deseo sexual, o ansiedad, o depresión, o cualquier otro sentimiento que fuera inconveniente para mi marido. Yo era la mujer melancólica propensa a la posesión demoníaca y a la brujería. Era la mujer enviada al sanatorio alpino cuando mi marido ya no quería soportar mis quejas sobre sus amantes. Demasiado sexo. Demasiado poco. El exceso de simiente femenina se vuelve venenoso si no se libera a través del clímax regular, por si no lo sabíais. Excesiva sangre menstrual. No la suficiente. De haber vivido cien años antes, o incluso menos, es muy posible que me hubieran sometido a terapia de *electroshock* por oír el Zumbido, y quizá a una histerectomía en caso de haber vivido cincuenta años antes. Y tengo la sensación de que Paul lo habría permitido, con todo su cariño y su apoyo.

Era yo quien le había contado a Ashley la historia de la epidemia de baile. La plaga empezó, cómo no, con una mujer, *frau* Troffea, que una bonita mañana del verano de 1518 en Estrasburgo se puso a bailar en la calle. Los vecinos se congregaron para reírse, aplaudir y animarla, pero pronto se hizo evidente que algo iba mal. *Frau* Troffea bailó y bailó durante seis días sin parar. Su marido y sus hijos le llevaban agua y le metían trozos de pan y queso en la boca para mantenerla con vida, pues ni siquiera se paraba a comer; y, con la mayor discreción posible, hacían cuanto podían por limpiarla cada vez que se ensuciaba. Al final de la primera semana, más de treinta personas se habían unido a *frau* Troffea, y al final del primer mes ya eran cuatrocientas, la mayoría mujeres. Algunas, sudorosas y con la cara enrojecida, caían muertas en la calle debido al agotamiento, un derrame cerebral o un infarto. En el apogeo de la manía murieron unas quince personas al día. Los médicos de Estrasburgo descartaron las causas astrológicas o sobrenaturales y atribuyeron el baile a la «sangre caliente». Algunos prescribieron sangrías, pero otros sugirieron que la única cura era que los afectados bailaran día y noche hasta que se les pasara la manía. Así que la ciudad cedió dos salas consistoriales y el mercado de grano a los bailarines, y cuando estos espacios se llenaron, el ayuntamiento contrató a una banda de músicos y construyó un gigantesco escenario al aire libre. Sin embargo, como era de esperar, eso solo consiguió que más gente se animara a participar. Pronto acudieron a Estrasburgo personas de todo el país para bailar hasta morirse. Aún no se sabe por qué empezó la manía ni cómo terminó.

Mientras escribía este libro, me hice una pregunta obvia: ¿qué fue de *frau* Troffea? No encontré ninguna mención de su destino en ningún artículo, pese a que casi todos la identificaban como la primera danzante. Algunos detalles también diferían de mi recuerdo del relato. Por ejemplo, no se menciona ni una sola vez que su marido y sus hijos le trajeran comida o limpiaran sus excrementos mientras bailaba. Supongo que eso fue un bonito detalle de mi invención. Sin embargo, encontré una imagen de un grabado de Hendrik Hondius de 1624 titulado *Coreomanía en una peregrinación a la iglesia de Sint-Jans-Molenbeek*. Hondius basó su grabado en un dibujo realizado casi ochenta años antes por Pieter Brueghel el Viejo, que había sido testigo de los hechos.

En el primer plano del grabado aparecen seis figuras, dos mujeres de mediana edad y cuatro hombres que las sujetan. Los hombres tienen los brazos entrelazados con los de las mujeres y las agarran de las manos, pero al principio no está claro si bailan con ellas o las sujetan. A lo lejos, otros dos hombres parecen llevarse a una mujer por un puente bajo, y hay otra mujer sentada junto a un arroyo. Cuanto más observaba esta imagen, más veía que las mujeres eran las únicas que se presentaban como salvajes. Brujas enloquecidas que unos hombres preocupados intentan contener. A las mujeres no se las representa de manera favorable; son feas y más corpulentas que los hombres que intentan someterlas. En otras palabras, son sujetos cómicos, destinados a ser objeto de burla y desprecio. Es como si de Brueghel a Hondius, de un hombre a otro, se produjese un codazo cómplice sobre la locura inherente y eterna de las féminas. La locura es nuestra naturaleza. Solo necesitamos la más mínima provocación para salir de nuestras casas, de nuestra domesticidad, y huir a la naturaleza para que nuestros hombres nos persigan y nos lleven de vuelta a la civilización, de vuelta a la cordura.

Cuando encontré esta imagen, mis ojos se detuvieron en la figura de la mujer a la izquierda del grupo. Mira al cielo con el ceño fruncido, como si intentara desafiar a Dios. Mira más allá del momento, más allá de sí misma, de las restricciones de su cuerpo y del orden social que intenta contenerla. Mira al cielo, a los pájaros que la sobrevuelan, a un misterio divino del que solo ella parece consciente en ese momento caótico. En su mirada no veo locura.

Veo determinación.

11

Kyle no estaba invitado a la fiesta. Ashley y yo habíamos sido muy claras al respecto. Así que a la mañana siguiente, al aparcar en la entrada de casa, me sorprendió verlo salir por la puerta. Y no solo salía por la puerta, sino que lo acompañaba Paul. Y no solo lo acompañaba Paul, sino que lo estaba ayudando a llevar una de las cajas de cartón por el jardín para meterla en el maletero del coche.

«¿Qué coño está pasando ahora?», murmuré para mis adentros.

Después de meter la caja en el maletero, Paul y Kyle miraron hacia donde yo seguía en el coche y me saludaron cortésmente con la cabeza, como si no fuera una escena de lo más surrealista, como si el antiguo alumno que había precipitado la implosión de mi matrimonio no estuviera ayudando a mi marido a mudarse de mi casa destrozada por una fiesta. Se dieron la vuelta y desaparecieron por el camino del jardín. Me quedé sentada un momento, totalmente perpleja, antes de salir del coche y correr tras ellos hacia la casa.

En cuanto entré, vi que donde antes había un suelo de madera se extendía ahora una alfombra de globos desinflados, serpentinas arrugadas, ramilletes desechados y vasos de plástico. Un cuadro de Georgia O'Keeffe que antes colgaba cerca de la escalera había desaparecido, sustituido por unas manchas de Dios sabe qué en las paredes. Y la esfera del reloj ornamental del vestíbulo estaba destrozada.

—Buenos días —dijo Ashley desde la escalera. Llevaba su camiseta de PJ Harvey y sus bóxer de cuadros escoceses y observaba con sereno desinterés a Kyle y Paul, que decidían qué caja levantar del montón acumulado en el pasillo. Paul se volvió, saludó furtivamente con la mano y dijo que anoche había enviado un mensaje a Ashley para avisarle de que iba a venir.

—Pero mi móvil se ha muerto —dijo Ashley, como si eso fuera toda la explicación necesaria.

La miré con lo que espero que ella interpretara como rabia desconcertada y luego volví a mirar a Kyle, que me dirigió una sonrisa de disculpa. Tenía la camisa manchada con lo que parecía refresco de cola.

—¿Qué haces aquí? —pregunté.

—Lo sé, lo siento, yo…

—Cuando lo vi anoche le tiré mi bebida —dijo Ashley, sonando vagamente orgullosa.

—Y luego me arrastró escaleras arriba…

—Bueno, no íbamos a discutir delante de todo el mundo, así que lo llevé a tu habitación porque…

—¿Cómo?

—Porque había gente en la mía, y…

—¿Entraste en mi dormitorio?

—Nuestro dormitorio —corrigió Paul.

—… Y así tendríamos un sitio donde poder hablar…

—Habíamos acordado…

—Lo sé, lo siento, pero hablamos —dijo Ashley volviéndose hacia Kyle—. Sobre todo lo que ha estado pasando, vuestro grupito, esas reuniones…

—¿Las reuniones? —pregunté, sintiéndome como si estuviera subiendo precariamente por una duna de arena—. ¿Qué, qué le has dicho?

—Nada.

—Quería saber si él creía en serio toda esta mierda de la Resonancia. ¿Él se lo cree de verdad, tú te lo crees de verdad? —dijo Ashley, mirándolo.

—La oigo, literalmente —respondió Kyle—. Eso es como preguntarme si creo en la gravedad.

—Y luego le he preguntado qué quiere Howard.

—Qué quiere —repetí yo—. ¿En qué sentido?

—Cuáles son sus intenciones —dijo Ashley.

Dejé la bolsa en el suelo y me apoyé en la pared.

—Es un científico —contestó Kyle—. Le interesa la verdad.

—Es vuestro líder —dijo Paul, mirándome.

—No es nuestro líder —repuse, exasperada—. Todos somos iguales, todos dirigimos, todos contribuimos.

—Ya. —Paul asintió con un gesto despectivo.

—Pues todo parece de lo más jodido y turbio —dijo Ashley.

—¿Por qué? ¿Porque no lo entendéis? —preguntó Kyle en un tono mesurado—. ¿Creéis que entendéis todo lo que pasa en el mundo? ¿No creéis que haya espacio para cosas que nadie puede explicar? ¿No queda nada por descubrir?

Ashley se volvió hacia mí y dijo con franqueza:

—Kyle está aquí porque ayer su madre lo echó de casa, no tenía adónde ir y me sabía mal por él.

—¿Qué? —miré a Kyle—. ¿Tu madre…?

—Me ha echado. Sí.

—Kyle…

—Se enteró de lo de las reuniones. No se le puede esconder nada a mi madre, es como de la CIA.

—Le dije que podía pasar la noche en el sofá —dijo Ashley—. Supuse que preferías eso a que vagara por las calles.

—Bueno, desde luego.

—Y cuando he entrado esta mañana me lo he encontrado en el sofá de la sala —dijo Paul—. Y hemos cruzado unas palabras acaloradas, por decirlo de algún modo. Bueno, yo estaba acalorado.

Solo de oírlo sentí retortijones.

—Pero teníamos que hablar, ¿verdad? —añadió Paul, mirando a Kyle.

Kyle asintió.

—¿Qué clase de charla? —pregunté débilmente.

—Eso es algo entre nosotros, cosas de hombres —dijo Paul.

Realmente dijo «entre nosotros, cosas de hombres», como si le hubiese soltado a su hijo un discurso sobre el sexo, y me habría reído de no haber estado a punto de vomitar por la tensión. Ahora que lo pienso, Paul también debía de sentirse de lo más estresado para decir semejante estupidez; nunca se le había dado bien mostrarse tranquilo cuando no lo estaba. En cualquier caso, su respuesta me pareció inquietante e irritante a partes iguales.

—Y luego —continuó Paul—, cuando hemos terminado, Kyle se ha ofrecido amablemente a ayudarme con las cajas.

—Ya veo. —Conseguí soltar aire.
—¿No estarás pensando en dejar que se quede aquí? —me preguntó Paul.
—Paul, no tengo ni idea, acabo de entrar. Ni siquiera me he tomado una taza de café.
—Porque no me siento cómodo con la idea de que se quede.
—Bueno, esa decisión no te corresponde a ti.
—Todavía soy el dueño de la mitad de esta casa.
—Ah, claro. ¿Qué mitad te llevas, entonces?
—¿Vas a dejar que se quede a dormir en el sofá? ¿El albergue de Claire Devon?
—Solo era una noche —dijo Ashley, levantando las manos.
—Claire, ¿eres consciente de lo que parecerá? ¿Después de todo lo que ha pasado?
Le pregunté a Kyle si tenía algún sitio donde quedarse. Hinchó las mejillas mientras pensaba y luego soltó el aire.
—Fijo que se me ocurre algo.
—Pero ¿tienes algún sitio en mente? —insistí.
—No lo sé.
—¿Qué me dices de Luke o Mohamed?
—Estarás de broma.
—¿Y Jay?
—Su familia no tiene sitio.
—¿Estamos manteniendo esta conversación? ¿En serio? —preguntó Paul.
—No es responsabilidad nuestra —dijo Ashley.
—Claro que sí.
Paul se sonrojó de indignación.
—¿Y eso por qué?
—Porque yo soy un ser humano —dije.
—No pasa nada, en serio —dijo Kyle—. No es problema vuestro…
—Tiene que haber alguien —dijo Ashley.
—Le he preguntado a Rory si puedo quedarme una noche, pero aún no me ha respondido.
—¿Y un tío o una tía? —preguntó Paul—. ¿Abuelos?
—Solo estamos mi madre y yo.
—Bueno, pues no puedes quedarte aquí. Lo siento.

—Pues sí que se quedará si no tiene otro sitio adonde ir —dije yo—. Y sí que lo considero mi responsabilidad.

—¿Cuál es el número de tu madre? —le preguntó Paul a Kyle.

—No, Paul, no… —le advertí, levantando un dedo.

—La llamaré y solucionaré esto ahora mismo.

—Vas a empeorar mucho más las cosas.

—¿Peor que él se mude a esta casa?

—Su madre debería saberlo —dijo Ashley.

Paul se acercó a mí.

—Él es el maldito problema de su madre, no el nuestro.

Y entonces, quizá para ganarse el favor de Paul o porque no veía otra salida, Kyle le dio el número de teléfono de su madre. Paul se sacó el móvil del bolsillo y le dijo que le repitiera los cuatro últimos dígitos mientras marcaba. Se llevó el móvil a la oreja y esperamos, conteniendo la respiración.

—¿Es su número de verdad? —le preguntó Paul después de varios tonos.

—Sí, claro.

—No contesta.

—Son las nueve de la mañana y es domingo —dijo Ashley—. Seguramente estará durmiendo.

—Está en la iglesia —dijo Kyle.

—¿En la iglesia? —Paul parecía sorprendido—. Vale, no se me había ocurrido.

Saltó el buzón de voz y Paul dejó un mensaje:

—Hola, señora Francis, soy Paul Devon, el marido de Claire Devon. Siento llamarla el domingo tan temprano…

Se dirigió a la cocina mientras seguía hablando, esquivando globos y montones de platos de papel.

Kyle miró a Ashley y luego a mí.

—Bueno, nos vemos —dijo, dando media vuelta y encaminándose a la puerta.

Lo seguí e intenté detenerlo.

—Kyle, espera.

Pero él salió corriendo y bajó por el sendero sin volverse, mientras yo me notaba bullir de ira. Me volví y allí estaba Ashley.

—Eres tan cabrona —dije con voz tranquila.

—¿Qué?

—Sabías que tu padre vendría esta mañana y has invitado a Kyle a que se quedara a dormir sabiendo que pasaría esto.

—¿Te has vuelto loca?

—¿Querías avergonzarme? —le pregunté—. ¿Castigarme?

—Se te ha ido la olla.

—¿Que tu padre viese que no soy de fiar?

—¡Intenté hacerle un favor!

Me quedé mirándola. Algo me decía que Ashley había visto el mensaje de Paul la noche anterior. Como también había visto el mensaje de Brenda sin advertirme. Mi hija sabía que Paul estaría aquí esta mañana, que yo aparecería y caería en su emboscada. Nunca antes le había hablado así a Ashley. No me reconocía. Y en ese momento tampoco la reconocía a ella.

—Tu móvil se ha muerto —dije en tono de burla.

—Eso es.

—Enséñamelo.

—No.

—Enséñame el móvil.

—No soy una niña.

—No, eres una mentirosa.

Apretó la mandíbula justo cuando Paul volvía de la cocina cargado con la máquina de café.

—Me hará falta que alguien me ayude a descargar las cajas al llegar.

—Voy contigo —dijo Ashley—. Voy a por mi bolsa.

Corrió escalera arriba a su habitación.

—¡Ashley, venga! —grité tras ella—. ¡Tu padre no tiene otra cama, ni sábanas, ni utensilios de cocina!

Miré la máquina de café que se estaba llevando Paul.

—Bueno, no tiene utensilios útiles.

—Se puede quedar conmigo unos días —dijo Paul—. Quizá necesita algo de espacio.

—Pues no es que un estudio tenga mucho.

—No me parece saludable que se quede, así como estás y con él rondando por aquí.

—¿Así como estoy? ¿Y cómo estoy?

—¡En una secta! —gritó Ashley desde arriba.

Fue como si me hubiese cruzado la cara de un bofetón. Una secta. Antes de que pudiese responder, Paul dijo:

—Llamemos las cosas por su nombre, Claire.

—¿Perdona, qué dices?

—Crees en un delirio que no tiene ninguna lógica.

—Paul, tú crees en serpientes que hablan y la división del mar Rojo y en un Dios que tuvo un hijo y lo envió a la Tierra para que naciera de una virgen…

—Vale, vale…

—No, en serio, ¿cuántas personas tienen que creer en algo para que deje de ser un delirio? Si yo estoy en una secta, tú estás en otra mucho más grande y jodida que la mía.

—Estás totalmente… —Giró la mano para indicar que estaba desatada, fuera de control—. Mírate, mira este sitio.

—¡Ashley acaba de celebrar una puta fiesta! —exclamé.

—Con alcohol, menores de edad y sin ningún adulto a la vista.

Mientras discutíamos, pensé: ¿era esto lo que Paul y Ashley pensaban desde el principio? ¿Que yo estaba en una secta? Me parecía asombroso. Para ellos, afirmar algo así indicaba que se había producido una disyunción en la continuidad de mi ser. A sus ojos, yo no era la misma persona que habían conocido. No podía serlo. No si creían de verdad aquello de lo que me acusaban.

Ashley bajó la escalera con una bolsa de lona al hombro y me arrojó su móvil, que apenas conseguí atrapar al vuelo.

—Está muerto —me dijo.

Se lo devolví sin mirarla. ¿Qué importaba? Me entraron ganas de echarme a llorar o tal vez de echarme a las llamas, como un coche que se estrella a gran velocidad. Ashley cogió la última caja del pasillo y salió con Paul, que cerró la puerta con una mirada que nunca me había dirigido antes. Retuve esa mirada varios segundos después de que se fuera, analizándola, hasta que lo entendí: era lástima. Paul, mi gigante de Amarillo, tenía todas las emociones posibles de las que disponía un hombre heterosexual y había elegido la lástima. También podría haberme tirado un huevo a la cara antes de cerrar la puerta. Un desagradable toque final que añadir al desorden de mi casa, de mi vida.

12

El grupo había seguido cambiando a lo largo del invierno y la primavera. Llegamos a tener tres nuevos miembros, pero Pierce —el arquitecto calvo que vino a una sesión y apenas habló— no volvió. Los otros dos recién llegados se quedaron. El primero era Shawn, un treintañero ingenioso, bullanguero y afeminado, con una cara algo equina: nariz grande, ojos grandes, dientes grandes. La segunda era Mia, también treintañera, una autodenominada «antifa» que trabajaba con adolescentes autistas y pasaba los inviernos viviendo y trabajando en una «granja ecológica y retiro de bienestar» en Oaxaca, México. Un año antes la habían detenido por bloquear la construcción de un nuevo gasoducto. No recuerdo cómo se habían enterado de la existencia del grupo, quizá por la publicación de Damian en Reddit. En cualquier caso, los dos llevaban meses oyendo el Zumbido y sufrían solos. Como la mayoría de nosotros, al principio se mostraron reticentes a adoptar las teorías de Howard, pero poco a poco se convirtieron en unos de los participantes más activos de nuestras conversaciones.

Shawn, en particular, era muy divertido y animaba nuestras sesiones, que, en mi opinión, a veces corrían el riesgo de volverse demasiado serias. Era un repostero increíble y había ganado un *reality* para cocineros aficionados un par de años atrás. Yo nunca lo vi, pero Leslie sí, y evidentemente estaba algo impresionada. No paraba de traer postres caseros, como pastel de zanahoria sin gluten con glaseado de canela y queso crema o *brownies* veganos de chocolate blanco y dulce de leche. Su verdadero talento, sin embargo, era su capacidad para la disección cómica de todos y de todo. Nada se le escapaba. Se fijaba en las pequeñas costumbres y debilidades de la gente y se burlaba de ellas, aunque siempre de manera que los involucrados reían más que nadie, y de una forma que subrayaba los propios defectos y neurosis de Shawn. También me di cuenta de que tenía la habilidad de parecer de lo más comunicativo y, sin embargo, apenas contaba nada de sí mismo. Nunca supe, por ejemplo, si tenía pareja. Ni siquiera tenía muy claro a qué se dedicaba, aparte de a las «ventas». Y, sin embargo, siempre sabíamos, con detalles divertidos y complejos, la historia de su último y desafortunado corte de pelo o de su visita al dentista.

Mia, por su parte, tenía una superioridad moral milenial que me irritaba e intimidaba. En su primera reunión, se presentó con sus pronombres de género: «Me llamo Mia. Pronombre ella». Emily y Nora no tenían ni idea de a qué se refería, así que se lo explicó. Y entonces todos los demás, supongo que sintiéndose un poco en un aprieto, se presentaron de la misma manera: Howard, pronombre él, y así sucesivamente. Todos menos Damian. Y, para seros sincera, yo también estaba un poco indignada al principio. Pensé: mira este grupo, ¿es eso realmente necesario? Sin embargo, luego me contuve y pensé: ¿es esto envejecer? ¿Ponerse a la defensiva y amargarme cuando nuevos modos, nuevas sensibilidades, cuestionan mis suposiciones y prejuicios? Me pregunté qué pensaría Ashley de este ejercicio. En cualquier caso, la presencia de Mia engendró una nueva autoconciencia en torno al lenguaje y la conducta dentro del grupo, algo que, para hombres como Damian y Howard, probablemente no estaba mal.

Damian seguía hablando muy poco durante las reuniones. A veces su silencio parecía un agujero negro capaz de absorber la energía y la luz de la sala, pero nunca se desentendía. Sus ojos se desplazaban de una cara a otra como si comparara los comentarios de los demás con su propio sistema de valores. También hacía un gesto curioso: con la boca cerrada, parecía limpiarse los dientes con la lengua. No sabría decir si era algo en plan macho, como un vaquero con un palillo, o un tic nervioso, pero en cualquier caso no podía mirarlo cuando lo hacía. Dicho esto, siempre fue muy caballeroso, se esforzaba por saludarme y despedirse, y asentía cuando estaba de acuerdo con algo que yo decía. Me di cuenta de que me respetaba. Y reconozco que una parte de mí se estaba acercando poco a poco a él.

Teníamos un pacto de privacidad dentro del grupo que nos permitía hablar de detalles profundamente personales con el pleno conocimiento de que nada saldría de la sala. La confianza y la comunicación sincera eran esenciales. Aunque Howard y Jo dirigían nuestras reuniones, acordamos tomar las decisiones por consenso e intentábamos compartir los turnos de palabra en la medida de lo posible. Sabíamos que juntos éramos más fuertes que cualquiera de nosotros por separado en la búsqueda de la verdad sobre el Zumbido, y que nuestro éxito dependería de nuestra capacidad para mantenernos unidos y superar nuestras diferencias. Y nos comprometimos a lograrlo.

En junio de ese año ya nos reuníamos cinco veces a la semana. Los días que no nos veíamos, echaba tanto de menos a los demás que me pasaba casi toda la noche enviándoles mensajes al chat del grupo. No podía soportar lo de vagar sola por la casa. Algunas noches Ashley respondía a mis mensajes de WhatsApp, pero en general me conformaba con las dos marcas azules que indicaban que los había leído. Kyle y yo solíamos enviarnos mensajes con más frecuencia, a veces veinte o treinta por noche, sobre todo para procesar cosas que habían surgido en las reuniones o para enviarnos memes tontos, pero todo eso cesó bruscamente después de la fiesta posterior al baile de graduación. Los únicos mensajes que Paul me enviaba eran misivas enfadadas porque vivía de nuestros ahorros comunes, pero ¿qué otra opción tenía? Seguía luchando contra el sindicato de profesores por la indemnización y consideraba mis opciones para una demanda por despido improcedente, mientras pagaba las facturas de la casa.

Cuando me sentía sola, muchas veces llamaba a Jo. Nunca me había gustado hablar por teléfono, pero empecé a confiar en su criterio y su perspicacia: sobre Ashley y Paul, sobre sentirme como una paria entre mis amigos y compañeros, sobre verme a la deriva y sin objetivos, sobre mis temores acerca del trabajo y sobre qué iba a hacer el resto de mi vida. A veces se limitaba a guiarme con ejercicios de respiración. Kyle bromeó diciendo que se había convertido en mi gurú espiritual. Lo dijo para irritarme, pues conocía mi aversión a todo lo que sonara a Nueva Era.

Luego Kyle me dijo que yo tenía algo de arrogancia secular occidental. Que me cerraba demasiado a la posibilidad del asombro.

Me enviaba citas de Simone Weil sobre cómo hacer espacio en mi interior para que entrara lo divino. «La gracia llena los vacíos, pero solo puede entrar donde hay un vacío para recibirla, y es la gracia misma la que crea ese vacío». Le dije que los koanes místicos cristianos de Weil me parecían un poco insufribles. Que prefería que mis vacíos estuvieran vacíos, gracias; no necesitaba que Dios se colara en ellos. Yo era una atea convencida, una pragmática, y me enorgullecía de ello. Me parecía una postura importante que defender en una época en que la razón, la lógica y los hechos estaban siendo atacados y devaluados. Dicho esto, cuando Jo nos guiaba en la meditación y decía que nos acercábamos a un gran misterio, yo lo sentía de forma tangible, aunque quizá no acabara de entenderlo. Sentía como si estuviéramos escalando colectivamente una montaña hacia algo, quizá una catarsis compartida o una mayor comprensión del Zumbido y su potencial.

Como Jo parecía elevarse con tanta elegancia por encima de las dificultades y humillaciones cotidianas de la vida, a veces parecía algo distante, sobre todo cuando presidía nuestras reuniones. Era como si hubiese ascendido a un plano superior, fuera de nuestro alcance. Sin embargo, en esas llamadas telefónicas se mostraba completamente abierta y disponible. Hablamos con mucha franqueza de mi situación con Kyle. En su temprana relación con Howard también se había encontrado en una tensa situación educador-alumno, aunque, por supuesto, muy diferente a la nuestra. Significó mucho para mí que pudiéramos hablar abiertamente de ello, y me fascinó que lo afrontáramos desde lados opuestos de la dinámica. Jo dijo que Howard la había deslumbrado cuando lo conoció. En aquel entonces era un profesor muy respetado en la universidad y en su campo de investigación.

Y también parecía mucho más joven, me dijo una noche por teléfono, con una risa de disculpa. Me la imaginé sentada en algún sitio apartado de su casa, quizá arriba, en su dormitorio, o quizá en su estudio, arrebujada en esa manta mexicana turquesa en la que a veces se envolvía durante las reuniones. Me confesó que Howard había tenido cierta fama de acostarse con alumnas.

—No necesariamente sus alumnas —aclaró—, sino simplemente otras estudiantes de la universidad.

La oí tomar un sorbo de té de su taza favorita de arcilla. Dijo que siempre fue consciente del desequilibrio de poder entre ellos y que eso le molestaba. También empezó a sentirse aislada y juzgada por los demás estudiantes de posgrado.

—Con el tiempo acabó convirtiéndose en un ambiente de trabajo muy opresivo y tóxico —continuó—. Y entonces Howard empezó a recibir críticas de la universidad por su investigación. Todo tipo de personas estaban tratando de hundirlo. Y él solo dijo: «Esto no me hace ninguna falta», y renunció. Y yo sentí que tenía que renunciar con él. Nos habíamos convertido en una unidad. La idea de quedarme allí y completar mis estudios sin él me parecía imposible.

A saber por qué, su voz aislada en el teléfono me recordó la escultura surrealista de Meret Oppenheim de la taza de té, el platillo y la cuchara forrados de pelaje. Algo duro envuelto en una suavidad inverosímil. No recordaba cómo se llamaba la obra, pero tomé nota para encontrar la imagen y enviársela. Estaba segura de que le haría gracia mi asociación mental. Siempre parecía interesada en el funcionamiento de la mente y en establecer conexiones, en los *lapsus linguae* y en lo que los sueños revelaban de nosotros. Supongo que, al igual que los surrealistas, se interesaba por el mundo del subconsciente. En cómo, en un instante, lo rutinario podía convertirse en extraordinario.

La oí tomar otro sorbo de té y mantenerlo en la boca un momento antes de tragar. Admitió que durante años le había costado vivir a la sombra de Howard, pues sus amigos eran colegas de Howard o estudiantes de doctorado de otros países que peregrinaban a su casa para reunirse con él.

—Empecé a sentirme como su asistente personal. Organizaba su agenda, reservaba sus viajes, incluso a veces respondía sus correos electrónicos. Realmente me afectó.

Su voz sonaba tranquila al otro lado de la línea. Me dijo que durante años se había sentido como una especie de apéndice. Le pregunté si se arrepentía del curso que habían tomado los acontecimientos y respondió que no, que era mucho más feliz y se sentía más realizada ahora. Me dijo que no era fatalista, pero que, en cuanto a su carrera, creía que las cosas habían tomado aquel camino por algún motivo.

—Lo que estamos explorando ahora con el grupo combina mis dos mundos. El científico y el espiritual. Aunque sé que no quieres llamarlo así.

Como grupo, solíamos evitar hablar de temas espirituales, ya que era evidente que procedíamos de marcos de referencia muy distintos. Una tarde, una semana después de la fiesta de graduación, Nora mencionó que sentía que Dios se estaba comunicando con ella a través del Zumbido.

—No quiero decir que yo sea como Teresa de Ávila —añadió con una risa cohibida.

—¡Santa Nora! —proclamó Shawn.

—Me refiero a la forma en la que Él se comunica con nosotros todo el tiempo —continuó Nora—. Con la luz del sol, con el viento, con la sonrisa de un desconocido. Lo percibo de veras.

Damian asintió y comentó que pensaba lo mismo.

—Sé que esto es algo sagrado —dijo, observando al grupo como si nos desafiara a sugerir lo contrario.

Howard dijo que le parecía importante que tratáramos el Zumbido como un fenómeno que había que explorar y que no intentáramos encajarlo en nuestros sistemas de creencias preexistentes.

—Pero claro que vamos a intentarlo —repuso Nora—. Eso es como cuando algunos cristianos me dicen que no incluya la evolución en mi sistema de creencias. Pues lo siento, no puedes elegir lo que incluyes y lo que no.

Howard señaló que, de hecho, se trataba exactamente de lo contrario.

—No es que la religión diga que hay que despreciar la ciencia, sino de que no convirtamos esta ciencia, o lo que sea, en religión.

—Como alguien con fe, para mí todo es obra de Dios —dijo Nora.

Normalmente yo guardaba silencio cuando la conversación tomaba esos derroteros. Mi postura era: permite que los demás hagan de esto lo que quieran, siempre que no empiecen a limitar tu capacidad de hacer lo mismo. Para unos es ciencia, para otros es algo divino. Y ruido blanco industrial para algunos. Fuera lo que fuese, seguía sin dejarme dormir. Mis migrañas persistían y también las hemorragias nasales, aunque con mucha menos frecuencia.

Sin embargo, eso no me había impedido acoger el misterio del Zumbido en mi vida. Había elegido ser yo quien controlara este nuevo estado, esta nueva conciencia, y quería comprenderla plenamente. Porque, si yo no lo dominaba, entonces él me dominaría a mí.

Diría que estaba un ochenta y cinco por ciento segura de que lo que hacíamos en Sequoia Crescent no constituía una secta. No había un dogma. Nadie pretendía sacarme dinero ni obligarme a comprometerme con nada ni con nadie. No había jerarquía, no se hablaba del fin de los tiempos, no había mitología ni libro sagrado. Pero las palabras de Ashley y Paul se me habían clavado como astillas que no podía arrancarme. En mis horas oscuras, a veces me preguntaba si lo que estábamos haciendo se asemejaba más a una teoría de conspiración. Una teoría que un grupo de nosotros se había tragado en su aislamiento y cuyos árboles nos impedían ver el bosque. La ciencia parecía estar de nuestra parte, pero quizá yo solo prestaba atención a los artículos que sí eran favorables. Estaba experimentando encuentros profundos con el Zumbido, sensaciones de cuya realidad no dudaba, pero ¿y si era yo quien las provocaba o eran el resultado de algún otro fenómeno?

Empecé a reflexionar al respecto en una reunión, dirigida principalmente por Damian, Leslie y Mia, sobre la vigilancia gubernamental y el Estado profundo. Damian se había ido obsesionando cada vez más con la idea de que el Estado profundo —que, cuando se le insistió, definió vagamente como el Ejército, el Gobierno y Wall Street— conocía la Resonancia desde hacía tiempo y la había mantenido en secreto. Durante esta conversación, en la que los demás participaron más de lo que yo esperaba, se expresaron opiniones muy firmes sobre la Agencia de Seguridad Nacional, los metadatos y Facebook, pero sin que hubiera demasiados matices ni detalles. Me pareció más bien una forma colectiva de purgar la ansiedad. Sus fuentes siempre resultaban vagas: algo que habían leído en un blog o en un tuit, o que había mencionado un amigo. Me pareció que Damian y Mia, en particular, hacían conexiones donde no las había y sacaban conclusiones que adolecían de numerosas lagunas lógicas. Las pocas ocasiones en que yo lo señalaba, me acusaban de pensar «lo que ellos querían» que pensara, aunque ese «ellos» nunca quedaba definido del todo. Así que al final me sometí al flujo caótico de la conversación, como un canoísta que se adentra sin remo en las cataratas.

Lo que más me divirtió, sin embargo, fue que poco a poco Damian y las mujeres se dieron cuenta de que enfocaban sus paranoias desde extremos completamente opuestos del espectro político. Por ejemplo, Mia y Leslie detestaban a Trump, mientras que Damian se negaba a descartar de plano la conspiración QAnon. Yo había oído hablar de QAnon en las noticias, pero apenas sabía de qué se trataba. Según la explicación de Damian, la conspiración (no es que él la llamara así) afirmaba que numerosos actores liberales de Hollywood y demócratas de alto rango habían estado dirigiendo una red internacional de tráfico sexual de niños, y que Trump fingió connivencia con los rusos con el fin de reclutar al fiscal especial Robert Mueller en un esfuerzo por exponer la red y evitar así un golpe dirigido por Hillary Clinton, Barack Obama y el filántropo liberal George Soros. Al menos esa es la esencia, por lo que yo entendí. Apenas pude mantener la compostura mientras Damian me explicaba las numerosas subtramas, giros argumentales y seudónimos de los participantes en la turbia saga. Sugirió que «quizá se habían exagerado» algunas de sus partes, pero por lo demás parecía creer que era cierto.

Había algunos puntos de divergencia conspiratoria entre los tres. Leslie, por ejemplo, creía que la vacuna del sarampión provocaba autismo, mientras que a Mia el movimiento antivacunas «la sulfuraba», sobre todo considerando cuál era su trabajo. Sin embargo, los tres estaban de acuerdo en que el 11-S fue un golpe interno, al igual que Nora. Damian había llegado a esta conclusión después de sus dos misiones en Irak. Tal vez no resulte sorprendente, dada su formación científica, que a Howard y Jo no les convencieran estas narrativas nacionalpopulistas. Como era judío, a Shawn tampoco le interesaban las teorías conspirativas porque la mayoría le parecían antisemitas de una forma u otra. Tenía una forma preciosa de reírse entrecortadamente, no lo bastante alto como para interrumpir, pero sí lo suficiente como para dejar constancia de su total desdén por lo que se estaba teorizando. Emily, por su parte, solía guardar silencio, aunque no sabría decir si se debía a una educada oposición, a que la estaban convenciendo gradualmente o porque, francamente, no podía seguir la conversación.

¿Cuándo, en mi vida adulta, en mi tiempo libre, por mi propia voluntad, me había sentado en una habitación a hablar con alguien como Damian o Emily? ¿Cuándo, en los últimos cuatro años, uno de nosotros había dedicado parte de su tiempo a entablar amistad con alguien del otro lado del abismo ideológico? Aunque no debería de haberme sorprendido, me chocó, sin embargo, que Emily (con su inmaculada melena rubia, su blusa elegante bajo la rebeca del club de campo y sus comentarios sobre fiestas en el jardín y clubes de canasta) y Damian (que me parecía la personificación de un trol de Internet, con gafas de aviador polarizadas, ventanillas tintadas en la camioneta y un total de diez minutos a la semana dedicados a la higiene personal) compartieran una visión idéntica de quién debería liderar nuestro país.

Mi antiguo yo habría eliminado de mi vida a los antivacunas y a los defensores de las teorías de conspiración como eliminaron a Kevin Spacey de aquella película de Ridley Scott. Creo que dice mucho de la paciencia y la compasión que estaba trabajando en las sesiones el hecho de que aún pudiera sentir afinidad hacia personas con las que no estaba de acuerdo en lo fundamental. Howard y Jo habían creado un espacio donde eso era posible, donde se podían expresar ideas radicalmente divergentes sin que nadie se sintiera agredido o invalidado. Dicho esto, a pesar de las salidas por la tangente, Howard siempre reconducía la conversación hacia lo sensato y productivo, lo que era fundamental. De lo contrario, yo no habría podido seguir asistiendo a las reuniones.

Estaba segura de que en 2019 se podría haber reunido a diez estadounidenses al azar y encontrar el mismo nivel de ideas conspiranoicas que había en nuestras discusiones de Sequoia Crescent. Creo sinceramente que no se trataba de algo exclusivo de este grupo particular de individuos, sino simplemente el nuevo registro en el que operaba la sociedad. Una noche, después de la reunión donde por primera vez se mencionó el asunto de QAnon, le dije a Kyle que recordaba una época en que las teorías de conspiración eran una peculiaridad algo vergonzosa como las perversiones pornográficas, no campos públicos de identificación, como las religiones o los partidos políticos, con los que respetuosamente se podía «no coincidir». Mientras andábamos hacia mi coche, le dije que me parecía el resultado de una sociedad que pierde la confianza en sí misma y en sus instituciones. No parecía que a Kyle le perturbase tanto como a mí. Señaló que en nuestro país había camarillas intrigantes y sociedades secretas de hombres privilegiados de la élite que ejercían una influencia incalculable sobre el Gobierno y las finanzas mundiales.

—No culpo a los Damians de este mundo por sentirse estafados —dijo una vez—. ¿Por qué debería alguien como él confiar en el Gobierno, en Wall Street o en Silicon Valley?

Tuve que admitir que no podía rebatirlo. Kyle dijo que una parte de él admiraba las ideas contrarias al *statu quo*.

—Sí, pero ya no existe la verdad —dije—. Solo opiniones.

Señaló que siempre había sido así. Incluso la idea de una verdad objetiva, demostrada por la ciencia o el derecho, era una invención reciente.

—Lo único que hemos conocido durante milenios han sido las corazonadas, los impulsos y las opiniones —dijo—. ¿Quién puede decir que esa no es nuestra verdadera naturaleza?

Debo aclarar que este tipo de ideas conspiratorias solo apareció unas pocas veces en nuestras numerosas reuniones, y probablemente estoy dejando que los acontecimientos futuros influyan en mi recuerdo al dedicar tanto tiempo al tema. Me sentía muy unida al grupo y sentía un afecto genuino por todos y cada uno de sus miembros, aunque hubiera elementos que de vez en cuando me descolocaban. A veces, los elementos que me descolocaban revelaban cosas más profundas. El ejemplo más evidente fue la primera vez que todos sintonizamos.

Nos habíamos sentado en círculo en el centro de la sala de Howard y Jo, los de más edad sobre los cojines que adornaban los sofás, el resto en el suelo. Teníamos los ojos cerrados. Habíamos arrinconado los muebles y habíamos llevado la mesa de centro a otra habitación para ganar espacio. Los diez estábamos callados pero no en silencio, porque, como yo había aprendido, el silencio no existe. Escuchábamos el tapiz sonoro infinitamente complejo que se desplegaba a nuestro alrededor y nos entregábamos a él.

Cuando percibíamos un sonido, lo nombrábamos para examinarlo e incorporarlo a nuestro ser.

—El carillón de viento de los vecinos —dije.

Podía oír su tintineo suave y aleatorio a través del ventanal. Me recordó al tintineo de los vasos que se lleva un camarero. Al jardín de mi abuela, lleno de lirios atigrados. Al cálido viento del verano.

Al cabo de un rato, Leslie murmuró:

—Viento entre los árboles del patio trasero.

Y sí, yo también lo oía. Un rumor como el del oleaje en la playa.

Siguió otra larga pausa, con el aire cargado de concentración.

—Hay un pájaro —dijo Mia.

—Dos pájaros, creo —dijo Nora unos segundos después.

Un perro empezó a ladrar en un jardín lejano, y Emily y Kyle lo notaron al mismo tiempo. Al cabo de unos minutos, Damian mencionó el coche que pasaba lentamente, bajando por la curva.

—Ahora ha frenado en la señal de *stop* —dijo—. Y está girando…

—¿En qué dirección? —preguntó Jo.

—Izquierda, hacia Sanderson.

Continuamos así durante casi una hora, escuchando con una intensidad agotadora, hasta que Jo dijo:

—Y ahora voy a pediros a todos que lentamente llevéis vuestra conciencia al interior de la habitación. Que solo prestéis atención a los sonidos que hay dentro de estas cuatro paredes.

Percibí un cambio en nuestra conciencia colectiva cuando empezamos a sintonizar con los sonidos íntimos que nos rodeaban. Era como si alguien girase el *zoom* manual de una cámara en la sala y nos arrastrara más profundamente a su interior.

—El aire acondicionado —dijo Leslie al cabo de un rato.

Emily mencionó el tictac del reloj en la repisa de la chimenea.

—Mi respiración —dije, y Nora repitió:

—Mi respiración.

—El crujido de mis costillas —dijo Leslie.

Volvimos a quedarnos callados un rato, hasta que Howard habló:

—Hay un… un débil silbido en mi nariz, cuando inspiro.

—Mis calcetines en la alfombra —dijo Emily.

Shawn comentó que podía oír a Kyle frotándose las manos en los pantalones.

—Yo también lo oigo —dijo Kyle, lo que provocó las risas del grupo—. Están sudadas.

—Mi corazón —dijo Mia, al cabo de un momento.

—Sí —respondió Emily.

—Los latidos de mi corazón —murmuraron otros.

—Un crujido en la espalda —dijo Jo.

—El sonido que hago al tragar —dije—. Mi saliva. El chasquear de mis dientes… cuando cierro la boca.

—El estómago de Emily —dijo Damian.

Emily se echó a reír.

—¡Iba a decirlo!

Identificamos varios sonidos más, pero poco a poco nos fuimos quedando callados. Cuando parecía que habíamos agotado las posibilidades de la sala, Jo nos guio para que escucháramos más profundamente.

—Vayamos más allá. ¿Podéis oír vuestra sangre? ¿Cómo circula dentro de vosotros? —Hizo una pausa—. ¿Y vuestro sistema nervioso? ¿Oís el agudo crepitar de vuestro sistema nervioso?

Lo intenté. Sentí que los demás hacían lo mismo.

—¿Qué más? —preguntó Jo—. Escuchad más profundamente. El Zumbido está ahí. Más fuerte que nunca. Dentro de lo más profundo de vosotros. Quiero que concentréis la totalidad de vuestra conciencia en él.

Me esforcé con cada fibra de mi ser.

—Eliminad cualquier otro sonido hasta que solo exista el Zumbido —continuó—. Dejadlo crecer. Dejad que llene vuestro cuerpo. Dejad que llene cada espacio entre vuestras células. Entre las moléculas y los átomos que componen vuestras células. Entre el espacio infinito y vibrante entre los electrones y los protones. Este es el único sonido. El sonido original. El sonido anterior a la vida en la Tierra. El sonido que nos creó. El sonido que nos deshará y rehará infinitas veces. A medida que el Zumbido llena todo el espacio vacío dentro de vosotros, os volvéis más Zumbido que humanos. Os convertís en nada más que sonido. Vibrando como una frecuencia por toda la superficie de la Tierra. Infinito, expansivo, resonante. Hasta que cualquier rastro de vosotros desaparezca y os volváis ilimitados, hasta que no haya distinción entre nuestros cuerpos. Liberaos en esta infinitud. Liberaos de los confines de vuestros cuerpos y dejad que el sonido os disipe, disipe, disipe, os libere, os libere…

Jo salmodió así un rato y empecé a oír la profunda respiración de los que me rodeaban. Poco después oí también que mi respiración se ahondaba. Me invadió una sensación que solo puedo describir como una especie de plenitud extática. Parecía surgir de algún lugar profundo de mi pelvis y expandirse infinitamente hacia el exterior en una calidez resplandeciente.

—Madre mía —exclamó Leslie.

—¿Qué? —preguntó Emily.

—Por Dios.

—Lo noto —dijo Mia.

Damian dijo que él también. Jo nos animó a que siguiéramos concentrados.

—Joder —murmuró Kyle.

—Está pasando —dijo Mia.

—Sí —dije yo.

—Acogedlo —dijo Jo.

—Estamos sintonizando.

—No lo siento —dijo Emily.

—Yo tampoco —dijo Nora.

Jo nos indicó de nuevo que nos concentráramos.

Y entonces, Dios mío, sentí que esa cálida expansión extática se intensificaba aún más.

—Está aumentando —dijo Howard.

—Qué pasada —gimió Shawn.

—Sí —dijo Damian.

—La fuerza combinada de todos nosotros es extraordinaria —dijo Howard.

El Zumbido aumentaba, pero no solo en volumen, sino de todas las formas posibles. Parecía penetrar en todas las partes de la habitación, en mi cuerpo; llenar todo el espacio disponible entre cada molécula, cada átomo. Y justo cuando parecía haberlo saturado todo se intensificó aún más, y el espacio entre los espacios, entre los cuerpos, pareció derrumbarse.

—Aaah, joder.

—El calor.

—Sí.
—Increíble.
—Anda, ahora lo noto.
—Bien.
—Creo que yo también.
—¿Lo sientes?
—Sí.
—¿Expandiéndose dentro de ti?
—Sí, creo que sí.
—Tengo calor.
—Sí.
—Yo también.
—Ajá.
—Pero mucho.
—Como…
—… si ardiera, como…
—Aaaajjj, por Dios.
—Dejad que os llene el estómago. Dejad que os llene los pulmones. Dejad que os llene la garganta y os salga por la boca, aaaaaaaaaaah…

Y entonces un zumbido grave y gutural surgió de nuestro interior, del interior del círculo. Yo ni siquiera era consciente de que lo hacía, pero surgía de dentro de mí, se movía a través de mí y a través de varios registros, se desplazaba como una bandada de estorninos, como luz resplandeciente, quién iba a decir que el cuerpo —los cuerpos, juntos— podía emitir semejante ruido. Los sonidos brotaron de nosotros, unos sonidos liberadores y orgásmicos, sonidos irreconocibles e inhumanos, y yo me movía, nos movíamos, todos de pie, nos movíamos por el espacio, el espacio se movía a través de nosotros y movía nuestros cuerpos, los mecía en un trance, mientras el Zumbido se expandía infinitamente en nuestro interior hasta convertirse en un calor blanco abrasador… hasta que se produjo un estallido que nos arrancó de nuestro estado profundo y nos devolvió a la habitación. Todos guardamos silencio y abrimos los ojos. Al mirar a mi alrededor, vi que Leslie había volcado una lámpara. Estaba hecha añicos en el suelo.

—Yo… lo siento… mucho —dijo, sin haber vuelto del todo.

—No es nada —dijo Howard, quitándole importancia con un gesto de la mano.

Todos nos derrumbamos en las sillas y en el suelo, agotados, recomponiéndonos. Durante unos instantes, sentí una vergüenza de lo más intensa. No podía mirar a nadie a los ojos.

—Bien, vamos todos a respirar hondo —dijo Jo.

Se oyeron prolongadas respiraciones. Vi que Leslie parecía estar hiperventilando. Emily le pasó un brazo por los hombros.

—¿Les?

Jo se acercó y se sentó a su lado.

—Respira hondo, cariño, respira hondo.

Leslie asintió y gradualmente empezó a calmarse.

—Increíble —dijo Mia, como si aún no hubiese acabado de despertar de un sueño. Tenía la cara bañada en sudor y unos mechones de pelo en la boca que se apartó suavemente.

—Eso ha sido… —Shawn no encontraba la palabra.

—Una locura —dijo Kyle, asombrado.

—No ha sido una locura, ha sido precioso —dijo Emily.

—Lo sé, eso quería decir.

—No es una locura.

—Ha sido asombroso —dijo Leslie, recobrando el aliento.

—Ese calor —dijo Mia, señalándose el estómago.

—Se ha vuelto muy intenso —dijo Kyle—. Creía que me iba a estallar el pecho.

—Me he sentido como si fuera a tener un orgasmo —dijo Leslie sin más. El grupo se echó a reír—. Lo digo en serio —insistió.

—No, es verdad —dijo Shawn—. Es cierto.

—Yo también —dijo Damian, riendo. Era la primera vez que veía reír a Damian. Hizo que pareciera más amable y joven.

—Bueno, seguro que he hecho algo mal —dijo Nora, alicaída. Jo le preguntó qué había sentido y Nora se encogió de hombros.

—¿Has sentido algo?

—Ojalá. Por cómo sonaba.

—Pero ¿has oído el Zumbido?

—Sí, claro. Siempre lo oigo.

—¿Lo has oído expandirse dentro de ti? —preguntó Jo. Nora negó con la cabeza—. ¿Se ha vuelto más intenso?

—Un poco, puede. A lo mejor me he concentrado más claramente en él.
—Se ha vuelto tan fuerte que casi no podía soportarlo —dijo Mia.
Howard le dirigió a Nora una sonrisa comprensiva.
—Dale tiempo. No hay prisa.
Leslie señaló el estropicio en el suelo.
—Siento mucho lo de la lámpara.
—No pasa nada, de verdad —le dijo Jo—. Era un regalo de su antiguo jefe.
—Todavía estoy ardiendo —dijo Kyle—. Mira.
Me cogió la mano y se la llevó a la frente. Le ardía la piel.
—Yo también lo noto —dijo Mia, y Damian dijo que él también.
—Yo estoy caliente… y húmeda —dijo Leslie, lo que provocó más risas.
—Santo cielo –se burló Emily, fingiendo vergüenza.
—¡Solo era una observación!
—Amén —dijo Shawn con solemnidad.
—¿Ha sido eso una sintonización? —pregunté, mirando a Jo y luego a Howard.
—Lo ha sido, un momento —repuso.
—Pero ¿qué ha pasado?
—Lo habéis sentido.
Le dije que no sabía lo que había sentido.
—¿Cómo lo has hecho? —le preguntó Mia a Jo.
—No he hecho nada. Ha sido el Zumbido. Solo os habéis abierto a él. Puede provocaros migrañas y hemorragias nasales o puede, bueno…
—Hacer que te corras —dijo Shawn.
—Sí.
Kyle parecía sentir desconcierto y una leve repulsión.
—¿En serio?
—Si le dejas.
—¿Y te has corrido? —le preguntó Kyle a Jo.
Le lancé una mirada.
—Pues sí —respondió Jo sin más. Shawn soltó una carcajada.
—¿Solo por el sonido? —preguntó Emily, sorprendida.

—Es más que el sonido —dijo Howard.

Shawn estaba encantado con todo aquello.

—¿De verdad habéis tenido orgasmos, solo con el Zumbido? ¿Y nos lo decís ahora?

Pese a la ligereza que se respiraba, Jo seguía imperturbable.

—Francamente, a Howard y a mí nos costó decidir si debíamos compartir este... aspecto más profundo del Zumbido con vosotros.

—Es muy potente —dijo Howard—. Y muy fácil de malinterpretar.

—Vale, pues no os cortéis —dijo Shawn, extendiendo las manos—. Podemos soportarlo.

—Eso esperamos —dijo Jo, que seguía sin dejarse llevar por el ambiente desenfadado de la sala—. Afortunadamente ya hemos establecido la suficiente confianza.

Todos intercambiamos miradas. El grupo parecía mucho más seguro y entusiasta con lo ocurrido que yo; incluso Nora, Emily y el siempre serio Damian, lo que me sorprendió, pues eran los tres más conservadores del grupo.

—Espero no asustaros con esto —dijo Jo—: algunas veces, no siempre pero sí algunas veces que he podido sintonizar y seguir en sintonía..., he tenido un orgasmo de diez minutos.

Shawn se quedó boquiabierto.

—No jodas.

—Sin manos.

Pareció que Leslie iba a ahogarse de la risa.

Emily movió la cabeza, asombrada, como el público de un programa de entrevistas. Me pregunté cuándo habría sido la última vez que Emily, con la blusa abotonada hasta arriba y rondando los setenta, habría experimentado algún tipo de orgasmo. Presentía que en ese sentido ya no pasaba casi nada entre ella y Tom, y me costaba imaginármela en la ducha haciendo malabares con un vibrador de succión.

—Una tarde me corrí ocho veces —dijo Jo—. Y podría haber seguido.

—Seguramente no pudiste hacer nada más —dijo Mia, con una mezcla de comprensión y admiración en la voz.

—Era sábado.

—¡Liberad las agendas! —Shawn estaba riendo a carcajadas.

—Creo que cuando descubres cómo tener ocho orgasmos seguidos sin manos, encuentras el tiempo —dijo Mia, deslizándose en su butaca y poniendo una pierna sobre el reposabrazos.

—¿Y tú? —le preguntó Leslie a Howard—. ¿También puedes?

—Pues sí.

—¿Sin manos?

Howard asintió, como si le preguntaran si usaba hilo dental.

Sabía que llevábamos algún tiempo trabajando en esa dirección, hacia esta «interconexión extática» de la que nos habían hablado Howard y Jo, pero, a saber por qué, este aspecto del placer, de la transcendencia tántrica, me inquietaba o, al menos, me pillaba por sorpresa. Les pregunté cómo era eso posible.

—El Zumbido lo hace posible —repuso Howard—. Lo impregna todo. Y puede afectarnos a un nivel esencial.

—Ya, pero no comprendo cómo…

—Deja de intentar entenderlo —dijo él, moviendo lentamente la mano por el aire como si limpiase un espejo empañado—. Se trata de experimentar. ¿Lo has sentido o no?

—Sí. Mucho.

—Pues simplemente permítete sentirlo.

—Para mí casi se ha vuelto demasiado intenso —dijo Damian.

—Lo mismo digo —comentó Mia.

Damian dijo que no creía que él hubiese sido capaz de seguir.

—El sonido se iba expandiendo y me ha parecido que iba a reventarme la caja torácica.

—Madre mía —dijo Emily.

—O el cráneo.

—Casi dolía —dijo Mia—, pero también era…

—Un placer increíble —concluyó Kyle.

Que Kyle experimentara un placer increíble en mi compañía era algo que, francamente, me asustaba. Quizá porque traía consigo el riesgo de traspasar un límite entre nosotros. El límite que aún mantenía la aceptabilidad de nuestra relación continuada.

—Es muy raro, pero noto un sabor a hierro en la boca —dijo Shawn.

Nora parecía confundida.

—¿Hierro?

—Sí. He pensado que me había mordido la lengua y estaba sangrando, pero no.

—Afecta de forma distinta a cada persona —dijo Howard—. Actúa a nivel celular. Cerca del final, yo he tenido la sensación de estar al borde de algo. No de un orgasmo ni nada semejante, sino a punto de... una manifestación.

—Creo que sé a qué te refieres —dijo Mia, y vi que tanto Kyle como Damian asentían.

—Es difícil de explicar —continuó Howard—. Pero todos nosotros juntos... Me he sentido empujado hacia esta... cosa..., sea lo que sea..., que vendrá. Y no me refiero...

Todos se rieron, menos yo.

—No tiene nada que ver con eso —añadió Howard, con una sonrisa.

Jo se volvió hacia mí y frunció el ceño:

—Claire, ¿qué pasa, cariño?

Todos me miraron. Abrí la boca y la volví a cerrar, intentando encontrar las palabras.

—Me siento un poco... confundida —dije por fin.

—Es de lo más comprensible —respondió, lo que hizo que algo en mí se revolviera.

—No, no lo es; no lo entiendo, y que Howard me diga que no le dé más vueltas no me ayuda, solo me frustra más. Yo asimilo las cosas a través de la lógica, soy una persona lógica. Creo en la ciencia.

—Pero esto es ciencia —dijo Jo.

—También es algo más que ciencia —dijo Howard.

Levanté las manos:

—No me interesa saber más.

—Porque más te asusta —dijo él.

—Porque no necesito más.

—Pero ¿y si está ahí de todos modos? ¿Lo necesites o no? —Hizo una pausa y estudió mi cara antes de continuar—: La ciencia es el marco, Claire, no es la imagen completa, y es esa actitud, el culto a la ciencia que excluye cualquier otro tipo de experiencia humana, lo que hace que nadie más conozca lo que acabamos de experimentar. Hay una razón de que esto no sea noticia mundial, la misma razón por la que yo ya no tengo trabajo ni un estrado ni ninguna credibilidad: se debe a que no seguí las reglas de la ciencia. Pero si necesitas saberlo ahora mismo, en este preciso instante, en lugar de dejar que lo procesemos con nuestros cuerpos, la ciencia, la importantísima explicación científica que hay detrás de este fenómeno es que el núcleo caudado de nuestros tallos cerebrales controla varios estados de excitación. En la frecuencia de 7,83 hercios el núcleo caudado se hiperestimula. En los escáneres cerebrales, bum, se enciende como una bola de fuego.

—Verlo es increíble —dijo Jo.

—La mayoría de nosotros solo podemos alcanzar esta frecuencia unos instantes durante el clímax del orgasmo —continuó Howard, sin romper el contacto visual conmigo—. Pero ¿y si pudiéramos entrenar nuestro cerebro para que funcionase a esta frecuencia cada momento del día?

Leslie dijo que eso sonaba absolutamente agotador.

—No, todo lo contrario —repuso él.

—¿Correrme las veinticuatro horas del día? Estaría agotada.

Shawn soltó una carcajada rítmica, y Jo sonrió pacientemente.

—No te correrás. Estarás en otro nivel de conciencia. Una conciencia que activa de forma continuada el noventa por ciento de tu cerebro que suele estar inactivo.

—Pero seguiría siendo una sobrecarga de estímulos, ¿no? —preguntó Leslie.

—Piensas eso, pero solo porque estás acostumbrada a ir sonámbula —dijo Howard—. Nos pasamos la mayor parte de nuestra vida en muerte cerebral cuando podríamos estar despiertos.

—¿No preferirías estar despierta? —preguntó Jo.

—Desde luego —dijo Leslie—, pero…

—Pero ¿qué?

—Es intimidante.

Shawn asintió:

—Aterrador.

—¿No suena liberador estar vivo así? —preguntó Jo.

—Pero que algo reestructure nuestra forma de pensar, no sé —dijo Shawn—. Parece muy bestia.

—¿Y hablar por primera vez? —le planteó Jo—. ¿O caminar, nadar o montar en bicicleta? ¿O el sexo? Pero afortunadamente te has obligado a hacerlo.

—En realidad no sé nadar —comentó Shawn—, pero sí, entiendo lo que dices.

—¿Has alcanzado ese estado? —le preguntó Leslie a Jo—. ¿Esa otra meseta?

—Quizá unos instantes —respondió Jo, mirando a Howard—. Pero nunca hemos podido mantenerlo mucho tiempo.

—Pero ¿está todo en el cerebro? —pregunté—. O sea, mi cuerpo… He sentido el calor, la presión y el sonido.

Howard hizo un gesto.

—¿Ves?

—¿Qué es eso?

—La ciencia no puede explicarlo.

—Pero lo he sentido.

—Entonces, ¿es real?

—Claro que sí.

—Porque la ciencia te diría que no lo es. La ciencia no tiene explicación para ninguna de las manifestaciones físicas del Zumbido. El calor, la presión, el hormigueo, el placer, el dolor, las hemorragias nasales, los dolores de cabeza. Pero tú los has sentido.

—Sí.

—¿Y tú? —le preguntó a Kyle. Kyle asintió. Preguntó al resto del círculo, y todos respondieron que sí. Excepto Nora. Estaba hundida en su silla, con aspecto desconsolado.

—Quiero sentirlo —dijo.

—Lo sentirás —dijo Jo, poniéndole la mano en el muslo.

—Tengo muchas ganas.

—Dale tiempo.

—Es de locos que nadie en el mundo lo sepa —dijo Damian, incorporándose en su silla.

—Con el tiempo, esperemos que no sea así —respondió Howard.

—Es porque nos lo han ocultado, Howard. Es imposible que sea la primera vez que alguien siente esto. Es un fenómeno de la Tierra, ¿verdad? Otros tienen que haberlo sentido en algún momento.

Howard hizo ademán de contestar, pero Damian continuó:

—¿Cómo no está todo el mundo haciendo esto todo el puto tiempo?

—Nadie se lo ha enseñado —dijo Mia, soltándose la cola y peinándose con los dedos.

—No tiene sentido. A menos que nos lo hayan ocultado. Sistemáticamente.

—Damian, cuando conocí a Howard, yo estaba pasando un mal momento —dijo Jo, hablándole con su voz tranquilizadora—. Por toda una serie de motivos. Ansiedad. Depresión. Seguía un plan de meditación y trance para centrarme. Y cuando Howard se convirtió en mi supervisor y empezamos a trabajar con la Resonancia, de pronto todo encajó. Descubrir que podíamos sintonizar con ella…

—Lo cambió todo —dijo Howard, mirándonos a todos menos a Jo.

—Pero entonces un investigador le dice a la universidad que tenemos un laboratorio sexual y que Howard está usando el control mental con ellos y todo se clausura.

Emily parecía horrorizada.

—¿Qué?

—Aquello los asustaba. Las dos cosas que más aterrorizan a los académicos burgueses WASP son el sexo y la espiritualidad —dijo Jo.

—¿Así que te han echado? —preguntó Shawn.

Howard suspiró. Estaba claro que aún le dolía hablar de ello.

—Nos marginaron —dijo—. Y cada vez que intentábamos hablar de ello, nos rechazaban. La gente contaba historias disparatadas sobre nosotros.

—No veas, y en los campus estas cosas cobran vida propia, ¿verdad? —dijo Leslie.

Jo asintió.

—Por eso Howard y yo hemos sido tan precavidos antes de ir a ese lugar con vosotros. Lo que pasó en la Universidad de Virginia nos ha marcado.

—Se convirtió en nuestra pequeña revelación privada —dijo Howard—. Pero las revelaciones siempre quieren compartirse, ¿no os parece? Cuanta más gente la conozca y pueda acceder a ella, más se magnificarán su belleza y su poder. No estoy diciendo que seamos Copérnico, pero ¿lo imagináis descubriendo que la Tierra gira alrededor del Sol sin poder contárselo a nadie? Sería enloquecedor. Hemos estado escondiendo algo que sabemos que puede cambiar la vida de la gente.

—Nora, ¿qué te pasa? —preguntó Emily. Me volví y vi que a Nora se le saltaban las lágrimas y parecía mecerse ligeramente en su silla.

—Nada, no pasa nada.

—Ven aquí —dijo Jo, extendiendo los brazos.

—¡Estoy tan frustrada conmigo misma! No sé qué me pasa.

—No te pasa nada.

—Tengo muchas ganas de sentirlo. —Y entonces Nora se derrumbó, con la cara contraída—. Soy una buena persona. Trabajo mucho. Merezco poder sentirlo.

—Lo sé —dijo Jo, acariciándole el pelo.

—Lo oigo muy fuerte.

—Lo sé.

—¿Qué estoy haciendo mal?

—Llegará con el tiempo —dijo Howard.

La forma en que Howard dijo esas palabras me recordó a mi padre enseñándome a montar en bicicleta cuando yo tenía cinco años, y luego a cuando yo le enseñé a Ashley. Las borlas iridiscentes de su manillar. Sus ruedecitas de color rosa.

—¿Cuándo? —le preguntó Nora a Howard.

—Cuando tu cuerpo esté preparado.

—¿Es porque soy estúpida o algo así?

—No, claro que no —dijo Jo con suavidad.

—¿Entonces por qué?

—Ven. —Jo se levantó y se dirigió al centro de la sala—. Quiero que te arrodilles en el suelo, justo aquí.

Se arrodilló en el suelo para demostrárselo.

—¿Arrodillarme?

—Sí, justo ahí.

Nora se levantó y se arrodilló junto a Jo entre algunos audibles crujidos de huesos.

—Y ahora quiero que todos os arrodilléis alrededor de Nora —continuó Jo.

Uno a uno nos fuimos arrodillando en círculo a su alrededor.

—Un círculo completo, eso es —dijo Jo, como una maestra de guardería, antes de incorporarse—. Vamos a sintonizarnos una vez más con la Resonancia y canalizaremos toda su intensidad hacia Nora.

—Caray —murmuró Nora.

—¿Y cómo vamos a hacer eso, exactamente? —preguntó Shawn.

—Confía en mí, lo sabrás —respondió Jo—. Deja que actúe a través de ti. Y, querida —dijo inclinándose hacia Nora—, esta vez lo sentirás, te lo aseguro. No puedo prometerte nada extraordinario...

—¿Ocho orgasmos?

—No.

—Me conformo con seis —bromeó. Nos reímos para animarla, mientras una sonrisita le bailaba en la cara.

—Pero sentirás algo —le aseguró Jo—. Quiero que concentres toda tu intensidad en el Zumbido. Quiero que lo sientas hincharse dentro de ti y, entretanto, que imagines el sonido como un cálido resplandor que te llena el cuerpo de luz, ¿de acuerdo?

Nora asintió.

—No te pongas nerviosa —dijo Jo—. No hay ningún motivo para ponerse nerviosa.

—Entendido.

—Todos estamos aquí apoyándote y animándote.

—Gracias.

—Bien. Quiero que todos os concentréis en vuestra respiración.

Vi que todos cerraban los ojos. No estaba segura de estar preparada para hacerlo de nuevo, tan pronto. Apenas había asimilado lo ocurrido la primera vez. Pero cerré los ojos e intenté ralentizar los latidos de mi corazón. Al cabo de un largo rato, oí que Damian, a mi izquierda, y Mia, a mi derecha, empezaban a respirar profundamente. Uno a uno, oí que los demás se unían, incluso Nora, aunque era difícil distinguir una respiración de otra. Poco a poco fuimos forjando una sola respiración. Las respiraciones se convirtieron en jadeos, que a su vez se convirtieron en gemidos, que poco a poco se transformaron en una especie de emisión auditiva, un zumbido sostenido, casi ritual, inconsciente y libidinoso, que aumentó en intensidad, aumentó en calor, aumentó de forma cada vez más expansiva hasta que empezamos a mecernos, frenéticos, hasta que mi cuerpo no era mi cuerpo, ni mi respiración, ni mi voz, hasta que nada me pertenecía, y yo era solo un portal de sonido, hasta que todo se deshizo, se rompió, y culminó en un clímax atronador, canalizado a través del recipiente que era el cuerpo convulso de Nora.

13

Más tarde esa noche, después de nuestra primera sintonización, volvimos a nuestros coches, que pitaron y cuyos faros parpadearon al abrirlos. Busqué a Kyle y vi que andaba solo por la calle; lo llamé por su nombre y se detuvo. Me acerqué corriendo y le pregunté si estaba bien. Se encogió de hombros y sacó el vapeador.

—Te has ido muy deprisa —le dije.

Dio una calada, volvió la cabeza y expulsó el humo con aroma a vainilla en la otra dirección.

—Hay mucho que procesar.

Nos quedamos allí, en medio de la calle, mientras los demás entraban en sus coches. Le pregunté si seguía enfadado conmigo.

—¿Por qué iba a estar enfadado contigo?

Le dije que tenía la sensación de que las últimas semanas se había distanciado de mí. A veces pasábamos un par de días sin enviarnos ningún mensaje. Le pregunté si le dolía que no hubiera hecho más por ayudarle después de que su madre lo echara de casa.

Negó con la cabeza.

—No, qué va.

—¿Cómo lo llevas en casa de Mark?

Se encogió de hombros.

—¿Duermes en el sofá?

—No quiero hablar de eso, la verdad.

Asentí. Y entonces, tras un silencio, dije:

—Lo siento. Es como si te hubiese fallado.

Soltó una risita por la nariz y movió la cabeza.

—Lo has arriesgado todo por mí.

—No estoy segura de que eso te haya mejorado la vida.

El coche de Leslie empezó a acercarse y subimos a la acera para despejar la calle. Nos saludó con la mano al pasar y sus luces rojas se perdieron en la oscuridad.

—Echo de menos nuestras charlas —dijo Kyle.

—Yo también.

Se volvió para mirarme. Tenía el pelo pegado a la frente. Habíamos sudado mucho durante la sintonización.

—¿Qué te ha parecido todo eso? —preguntó, señalando la casa con un gesto.

—¿La sintonización?

—Todo eso, todo.

Reparé en que hacía mucho tiempo que Kyle y yo no teníamos un momento para hablar con franqueza sobre el grupo.

—Creo que es extraordinario —le dije—. ¿No te lo parece?

Asintió. Le dije que había cambiado todo mi marco de referencia.

—¿Eso te asusta? —preguntó.

—Un poco.

—A mí también.

—¿A qué crees que se debe?

Reflexionó mientras veíamos pasar a Damian en su camioneta.

—Creo que da miedo saber hasta dónde podemos llegar. Sentir placer así. Porque significa que a lo mejor… aquello que pensábamos que nos contenía, igual no nos contiene. Y eso significa que todo es un caos.

—Pero ¿no es eso también emocionante?

Sonrió, pero dejó la pregunta sin respuesta.

—¿Por qué te asusta? —preguntó.

—Me siento… —Ladeé la cabeza, buscando las palabras—. Como reconfigurada.

Los ojos de Kyle brillaron en la oscuridad.

—Y supongo que me preocupa que en esa reconfiguración se pierda alguna parte de mí —añadí.

—¿Qué tienes que perder? —preguntó, lo que me hizo reír.

—¿Quieres decir que no haya perdido ya?

—Tú no crees en Dios.

—Esto no va de Dios —dije.

—¿No?
—No.
—Seguro que es algo mucho mayor que nosotros.
—Tal vez.
—¿Por eso te estás conteniendo? —preguntó.
—No me estoy conteniendo —respondí, un poco a la defensiva.
—Claro que sí. Te observo ahí dentro. Hay una parte de ti que no quiere soltarse. Que no quiere ceder. —Se balanceó sobre un pie en el bordillo—. Me gusta esa parte de ti. Pero eso también es tu miedo. Tienes miedo de lo que pueda pasar si te entregas por completo, aunque sé que quieres hacerlo. —Bajó del bordillo—. Y yo también.

La calle estaba vacía. Los demás se habían ido sin que nos diésemos cuenta. Le dije, para que conste, que perder la incredulidad en Dios seguía siendo perder algo.

—¿Y es eso lo que te está pasando? —preguntó.
—No. No lo sé.

Lo pensé un momento. Le dije que me sentía un poco como si me hubiese pasado toda la vida en una pequeña habitación, que ahora Howard y Jo nos abrían la puerta a otra y nosotros habíamos dado un pasito dentro. Esta nueva habitación era oscura y enorme. Ni siquiera veía sus paredes. Quizá no tenía paredes, quizá no tenía límites. Pero no me cabía duda de que yo quería estar en esa nueva habitación.

Kyle me miró.

—Quiero estar en esa habitación contigo —dijo.

Luego dio un paso hacia mí y se quedó a unos centímetros de mi cara. Olí el humo de vainilla en su aliento. Cerró los ojos, se inclinó y yo retrocedí.

—Lo siento —dijo abriendo los ojos, de pronto cohibido—. No tendría que haber dado ese paso.
—¿Por qué lo has hecho?

Miró por encima del hombro y se volvió, con el ceño fruncido.

—Porque… Porque te quiero.

Mi boca se abrió sola, pero no dije nada.

—No quiero decir que esté enamorado de ti, obviamente —añadió, de nuevo un adolescente desmañado—. O quizá no obviamente, no lo sé. Pero te quiero. Y no como profesora, o amiga, o madre, o algo romántico, no es nada de eso. Pero es algo entre todas esas cosas. Algo para lo que no hay nombre. Ni siquiera me importa si me quieres, pero necesitaba decirte...

—Te quiero —dije, sin pensarlo; sin habérmelo admitido hasta entonces. Quería a aquel antiguo alumno mío de diecisiete años del mismo modo innombrable que él acababa de describir, lo cual, al reconocerlo, significaba que yo me había alejado de todo mucho más de lo que yo misma creía.

Soltó una pequeña carcajada de alivio y miró hacia abajo. Pateó una piedra en la oscuridad.

—¿Y dónde nos deja eso?

—No lo sé —dije.

—De pie en esta calle, supongo.

—Supongo.

—No quiero irme todavía —me dijo—. Sé que no podemos quedarnos aquí, pero me gustaría seguir hablando.

Asentí porque no estaba preparada para volver a una casa vacía. Me propuso ir a un parque cercano y le dije que no me parecía apropiado que estuviéramos juntos en un parque oscuro después de medianoche.

—¿Y cuándo ha sido la última vez que hemos hecho algo apropiado? —preguntó.

Sonreí, pero me mantuve firme.

—¿De qué tienes miedo? Estás llena del sonido de la puta Tierra, Claire, puedes hacer cualquier cosa, puedes ser y decir y hacer lo que quieras porque lo has sentido, lo has tocado, y sabes lo bueno que puede llegar a ser.

Entonces me dijo que quería sintonizar conmigo.

—No sabemos —le dije.

—Claro que sí, acabamos de hacerlo.

—Pero no solos.

—Si lo deseamos lo suficiente, lo conseguiremos, sabremos resolverlo.

Me miró y vio que yo también quería volver a sentirlo con él; que quería volver a sentir esa conexión extática.

—Por favor —insistió—. ¿Quién va a detenernos? ¿Quién se va a enterar?

—Probablemente nos estén viendo en la calle ahora mismo —dije—. Esta conversación. El hecho de que no estoy ya en mi coche alejándome.

—Pues entonces mejor tomar ya una decisión.

Negué con la cabeza y bajé la vista. Me preguntó qué pensaba. Le dije que estábamos en un momento muy vulnerable e inestable de nuestras vidas y que no quería tener que arrepentirme.

—Entra en la nueva habitación, Claire —dijo, empezando a alejarse mientras me sostenía la mirada—. Ya no hay paredes.

El parque lindaba con los campos traseros del instituto. Aparte de una pequeña zona de juegos y de algunos carriles bici, grandes extensiones seguían silvestres, lo que lo convertía en el lugar favorito de los que paseaban a sus perros y de los ornitólogos aficionados. Caminamos en la oscuridad, alumbrados por nuestros móviles. El cielo estaba vacío esa noche, sin luna ni estrellas. Solo había constelaciones temporales que aparecían y desaparecían a nuestro alrededor, creadas por las luciérnagas; solo había el olor del barro y de la salvia húmeda, el canto de los grillos y el roce de nuestros pies en la maleza. Kyle aseguró que podía atravesar el parque con los ojos cerrados, y bromeé diciendo que eso era más o menos lo que estábamos haciendo. Él parecía dirigirse a un lugar en concreto y me dejé llevar. De pronto me sentía totalmente libre de obligaciones. No tenía otro sitio donde estar salvo aquí. Sin una familia a la que volver, ni un trabajo por el que levantarme. Podía quedarme toda la noche en este parque con Kyle; nadie lo sabría y no le importaría a nadie.

Llegamos a una zona de maleza alta y él apartó algunas ramas para abrir un estrecho camino. Lo atravesó primero y siguió sujetando las ramas para que no me golpearan en la cara.

—Mira por donde pisas —me dijo. El suelo era irregular y unas raíces levantadas se me engancharon en los pies y me hicieron tropezar. Me apoyé en su hombro y dejé la mano ahí, para poder concentrarme en mirar al suelo. Caminamos unos tres o cuatro minutos, adentrándonos en la maleza.

—Dios, ¿qué es ese olor tan increíble? —pregunté.

—Enebro.

Rompió una ramita y me la dio. Me la llevé a la nariz.

—Huele a cielo azul claro —dije—. O al color índigo.

—O a ginebra.

—Sí, claro. Seguro que estabas pensando en la botella de Bombay Sapphire —le dije riendo.

—Ya casi estamos.

Entonces me preguntó si me encontraba bien, y le dije que sí, claro, ¿por qué?

—No hay nada por lo que estar nerviosa —dijo.

—No lo estoy.

—Te tiembla la mano.

Y entonces me di cuenta de que tenía razón. Me propuso volver atrás, pero me negué. Poco después llegamos a un pequeño claro donde había una tienda de campaña naranja de tamaño familiar.

—*Voilà* —dijo Kyle, imitando a un portero dándome la bienvenida a un gran hotel.

—Vaya, vaya.

—Un segundo.

Entró corriendo en la tienda y encendió varios faroles portátiles hasta que el interior resplandeció, cálido y luminoso. Vi su silueta moviéndose dentro, como una sombra chinesca. Crucé el claro y me asomé al interior.

—Increíble —murmuré, asombrada.

La tienda estaba completamente amueblada: un colchón hinchable, edredones y almohadas, estanterías improvisadas con ladrillos y tablas, montañas de libros, dos lámparas con pantallas de tela, ollas y sartenes, cuencos y tazas, un hornillo portátil, una palangana de metal, jarras de plástico, un viejo baúl, un cuadro *amateur* de un caballo en un marco dorado y una andrajosa alfombra persa en el suelo.

—Acogedor, ¿eh? —dijo.

—¿Cómo lo has hecho? —pregunté impresionada, mientras me encorvaba para entrar.

—Luke y yo la montamos en el último año de secundaria. Veníamos a fumar en los descansos. Pero yo seguí añadiendo cosas.

—Mira todos estos libros —dije, maravillada por su colección. En lo alto de una pila estaba su viejo y maltrecho ejemplar de *La montaña mágica*—. ¿Lo terminaste? —pregunté, cogiendo el libro.

—¿El trabajo?

—No, sé que no terminaste el trabajo.

—Sí que lo acabé —dijo, indignado pero sonriendo. Supongo que habría sido casi imposible que aprobara si no lo hubiese entregado. Nunca habíamos hablado de mi suplente en el instituto, ni de nada que tuviera que ver con los estudios. Teníamos una especie de acuerdo tácito de no sacar el tema. Quizá me había imaginado que Kyle no terminó aquel trabajo porque era lo que me resultaba más fácil. La idea de que otro profesor lo leyera me provocaba una mezcla de tristeza y celos, que yo sabía ridícula. Tal vez intuyéndolo, me dijo que no era muy bueno.

—Seguro que sí.

—No, la verdad es que no. Lo hice sin ganas.

Le dije que aún no me había terminado el libro.

Puso cara de sorpresa y comentó que no sabía que yo también lo estaba leyendo.

—¿No te lo había dicho? —Me senté en el colchón hinchable, pues ya me empezaba a doler la espalda después de tenerla tanto tiempo encorvada—. He estado escuchando el audiolibro.

—¿En serio? —dijo, agachándose a mi lado.

—Bueno… Últimamente he bajado un poco el ritmo.

Le dije que había escuchado hasta el pasaje en el que Hans Castorp queda atrapado en la ventisca y se sume en una especie de ensoñación asociada a la muerte. Sus visiones desorientadas se vuelven cada vez más oscuras hasta que culminan en la matanza ritual de un niño a manos de dos antiguas sacerdotisas.

—Ahí es donde me detuve —dije.

—Pero esa parte es muy buena.

—Sí, ya, pero la buena literatura no siempre coincide con lo que quiero meterme en la cabeza antes de acostarme.

Kyle dijo que esa parte del libro le llevó a pensar que la naturaleza no es ni amable ni cruel, sino simplemente una fuerza que existe. Mantiene la vida y la destruye, y está fuera del alcance de nuestra capacidad de comprensión o control. Y, sin embargo, siempre intentamos controlarla y comprenderla. Una y otra vez.

Sonreí ante su reflexión y le dije que quizá tendría que escuchar el libro cuando no estaba medio dormida.

—Hablando de escuchar… —Se acercó al maletero y sacó un viejo reproductor de cedés a pilas. Lo colocó en la estantería y puso un disco. Un tema de *jazz* arrancó con un piano vigoroso y una trompeta con garra.

—Ya veo que tienes de todo —le dije.

—Solo lo esencial.

—¿Quién es?

—Charles Mingus. ¿Lo conoces? —preguntó. Respondí que sí, que mi abuela era una fanática del *jazz*—. Este es su álbum *East Coasting*. De 1953.

Kyle me tendió la mano para invitarme a bailar, pero yo rechacé la invitación con una carcajada —no había sitio—, así que él bailó una tonta y entrañable giga. Vislumbré al anciano y al joven que lo habitaban. Parecía saberse el tema de memoria, pues anticipaba sus fluctuaciones. No me lo imaginaba atreviéndose a mostrar esta faceta a ninguno de sus amigos; al menos, no a los que yo conocía. Aunque a veces me preguntaba cuántos amigos tendría de verdad, o al menos buenos amigos. Parecía caer bien y ser completamente distante al mismo tiempo. ¿Alguien lo habría buscado, preguntándose dónde estaba? ¿Había alguien preocupado por él?

Se dejó caer a mi lado en el colchón.

—Por favor, dime que no estás viviendo aquí —le dije.

Miró a su alrededor, como un orgulloso propietario.

—Creo que es muy bonito.

—Esto no es… —Sentí un peso enorme en el pecho—. ¿Desde cuándo?

—Hace una temporada.

—No está bien. No puedes…

—¿Qué? ¿Qué es lo que no puedo? —preguntó, desafiándome con calma.

De pronto me vi desde fuera, sentados en aquella tienda, en la espesura detrás del patio trasero del instituto donde antes había sido profesora y él mi alumno en una época en la que ambos teníamos familia, y me sorprendió lo mucho que el Zumbido nos había arrebatado.

—He encontrado un trabajo de verano en el Best Buy —dijo con voz neutra—. Estoy ganando dinero. Tengo lo que necesito.

—Sí, menos agua corriente.

—Puedo ducharme en el gimnasio.

Le dije que era una locura, considerando que yo vivía en una casa de cuatro habitaciones prácticamente vacía a solo seis manzanas de allí. Podía tener un cuarto de baño para él solo. Bajó la mirada y cogió un poco de pelusa de una de las raídas mantas de lana sobre las que nos habíamos sentado.

—No puedo mudarme contigo.

—No te lo estoy pidiendo.

—¿Y qué pasa mañana por la noche? ¿Y la noche siguiente? ¿Me echarías? —preguntó, y yo negué con la cabeza—. Exacto, entonces viviría contigo.

—¿Sería tan malo? —le pregunté. Me miró con recelo—. ¿Qué?

—No es apropiado —dijo, y sonreí al oír mis propias palabras.

—¿Y dejarte dormir en un parque es apropiado? —le pregunté. Se encogió de hombros—. Tampoco es seguro.

Se rio despectivamente.

—¿Lobos?

—Tráfico de drogas, por ejemplo. Kyle, estoy preocupada por ti.

—Entonces vete —dijo, de pronto enfadado, señalando la solapa entreabierta de la tienda—. No necesito que me hagas de madre, joder.

—De acuerdo.

—¿Te vas?

—No te haré de madre.

Nos sentamos en un silencio tenso y dejamos que el piano y las trompetas hablaran.

—Me gusta estar aquí —dijo al fin—. De hecho, lo prefiero. Y escucha. —Apagó la música y nos quedamos sentados, escuchando. El Zumbido penetraba en la noche. El aire parecía vibrar con él—. Es fuerte aquí fuera, ¿verdad?

—Casi puedo sentirlo en el suelo —respondí.

Aunque aún más perceptible para mí en ese momento, más que el Zumbido o los grillos, era el sonido de nuestra respiración. Kyle me miró y se levantó lentamente, hasta tocar con la cabeza la parte superior de la tienda. Se descalzó y luego, despreocupadamente, se pasó la camiseta por la cabeza para quitársela.

—Todavía estoy empapado por la sintonización —dijo. Buscó en la tienda algo que ponerse. Tenía el pecho liso y blanco como el marfil y se le marcaban todas las costillas. Oí mentalmente las palabras de Ashley: «Porrero esquelético». Sus abdominales estaban claramente definidos, pero sobre todo debido a la delgadez. De espaldas a mí, se desabrochó los vaqueros, se los bajó y se los quitó torpemente, hasta quedarse solo en calzoncillos azul marino. Aparté la mirada y me puse a leer la caja del cedé.

—No tengo buena postura —comentó. Volví a levantar la vista mientras se ponía un pantalón de chándal gris, aún sin camiseta. Intentó enderezar un poco la espalda, empujando con la cabeza el techo de la tienda—. Estoy trabajando en ello. Me preocupa tener escoliosis.

Sonreí y le aseguré que lo dudaba mucho. Entonces, levantó el brazo izquierdo, olfateó y se disculpó.

—Uno de los inconvenientes es el tema ducha —dijo—. Me cuesta mantener mi... frescor habitual.

—¿Frescor habitual? —pregunté, enarcando una ceja.

—¿Qué pasa?

—Esa no es la palabra que me viene a la cabeza.

Se rio.

—¿Cuál, entonces?

—Mmm..., almizclado.

—¿Qué, como un viejo desván mohoso y polvoriento?

—No, no me refiero a eso. —Me reí entre dientes—. Más bien como el olor de la tierra.

O tal vez como el aire después de un trueno. O un abedul desprovisto de su corteza. Algo que solo puede describirse en relación con otra cosa. Un cuerpo descrito por otro. Se quedó de pie ante de mí, sin camiseta, ni ostentoso ni cohibido, como retándome a que lo estudiara. De pronto me sentí como si estuviera en otra novela de Mann, en una playa, contemplando a un seductor joven polaco. Sin decir nada más, Kyle se arrodilló en la alfombra frente a mí. Y yo salí del colchón hinchable para arrodillarme en el suelo cubierto de mantas, frente a él. Y sin siquiera tocarnos, cerramos los ojos y nos entregamos gradualmente a la frecuencia de la Tierra, al placer más intenso y vigorizante que he conocido.

Después me quedé despierta, intentando serenarme, hasta que la luz de la mañana empezó a filtrarse por las paredes translúcidas de la tienda. Otra noche sin apenas dormir. Pero no estaba cansada; nunca me había sentido tan despierta. Curiosamente, no sentía culpa ni aprobación por lo que habíamos hecho. No era sexo, sino una intimidad como ninguna otra que hubiera experimentado. Decir que el sexo y la sintonización eran afines porque ambos invocaban intimidad y placer era como decir que la lluvia era afín al océano o que el aliento era afín al viento. Allí tumbada, con sujetador deportivo y pantalones, sin zapatos ni camiseta, disfrutando del calor corporal acumulado durante la noche, la escena tenía todos los rasgos de una violación, de transgresión y obscenidad. Sin embargo, no sentía nada de eso. Seguí tumbada, envuelta en una satisfacción totalmente distinta, pensando en los límites. Los límites que nos imponíamos a nosotros mismos y los que nos imponía la naturaleza. ¿Cuáles eran los límites de la naturaleza? Notaba el pecho de Kyle subiendo y bajando lentamente a mi lado. Estábamos acurrucados en sacos de dormir individuales y enmohecidos que olían a acampadas pasadas. El mío tenía algo de arena; probablemente de alguna excursión infantil a un cañón o a una playa.

Kyle respiró hondo y se movió; se desperezó todo lo que le permitía su saco de dormir antes de abrir los ojos.

—¿Qué hora es? —preguntó, con la languidez desorientada de un osezno.

Miré el móvil.

—Más de las seis.

Me incorporé y de pronto me sentí muy mareada. Me froté la cara y tomé un sorbo de agua tibia de una de las jarras de plástico. Miré a Kyle; estaba tumbado, con los ojos entornados, a punto de volver a dormirse. Me sonrió, yo le devolví la sonrisa y me acurruqué en el saco de dormir. Permanecimos tumbados un buen rato, observando las sombras de los insectos que sobrevolaban la tienda. Oí el zumbido de una abeja que golpeaba suavemente el lateral de la tienda con su cuerpo bulboso mientras cumplía con sus sagradas tareas de mantenimiento de la vida, usando la Resonancia como parte de su complejo sistema interno de navegación.

Kyle me contó que la alergia al polen podía curarse ingiriendo miel elaborada con el polen local que causaba la alergia.

—¿De veras? —Eso me asombró, y, sin embargo, el mundo natural estaba lleno de milagros. Milagros que antes conocíamos y que habíamos olvidado o extraviado.

Entonces Kyle volvió la cabeza para mirarme entre una cordillera de edredones y almohadas:

—Anoche fue surrealista.

—Sí —respondí—. Y muy…

—Intensa.

—Mucho.

Se acercó a mí y me limpió los ojos. Luego me preguntó si habíamos hecho algo malo. Me planteé cómo expresar con palabras lo que había estado pensando las últimas horas. Le dije que no. No habíamos lastimado a nadie. No habíamos infringido ninguna ley.

—Pero, si sintonizamos sin los demás, ¿les estamos ocultando algo?

Mientras reflexionaba allí tumbada sobre su pregunta, comprendí que el mundo estaba lleno de una gracia casi insoportablemente bella e ilimitada, y que solo nosotros estábamos limitados en nuestra capacidad de percibirla. Y del mismo modo que nadie era dueño de esa gracia, nadie era dueño de nuestra capacidad de percibirla.

—Es algo nuestro y podemos hacer con él lo que queramos.

Asintió y pareció satisfecho con mi respuesta. Al final me animé a salir del saco. Kyle se incorporó, apoyándose en los codos, y me miró mientras yo me ponía la camiseta y los zapatos. Intenté convencerlo de que fuera a mi casa a ducharse y desayunar. Se negó, como sabía que haría. Abrí la cremallera de la tienda y le dije:

—Bueno, ya sabes dónde encontrarme si me necesitas.

14

El joven poeta parte en una misión y se descubre en el Otro Mundo. Allí es seducido por un hada o una diosa y experimenta los trances extáticos del reino encantado. Tannhäuser encuentra a Venus en su paraíso montañoso. Niamh se lleva a Oisín a Tír na nÓg en su caballo blanco. Pero, con el tiempo, el poeta añora su hogar y anhela volver a su vida anterior. Cuando lo hace, se da cuenta de que han pasado años. El mundo que una vez conoció es irreconocible. Hans Castorp se encuentra en el Otro Mundo del sanatorio alpino y, como arena entre los dedos, se le escurren siete años de su vida. Cuando por fin sale de su ensueño, Europa está al borde de la catástrofe.

He estado pensando que todas las variaciones de este relato que se dan a lo largo de la historia y de las culturas se explican porque la fuerza de la que habla tiene que existir. Una fuerza en estado salvaje que opera fuera del tiempo, que busca atraernos a un estado febril ajeno a la razón; ajeno a los compromisos que nos atan a nuestras vidas y a las personas que amamos. ¿Qué es esta fuerza, y por qué intenta que unamos nuestra alma a ella? ¿Es solo un fenómeno directo como la gravedad, que actúa sin propósito ni intención? ¿Una estrella que devora a otra en el vacío del espacio? ¿O es esta naturaleza salvaje de algún modo consciente? Nos seduce hasta el abandono como correctivo por el orden que le hemos impuesto.

La pregunta que me hago es: ¿sabe siempre el poeta cuándo abandona el mundo de los mortales y entra en el reino encantado? ¿Y si no recuerda el camino de vuelta?

Después de las sintonizaciones sentí una alegría profunda e incontenible. La casa me parecía vacía y cavernosa sin Ashley y, sin embargo, después de sintonizar ya no me preocupaba mi soledad. Quería a Ashley más que a nada en el mundo y quería a Paul, pero también amaba mi vida por primera vez desde hacía mucho tiempo. Volvía a maravillarme de estar en el mundo y en mi cuerpo, y volvían a asombrarme los placeres ilimitados que existían más allá, al trascender mi cuerpo y alcanzar pliegues aún desconocidos de la existencia y la sensación. De noche seguía durmiendo solo un par de horas y los dolores de cabeza persistían, pero al menos ahora sentía que tenía un propósito mayor entre manos. Un misterio mayor con el que comprometerme.

Después de desayunar fui al supermercado, y me sentó bien que me vieran y ver a los demás. Me di cuenta de que... ¡a nadie le importaba! A nadie le importaba quién era yo ni lo que hacía. Estaban completamente consumidos por su propio solipsismo. Me maravillé de la generosidad de la Tierra mientras me desplazaba entre los productos, palpando los pomelos para medir su firmeza y tomándome un minuto entero para evaluar la madurez óptima de un racimo de plátanos.

Cada pieza de fruta, cada pieza de animal en las bandejas de poliestireno envueltas en celofán del pasillo de la carne refrigerada, todos y cada uno de los tallos de trigo, mijo y centeno convertidos en los panes apilados en sus bolsas de papel vivían y morían bajo la Resonancia. Mientras hacía cola en la caja, sonreí al ver que el adulto que tenía enfrente cogía un pequeño paquete rosa de chicle Hubba Bubba del estante de chocolatinas y caramelos que había junto a las revistas. ¡Y entonces reparé en que era Damian! Lo llamé por su nombre y se volvió. Me parecía casi surrealista verlo fuera de la sala de Howard y Jo y, a juzgar por su cara de sorpresa, a él le pasaba lo mismo. Había algo eléctrico en el hecho de que los dos estuviéramos allí juntos en público, en posesión de un secreto de lo más extraordinario. Hablamos un poco y luego, anticipándose a mi comentario, levantó el rollo de chicle rosa y dijo:

—Por cierto, esto es para mi hijo.

Sonreí.

—No sabía que tenías un hijo.

—Tiene cuatro años.

—Vaya.

—Se llama Elijah.

Sacó el móvil y me enseñó algunas fotos de los dos juntos en un sofá, en una feria, comiendo tortitas. En una de las fotografías, Elijah estaba en los brazos de una joven vestida con ropa deportiva. Damian me explicó que se trataba de su novia, Crystal; no era la madre de Elijah. Por un momento me pregunté por qué Damian había mantenido esta parte de su vida en privado, pero intuí que la situación era complicada y no pude evitar admirarle por su actitud protectora hacia esos dos, por resistirse a la tendencia del grupo de hurgar en las partes más profundas de nuestras vidas personales.

—Hoy vamos al parque acuático.

Sonreí y pensé que, por primera vez desde que lo conocía, Damian parecía realmente feliz. Se lo dije y se animó un poco.

—Gracias. Me siento bien.

Le dije que yo también, y le pregunté si creía que se debía a la sintonización. Asintió mientras empezaba a descargar el resto de la compra —latas de atún, cereales, un paquete extragrande de papel higiénico, proteína en polvo, cacao en polvo— y luego me dijo:

—¿Sabes?, creo que sí.

No le dije que había vuelto a sintonizar con Kyle, que nos habíamos sumergido en la Resonancia más profundamente de lo que quizá ni siquiera Jo o Howard se habían atrevido nunca, y que habíamos visto lo inmensa que podía ser.

—No sé muy bien cómo describirlo —dijo al cabo de un momento—, pero desde que sintonizamos me siento menos... Me siento un poco más inmaterial, o algo así.

Probablemente es ser injusta con Damian decir que me dejó pasmada con su observación, pero así fue. En una palabra, había articulado perfectamente la sensación. Me sentía inmaterial. Como si, bajo cierta luz, se pudiera ver a través de mí. Era casi vertiginoso sentirme desvinculada de las cosas que antes me ataban a mi corporeidad, a mi mortalidad; las cosas que me habían agobiado y agotado, y que me recordaban que era un ente limitado de carne y hueso en el planeta. Me sentía más allá de mí misma, más allá del tiempo, más allá de la muerte; o, al menos, esos recipientes no parecían preocuparme igual que antes.

—Pero es peligroso —me susurró Damian con voz grave, de pronto serio—. Porque ahora lo sabemos. Y puedes estar segura de que ellos saben que lo sabemos.

Sus palabras me inquietaron mientras vaciaba mi carrito. Se quedó a mi lado esperando mientras la cajera pasaba los artículos. No podía despreciar su preocupación como había hecho en el pasado. ¿Y si había en el mundo personas o fuerzas que intentaban limitar mi acceso a este placer, a esta forma ilimitada de ser? Y, en tal caso, ¿quiénes eran y cómo intervenían? Parecía que la naturaleza de nuestro sistema era imponer límites. Siempre había que imponerlos, porque algo ilimitado suponía el riego de que desmantelásemos todo lo que nos enclaustraba.

—Hola, señorita Devon.

Levanté la vista y descubrí que el cajero era un antiguo alumno mío, Rory. Se trataba de un amigo íntimo de Kyle, o al menos lo era cuando yo aún enseñaba en el instituto. Tenía una cara y un comportamiento descuidados, aunque probablemente fuera un chico agradable fuera de clase. Me dedicó una sonrisa cortés y superficial.

—Hola, Rory, ¿cómo estás?

—Bien, sí.

—¿Te divertiste en el baile?

—Sí, estuvo bien. Perdón de nuevo por el reloj. No sé si Ashley lo mencionó.

Tuvo suerte de que estuviera de tan buen humor. Le pregunté si había visto a Kyle recientemente. Negó con la cabeza.

—No hablamos mucho últimamente.

Luego tragó saliva y bajó la vista mientras pasaba por la caja mi yogur griego.

—¿Y usted? —preguntó.

Fingí no haberlo oído por el pitido del escáner y no volvió a preguntar. Y fingí no saber, o que no me importaba, que probablemente hubiese conversado cientos de veces con sus amigos sobre Kyle y yo, y que sacaría su móvil para enviarles mensajes a todos en cuanto me alejara. Pagué la compra y le deseé un buen verano. Las puertas correderas se abrieron de golpe, salí con Damian del agresivo aire acondicionado del supermercado y entramos en lo que parecía un muro de calor.

Empezamos a andar por el aparcamiento, entre el olor del asfalto caliente y de la colonia de Damian, ambos nostálgicos, cuando se volvió hacia mí y me dijo:

—Sé que te parezco un paranoico. Lo sé por la forma en que me miras a veces.

—No, no me lo pareces —mentí, sintiéndome descubierta.

—Pero es que he estado dentro.

Nos detuvimos mientras un adolescente uniformado empujaba una conga gigante de carros de la compra.

—Fui operador de drones en Nevada durante cinco años —dijo, entornando los ojos al sol—. Sentado en un búnker bajo la arena, atacaba convoyes de *jeeps* en Siria. O alguna casa del noroeste de Pakistán o donde fuera. —Me miró para calibrar mi reacción—. Acababa con la vida de otras personas porque esa era la información que recibía. No tenía ni idea de quiénes eran. La mayoría, probablemente solo chicos que corrían por los tejados.

Reanudamos la marcha.

—Observas y observas y observas a estos tipos—continuó—. Los ves hablando con sus mujeres. Y dándose la mano con sus amigos en la calle. Y luego tú…, ya sabes. —Se metió el dedo meñique en la oreja—. También ves que lo oyen llegar. Un segundo antes.

Aminoramos el paso para que un turismo negro saliera de su plaza de aparcamiento.

—Después de que naciera Elijah, sencillamente no pude más. Vomitaba. Tenía pesadillas. Así que después de eso empecé a trabajar en inteligencia militar, para un contratista. Lo sé, no se te ocurriría al mirarme. —Me guiñó un ojo y se dio un golpecito en la sien—. Yo y la inteligencia.

—No, vamos —dije, forzando la risa.

—Pero en serio, si supieras la de mierda que pueden hacer, Claire, no dormirías por la noche. Si supieras todo lo que saben de nosotros… —dijo, sacudiendo la cabeza—. Y yo solo vi la punta del iceberg.

Llegamos a la gran camioneta blanca de Damian. A través del parabrisas vi que Crystal y Elijah estaban dentro, Crystal enfrascada en su móvil y Elijah chupando un polo azul. Damian dejó las bolsas de la compra en el suelo y me miró.

—Puede que no te caiga bien, pero me alegro de que Trump esté limpiando el FBI y la CIA. Son sitios enfermos.

Damian llamó a Crystal, que levantó la vista, sonrió y me saludó con la mano. Él le indicó que se acercara. Cristal se apeó de la camioneta y Damian me presentó como una amiga de su «grupo de estudio».

—¡Conque sí que existís! —dijo riendo—. Damian ha sido muy reservado al respecto.

Crystal dijo que, sin embargo, desde que Damian había empezado a asistir a nuestras reuniones notaba «un verdadero cambio en su actitud». Hablar con Crystal era como destapar una botella de gaseosa y que todas las burbujas subieran a la superficie. Me dijo que trabajaba a tiempo parcial como manicura, pero que no tenía todas las horas que quería y me señaló su salón entre el grupo de tiendas arracimadas al otro lado del aparcamiento. Miró a Damian y le rascó la perilla, mientras él hacía una mueca. Cuanto más charlábamos los tres, más me sorprendió que él no le hubiese hablado del Zumbido. Me pregunté qué le habría contado de nuestro grupo; por la forma en que hablaban, parecía que se lo había presentado como una especie de estudio bíblico. Supongo que todos teníamos que encontrar la manera de suturar las realidades de nuestras vidas antigua y nueva de la forma más soportable para nosotros y nuestros seres queridos. Sin embargo, me pareció extraño que mantuviera el Zumbido en secreto, convencido, como estaba, de que miles de personas podían oírlo. Y entonces se me ocurrió, mirando a Crystal y a Elijah con los labios manchados de azul, que tal vez Damian tenía sus razones para ocultárselo. Como tantas otras cosas en su vida, sin duda. A pesar de lo milagroso que había resultado el Zumbido, yo también habría protegido a Ashley y Paul, de haber podido. Quizá, en tal caso, seguirían en mi vida. No poder oír el Zumbido cuando un ser querido sí lo oye debe de ser un tipo especial de confuso sufrimiento. Tras unos minutos de agradable charla nos despedimos, pero no sin que Crystal me ofreciera un descuento para amigos y familiares en Infinity Nails.

Conduje de vuelta a casa sintiendo la misma efervescencia de antes, aunque seguía dándoles vueltas a las palabras de Damian.

Mientras cruzaba la urbanización, me resultó difícil cuadrar los inmaculados jardines, las canastas infantiles de baloncesto y los monovolúmenes familiares con la amenaza de vigilancia e infiltración. Me recordé que las cosas bellas no tenían que ser siempre fugaces o estar amenazadas. Intenté reorientar mis energías para disfrutar de la extraña ligereza posterior a la sintonización. Me imaginé una película iridiscente de petróleo sobre la superficie de un gran charco. El charco era negro y sin fondo, por lo que quizá fuese un lago. Un lago de pura sensación. Y la mancha de petróleo, ¿qué era? ¿Yo? ¿Mi vida? ¿Simbolizaba cómo me fundía con el lago, o solo que estaba destinada a contaminarlo? Me ensimismé tanto en esa imagen que casi me salté un *stop*. Una anciana que paseaba un terrier me fulminó con la mirada. Levanté la mano en señal de disculpa, que ella no reconoció.

Pasé el resto de la mañana en el jardín trasero, entre las equináceas fucsias, las coreopsis amarillas y las orejas de conejo verde plateado. Había descuidado el jardín terriblemente y ya casi no tenía remedio, pero dedicarle unas horas me reconfortó. Las vallas del patio trasero me ocultaban; los vecinos solo podían verme desde los dormitorios de la planta de arriba, pero era improbable que alguien estuviese allí en pleno día. Decidí hundir las manos en la tierra caliente. Cerré los ojos y juraría que sentí el sutil sonido del Zumbido a través de la tierra. Me perdí en la sensación y dejé pasar el tiempo lentamente. Los gusanos se movieron entre mis dedos hincados en la tierra palpitante. Los insectos se posaron en mi cuello y me subieron por los brazos. Me convertí en su paisaje. Me hundí en él. Me fundí con él. Empecé a sentir que me soltaba, como si mi alma pudiera desprenderse de mi piel como una camisa se desprende de una percha de alambre. Sin embargo, con el paso de los minutos ese desprenderse, esta sensación inmaterial que tan liberadora me había parecido a primera hora de la mañana, empezó a intensificarse a medida que el Zumbido parecía hacerse más fuerte, hasta que, presa de un pánico silencioso, me pregunté: ¿se está apoderando de mí? ¿Estoy desapareciendo en su interior?

Volví a entrar en casa tambaleándome y me lavé las manos en el fregadero de la cocina. Intenté llamar a Kyle, pero me saltó el buzón de voz, lo que significaba que aún no había cargado el móvil.

¿Experimentaba él la misma sensación de deslizamiento, de desaparición? «Vuelve a la realidad», me dije. Me encontraba bien, quizá un poco acalorada por el sol. Me serví un vaso de agua antes de sujetarme a la encimera de la cocina, cuya solidez me tranquilizó. Apreté los dedos en su fría superficie y la sensación pareció confirmarme que seguía allí, corpórea, interactuando como un solo cuerpo dentro del mundo físico.

Ya más serena, me planteé ir al parque para ver cómo estaba Kyle. Incluso me planteé llamar al Servicio de Menores, pero ¿por un chico de diecisiete años? No. Eso solo complicaría las cosas, y él nunca me lo perdonaría. Pensé en llamar a Jo para pedirle consejo sobre la situación de Kyle, pero entonces la pondría en la obligación de informar a las autoridades. Y también traicionaría la confianza de Kyle. Si me necesitaba, él se pondría en contacto conmigo. Me enfurecí al pensar en Brenda echándolo a patadas... después de todo lo que me había hecho pasar. Me destrozó por mostrarle a su hijo un poco de amabilidad y atención, y luego lo echó a la calle.

Mientras me terminaba el vaso de agua intenté recordar la alegría que había sentido por la mañana temprano, pero noté que se me escapaba. Echaba de menos la risa mordaz de Ashley, el sonido de sus movimientos en la habitación de arriba, sus libros desperdigados por las mesas de la casa. Echaba de menos el timbre de la voz de Paul. Su olor en las sábanas. Sus pequeñas caricias en el hombro, en la espalda, para hacerme saber que estaba detrás de mí mientras yo cocinaba o me cepillaba los dientes. Saqué el teléfono y levanté el pulgar sobre el número de Ashley. La imaginé mirando el móvil mientras Paul metía una *pizza* congelada en el microondas. Seguramente Ashley no soportaría vivir todo el verano con Paul en un sofá cama. A lo mejor ya había empezado a quedarse en casa de amigos. «Concéntrate». Estaba experimentando lo que Jo llamaba «una vacilación». Un momento de desesperación, de duda, de echar de menos mi antigua vida, pero no podía volver atrás. Tenía que seguir adelante. Tenía que centrarme en el milagro del presente.

Volvía a guardarme el móvil cuando sonó el timbre. Miré por la ventana de la sala y, para mi sorpresa, vi el Toyota Prius rojo de

Cass aparcado en la entrada. Me quedé atónita. No podía imaginarme qué hacía ahí y por qué se presentaba así, sin avisar. Corrí a la puerta, vacilé y abrí. Allí estaba Cass, con su típica blusa amarilla holgada y uno de sus característicos collares gruesos. Esbozó una gran sonrisa, que le devolví por puro reflejo. Sentí vértigo al pensar cuánto había cambiado mi vida desde la última vez que la había visto saliendo del aula con aquella extraña expresión en la cara. Cuánto había perdido. Cuánto había ganado.

—Cass.

—Hola, cariño —dijo extendiendo los brazos. Dejé que me abrazara; me había pillado completamente desprevenida después de no recibir ni un mensaje de ella desde hacía meses. Cuando por fin se separó, le dije que me avergonzaba un poco que entrara en casa, pues ya no tenía muchos motivos para mantenerla ordenada. Me dijo que no me preocupase en lo más mínimo, aunque noté su sutil desaprobación mientras cruzábamos la puerta y entrábamos en la cocina. Me confesó que había decidido visitarme en un arranque, cuando volvía de la iglesia. Yo aún tenía en la encimera casi toda la compra de esa mañana, que empecé a guardar para despejar el espacio. Entretanto charlamos un poco, sobre todo de sus planes para el verano, de quién había ganado *Drag Race* y del interminable tira y afloja con la dirección del instituto sobre si representar *Kinky Boots* en otoño. Me preguntó por la graduación de Ashley y la fiesta posterior, que le resumí someramente. Luego quiso saber cómo le iba a Paul, y le dije que tendría que preguntárselo a él.

—En este momento no nos hablamos. Desde que Ashley se mudó con él.

Cass pareció sorprendida.

—¿Qué? ¿Ashley también se ha ido?

—Sí.

—¿Vive con Paul? —preguntó, y yo asentí.

Se quedó mirándome mientras yo guardaba las verduras en el cajón de la nevera y un par de cajas de galletas en la alacena.

—He estado muy preocupada por ti —dijo.

—¿Ah, sí? —respondí con frialdad.

—Sí. Mucho.

Le di las gracias y le dije que esa preocupación me habría ido muy bien hacía un par de meses, pero que ahora estaba fuera de lugar.

—Ya me encuentro mejor.

—¿De verdad?

—Sí —dije, guardando las bolsas de la compra reutilizables debajo del fregadero.

—Querida, no quiero ser grosera, pero no lo creo. O sea, mira a tu alrededor. Paul se ha ido. Ashley se ha ido. Has perdido tu trabajo. Tus amigos…

—Mis amigos, ¿qué?

—Bueno, todos estamos muy…

—Mis amigos me quieren y me apoyan —la interrumpí—. Y los veo tres o cuatro veces a la semana.

Cass asintió.

—Eso me alegra.

Me resultaba difícil calibrar cuánto sabía. No me sorprendería que en algún momento Paul hubiese enviado un mensaje a Aldo, o a alguno de los otros maridos de mi club de lectura.

—La verdad, Claire, es que no me parecía apropiado contactar contigo cuando todavía había clases. Me parecía mal. Como si estuviera traicionando al instituto, o traicionando a Kyle. Sentía que estaba en una posición muy complicada.

Quise reírme y decirle que no tenía ni idea de lo complicada que había sido para mí. No tenía motivos para sorprenderme: era típico de Cass hacer que todo girase alrededor de ella y de sus sentimientos. Estaba a punto de pedirle que se fuera cuando me tocó el hombro y me dijo que quería que supiera que podía contar con ella. Intentó que nos mirásemos a los ojos, pero yo no estaba preparada para aceptarlo y levanté la vista al techo. Entonces se disculpó por no haber hecho más.

—Para ser sincera, no sabía qué hacer. No sabía cómo podía ayudar.

Me dijo que sabía que me había fallado y que eso la había estado carcomiendo. Bajé la vista y nos miramos.

—Lo siento mucho, Claire.

Empezamos a hablar un poco sobre el Zumbido de una forma general, ya que no me dio la impresión de que Cass pudiera o quisiera entrar en detalles. Mientras charlábamos, preparé té y saqué unas galletas de la alacena. Le hablé de mis dificultades con el aislamiento y la depresión tras el despido, y vi que se entristecía. Con la espontaneidad de nuestra vieja amistad y tras años de conocer mi cocina, Cass sacó las tazas y los platos, la leche y el azúcar sin preguntar. Cuando el té estuvo listo, nos trasladamos al sofá de la sala. Mientras le hablaba, noté que me escuchaba de verdad, lo cual era raro en ella, una habladora nata. Y, como me estaba escuchando, empecé a relajarme y a abrirme más mientras íbamos recuperando poco a poco nuestra antigua intimidad. Entonces me contó su propia lucha contra la soledad y la desesperación durante la quimioterapia. Creo que en aquel entonces yo no había visto hasta qué punto ella se había sentido alejada de Aldo, de sus amigas y de los colegas del instituto. Estaba a punto de hablarle de mi nueva sensación de ligereza cuando, como un halcón que se abalanza sobre su presa, me preguntó:

—¿Te has planteado invitar a Dios a tu vida?

Me puse rígida. Me sentí como si hubiese dejado entrar un caballo de Troya, infiltrado por un agente de Dios bajo la apariencia de amiga preocupada. Tuve una visión de Cristo como un virus que penetraba por una membrana mucosa y se replicaba en mi torrente sanguíneo hasta que derrotaba mis defensas y yo me convertía. Carraspeé y le dije a Cass que no, que no me lo había planteado. Nunca, en nuestros ocho años de amistad, me había hecho esa pregunta. Comprendí entonces que, si ella lo preguntaba ahora, era porque alguna dinámica entre nosotras había cambiado para siempre, se había truncado para siempre. Y me di cuenta de que Cass me creía en una situación de debilidad en la que nunca me había visto antes.

—Quiero decirte que esta mañana he encendido una vela por ti después del servicio —dijo con ternura—. He estado rezando por ti.

Miré mi taza y cogí aire.

—¿No ves que tus oraciones y tus velas niegan mi libre albedrío? —le pregunté.

Me dijo que no, que no lo veía así. Me dijo que rezar consistía en recuperar nuestro libre albedrío.

Volví a mirarla.

—Si te dijera que ahora soy feliz, realmente feliz, me dirías que es cosa de Dios y, una vez más, un hombre se llevaría todo el mérito de mi duro trabajo.

Se rio un poco. Le dije que para mí el sufrimiento no era una prueba, ni un castigo, ni un destino. Le dije que había encontrado una sublimidad inigualable en el Zumbido, una transferencia de energía pura y vehemente entre la Tierra y yo —mi cuerpo—, que ella podría llamar Dios, gracia o divinidad, pero que para mí no necesitaba etiqueta ni lenguaje. Un misterio que apenas empezaba a comprender.

Asintió con un gesto, pero vi que la había inquietado. Mientras la miraba sentada frente a mí en el sofá, comprendí que probablemente aquella sería nuestra última conversación en mucho tiempo. Quizá nunca volveríamos a hablar. También comprendí que tal vez Cass y yo nunca habíamos estado más de acuerdo. De pronto me reconocí en su fe y su convicción. Y esto debería haberme repelido, me habría repelido antes, pero no fue así entonces. Vi el acorde extático que resonaba en ella y la impulsaba a compartir el regalo de la revelación divina con aquellos a quienes apreciaba, que la había impulsado a ir a mi casa un domingo por la tarde con su Toyota Prius rojo para salvar mi alma. En ese momento casi pude verlo como un gesto de generosidad. Mientras la miraba, me pregunté si algún día sentiría la misma convicción por revelar el Zumbido a los demás. ¿Estaba inscrito en el código genético de la revelación que esta debía ser compartida, multiplicada, difundida?

De pronto me imaginé a cien o mil personas sintonizando juntas. Parques urbanos llenos de círculos de sintonización. Salas de conferencias. Gimnasios escolares. Estadios. Toda la raza humana redescubriendo la frecuencia primordial de la que nos habíamos desintonizado; entrelazándonos de nuevo con la Tierra en el momento en que más nos necesitaba, cuando nuestra supervivencia como especie dependía de ello.

Terminamos nuestro té con prisa y en silencio; luego acompañé a Cass a la puerta. Cuando la abrí, el sol parecía tan brillante como el *flash* de una cámara. La calle estaba tranquila; hasta los perros del vecindario tenían demasiado calor para ladrar. Después de darme un abrazo de despedida en el umbral, Cass se apartó y, con mirada grave, preguntó:

—No es verdad, ¿no? ¿Lo que han estado diciendo?

—¿Quién ha estado diciendo qué? —pregunté, con las palabras atascadas en la garganta.

—Todos. Los otros profesores, nuestros amigos. —Me miró confundida—. ¿No sabes lo que dicen?

—¿Quién me lo iba a contar, aparte de ti?

Entornó los ojos por el sol y levantó la mano a modo de visera.

—Dicen que eres una violadora, Claire.

Sentí que se me escurría la sangre del cuerpo.

—¿Qué?

—En el sentido estatutario.

—Ah, bueno —dije amargamente—. Solo una violadora estatutaria.

Extraño en ella, Cass parecía haberse quedado sin palabras.

—Y ahora es cuando me dices que les has hecho ver que no es cierto, supongo —dije.

—¿Cómo puedo saberlo? —preguntó.

—¿Que cómo puedes saber que no soy una violadora? ¿Es eso lo que me estás preguntando?

—No sé qué pasó entre Kyle y tú.

—¿Lo dices en serio?

—¿Cómo iba a saberlo?

Le pedí a Cass que me mirara a los ojos y me dijera, de corazón, si realmente pensaba que yo había mantenido relaciones sexuales con uno de mis alumnos.

—No lo sé —dijo, negando con la cabeza.

—¿No sabes si soy una agresora sexual de menores?

Miró a su alrededor como si le preocupara que los vecinos pudieran oírnos, pero francamente me importaba un bledo.

—Claire, tengo que decirte que te vi con Kyle una vez, parados en un semáforo. Más o menos una hora después de clase. En San Mateo Road. Acababa de dejar un paquete en la oficina de UPS cuando reconocí tu coche. Y luego vi que Kyle estaba dentro contigo y me pareció... extraño. Y después vi cómo os reíais. La forma en que lo mirabas. Y pensé...: ay, no. Aquí está pasando algo.

Fui a hablar, pero Cass levantó la mano para detenerme.

—Lo que haya pasado o no entre vosotros yo lo desconozco, eso es algo entre tú y Dios. Pero te diré algo. En ese momento, lo supe. Pensé…: Claire está enamorada de él. Lo vi en tu cara. Y te conozco, Claire. Casi te conozco mejor que nadie. —Cass jugueteó un momento con las llaves del coche, antes de volver a levantar la vista con expresión afligida—. Y no dije nada porque estaba asustada. Porque… soy una persona débil, quizá. No lo sé. Me arrepiento. Me arrepiento de no haberte dicho nada al respecto. Y me arrepiento de no haber hablado con Valeria. Pero eso es una carga que llevo yo.

No tenía nada que decir en mi defensa. Tampoco me sentía especialmente a la defensiva. Había algo extrañamente edificante en el claro reconocimiento de mi estado por parte de Cass, antes de que lo hubiese reconocido yo misma. Y, sin embargo, ¿cómo podía explicarle que era un amor que superaba el deseo, la necesidad, el impulso sexual o cualquiera de los estímulos que antes creía que animaban el amor? Era un amor que iba más allá. Una unión de almas. Una alianza espiritual. ¿Era la violación la única fuerza que podíamos imaginar ocupando un espacio tan potente entre una mujer adulta y un chico que no era su hijo?

Cass me tendió la mano y me la apretó un poco, como si se despidiera de un paciente moribundo. Me dijo que me cuidara. Asentí con la cabeza y la vi alejarse por el camino de piedra hacia su coche.

15

Había un hombre acechando en mi jardín. No lo veía, pero sabía que estaba ahí fuera, merodeando y activando las luces del sensor de movimiento. Al principio me dije que solo era un coyote, pero las luces seguían encendiéndose una y otra vez; cuando un coyote se asusta, sale corriendo y no vuelve. Algo, alguien, caminaba de aquí para allá. Sabía que era un hombre; las mujeres no se dedican a acechar en los jardines. Supongo que una vez estuve a punto de rondar el jardín de los Campanele, pero no así, no de forma amenazante y persistente. Pasaba de la medianoche y me había sentado en el sofá. Las persianas estaban bajadas y las luces apagadas, así que él no podía ver el interior. Quería acercarme a la ventana para echar un vistazo, pero me aterrorizaba que me viese. Que viese que era una mujer sola. Quizá ya lo supiera. Quizá llevaba tiempo vigilando la casa, observando mis idas y venidas. Tuve que apretarme los párpados con los índices para que dejaran de temblar.

No creo que nadie que no sea una mujer que vive sola pueda entender la cantidad de tiempo que pasamos imaginando y temiendo exactamente esta situación. La cantidad de veces que sentimos una presencia detrás de nosotras cuando apagamos la luz. O que vemos algo por el rabillo del ojo y, al volvernos, nos encontramos con una habitación vacía. O las horas que pasamos tumbadas en la cama, escuchando pasos en la escalera, o la puerta eléctrica del garaje que se abre, o el timbre de la puerta en plena noche, tan claramente que nos despierta, sobresaltadas. Aunque, por supuesto, nadie acecha en la puerta. El garaje siempre está cerrado. No hay nadie más en la casa, ni en la escalera, ni escondido en la habitación de al lado.

Pero esto era distinto. Las luces del patio seguían encendidas. Ahí fuera había alguien moviéndose. Justo entonces vi una sombra fugaz en la cortina. «No te muevas», pensé. ¿Qué quería? ¿Por qué no entraba? Pensé en coger un cuchillo de la cocina, pero no, ese hombre podría dominarme fácilmente y usarlo contra mí. Se me ocurrió que podría ser Kyle, pero ¿por qué no iba a llamar al timbre? Me planteé, solo un momento, si no sería Paul intentando espiarme. No, eso era una locura. Tenía el móvil en la mano, pero no sabía a quién acudir. Podía llamar a la policía, pero que las luces de mi sensor de movimiento estuvieran parpadeando no era motivo suficiente; tenía que ver a alguien, alguna amenaza creíble. Probé con Kyle, pero volvió a saltar el buzón de voz. Entonces llamé a Jo. Contestó al tercer timbrazo.

—¿Claire? —Sonaba como si la hubiera despertado. Me disculpé por llamar tan tarde—. ¿Qué pasa, cariño?

Le expliqué la situación, tratando de ocultar el pánico en mi voz. Me dijo que tenía que encontrar la forma de mirar por la ventana para evaluar la situación.

—No puedo. No desde la sala.

—¿Y desde el dormitorio de arriba?

—¿Y si me ve?

—Claire, no te verá mirando por la ventana de un segundo piso.

Le dije que, si me levantaba del sofá, podría percibir mi sombra moviéndose detrás de las cortinas.

—Has dicho que las luces están apagadas, ¿no?

—Sí.

—Entonces no hay sombras. Ve arriba. Vamos, tú puedes.

Justo entonces, las luces del sensor de movimiento se apagaron y todo quedó a oscuras. Me levanté y crucé la sala hasta el pasillo, con Jo pegada a mi oreja. Podía oír su respiración. El mero hecho de saber que estaba allí, escuchando, me ayudó. Volví a susurrarle una disculpa y me dijo que no fuese tonta.

—Sabes que siempre me tienes aquí. A cualquier hora.

Iba de camino a la escalera cuando vi por la ventana que las luces del jardín trasero volvían a encenderse. Se lo dije a Jo y me indicó que mantuviera la calma y siguiera adelante. Llegué a la escalera y empecé a subir a la oscuridad de la planta de arriba. Llegué al dormitorio de Ashley guiándome por mi memoria muscular y abrí la puerta. En el otro extremo, las persianas venecianas de la ventana proyectaban barras oblicuas de luz sobre la cama. Crucé la habitación y, con el hombro pegado a la pared, me volví y miré el jardín por un extremo de la ventana. Estaba iluminado por las luces del sensor situadas sobre la puerta. Observé unos cinco o diez segundos y no vi nada. Ningún movimiento. No había nadie.

—¿Nada de nada? —preguntó Jo.

—Nada de nada.

—¿Y las luces siguen encendidas?

—Sí.

A saber por qué, eso me inquietaba aún más. Si hubiese visto un cuerpo desplazándose, fuese un animal, un adolescente o un hombre armado con una pistola, entonces al menos podría haberle atribuido mi miedo. No había nada más inquietante que la ausencia. Jo sugirió que quizá el sensor estaba estropeado, pero algo me decía que no era el caso. Sabía que había algo ahí fuera y que las luces percibían lo que yo no podía ver. Jo me dijo que siguiera observando y eso hice otros diez segundos, pero entonces las luces se apagaron. En la oscuridad subsiguiente, la membrana que separaba el exterior del interior se derrumbó. Lo que acechaba mi casa podía estar de pronto en cualquier sitio, podía estar abajo, podía estar en el armario del dormitorio. Me dijo Jo que intentara concentrarme en mi respiración, pero no lo conseguía.

—Claire, ¿quieres que me acerque en el coche?

—No. No quiero ponerte en peligro.

Me dijo que se estaba poniendo los zapatos.

—Vamos para allá ahora mismo.

—Por favor, no cuelgues, Jo.

—Claro, cariño, no te preocupes. Lo dejo un momento para calzarme, ¿vale? Y luego puedo conectarte al *bluetooth* cuando estemos en el coche.

—De acuerdo. Pero no cuelgues.

—No. No colgaré. Te lo prometo.

En ese momento sentí un amor casi abrumador por ella. Quise decírselo, pero justo entonces la oí llamar a Howard, explicarle la situación y, bendito sea él, sin siquiera preguntar, empezó a prepararse para salir de casa. Y luego la voz de Jo volvió al teléfono, suave y comedida, para comprobar cómo me encontraba y decirme que ya estaban a punto de salir y que llegarían a mi casa dentro de unos cinco minutos. Me desplomé en el suelo y me quedé sentada en la oscuridad del dormitorio de Ashley, como un trozo de papel pintado arrancado de la pared, esperando a que llegaran.

Jo me habló durante todo el trayecto. Cuando subieron por el camino del jardín y llamaron a la puerta, les abrí y los abracé como si acabaran de rescatarme después de pasar dos semanas en una cueva inundada. Avanzamos juntos por la casa mientras ellos encendían las luces del pasillo, de la cocina y de la sala, despertándola de nuevo. Howard descorrió las cortinas de la sala y todos miramos al jardín. Después se acercó a la puerta corredera y salió. Su presencia encendió las luces del sensor de movimiento situado sobre la puerta.

—Nada —dijo, mirando a su alrededor.

Salí con Jo a la noche resplandeciente, que olía al arbusto de la creosota en flor de la valla trasera. Jo estuvo un rato buscando huellas en el patio, pero las únicas que encontró, alrededor de los parterres, eran las mías de esa misma mañana.

—Lo lamento muchísimo —les dije—. Os he despertado y os he hecho venir hasta aquí. Me siento completamente ridícula.

—Para nada —dijo Jo, apretándome el hombro—. Estás pasando por una época de mucho estrés.

Les dije que seguía sin dormir bien.

—¿Todavía? —preguntó Howard, preocupado. Me dijo que no lo sabía y que en general el Zumbido lo arrullaba y lo ayudaba a conciliar el sueño, como un ruido blanco.

Quise contarles la sintonización con Kyle de la noche anterior, lo lejos que habíamos llegado y lo emocionante y aterrador que había sido; de la disociación casi gozosa que siguió por la mañana, de la sensación de estar impregnada de la Resonancia hasta que lo que quedaba de mí resultaba impreciso, de cómo esa sensación se había intensificado a lo largo del día hasta que sentí que ya no quedaba nada de mí, y de cómo el pánico me había atenazado hasta engullirme por completo. Pero tenía miedo de que se ofendieran. O enfadaran. O de que no lo entendiesen. Aunque quizá lo entenderían muy bien. Quizá conocían perfectamente esa sensación.

Al final, no dije nada. Howard se metió las manos en los bolsillos. Jo me rodeó con el brazo y me atrajo hacia ella. Me sentí un poco como su hija. O su mascota. Una carga querida. Me quedé con ellos en el jardín, escuchando el sonido que había unido nuestras vidas. Luego miré el cielo salpicado de estrellas y pensé en Kyle tumbado en su tienda a seis manzanas de distancia, acurrucado junto a su lámpara de lectura con un libro apoyado en el pecho. Pensé en Ashley y Paul en su estudio con vistas al aparcamiento, probablemente preparándose para acostarse, si es que no estaban ya durmiendo. Y pensé en mi cama de arriba, en su fría inmensidad y en la inquieta noche que me aguardaba.

16

Damian dejó bruscamente la pistola sobre la mesa de centro. Leslie soltó una exclamación y Shawn levantó las manos.

—Uf, tranquilo.

—Guárdala —dijo Howard, levantándose.

—Vamos a ser su objetivo —dijo Damian.

—Damian —dijo Jo, poniéndole una mano en el brazo. Era mediodía, las persianas de la sala estaban corridas y todos estábamos histéricos. Aunque entonces no lo vi, era el agua que retrocede antes de la ola.

—Nos convertiremos en su objetivo —dijo Damian, apartándose de Jo— y podemos quedarnos aquí sentados sin hacer nada o...

—No me interesa —lo interrumpió Howard.

—Pues debería interesarte. Han empezado a atar cabos, Howard. En 4chan, en Reddit. Hay otros ahí fueran que pueden oír la Resonancia, y los están persiguiendo y eliminando.

—¿Eliminando? —preguntó Nora, preocupada.

—Pueden oírla personas de todo el mundo, de todo tipo.

—Lo sé —dijo Howard.

—Melbourne, Brístol, Múnich, Calgary, en todas partes.

—Por supuesto.

—Y lees esos *subreddits* y todas esas personas acaban despedidas de su trabajo, perseguidas por la policía, muertes misteriosas...

—Vamos, venga ya.

—¡No lo sabéis porque no prestáis atención! —Damian estaba empezando a levantar la voz.

Emily parecía confundida.

—Pero ¿por qué? No lo entiend...

—Porque no quieren que sepamos.

—¿A quién te refieres con «quieren»? ¿Al Gobierno? —preguntó Shawn.

—¿Qué es 4chan? —preguntó Nora. Kyle se acercó y le explicó discretamente que 4chan era un foro en línea, lo que no pareció que le aclarase las cosas. Emily le indicó a Nora que ella tampoco lo entendía.

—Están muy por encima del Gobierno —continuó Damian, sentándose en el borde de su silla—. Estoy hablando de la camarilla de poderosos que lo dirigen todo.

—Joder, no —gimió Shawn—, como esa chorrada de los *Protocolos de Sion.*

—Conocen la Resonancia desde hace siglos —siguió Damian, ignorando a Shawn.

—Damian, fíjate en mi nariz —dijo Shawn, señalándosela.

—Y han utilizado su poder para asegurarse un buen sitio en lo alto de la pirámide.

—¿Me ves la nariz?

—Esto es mucho más grande que el Gobierno o el Ejército.

—No vayas por ahí —le advirtió Shawn.

Damian finalmente se volvió hacia Shawn.

—No son solo los judíos.

—Ah, genial, no son solo ellos.

En otras circunstancias las chanzas de Shawn me habrían divertido, pero me sentía demasiado débil para reírme.

—Y nos están escuchando ahora mismo —siguió Damian—, nos han estado escuchando todo este tiempo y, creedme, nos atacarán.

—Nos atacarán —repitió Emily, indignada.

—Porque conocemos su secreto, un secreto que llevan siglos ocultándonos y que estamos a punto de revelar.

—Damian… —Howard intentó interceder, pero Damian lo señaló.

—Y consiguieron que te despidieran de la Universidad de Virginia, Howard, no creas que no. Y a ti también, Claire.

Con toda la paciencia que pude reunir, le contesté que no creía que el Instituto de Educación Secundaria F. G. Saunders estuviera en el punto de mira de los francmasones o lo que fuesen.

—Son los Illuminati, Claire —bromeó Shawn—. *Eyes Wide Shut.*

—Y ahora están vigilando tu casa —dijo Damian.

No tendría que haberlo mencionado. Solo lo había contado para explicar por qué esa mañana estaba tan desmejorada y cansada. Los demás se habían sorprendido al verme llegar. Mia me dijo que parecía perturbada. No había sido mi intención animar las ideaciones de Damian.

—Eso no lo sabemos —le dijo Jo.

—Y a Mia le han pirateado el ordenador.

—¿Qué? —preguntó Jo, sorprendida.

Howard se volvió hacia Mia.

—No lo sabía.

Mia asintió.

—Llamé a Damian la otra noche porque sé que solía hacer cosas relacionadas con informática, y hum…

—¿Por qué, qué ha pasado? —insistió Howard.

—Vale. El cursor empezó a moverse solo por la pantalla.

—Eso puede pasar —dijo Howard.

—¿Cómo que eso puede pasar? —repuso Damian—. Eso significa que alguien se ha metido en su escritorio y la está vigilando.

Howard exhaló, exasperado:

—O que la tecla está rota.

—Pero no es el caso —replicó Damian.

—Esa es la cuestión—dijo Mia—. Es un ordenador nuevo.

—Un cursor que se mueve solo… —empezó a decir Howard.

—Howard, este era mi campo de especialización —le interrumpió Damian—. Fui a casa de Mia y lo vi con mis propios ojos. ¿No me crees? Aaron Alexis. Aaron Alexis, contratista militar civil. El 16 de septiembre de 2013 entró en una base naval de Washington D. C., ¿os suena? Mató a doce personas antes de suicidarse. ¿Alguien se acuerda?

—Yo… Yo, sí —dijo Emily, asintiendo con el ceño fruncido.

—Antes de hacerlo, contó en Facebook que llevaba más de un año oyendo el Zumbido y que estaba a punto de descubrir su misterio, pero Ellos no le dejaron. Le pararon por una luz trasera rota del coche, lo encarcelaron porque era su tercer delito, perdió su trabajo, a su mujer, la custodia de sus hijos. Los médicos le dijeron que estaba loco. Lo hincharon a medicamentos.

—De acuerdo —dijo Howard, levantando las manos para que Damian se detuviera.

—Todo porque lo oía. Todo porque intentaba desvelar su secreto. Y esta es una historia entre mil.

Mia se inclinó con las manos extendidas, como si intentara asir algo intangible que tenía delante.

—Así que estás diciendo…

—Tres de octubre de 2013 —continuó Damian—. Miriam Carey, una joven madre e higienista dental, informó a las autoridades locales de que había oído el Zumbido y empezaron a acosarla. Teléfonos intervenidos. Llamadas extrañas. Coches aparcados delante de su casa. Al final se volvió loca y partió en coche desde su casa en Connecticut hasta Washington D. C., intentó pasar por un control de seguridad de la Casa Blanca y el Servicio Secreto la persiguió. Está todo en YouTube, la persiguieron hasta casi Capitol Hill, donde acribillaron su coche y la mataron. Con su hija pequeña en el vehículo.

—Damian, estás describiendo a personas con problemas mentales —dijo Jo.

—No, ¿ves? ¡Eso es exactamente, eso es precisamente lo que quieren que creamos! —gritó. Se estaba poniendo muy nervioso. Jo me miró de reojo.

—¿Qué le pasó… a su hija? —preguntó Nora, preocupada.

—Salió con vida de milagro.

—Un momento —dijo Mia intentando, una vez más, entenderlo—. Estás diciendo que un grupo de personas, hace mucho tiempo, mucho antes que nosotros, descubrió la Resonancia…

—Y que han estado controlando el Banco Mundial desde entonces —dijo Shawn con una sonrisa mordaz, reclinándose en su silla y cruzando los brazos sobre el pecho.

—Puedes reírte…

—Y el FMI.

—… pero vendrán a por nosotros.

—Pero la Resonancia es solo un sonido, Damian —dijo Mia—. ¿Cómo les da…?

—Ese es el secreto al que nos acercamos —afirmó con rotundidad.

—Evidentemente, es algo más que un sonido —dijo Leslie.

Damian hizo un gesto para agradecer el apoyo.

—Has sentido su poder —dijo—. Sé que lo has sentido...

—Sí, pero no voy a gobernar el mundo con él —intervino Mia.

—... y también otros, desde hace mucho mucho tiempo, y hay una muy buena razón de que el resto del mundo no lo sepa, y es porque nos lo han ocultado —insistió Damian.

—Te pido que pares —dijo Howard, y luego señaló la pistola—. Y que guardes eso.

—Sí, así no puedo escucharte —dije. Miré a Kyle, y por su expresión desolada supe que pensaba lo mismo.

—¿Crees que somos los únicos que hemos descubierto esto? —me preguntó Damian.

—Claro que no —dijo Jo, respondiendo por mí.

—En todo el mundo —dijo Damian, sin dejar de mirarme—, a lo largo de la historia, la gente ha descubierto que puede oírlo y utilizarlo, y todos han acabado acallados, o desacreditados, o encarcelados, o quemados en la hoguera. Sistemáticamente.

Howard, con una gran vena visible en la frente, señaló a Damian:

—No voy a sentarme aquí a escuchar teorías conspirativas sobre algo en lo que llevo años trabajando para adquirir un conocimiento legítimo y científico.

—La conspiración es lo que nos están haciendo —respondió Damian—. Es solo una teoría hasta que haya pruebas, y las pruebas están a nuestro alrededor, somos la prueba viviente de...

—¡Ya basta! —gritó Howard, haciendo callar a todo el mundo—. Ya basta. Ahora guarda eso o lárgate.

Damian parecía sorprendido.

—¿Que me largue?

—No te lo volveré a decir.

—¿Me echarías?

—Yo...

—¿Así, sin más? —preguntó Damian—. Esta es mi familia, Howard. Hago esto porque tú eres mi familia.

—Lo sé —dijo Howard, vacilando en su convicción.

Emily asintió.

—Lo sabemos, cariño.

—Se trata de defender lo que más apreciamos.

Nora se inclinó y le tocó la mano a Damian.

—Damian, por favor. Solo… guarda eso.

Y finalmente, ante la suave insistencia de Nora, Damian cedió. Recogió la pistola de la mesita y la guardó en su funda oculta bajo la camisa de franela. Luego volvió a sentarse.

—No puedo creer que fueras a echarme —murmuró, mirando a Howard.

—No… no lo habría hecho. Lo siento.

Tomé aire y relajé los puños. Sentía una extraña mezcla de rabia y ganas de proteger a Damian. Quizá deseaba poder protegerlo de sí mismo.

—Aquí estamos todos para ayudarnos mutuamente —dijo Jo, sofocando con su voz las brasas del momento—. Y nos queremos. ¿Verdad?

Todos asentimos, mirando a los componentes del círculo.

—Digámoslo para acordarnos: nos queremos. —Todos repetimos al unísono las palabras de Jo—. Y estamos trabajando por algo hermoso y difícil y sí, habrá desafíos por delante, pero precisamente ahora no nos convienen ni el miedo ni la división.

Shawn sacó una fiambrera de una bolsa de lona con el logo de un festival literario.

—Lo que necesitamos son unas deliciosas samosas veganas, y por suerte he hecho doce.

Todos rieron, excepto Damian. Mia aplaudió agradecida.

—No están calientes, pero da igual: son deliciosos carbohidratos empapados en aceite —añadió Shawn. Abrió la tapa y ofreció la fiambrera para que recorriera todo el círculo.

—¿Estáis todos bien? —preguntó Mia—. ¿Estamos bien?

—Lo único que digo es que vendrán a por nosotros —dijo Damian.

Y entonces, en un momento verdaderamente cósmico, sonó el timbre. Damian señaló la puerta, reivindicado.

Shawn soltó su inimitable carcajada y levantó los brazos.

—¡Vaya! ¡Hola, Nostradamus!

—Ay, Dios mío —murmuró Nora en español.

Howard se levantó para abrir la puerta, pero Jo lo detuvo.

—Tranquila —dijo él.
—Amor, por favor —dijo Jo, implorando a Howard que no fuese a la puerta, pero él insistió en comprobar de quién se trataba. Cruzó hasta la entrada y echó un vistazo por la mirilla.
—Es una mujer. No la conozco.
—¿Qué aspecto tiene? —preguntó Jo unos pasos más atrás, abrazándose.
—Es rubia. De unos cuarenta años.
El timbre volvió a sonar, mientras Kyle se levantaba de un salto, cruzaba hasta la puerta y se asomaba a la mirilla.
—Joder —dijo—. Es mi madre.
—Gracias a Dios. —Emily rio aliviada. Se golpeó el pecho con el puño—. Tenía el corazón a punto de…
El timbre sonó de nuevo y Kyle se volvió hacia Howard y Jo, aterrado.
—No. No, por favor.
—Va a seguir llamando hasta que alguien conteste —dijo Jo.
—Lo sé.
—Ninguno de nosotros quiere que se repita lo de la última vez —dijo Leslie.
—No, por Dios —dijo Nora.
Emily se levantó.
—Podría salir y decir algo.
—No —negó Kyle con firmeza—. Mi madre quiere alejarme de vosotros, pero no puedo, esto es mi… Este es el lugar donde necesito estar, con todos vosotros, y no lo acepta. Si voy a casa con ella, no me dejará volver.
Mia le aseguró que no permitiríamos que eso ocurriera.
—Me confundirá y me obligará a ver a un montón de médicos y no puedo, ahora no puedo verla. Por favor.
Jo lo abrazó.
—Por supuesto, cariño.
Damian estaba en la ventana de la sala, mirando por la cortina.
—Odio tener que decirlo, Claire, pero tu marido también está ahí fuera.
—¿Cómo?
—Con lo que parece tu hija.

Se me encogió el corazón mientras los demás mostraban su incredulidad. Me acerqué a la ventana y miré a través de la cortina. Paul y Ashley estaban discutiendo, al parecer, junto al coche de Paul.

—La habrán acompañado hasta aquí en coche —dijo Kyle.

Le había dicho a Kyle que no le diera a Paul el maldito número de su madre, y ahora mira. Observé a mi marido y a mi hija, sus voces mudas, y me pregunté si siquiera consideraban lo que habían hecho como una traición. Esa mujer era la razón de que hubiese perdido mi puto trabajo, ¿no lo entendían? ¿Y ahora conspiraban con ella en mi contra? Eso era tener clase, chicos. Mucha clase. El timbre volvió a sonar y Shawn bromeó diciendo que podíamos convertirlo en un juego de ir tomando tragos.

—Creo que alguien debería decirle a... —empezó Emily, antes de mirar a Kyle—. Perdón, ¿cómo se llama tu madre?

—Brenda.

—Creo que alguien debería decirle a Brenda que estás contento y a salvo, pero que no vas a salir.

—No, no conoces a mi madre. Eso le sentaría como un tiro.

—Solo me preguntaba...

—No, Emily, créeme, se pondría furiosa. Es mejor esperar a que se vaya.

Y entonces, desde el otro lado de la puerta, Brenda empezó a usar su voz como si fuera un mazo.

—¡Kyle! ¡Abre esta maldita puerta! No creas ni por un momento que me iré de aquí sin ti. Te esperaré, chico. Puedo esperarte el día entero. ¡Todo este tiempo diciéndome que estabas en casa de Mark! ¿Cuántas semanas? Voy a su casa y no tiene ni idea de lo que le digo. ¿Te imaginas cómo me sentí? Y los que estáis ahí ahora mismo, os meteré a todos entre rejas. ¿Me oís? ¡Claire Devon, sé que estás ahí!

Intercambié miradas con los demás. Shawn puso una cara de pánico cómicamente exagerada, como un cuadro de Munch, que me hizo gracia a pesar de las circunstancias. No creo que se diera cuenta de la gravedad de la situación.

—Te hablo a ti, Claire. Soy una madre. De madre a madre, Claire, devuélveme a mi hijo o juro por Dios que te destruiré.

¿Devolverlo? Me quedé atónita. ¡Mujer, si tú lo echaste!

Me volví hacia Kyle:

—¡Te echó ella!
—Más o menos.
—¿Más o menos?
—Sin dormir, sin comer —continuó Brenda—. Mientras yo llamaba a todos sus amigos y me plantaba en sus puertas, mientras publicaba mensajes en Facebook y hablaba con la policía, lo habéis tenido todo el tiempo aquí encerrado, como un rehén. ¿Me oís? ¡Esto es una toma de rehenes! Habéis secuestrado a mi hijo, menor de edad. Quiero que penséis en lo que os pasará cuando os lleve ante un tribunal, ¿me oís bien?

Mientras tanto, yo miraba a Kyle intentando descifrar qué quería decir con «más o menos».

—Nos peleamos y me fui —me explicó.
—Te escapaste —le dije, acercándome.
—No tuve más remedio.
—Me dijiste que te había echado.
—Mi madre no quería que te viese.

Podría haberlo sacudido.

—Le has estado mintiendo todo este tiempo.
—No importa.
—Sí que importa —dije, furiosa—. Claro que importa.

Brenda volvió a llamar al timbre:

—¿Kyle? ¿Chico? No me hagas esto. Te quiero, cariño, lo sabes, y sabes que no quiero que te mezcles con la gente equivocada. Estas personas no son buenas. No son normales.
—Muéstreme a alguien que lo sea, señora —resopló Shawn.
—No te conocen, Kyle —siguió gritando Brenda—. Y no piensan en lo que te conviene. Son personas asustadas, desequilibradas e inseguras que quieren algo de ti, ¿comprendes? Tienes que confiar en mí, he visto mundo, lo sé todo sobre este tipo de gente. Parecen muy amables y simpáticos y te dicen que eres especial, pero están mal de la cabeza y te arrastran y solo sacan cosas de ti, sacan y sacan y sacan sin parar, Kyle. ¿Kyle? Sé que puedes oírme. Ven a la ventana si puedes oírme…

Entretanto, mientras Brenda monologaba en la puerta principal, Kyle seguía desafiante, diciéndome que tenía diecisiete años y que podía irse de casa si quería.

—Es tu tutora legal —dije echando humo, señalando hacia la puerta.

—No importa, tiene más de dieciséis años —dijo Howard.

—Nosotros también somos sus tutores —dijo Damian.

—Sí, díselo a un tribunal —respondí.

Miré a Kyle y le dije que tenía que hablar con ella.

—No tengo nada que decirle.

—Kyle...

Justo entonces me empezó a vibrar el móvil en el bolsillo. Era Ashley. Me fui a un rincón tranquilo de la sala para responder.

—¿Ash?

—¿Por qué no contestabas?

—Lo siento, todo ha sido tan...

—Le he estado diciendo a papá que tiene que parar esto, pero sigue insistiendo, en plan «tienen a su hijo». ¿Y qué se supone que debo decirle? ¿Cómo puedo discutírselo?

—Ash...

—No, escucha, mamá. Necesito que me escuches. Le dije a papá que vosotros solo queríais que os dejasen en paz.

—Sí.

—Y dice que lo ha hecho, que se fue, que te dejó en paz y mira adónde nos ha llevado eso. Un chico secuestrado.

—Eso es...

—Mentira, ya lo sé, pero ¿sabes lo que parece desde fuera? Le he dicho a papá que solo estáis escuchando. «Eso es lo único que hacen, su rollo de escuchar». Y él me ha dicho: «Ash, las cortinas están cerradas y es pleno día. ¿Te imaginas a tu madre...?». ¡Ni siquiera duermes con las cortinas corridas por la noche, mamá! Papá dice que no eres tú, que no sabes lo que haces. Y yo le he dicho: «Sí, bueno, tú tampoco, papá, y tampoco la cabrona de Brenda Francis». Papá me había dicho que esto no sería una escena. Me lo había prometido. Se suponía que íbamos a tomar una taza de café en casa de Brenda para hablar con ella sobre la situación y ayudarla a encontrar a Kyle, nada más, pero luego nos ha obligado a ir a tu casa porque pensábamos que a lo mejor estabais allí, y como no estabais... Esa mujer lleva toda la mañana con la mano metida en el culo de papá, como si fuera su marioneta.

Cerré los ojos y me apoyé en la pared.
—Ponme con tu padre.
—¿Le quieres?
—¿Cómo?
—¿Todavía le quieres, quieres a papá?
—Claro que le quiero.
—Entonces acaba con esto.
—Pásamelo.
—¿Y a mí?
—Ash. Sabes que te quiero.
—Entonces sal. Ahora, con Kyle. Y todos nos podremos ir a casa.
Le dije que no podía. Me dijo que, si no salíamos, Brenda llamaría a la policía.
—Ash, necesito que me escuches con mucha atención, no puedes dejar que Brenda llame a la policía. ¿Tienes idea de lo que eso significaría para mí?
Ash no contestó.
—¿Lo comprendes? ¿Hola?
—Estoy muy asustada —dijo ella, con voz débil y entrecortada.
—Entonces déjalo. Vete a casa.
—¿Yo? ¿Me estás diciendo…? ¿Te has encerrado en una casa con un grupo de chalados con las cortinas corridas y me dices que lo deje?
—No les…, estas personas son mi familia.
—¿Familia? ¿De qué coño hablas?
—No tienes ni idea de por lo que hemos pasado, Ash.
—Mamá, yo soy tu familia. Papá es tu familia.
—Me parece increíble que hayáis aparecido con Brenda, la persona que me ha arruinado la vida, que tú, que tú metiste en todo esto con tus malditos mensajes de texto, ¿sabes lo humillante que es…
—Uf, sí, vuelve a sacar ese tema.
—… mirar por la ventana y ver a tu padre ahí, con ella? ¿Sabes la traición que eso supone? Es una puñalada trapera, Ash.
—Pero ¿qué coño estás…? Te queremos. Y estamos muy asustados por ti.
—Habéis empeorado muchísimo la situación.

—Tú, mamá, has creado esta situación. O sea, ¿vale la pena? ¡Es imposible que valga la pena!

—Lo he sentido.

—¿Sentir qué?

Intenté explicarle el gozo, la pureza de la experiencia a la que habíamos accedido, la sensación de plenitud, de conexión que sobrepasaba el entendimiento humano, que iba más allá de la carne, del orgasmo, del espíritu.

—¿Orgasmo? —exclamó.

—Un placer más allá del cuerpo, Ash. Algo tan completamente ilimitado..., ¿por qué estás llorando? ¿No oyes lo que te digo? Hemos desentrañado el secreto del Zumbido.

—¿Sexo?

—¿Qué?

—¿A través del sexo?

—No. No, a través del sonido de la misma Tierra.

—No puedo..., para. No puedo oír esto.

—Y estamos en paz.

—Mamá, escucha...

—Una paz verdaderamente liberadora.

—Esto me está matando —dijo, y luego gritó al teléfono—. ¡Me estás matando!

Con eso Ashley me puso en la mesa sacrificial y me arrancó el corazón. ¿Había peores palabras que una hija podía gritar a su madre? Tuve que contraer la cara para no llorar.

—Por favor, no digas eso.

—Si me quieres, sal por esa puerta ahora mismo.

Le dije que no podía.

—Entonces no me quieres.

—Ash...

—No me quieres.

—Te quiero más que a nada en...

—No, no lo suficiente. Joder, no...

Y la línea se cortó.

—¿Ash? ¿Ashley?

Crucé la sala hacia la ventana y miré entre las cortinas. Vi el móvil de Ashley destrozado en el suelo, a sus pies. Volvía a discutir con Paul, y Brenda se les acercaba por el jardín delantero. Los vi hablar a los tres. Brenda estaba fuera de sí y gesticulaba hacia la casa, y parecía que Paul hacía lo posible por calmar la situación. Ashley levantó las manos, se dirigió a la puerta del coche y entró. Oí el portazo apagado desde el interior de la casa. Se sentó y esperó con los brazos cruzados, pero no parecía que Brenda ni Paul fueran a irse pronto, sobre todo Brenda. Me volví hacia la sala, hacia las caras preocupadas y expectantes del grupo, y les dije:

—Creo que esto durará un buen rato.

Y, en efecto, al cabo de una hora llegó la policía.

17

Tengo que aclarar que nunca elegí el grupo en lugar de a Paul y Ashley. Este tipo de acusaciones me parecen agotadoras. Nunca deja de asombrarme la cantidad de opiniones de desconocidos o expertos que se creen capaces de determinar la clase de madre que soy o que fui. Que se vayan a la mierda. Me habría arrastrado por un desierto por Ashley. Entonces, ¿por qué no salí corriendo de la casa cuando me lo pidió? No creáis que no me he devanado los sesos preguntándome lo mismo. El caso es que sin el apoyo del grupo, sencillamente habría enloquecido. No habría habido nadie a quien Ashley pudiera llamar madre, ni nadie a quien Paul pudiera llamar esposa. También debo insistir en lo responsable que me sentía por Kyle, quien, a pesar de su imagen de seguridad, era una persona muy vulnerable. Además, llevaba meses sin dormir y me sentía aún más aturdida y casi disociativa desde las sintonizaciones. Cuando la gente me pregunta si me arrepiento de esa decisión, o de cualquier otra que haya tomado después de esa noche, les digo que no es una pregunta productiva. No puedo hundirme en el lodazal de esa forma de pensar.

Al anochecer ya se había congregado un pequeño grupo de vecinos preocupados, junto con al menos una furgoneta de las noticias locales. Brenda seguía ahí fuera con Paul, aunque ya no podía ver a Ashley. Las luces de la policía brillaban a través de las persianas, bañando la sala de rojo y azul. Hubo un momento en que un agente llamó a la puerta. Howard y el agente mantuvieron una breve conversación que no entendí del todo, aunque parecía versar sobre Kyle. Howard se negó a dejar entrar al agente alegando la falta de una orden judicial, pero mientras le hablaba el agente intentó entrar por la fuerza y Howard tuvo que empujar la puerta para cerrarla. Todos estábamos conmocionados y discutimos un rato sobre cómo evitar que la situación fuera a más.

Para calmar los nervios, Jo mantuvo la iluminación interior tenue y puso música ambiental como la típica que se oye en una clase de yoga o en un balneario. Nos preparó sopa de lentejas, que tomamos en cuencos apoyados en las rodillas, sentados en la sala. Nora estaba en un sillón, con los ojos cerrados, rezando en dos lenguas en voz baja. Me recordó a una paloma encaramada a una cornisa, acurrucada para protegerse de la lluvia. En algún momento, Damian se levantó para investigar el jardín trasero, supongo que para evaluar si nos estaban rodeando.

Kyle y yo estábamos juntos en el sofá, algo apartados de los demás. Yo sentía un nudo en el estómago y me tiraba pequeños pedos de estrés, que Kyle tuvo la delicadeza de no comentar. Sí me preguntó cómo lo llevaba. No muy bien, respondí. Me dijo que tenía una pinta algo espectral y, en verdad, así me sentía. Todo me parecía… precario. Era la única palabra que se me ocurría para describirlo. Mi piel. Mi respiración. Mi contacto con la realidad.

—El Zumbido parece tan intenso ahora —le dije—. Desde la otra noche, en el parque…

—Lo que pasó la otra noche fue algo bueno —insistió—. Por favor, no te arrepientas.

Le dije que no me arrepentía.

—Es que cada vez que sintonizamos me cuesta más volver —le dije—. Como si sintiera que, si lo hago de nuevo, podría entrar y no salir nunca más.

—¿Qué quieres decir con «nunca más»?

—Perderme en él para siempre.

Me daba cuenta de que lo estaba inquietando y me sentí culpable. En aquella situación, lo último que le hacía falta era que yo me descontrolara. Sin embargo, desde la otra noche sentía como si mis cimientos se hubieran desplazado. Quizá habíamos profundizado demasiado, o quizá lo habíamos hecho mal. No tendríamos que haber sintonizado solos.

—Todo esto es tan jodido… —dijo Kyle, mirando hacia la ventana. Le cogí la mano y él la apretó suavemente.

—Sabes que podrías terminar con esto ahora mismo —le dije—. Si simplemente salieras por esa puerta.

Se volvió hacia mí y estudió mi cara.

—Sí, y nunca volvería a verte. No nos dejarían.

—Quizá ese sea el sacrificio que tenemos que hacer —le dije, señalando a los demás—. Por ellos.

Sacudió la cabeza, como si no estuviera dispuesto a planteárselo siquiera.

—Te necesito conmigo —dijo.

—Y yo necesito que nos vayamos de aquí, y no en el asiento trasero de un furgón policial. Soy responsable de ti.

—Somos responsables el uno del otro. Entramos juntos en esto.

—Pero…

—Y, o nos quedamos juntos, o nos vamos juntos.

Sin decirlo, los dos sabíamos que si salíamos juntos nos separarían. Existíamos unidos solo en el tiempo que nos quedaba en esa casa: como un hombre aplastado bajo un gran peso que solo vive mientras el peso sigue presionándolo y muere en el momento en que se lo quitan de encima. Le dije a Kyle que me sentía como si toda mi vida se hubiese derrumbado a mi alrededor, como si fuera una adicta.

—Ni siquiera sé lo que me queda si te saco de ella —le dije—. O si salgo de esta casa. Estaría sola con el Zumbido y…

—Pues no lo hagas. No me apartes.

—Cuanto más tiempo estemos aquí, más va a empeorar la situación hasta que estalle. Y entonces lo destruirá todo. No solo a nosotros.

—Sé lo que estáis haciendo vosotros dos —dijo Howard, mirándonos. Los demás dejaron de hablar y se volvieron hacia nosotros.

—¿Cuál es nuestra estrategia? —pregunté.

—Claire, amor, ya hemos hablado de eso —dijo Jo.

—Somos un grupo y hacemos planes en grupo —respondió Howard.

—A lo mejor solo necesitan ver a Kyle —dije—. O saber de él.

Jo dijo que si salíamos por esa puerta, nos separarían y nos arrestarían uno por uno.

—Mientras permanezcamos aquí, tendremos poder de negociación —afirmó.

—¿Qué negociación? —pregunté—. Nos piden que nos marchemos y no nos marchamos. No tenemos ninguna exigencia.

—Exigimos que nos dejen en paz —dijo Howard.

—Está claro que esa no es una posición viable —repuse.

Discutimos unos minutos más, sin resultado. Tras una pausa, Mia me preguntó si estaba segura de que no quería comer algo. Le dije que me sentía incapaz.

—Está delicioso, Jo —dijo Shawn—. De veras.

—Gracias. Es solo lo que he podido apañar.

Emily se rio.

—¡Con tres coches de policía y una furgoneta de noticias fuera! Apenas puedo cocinar cuando vienen a comer los hermanos de Tom, me estreso muchísimo.

Mia le preguntó a Nora si había comido lo suficiente y ella asintió. No soltaba el diminuto crucifijo de oro que le colgaba del cuello. Jo le preguntó si quería ir a algún sitio más tranquilo para rezar o tranquilizarse, pero Nora dijo que no, que estaba bien, gracias. Justo entonces Damian entró de nuevo en la sala desde la cocina y empezó a detallar los planes para una posible ruta de escape por el jardín trasero.

—No necesitamos ninguna vía de escape —lo interrumpió Howard.

—Puede que la necesitemos, joder.

—Lo que necesitamos es mantener la calma.

—No vamos a tratar solo con la policía local, Howard.

—¿Por qué no te sientas un rato conmigo? —dijo Mia, haciéndole gestos para que se acercara.

—No —estalló Damian—. No soy uno de tus putos críos autistas, Mia. No utilices esa mierda de «ven a sentarte conmigo» como si fuera uno de ellos.

Desconcertada, Mia levantó las manos en señal de sorpresa. Pero antes de que ninguno de nosotros pudiera responder, la voz de un hombre retumbó de pronto por un altavoz. La sala se quedó en silencio mientras todos escuchábamos.

—Reiteramos que nuestra intención no es utilizar la fuerza.

—Su intención —dijo Jo, secamente.

—No pensamos detener a nadie.

Damian se cruzó de brazos:

—Ya.

—Solo queremos asegurarnos de que todos ahí dentro están sanos y salvos.

—Qué amable por su parte —dijo Leslie.

—Lo siento por ellos —dijo Emily.

Mia se quedó mirándola.

—¿Por la policía?

—Solo intentan hacer su trabajo —dijo Emily, antes de volverse hacia Damian—. Y me parece que tú tendrías que entenderlos un poco. Tú también has servido al país.

—Esta respuesta es completamente desproporcionada ante la situación —repuso Damian.

—Ni siquiera hay una situación —dije—. Es solo una casa con gente dentro.

—Pero nadie se lo dice —dijo Emily—. Se imaginan lo peor.

Mia coincidía con Emily:

—Creo que tenemos que enviar a alguien para que haga de portavoz.

—No —dijo Howard—. Os lo he dicho, se lanzarán a la puerta.

—Es un delito acoger a un menor fugado —interrumpió Jo.

—Ya no entra en esa categoría —dije—. Tiene diecisiete años.

—Pero si creen que lo retenemos en contra de su voluntad…

—No quiero ir con ellos —dijo Kyle.

Emily levantó las manos para calmarlo.

—Lo sabemos.

—No me dejarán volver a veros —dijo—. A ninguno de vosotros.

Leslie le aseguró que no íbamos a permitir que eso ocurriera, aunque yo no alcanzaba a entender cómo podía hacerle esa promesa.

—Tampoco podemos dejar que la situación se agrave innecesariamente —dijo Emily.

Mia buscó algo en su móvil y se lo mostró a Jo.

—Mira, a los dieciséis años pueden irse de casa sin el consentimiento de los padres. ¿Vale? A menos que puedan demostrar que corre algún tipo de peligro físico, no tienen donde apelar.

—Bueno, eso es lo que intentarán demostrar —dijo Jo levantando la vista del móvil de Mia—. Eso es lo que intentan evaluar.

—He sido yo el que ha hablado con el agente —dijo Howard—. Ya lo tienen decidido. Entrarán, nos arrestarán y se llevarán a Kyle.

—Creo que tenemos que encontrar la forma de comunicarnos con ellos —dijo Mia, y Emily asintió con vehemencia—. El silencio es demasiado amenazante.

—No vamos a enviar a nadie fuera —dijo Leslie—. Empezarán a sacarnos uno a uno...

—¿Qué os parece un cartel en la ventana? —sugirió Shawn—. Simplemente escribimos algo en plan «Somos nueve, estamos bien y a salvo». Y... «Reunidos pacíficamente por nuestra propia voluntad. Por favor, déjennos en paz». O algo así.

—Ya, seguro que eso hace que se larguen —dijo Damian.

—Bueno, es mejor que nada.

—Sin duda —coincidió Emily—. El silencio es una especie de...

—Desafío —dijo Mia—. Como un «que os den».

—Lo del cartel me parece bien —dijo Jo. Howard asintió y Nora dijo que le parecía una buena idea. Jo miró a todos los demás—: ¿Alguna objeción?

Como nadie habló, Jo se levantó de la silla y salió en busca de material para escribir.

—Y podemos ir actualizando el cartel, si es necesario —añadió Shawn.

Leslie dijo que creía que nadie debía mostrarse en la ventana con el cartel, por motivos de seguridad.

—No, claro que no, lo pegaremos al cristal —dijo Shawn.

—¿Qué, tienes miedo de que nos disparen o algo así? —bromeó Kyle.

—No, solo creo que cuanto menos imágenes personales nuestras obtengan, mejor —respondió Leslie.

—Cuantas —dijo Shawn.

—¿Perdona?

—Cuantas menos imágenes personales. Lo siento, ¡soy un fanático de la gramática!

—Pues mira, entonces mejor lo escribes tú —dijo Leslie riendo un poco.

—Pues mira, entonces mejor lo escribo yo —respondió él, imitándola con cómica exactitud.

Jo volvió a la habitación con varias hojas de papel, un puñado de rotuladores y cinta adhesiva. «Bien, vamos allá». Puso el papel encima de un gran libro sobre el brutalismo.

—Mejor escribir sobre este libro para no manchar la mesa —dijo.

—Me encanta esta mesa —dijo Emily, pasando la mano por encima.

—Gracias, es de madera de mango.

—Vale —dijo Shawn, bajando al suelo—. ¿Nos gustaba esto? «Somos nueve, estamos bien y a salvo. Reunidos pacíficamente por nuestra propia voluntad. Por favor, déjennos en paz».

—¿Por qué tenemos que especificar el número? —preguntó Howard.

Dije que, en mi opinión, hacía que pareciésemos unos mineros atrapados.

—Lo mismo con el que «estamos bien y a salvo» —dijo Jo—. Como en «bien, a salvo y con oxígeno de sobra».

Shawn sugirió algo más sencillo:

—«Nos hemos reunido pacíficamente en esta residencia privada por decisión propia. Por favor, respeten nuestra privacidad».

Damian asintió.

—Está bien.

—Excepto por la repetición de «privado» y «privacidad» —dijo Kyle—. Es un montón de…

—Privacidades —dijo Shawn, tímidamente.

—Sustituyamos alguna —propuso Mia.

—«Nos hemos reunido pacíficamente en esta residencia privada por decisión propia. Por favor, respeten nuestra intimidad».

—Estupendo —dijo Howard—. Envíalo a la imprenta.

Shawn destapó un rotulador negro y empezó a escribir con letras claras y gruesas. Se equivocó con el espaciado y tuvo que encajar torpemente las palabras «nuestra intimidad» en una tercera línea imprevista, pero aun así era legible. Entonces levantó el cartel y preguntó:

—¿Quién quiere hacer los honores?

Damian sugirió que fuese Kyle.
—Para que sepan que está bien y…
—A salvo —dijo Mia—. Y que tiene suficiente oxígeno.
—Y voluntad propia —añadió Jo.
Shawn le entregó el cartel a Kyle, que se acercó a la ventana y pasó entre las cortinas. Se oyeron las exclamaciones ahogadas de la multitud reunida fuera. Pegó el cartel al cristal y luego se escabulló detrás de las cortinas, de vuelta a la sala.
—Acaba de llegar otra furgoneta de los informativos —dijo.
La cara de Howard se ensombreció…
—¿En serio?
—KCTV.
—La hostia. —Shawn sonrió, incrédulo, como si ya estuviera en el futuro y recordara una anécdota disparatada. Damian salió de la sala, cogió su mochila del vestíbulo y sacó el portátil. Lo dejó sobre la mesita y abrió la emisión en directo de KCTV.
—No quiero verlo —dijo Howard, y Mia coincidió con él.
—Pues la verdad es que yo sí —dijo Shawn.
Damian levantó la mano para acallar a todos en la sala.
—Lo pondré en silencio.
—No puedo hacer esto —dijo Nora.
Jo le puso una mano en el muslo.
—Es horrible, ¿verdad?
—Tengo… tengo que irme. —Nora se levantó de la silla. Le temblaban las manos.
—¿Irte?
—No puedo quedarme, lo siento.
Jo se levantó y la abrazó con suavidad.
—Espera.
—No quiero seguir haciendo esto.
—Todo saldrá bien.
—No quiero formar parte de esto —insistió Nora, apartándose de Jo.
—Pero hemos hecho un pacto —dijo Jo.
—Lo sé, pero no puedo. Lo siento. No puedo respirar aquí.
—¿Quieres salir un momento al jardín de atrás? —le preguntó Shawn.

—Quiero irme a casa —respondió ella, cada vez más angustiada—. Quiero ver a mi hijo. No quiero salir en la tele ni, ni... tener problemas con la policía, no quiero.

Howard se puso en pie.

—Nora, ahora te necesitamos. Más que nunca.

—Lo siento —dijo ella con lágrimas en los ojos.

—No sé qué decir —intervino Jo—. Después de todo lo que te hemos enseñado. Por todo lo que hemos pasado.

—Lo siento. Os quiero pero necesito ir a casa. Necesito ver a mi hijo.

—Así que vas a salir sin más —dijo Leslie, bruscamente—. ¿A esa multitud de policías y equipos de noticias?

—No tengo elección.

—Claro que sí —respondió Jo.

—Esto acabará, se irán —dijo Howard.

—Lo sé, pero...

Howard avanzó un paso.

—Tienes que ser fuerte y tienes que tener paciencia.

—Pero no puedo, no soy fuerte. Tengo miedo y quiero irme.

—Sí lo eres —dijo Jo—. Sé que lo eres, lo he visto.

—Estoy decidida —dijo Nora, haciendo acopio de lo que le quedaba de valor—.

Lo siento. —Luego se volvió hacia el resto de nosotros—. Os quiero a todos. Pero tengo que irme.

Hizo ademán de salir, pero Leslie se lo impidió.

—Espera, espera. ¿Y ya está?

—Volveré.

—No, no lo entiendes —dijo Leslie, apuntándole al pecho con el dedo—. Si te vas, nos haces daño a todos. Nos haces vulnerables.

—Intentarán ponerte en nuestra contra —dijo Jo.

—No, yo...

—Eres más fuerte que esto, Nora.

Leslie acercó su cara a la de Nora.

—Si sales por esa puerta, ya no serás bienvenida aquí.

Shawn parecía sorprendido.

—Les.

—Eso es traición —le dijo ella.

El rostro de Nora se endureció, desafiante.
—Adiós, Leslie.
Nora trató de esquivar a Leslie, pero esta la agarró para inmovilizarla mientras Nora forcejeaba y gritaba que la soltara. Jo acudió en ayuda de Leslie, diciéndole a Nora:
—Amor, tienes que controlarte, ¿de acuerdo?
—Por favor, dejadme ir —suplicó Nora, aterrorizada.
Howard alargó la mano para calmarla.
—Nora…
—No me toques.
—Estamos todos juntos en esto —dijo Howard—. Y estamos tratando de protegerte.
—Déjame. ¡Soltadme! —gritó, con la cara enrojecida.
Jo la había inmovilizado con una llave.
—Nora, necesito que te concentres. ¿Nos entendemos? Quiero que sintonices.
Leslie pidió ayuda a los demás para calmarla. Mia y Damian agarraron a Nora por las piernas para evitar que patalease. Emily se había acercado pero no lograba sumarse a la lucha. Shawn, Kyle y yo nos quedamos unos pasos atrás mirando, horrorizados. Sabía que debía interceder, pero estaba demasiado aturdida para saber cómo actuar.
—Chicos —gritó Shawn, para hacerse oír entre el tumulto.
—Cariño, por favor —susurró Emily, agachándose para mirar a Nora a la cara—. Piensa en lo que está en juego.
Damian le recordó a Nora que, si salía ahora, la detendrían e intentarían que delatara a los demás.
—¡Basta ya! —volvió a gritar Shawn, su voz apenas audible.
—Y te van a poner en nuestra contra —continuó Damian.
—Necesito que te concentres —le dijo Jo a Nora, que seguía gritando que la soltaran, con la voz cada vez más ronca. Tenía la frente sudorosa y el pelo revuelto. Vi que Kyle también estaba conmocionado ante aquella situación.
—Estás empeorando las cosas para ti —le dijo Leslie a Nora.
—Tumbadla en el suelo —indicó Howard a los demás.
—Chicos, por favor —suplicó Shawn—. Esto es una locura.
—A la de tres —dijo Howard.

Por fin conseguí gritar:

—¡Dejadla ir!

—Uno…

—¡Por favor!

—Dos…

De repente, Nora se zafó de Mia, o quizá esta la soltó, y con el brazo libre le dio un codazo en el estómago a Leslie, que gimió y se dobló, desestabilizando al resto. Con los ojos desorbitados por el miedo, Nora se levantó a trompicones, jadeando para recobrar el aliento, y nos espetó «Dios tenga piedad de vosotros» antes de salir corriendo de la sala, abrir de un tirón la puerta de la calle y huir de la casa.

Jo señaló frenéticamente la puerta abierta de par en par, gritando:

—¡Cerradla, cerradla, cerradla!

Damian corrió hacia la puerta, la cerró y echó el pasador.

—Eso no estaba bien —gritó Shawn.

—No tenía por qué ser así —dijo Mia, negando con la cabeza.

Leslie se incorporó, dolorida y fuera de sí.

—¡Hasta nunca, joder! —chilló hacia la puerta principal.

Miré a Leslie, esa mujer a la que había llamado amiga durante casi medio año, esa mujer a quien había contado algunos de mis secretos más íntimos, y de pronto me pareció una desconocida cruel y desesperada con el carmín de otra mujer manchándole la blusa. Se volvió hacia los demás.

—Sinceramente, ni siquiera creo que Nora sintiera la Resonancia. Creo que ha estado fingiendo todo el tiempo.

Y entonces, en la pantalla del portátil de Damian, apareció la imagen en directo de Nora abriéndose paso a empujones entre los periodistas congregados en la entrada. Damian devolvió el sonido al ordenador y vimos que se le echaban encima y preguntaban:

—Por fin alguien ha salido de la casa. ¿Señora?

—¿Cuántos hay en la casa?

—Señora, ¿cómo se llama?

—¿Cuántos hay dentro?

—¿Era usted una rehén?

Jo exhaló a mi lado, negando con la cabeza.

—Dios mío —murmuró Mia.

—¿Qué está pasando dentro? —preguntó uno de los periodistas—. ¿Puede describir la situación?

—¿Era usted miembro de una secta sexual?

Nora parecía aturdida:

—¿Qué?

Emily levantó la vista de la pantalla y nos miró horrorizada.

—¿Acaba de decir…?

—No. No, no —respondió Nora, mientras intentaba por todos los medios abrirse paso entre la multitud.

—¿Es una secta sexual, señora?

—Señora, ¿quién está dentro?

Jo continuó negando con la cabeza.

—Increíble.

—¿Ha dicho «secta sexual»? —preguntó Emily.

—¿De dónde coño han sacado eso? —murmuró Damian, con el puño delante de la boca. En cuanto oí esas dos palabras, supe exactamente quién las había formulado y transmitido a la prensa. Sentí que mi corazón era como una naranja que se pudría, enmohecía y desmoronaba a cámara rápida.

—¿Quiénes son ellos? —preguntó un periodista.

—¿Qué significa eso? —dijo Emily, escrutando nuestros rostros.

—¿Puede darnos nombres? —preguntó otro.

—Son mis vecinos —respondió Nora mirando a la cámara, con el rímel corrido—. Son buena gente.

—Y así empieza —dijo Howard para sí.

Cuando Nora desapareció del encuadre, un reportero se puso delante de la cámara.

—Como acaban de ver, aún no estamos seguros de quién era esa mujer, pero parece ser un miembro de la secta de Sequoia Crescent o quizá una posible rehén. Lo que sí sabemos hasta ahora es que Kyle Francis, de diecisiete años (al mencionar el nombre de Kyle, apareció en la pantalla la foto de su anuario), recién graduado en el instituto F. G. Saunders, está dentro de la casa, supuestamente retenido contra su voluntad. También se encuentra dentro su antigua profesora de Lengua Claire Devon (apareció en la pantalla un primer plano algo borroso de mi cara, sacada de la foto del profesorado del instituto), que fue despedida a principios de año tras salir a la luz…

Leslie cerró el portátil.
—No puedo con esto.
—Gracias —dijo Howard.
Shawn señaló a Leslie y a Jo.
—Eso no ha estado bien.
—Ella nos ha traicionado —respondió Leslie—. Somos familia.
—La gente puede entrar y salir cuando quiera —dijo Shawn, alzando la voz por encima de la de ella—. Si alguien...
—No eliges a tu familia —replicó Leslie—. No abandonas a tu familia cuando las cosas se ponen difíciles.
—¿Si abusan de ti?
—¿Abusar? —Jo casi pareció empalada por la palabra—. ¿Quién ha abusado de alguien?
—Solo digo...
—Hemos compartido con ella lo más íntimo de nosotros.
—Si alguien quiere irse...
—Si alguien quiere irse, que lo haga ahora —dijo Leslie señalando la puerta—, porque las cosas van a ponerse mucho más difíciles. Así que, si pensáis largaros, no esperéis más. —Hizo una pausa dramática y paseó la vista por toda la habitación—. ¿Alguien?
Jo me miró y frunció el ceño:
—Claire, ¿tienes algo que decir?
Me sentí como si me hubiera metido sin querer en la línea de fuego.
—No.
—Parece que sí.
—Yo...
Kyle me miró con preocupación.
—¿Estás bien?
Me confundió su atención hasta que reparé en que estaba abriendo y cerrando la boca como un pez y temblaba ligeramente. De pronto sentí que me iba a desmayar. Pero les dije que no, que estaba bien, de veras. Solo quería que dejaran de mirarme.
—Creo que todos estamos un poco nerviosos —dijo Emily, tratando de aligerar la tensión.
Howard señaló el portátil cerrado.
—Esto podría hundir todo por lo que hemos estado trabajando.

Leslie asintió, todavía furiosa:
—Todo.
—Van a intervenir —dijo Damian—. No hay vuelta atrás.
Jo dijo que de nada servía ponerse catastróficos.
Howard señaló hacia la ventana.
—Jo, están retransmitiendo en directo delante de nuestra casa.
—Sí, acabo de verlo, soy consciente.
—Nos llaman secta sexual.
Jo levantó y bajó los brazos.
—Sí.
—Yo diría que eso es bastante catastrófico.
—¿Qué esperabas? —preguntó, inclinándose hacia él.
—Bueno…
Jo se volvió hacia el resto de nosotros.
—Lo que estamos haciendo es histórico. Claro que va a haber cámaras de televisión. Y desinformación, y alarmismo, y descrédito. Eso ya lo sabíamos.
—Pero ¿qué somos? —preguntó Emily—. Hablo en serio. Podemos decir que no somos esto ni aquello, pero ¿qué somos?
Leslie le preguntó si importaba, y Emily dijo que sí, que ella creía que importaba mucho. Aunque solo fuese por nosotros mismos.
—No estoy seguro de sentir esa necesidad —dijo Howard.
—En tal caso serán los demás los que nos pongan un nombre, es algo que no pueden evitar.
—Les asusta si no pueden —dijo Jo.
Shawn pareció considerar las palabras de Emily.
—Entonces… somos como…
—Una célula —dijo Damian.
—¿Una qué? —preguntó Mia.
—Ya sabes, como una…
—Eso nos hace parecer terroristas —dijo Shawn.
Leslie tampoco sentía la necesidad de definir lo que éramos.
—Solo somos vecinos —propuso Kyle—. Como ha dicho Nora.
—Vecinos que comparten un don —añadió Mia.
Una calma momentánea se apoderó del grupo y empezamos a escuchar el estruendo del exterior. El bullicio del número cada vez mayor de cuerpos. El graznido de los *walkie-talkies*. Coches que se

acercaban, puertas que se abrían, portazos. Parecía un asedio. Como si tuviéramos que verter calderos de brea caliente desde el tejado o reforzar la puerta para contrarrestar el embate de un ariete.

Jo nos miró a cada uno de nosotros, se levantó despacio y sugirió que sintonizásemos.

—¿Ahora? —preguntó Damian, perplejo.

—Tenemos que aferrarnos al motivo por el que estamos haciendo esto.

Howard asintió y Emily dijo que le parecía una buena idea.

—¿Rodeados de policías? —insistió Damian.

—Necesitamos todo el poder, la fuerza y la unidad que podamos extraer de él.

Damian sacó la pistola y volvió a colocarla sobre la mesa.

—Entonces voy a dejar esto aquí.

Howard le pidió por favor que la guardara, pero Damian se negó.

—Howard, si estamos sintonizando con los ojos cerrados, rodeados de policías...

—Oye... —le interrumpió Howard, pero Jo le puso una mano en el hombro para indicarle que lo dejara.

—Nos protegeremos los unos a los otros —dijo Leslie.

Damian hizo un gesto que abarcaba toda la sala.

—No creáis que no nos están escuchando, ahora mismo.

—Pues que escuchen —dijo Jo—. Nosotros escucharemos más profundamente.

Extendió los brazos y el grupo lo interpretó como una señal para dejar las sillas y arrodillarse en el suelo. Estábamos formando un círculo cuando otra voz resonó por el altavoz.

—¿Emily?

Emily se llevó la mano a la boca.

—¿Me oyes?

Esta vez no era un oficial de policía: era Tom.

—Ay, Dios —dijo Mia.

—Emily, estoy... Estoy en la calle, aquí fuera. Si me oyes, por favor, acércate a la ventana.

Leslie miró fijamente a Emily y dijo:

—No.

Emily asintió, pero me di cuenta de que estaba destrozada.

—Todos en círculo —dijo Jo.

—Te quiero, cariño. Y tengo miedo por ti.

Howard le imploró a Emily que lo ignorara:

—Te están provocando. Tienes que ser fuerte.

—Por favor, acércate a la ventana.

Emily se levantó.

—Quizá debería...

Un coro formado por Leslie, Jo y Damian le gritaron que no. Emily vaciló y luego se dirigió a la ventana, pero Damian la sujetó y ella gritó, rompiendo a llorar.

—Preparaos —dijo Howard.

Kyle, arrodillado, miró atrás y vio que yo seguía sentada en el sofá. Se inclinó para preguntarme si me encontraba bien. Le dije que no sabía si estaba preparada para volver a sintonizar. Me preocupaba no estar en el estado adecuado. Pero las cosas iban mucho más deprisa de lo que yo podía asimilar. El círculo estaba listo y esperando.

—No tienes de qué preocuparte, Em. La policía solo quiere asegurarse de que estás bien. Todos estamos intranquilos por ti.

—Claire, ¿qué pasa? —preguntó Jo, pasándome el brazo por los hombros.

—Sé que puedes oírme. Por favor, no me hagas esto.

—Me preocupa no ser lo bastante fuerte —le dije a Jo.

—Solo sal por esa puerta, camina a mis brazos y te llevaré a casa, ¿de acuerdo?

—¿Lo bastante fuerte para qué? —preguntó Jo.

—Y podemos olvidarnos de todo esto.

—¿Suficientemente fuerte para qué, Claire? —volvió a preguntarme.

—Claro que eres lo bastante fuerte —dijo Leslie desde el suelo.

—¿Y si no salgo nunca? —pregunté.

Jo parecía confusa.

—¿Quieres decir de la casa?

Miré a Emily. Más serena, se secaba los ojos y abrazaba a Damian, agradeciéndole que la hubiese sujetado. Howard, arrodillado junto a Shawn y Mia, me hizo un gesto:

—Vamos, Claire.

—Quiero que respires hondo, ¿de acuerdo? —dijo Jo, mirándome a los ojos. Asentí e inhalé, como un niño obediente—. Eso es. Muy bien. Ahora baja al suelo con nosotros. Creo que todo volverá a aclararse y centrarse cuando empecemos a sintonizar.

Sin saber qué otra opción tenía, bajé al suelo y me uní al círculo.

—Bien —dijo Jo, mirándonos a cada uno de nosotros—. Estamos todos aquí. Todos estamos presentes. Sé que en este momento nos encontramos en un estado muy intenso, pero podemos canalizar esta intensidad. ¿De acuerdo? Quiero que os concentréis, con toda la energía que tengáis en el cuerpo. Dejad que los demás sonidos se disipen. Acoged al Zumbido. Dejad que os penetre. Dejad que os llene.

Cerramos los ojos y, poco a poco, el Zumbido comenzó a emerger de nosotros, a moverse a través de nosotros, utilizando nuestros cuerpos como conducto.

—Dejad que os sustituya —dijo Jo—. Átomo a átomo. Hasta que no seáis más que la frecuencia de la Tierra.

Veía la luz estroboscópica azul y roja a través de los párpados. La habitación palpitaba. El Zumbido fue aumentando de intensidad hasta que la sala y nuestros cuerpos se calentaron, hasta que la voz de otro agente de policía se oyó por el altavoz: «Tienen cinco minutos para salir del recinto por la puerta principal de forma tranquila y ordenada». Luego lo repitió, con su voz crepitando en la noche. Pero no podíamos oírlo, no entre nuestros propios gritos, nuestros gemidos y lamentos, a punto de transformarnos y deshacernos, febriles y desatados, revolviéndonos, retorciéndonos, poseídos en las profundidades del tiempo, en las profundidades del sonido, en las profundidades de la carne, el sonido en la carne, la carne en la luz, desgarrándome, desgarrándonos a través del tiempo, arrancándonos la ropa, derribando muebles, volcando mesas, lámparas, jarrones...

—¿Claire?

Oí la voz de Jo.

—¡Claire! —gritó Kyle tratando de agarrarme, pero yo no estaba allí: yo chillaba, desnuda y desatada en el sonido, me agitaba como una bandera en lo alto de un mástil durante un huracán, entre voces, las voces alarmadas de los demás...

—¿Qué está pasando?
—No lo sé.
—Dios mío.
Y yo, mi propia voz…
—No puedo, aaaah, aj…
—Rápido, sujetadla.
—Estoy rota   me oí decir   . Rota. Rota.
—¿Rota?
—Claire, mírame.
—Me ha atravesado y se está v-v-v-v-ertiendo dentro de mí, a, a, aaaah…
—¿Qué…?
—Claire, vuelve conmigo. Mírame. Mírame a los ojos. Escucha mi voz. Quédate en la sala.
—¿Has visto algo así antes?
—No, yo…
—¿Qué pasa?
—Vuelve conmigo, Claire. Escucha mi voz, agárrate a mi voz.
Yo estaba convulsionando en el suelo. Paroxismos.
—P-p-p-p-p-p…
—Mierda.
—¡Que alguien haga algo!
—¿Hacer qué?
—Dios mío.
—Le está dando un ataque.
—No, no es eso.
—Quizá Claire lo ha atravesado.
—¿Atravesar qué?
—Dame la manta. —La voz de Mia.
—¿La manta?
—Vamos…
Leslie cogió una manta del sofá y se la lanzó a Mia, que me envolvió en ella como si fuera un bebé e intentó calmarme, arrullándome y susurrándome al oído mientras yo temblaba, sudaba, me abandonaba, aaabaaandhhhh.
—Mantenle la lengua fuera de la garganta.
—Tranquila, te tengo —dijo Mia.

Kyle les dijo que a mí me daba miedo caer dentro y no poder volver a salir.

—¿Caer dentro?

—Te tengo, Claire, tranquila, tran…

Peroperopero me liberé de Mia, de la manta, me arranqué, me arranqué lo que conservaba de ropa, el Zumbido me atravesaba, bandera en el mástil, violent…

—Claire…

—Alguien…

—¿Qué está haciendo?

—Está muy caliente.

—Traedle agua.

—¿Por qué hace ese ruido?

—Por Dios.

—Yjjjjj por Dios aj Diiiiiiooooojjjjj…

—¡Agua!

Shawn corrió a la cocina.

Alguien dijo:

—Claire, por favor.

—¡Coge la jarra de la nevera!

Desnuda. Vientos de tiempo, de sonido, en el mástil. Shawn volvió corriendo con una jarra de agua, plástico, transparente, condensación; se la dio a Jo, que me la echó encima, me empapó de agua helada.

—Joder.

Escupí, jadeé. Jo dio una sonora palmada delante de mi cara.

—¡Vuelve con nosotros, Claire!

—Tooоodooa yo… en…

—Sí.

—Vamos.

Intentar formar palabras. Hacer formas con los labios, la lengua…

—Ya está.

—Creo que Claire puede oírte.

—Aaahh-k-k-k… —No podía.

—¿Qué te pasa, cariño? —La voz de Emily.

—Apartaos, dejadle espacio.

—¿Claire?

—K-k… —dije.

—Soy yo. Soy Kyle —dijo la voz de Kyle.

—K… K… Voy… a…

—Vuelve conmigo, Claire. Vuelve, vuelve conmigo.

Sus manos en mi cara pero yo gemía, avergonzada, por qué, manos en mi cara, yo, yo, yo, tengo que irme tengo que salir de aquí de mi piel esta sala esta casa esta vida este sonido este sonido es demasiado todo es demasiado yo corrí, corrí a la puerta —¡Claire! ¡Sujetadla! Mierda mierda mierda—, corrí a la puerta, abrí y estaba fuera fuera en el portal, delante de la acera, deslumbrada por el resplandor de las cámaras, las luces policiales, los iPhone, exclamaciones, desnuda, empapada y temblando por el agua fría, mis pechos, mi mente, me tambaleé unos pasos, cámaras de la prensa, reporteros, todos acercándose, ¿dónde está Ashley? Las luces, la multitud, no me dejaban ver, temblaba, yo era el sonido. Me había convertido. Abrí la boca. Abrí la boca para hablar y dije: «¡Ha habido una revelación!».

Justo entonces Howard y Jo me sujetaron por detrás, me arrastraron de nuevo adentro, cerraron de un portazo y pasaron el cerrojo.

La cara de Howard en la mía:

—Pero ¿qué haces?

—Claire, ¿estás ahí?

Yo estaba por todas partes.

—¿Qué ha pasado, Claire? Cuéntanos.

Intenté hablar, pero las palabras se me agolpaban en la boca. Howard me sujetó la cara por la barbilla, con firmeza, y me dio una pequeña sacudida.

—No hagas eso —dijo Jo—. No la toques.

Le aparté la mano a Howard y retrocedí dando tumbos. Miré a Jo. Y la vi.

Vi a Jo. Y yo había vuelto.

Estaba de nuevo en la sala. Intenté recuperar el aliento. Iba a vomitar. No. Vi a los otros. Vi que me miraban, asustados. Parpadeé y me volví hacia Jo. Me volví hacia Jo y le dije:

—Yo era tú.

Me volví hacia los demás y les dije:

—Yo era todos vosotros. Yo era el suelo. La casa. El interior del frigorífico. La mostaza. Los huevos. El árbol de ahí atrás y los gusanos de abajo, me abría paso con la cara por la tierra de... de la vida, estaba en la vida de todo, joder, Dios, Dios mío, no puedo ni empezar, no tenía un principio ni un fin, no acababa, lo era todo, infinita, estrellas lejanas, edificios, rascacielos y los pájaros —di una palmada— estrellándose contra ellos.

Me volví hacia Kyle, que tenía una expresión aterrorizada:

—Tú. Yo era tú. Hacía el amor con tu mujer, yo era tu mujer dentro de veinte años y tu mierda en el retrete, tu hijo, tu nieto saltando a la piscina, el agua de la piscina. Había... ni siquiera, ni siquiera sé de qué época estoy hablando, ¿estoy hablando? Supongo que sí, ahora. Estoy aquí, de vuelta a mi... Un momento. ¿Lo estoy? ¿Dónde está Ashley? ¿Qué hora es? La cosa es... que no hay cosas, todo es la misma cosa, indistinguible, solo átomos que se mueven, que cambian de lugar, todo es lo mismo, la misma cosa, y hum..., lo que iba a decir, ¡ah, no le temía a la muerte! ¿Qué es? No es... la muerte no existe, no ocurre, simplemente todo cambia de lugar, da lo mismo, no hay que preocuparse por eso. La familia. No importa. Las personas que queréis. Tampoco importan porque todo, tú, yo, los desconocidos, el autobús, todo son solo átomos que cambian de lugar a lo largo del tiempo, uniéndose y separándose. Horrible en cierto modo, ¿verdad?

Kyle extendió la mano y me tocó el hombro:

—Claire.

—¿Qué es un cuerpo? ¿Qué es esto? —pregunté, poniendo las manos sobre la mesita.

—Es una mesa —respondió Kyle.

—Pero ¿qué es? —pregunté, desesperada—. Yo era esto. Esta cosa. ¿Qué es el sonido? Solo el espacio que hay entre las cosas. Yo era sonido. ¿Qué es eso? ¿Una voz? Oía tu voz. Oía tu voz en el tiempo. En el espacio. Ha habido un momento. Yo quería. He creído que me había ido. Para siempre. He creído que el sonido me había reemplazado, reorganizado, para siempre. Pero estaba bien. Me parecía bien. No tenía miedo. He oído tu voz y no he tenido miedo. Por primera vez.

Miré a Kyle a los ojos.

—He oído tu voz. Y he sabido quién era yo.

El Zumbido aumentó de pronto, ensordecedor, y la puerta principal se abrió con violencia para dar paso a agentes con equipo táctico, tres, cuatro, y luego se oyó el estruendo de las puertas del jardín trasero que abrían a golpes. Damian se agachó, cogió su pistola de la mesita y la levantó. Y entonces un agente abrió fuego, alcanzándole a él y a Kyle. Cayeron al suelo, como sacos de boxeo cortados de sus cadenas. Todo ocurrió en tres segundos, pero a cámara lenta. Cristales rotos por todas partes, ¿dónde, cómo? Damian, herido, devolvió los disparos y le dio al policía. Otros dos agentes abrieron fuego, alcanzando a Damian tres veces en el pecho. Todo eso en otros cuatro segundos. Kyle no se movía. Yo estaba en el suelo, sosteniéndolo. Alguien gritaba en alguna parte. Me aferraba a Kyle. Caliente y húmedo en mis manos. Me aferraba a él como si fuera mi hijo. Pero él no me respondía.

18

Un amanecer de invierno apareció en el borde del claro. Sus orejas de punta blanca se movieron aquí y allá mientras miraba a su alrededor. Unas tenues volutas de aliento ascendían de su hocico entre el frío. Bajó la cabeza y avanzó con cautela por la hierba helada para olfatear los restos de una tienda naranja hundida. Cerca había un hornillo de propano portátil y dos pequeñas bombonas de propano vacías. Una manta empapada. Dos almohadas rotas que vomitaban espuma. Y lo que quedaba de un reproductor de cedés destrozado.

19

He buscado en Google:
¿Se puede morir de pena?
¿Se puede morir solo por desearlo?
¿Se puede morir de una pesadilla?
¿Llorar quema calorías?
¿Qué ocurre si alguien se muere solo en su casa?
¿Cuánto tarda en oler un cadáver?
¿Cuál es el máximo tiempo que se ha tardado en descubrir el cadáver de una persona que vivía sola?
¿Es lineal el tiempo?

20

No me invitaron al funeral de Kyle. Tampoco lo esperaba. Ni tampoco me invitaron al de Damian. Aunque se presentaron cargos, al final los retiraron. Brenda amenazó con una demanda civil, pero, a día de hoy, no ha llegado a nada. Estuve tres semanas en una unidad de salud mental. Paul me visitó todos los días. Ashley se fue a la universidad. Luego me dieron el alta y volví a mi soledad. Pasaron los meses. Dejé de sintonizar. Había olvidado cómo se hacía. Ni siquiera estaba segura de que fuese posible hacerlo sola. El Zumbido persistía, pero había perdido todo el sentido de asombro, de alegría o de significado. Ya no era un misterio atrayente. Volvió a ser simplemente un ruido. Algo que atormentaba mis horas de vigilia, horas y horas que, a saber por qué, se me habían concedido a mí y se le habían negado a un chico al que había amado. Tuve una visión de este gran dolor que se extendía desde mi pecho en todas direcciones como un paracaídas invisible, que se extendía incluso más allá de las paredes de mi casa, como un campo de fútbol, o los terrenos de un aeropuerto: una llanura de tristeza en constante expansión.

Una tarde de invierno estaba en el sofá de la sala, dormitando a ratos, con las noticias de la tele como única compañía. Hacía tiempo que no escuchaba las noticias. Meses, en realidad. Todo el tiempo que hiciese falta hasta dejar de ser noticia. Pero aquella tarde, allí tumbada, oí fragmentos de la misma emisión local que reciclaban durante todo el día, y cuya novedad principal estaba relacionada con el Zumbido.

... cuando, el pasado jueves, una investigación independiente encargada por el ayuntamiento determinó que una estación de

compresión situada a lo largo del gasoducto Phoenix Access era la fuente del misterioso zumbido que molestó a un grupo de residentes durante el pasado año…

… esta mañana, tras varios días de silencio, aunque no del tipo que deseaban los residentes, Southwestern Gas ha anunciado que reducirá el caudal del gasoducto con la esperanza de…

… un portavoz de Southwestern Gas…

… Southwestern Gas ha confirmado que la compañía aumentó el caudal del gasoducto Phoenix Access hasta un treinta por ciento en el otoño de 2018. La compañía cree que esta presión adicional puede haber causado vibraciones que…

… migrañas, hemorragias nasales, insomnio…

… una especie de manía localizada, que condujo al enfrentamiento mortal entre la policía y los miembros de la secta de Sequoia Crescent el pasado mes de junio…

Durante días, los presentadores de noticias, expertos y portavoces habían estado difundiendo un informe municipal que atribuía el Zumbido a un conducto de gas natural que atravesaba el desierto a unos tres kilómetros de nuestra zona. La versión oficial era que Southwestern Gas había aumentado el caudal del gasoducto el otoño anterior, más o menos cuando la mayoría de nosotros empezamos a oír el Zumbido, y que supuestamente la vibración provocada por dicho aumento había causado temblores en los cimientos de los edificios. No pude más que reírme. ¿Acaso esperaban que creyéramos que todo por lo que habíamos pasado —las migrañas, las hemorragias nasales, el trance, el asalto, las muertes— se debía a un gasoducto? ¿De verdad esperaban que creyera que Kyle fue alcanzado por una bala en la pelvis y otra en el cuello por el aumento de presión en un conducto de gas natural? Era tan dolorosamente banal que resultaba casi creíble. Aunque en realidad no importaba que lo creyésemos, ni yo ni nadie. Comprendía la función que cumplía. A veces la gente necesita un mito para cerrar heridas, sobre todo después de un trauma colectivo. Éramos un vecindario y una ciudad con necesidad de pasar página.

Hacia las doce y cuarto de la noche me despertó la voz de Emily en el televisor. La pantalla era la única luz en la casa. La cara de Emily se veía grande, en primer plano. La cámara pasó a un plano más amplio y mostró que estaba sentada junto a Tom en el estudio. Él llevaba una camisa bien planchada. Detrás se apreciaba una vista diurna de la ciudad; debía de ser la repetición de una entrevista anterior. Me incorporé y escuché.

—Fue como si despertara de una pesadilla. Sentí como si hubiera perdido un año de mi vida —dijo Emily.

—Éramos dos extraños en la misma casa. Bueno, antes de que empezaras a vivir con tu hermana —dijo Tom mirando de reojo a Emily.

—¿Sigue oyendo el zumbido, ahora que Southwestern Gas ha bajado la presión? —le preguntó el entrevistador a Emily.

—No —dijo ella, negando con la cabeza—. No lo oigo.

—¿A quién culpa de las muertes de Kyle Francis y Damian Barnes? ¿Culpa a alguien?

Tragué saliva y cerré los ojos, esperando la respuesta de Emily. Al ver que no llegaba, volví a abrirlos y vi que se miraba el regazo. Finalmente, se volvió hacia el entrevistador con los ojos brillantes. Cuando abrió la boca, cogí el mando a distancia y apagué el televisor.

Hace meses, una noche que yo no estaba aquí, Kyle había entrado en mi casa y se había sentado en mi cama para hablar con mi hija, y había andado por mi dormitorio, y se había quedado dormido en el sofá de la sala. Aquella noche no era más que un cuerpo adolescente entre muchos otros. Y, sin embargo, su olor aún perduraba. En los armarios, en las alacenas, en los rincones de las habitaciones. A veces era tan intenso que tenía que apoyarme en la encimera y cerrar los ojos. Cada vez que pasaba por el parque, me imaginaba las ruinas de su tienda ocultas entre la maleza. Algunas noches me acostaba pensando en lo fácil que sería levantarme, ponerme los zapatos y caminar las seis manzanas en la oscuridad, entre la vegetación, para acurrucarme entre sus cosas, sus viejos discos y libros y lo que quedara, pero nunca me atreví. Era como un grito nocturno que nadie va a investigar.

Al final dejé de oír el Zumbido, aunque seguí oyéndolo días después de que bajaran oficialmente la presión del gasoducto. Me acompañó como un miembro fantasma: tres días, seis días, nueve días después, aunque cada vez más débil, hasta que una mañana me desperté y ya no estaba. Me quedé acostada en la cama, escuchando los pájaros del otro lado de la ventana. Me concentré y me esforcé con la esperanza de oír algo, un ruido de fondo, la más leve vibración, pero fue en vano. Al principio me desorientó. Fue como si al mundo le faltara el color amarillo o el sabor de la sal. Había un registro de la experiencia al que ya no podía acceder. Sin embargo, poco a poco me acostumbré a su ausencia, como hacemos con todo aquello que perdemos.

Volví a dormir. Volví a poner el despertador por la mañana. Volví a correr, a usar hilo dental y a revisar el correo electrónico. Borré la ristra de repugnantes mensajes de desconocidos en mi buzón de voz. Empecé a hacerme la cama. Empecé a comprar frambuesas y tulipanes. Empecé a escuchar pódcast sobre astronomía, urbanismo, la peste negra, la historia de la medicina, la terapia de conversión gay, las abejas, el Renacimiento de Harlem, el paganismo, Dolly Parton. Empecé a preparar comidas con más de tres ingredientes. Empecé a sonreír a mis vecinos. Empecé a hablar con Paul, al principio de forma breve, cívica y amistosa, y luego con conversaciones más largas y profundas sobre lo que pasaba en el mundo y lo que nos pasaba a nosotros, sobre cómo nos habíamos lastimado mutuamente y si encontraríamos la forma de poder volver a querernos como antes.

Y una mañana sonó el timbre. Me incorporé como un rayo en la cama y cogí el móvil de la mesilla: las nueve y cinco. Mierda. Me puse un albornoz, me recogí el pelo en un moño desordenado y bajé corriendo mientras el timbre volvía a sonar. Abrí la puerta y me encontré a Paul con una caja llena de sus cosas en el suelo.

—Buenos días —dijo.

—Hola. Lo siento. No me ha sonado el despertador.

—No te preocupes, Ash y yo podemos encargarnos de esta ronda.

Miré detrás de él, hacia la calle. Ashley estaba descargando cajas del maletero del coche. Le dije que, si me metía en la ducha ahora mismo, estaría lista para la segunda ronda.

—No te estarás arrepintiendo, ¿verdad? —preguntó.

—¿Qué? No, claro que no.

—Se te ve apagada.

—Lo siento, acabo de despertarme.

Asintió, recogió la caja y entró en casa. Le confesé que me había acostado tarde.

—¿Haciendo qué?

Solté una risita cohibida.

—Yo..., hum..., por fin he terminado *La montaña mágica*.

Tardó un momento en darse cuenta de lo que acababa de decirle, antes de echarse también a reír.

—Lo sé, me ha llevado tiempo —comenté.

—Más de lo que tardaron en escribirla, probablemente.

Paul dejó la caja al pie de la escalera.

—Bueno, hice una gran pausa.

—¿Así que te dio por acabarla anoche de una sentada? —preguntó.

Ashley entró con una caja grande.

—Hola. Siento no haberte devuelto la llamada. —Dejó caer la caja con un ruido sordo—. Tengo parciales.

Le dije que lo sabía y que no se preocupara, que tenía buen aspecto.

—Sí, claro. Pese a haber engordado un montón.

—No.

—Da igual, sigo echando polvos —repuso ella, entrando en la sala y abriendo las cortinas—. Pero, mamá, en serio, déjate de chorradas en plan señorita Havisham y descorre las cortinas.

—¡Que sí! ¡Dame un respiro, acabo de levantarme!

Desapareció en la cocina mientras Paul hojeaba el correo en la mesa del comedor. Levantó un montón que yo había apartado para él.

—Mira, seguían llegando aquí hasta con el reenvío de correo.

—Pero es todo basura —le dije.

Le pregunté si le apetecía un café, pero rechazó la oferta.

—Primero quiero acabar con el equipaje.

Ashley volvió a la sala con un vaso de zumo de naranja y comentó que había lasaña en la nevera.

—La he preparado para esta noche —le dije—. Como celebración.

—Vaya —respondió con sorna, pero Paul parecía contento. Le pregunté a Ashley si pensaba quedarse a dormir.

—Ya veré. A lo mejor me quedo en casa de Yona.

—Bueno, te he hecho la cama, por si te decides.

—Vale.

Paul volvió a salir para seguir sacando cajas del coche y nos dejó solas por primera vez desde hacía meses.

—Me alegro de que te gusten las clases—le dije.

—Ahora un poco menos.

—¿Y eso?

Se encogió de hombros.

—Tu profesor de Historia del Arte parece divertido —dije.

—Sí, no está mal —asintió, antes de tomar un sorbo de zumo—. Y bien, ¿sigues culpándote?

Su pregunta me pilló completamente desprevenida.

—¿Qué?

—Sobre Kyle.

—Yo… sí. Por supuesto. Claro que sí.

Me miró un momento de forma inescrutable.

—Pues yo no te culpo —dijo.

—Gracias.

—Pero todos los demás, sí.

Tragué saliva y asentí.

—Y, por extensión, todo el mundo me culpa a mí —añadió.

Intenté formular algunas palabras de consuelo, pero todo lo que se me ocurría me parecía tan insuficiente y manido que resultaba casi cómico. Enarcó las cejas y tomó otro sorbo, en señal de silencioso reproche. Paul volvió con una caja, la dejó en el suelo y se fue a por más.

—A veces me pregunto qué estaría estudiando Kyle ahora —dijo Ashley.

Admití que a veces pensaba lo mismo.

—Filología, probablemente.

Asentí. Probablemente.

—¿Has intentado hablar con él? —preguntó.

—¿Cómo?

—¿Alguna vez habláis?

—No. ¿Qué quieres decir? ¿Cómo podríamos…?

—Bueno, no sé, creías en cosas más raras en el pasado.

—No —le dije—. No hablamos.

—Ajá —dijo, y dio otro sorbo—. Papá me ha dicho que no te crees el informe municipal.

Suspiré. Ashley buscaba bronca. Supongo que no debería haberme sorprendido. Se había marchado a la universidad cuando yo aún seguía en el hospital. Varios correos electrónicos y unas cuantas llamadas telefónicas no iban a barrer las minas terrestres que quedaban por estallar. Sabía que ella quería que capitulara, pero no era mi intención.

—Ash, lo que oía no era un gasoducto.

Dejó bruscamente el vaso en la mesita.

—Todo el puto mundo lo acepta menos tú. Incluso tu antiguo grupo. Casi todos han salido en entrevistas, ¿no? Todos han desmentido a Howard.

—No todos.

—Incluso Jo.

—¿Qué otra cosa podía hacer?

—¿Qué estás…? —Ashley se llevó las manos a la cabeza. Se la sujetó como si estuviera a punto de estallar de frustración—. Incluso ahora. Seguro que crees que aún lo oyes.

—No.

—Entonces, ¿por qué no lo admites? Aumentaron la presión en el gasoducto, causó vibraciones, las vibraciones causaron el Zumbido. Disminuyeron la presión y el Zumbido desapareció. ¿Qué más quieres, que la mano de Dios te lo escriba en el cielo?

—Un gasoducto a tres kilómetros de aquí —dije.

—Sí. Y lo han arreglado, joder —repuso Ashley abriendo mucho los ojos—. Lo han arreglado objetivamente, mamá, no se puede discutir.

—De acuerdo.

—Así que lo oyes o no lo oyes.

—No lo oigo, ya te lo he dicho.

—Porque lo han arreglado.

Asentí, evasiva.

—Excepto que todavía lo estuve oyendo días después de que bajaran la presión.

—Seguro que aún te sientes mal por Howard.

—No es el villano que han hecho de él.

Ashley se pasó las manos por la cara, frustrada.

—Mamá, te lavó el cerebro y te tuvo secuestrada.

—No se retuvo a nadie como rehén.

—Todo el país te vio salir desnuda de esa casa y también que te arrastraron de vuelta adentro.

—Sí, pero…

—A esa mujer, Nora, la inmovilizaron en el suelo cuando intentaba escapar.

Le dije a Ashley que para ella, o para cualquiera que no hubiese estado en esa casa, era difícil de entender.

—Esa demanda colectiva contra Howard —continuó—. La única razón de que sus antiguos alumnos no lo denunciaran antes es porque les había lavado el cerebro. Igual que a ti. Y probablemente porque estaban traumatizados y aterrorizados.

—Ash, escucha…

—No, escucha tú, mamá. Sufriste una crisis psicótica total. Todo el mundo lo vio. En vivo y en directo. Eres un puto meme. Tetas y vagina y demás. ¿Tienes idea…? No, para nada. Yo… —Respiró hondo, cerró los ojos largo rato y luego me miró—. Estaría furiosa contigo, por lo que me has hecho, si no fuera porque, sobre todo, siento lástima por ti. Estabas enferma. Y probablemente lo sigas estando. Una enferma…

—Ash…

—No, calla y escucha. No puedes admitirlo, ni siquiera ahora. Estabas sometida a un demencial estrés emocional, no dormías desde hacía meses y eso te predispuso a que te lavaran el cerebro y… y… a saber qué más. No eras tú.

Paul entró, dejó otra caja y nos miró, pero supo que no debía decir nada. Ashley esperó a que volviera a salir antes de continuar:

—Él cree que todo puede volver a la normalidad.

—Bueno, eso espero yo también.

—¿De veras?

—Sí.

Entornó los ojos con desconfianza.

—Ni siquiera creo que te alegres de no oírlo.

Le dije que por supuesto que sí.

—He recuperado mi vida —dije.
—¿Qué vida?
—No seas cruel.
—¿Qué es lo que quieres recuperar?
—Solo…
—¿La calma?
—Sí.
—¿Kyle?
Bajé la vista al suelo.
—Creo que ni siquiera has aceptado que perdiste la cabeza —dijo. Luego se calló, quizá esperando a que me incriminara de alguna manera. ¿Qué más quería de mí? Mi nombre estaba limpio. Se habían retirado los cargos. No tenía contacto con ninguno de los otros oyentes. Estaba trabajando en mi salud mental, dormía, me tomaba la medicación. ¿Quería que le rogase que me perdonara? ¿Que me arrastrara? ¿Que mordiera el polvo?
—He perdido todo lo demás —dije.
Ella asintió y paseó la vista por la sala, como si fuera el interior de mi cabeza.
—Te quiero. Pero no puedo ayudarte. —Lo dijo como si fuera un médico anunciando un pronóstico fatal—. Y tengo que protegerme.
Quise abrazarla, pero no podía moverme. Quise llorar, pero tampoco pude.
—Mejor que vayas a ducharte —dijo.
Me aparté el pelo de los ojos y susurré que sí.
Oí que Paul reaparecía en la puerta principal, forcejeando con una caja grande, pero ni Ashley ni yo le prestamos atención.
Mientras ella me miraba, me pregunté: ¿no veía lo lejos que había llegado? ¿Lo mucho que había trabajado para recuperar mi vida? ¿Iba a rechazarme porque yo no estaba dispuesta a adoptar su versión de lo ocurrido? Quise decirle: «Hago todo lo que puedo, Ash, cada uno de mis días, para olvidar lo que sentí, lo que oí, lo que experimenté, y volver a vivir una vida normal». Cuando Paul salió de nuevo, Ashley también se dirigió a la puerta, pero vaciló. Se quedó allí un momento, luego se volvió y me dio un abrazo. Me pilló totalmente desprevenida. Al principio fue tímido,

pero luego se intensificó hasta que llegó a estrujarme con una intensidad casi dolorosa y yo hice lo mismo. Tenía su pelo en la boca. Sentía la humedad de su cara en mi cuello. El calor de nuestros cuerpos unidos. Se apartó y me miró. Su mirada decía: hay amor. Todavía hay amor. Y luego salió, dejándome sola en la sala.

Paul regresó al cabo de un momento y dejó otra caja en el recibidor.

—Este es el primer cargamento —dijo, poniéndose derecho. Volveré con el resto dentro de unos cuarenta minutos.

Le prometí que estaría lista para ayudarle cuando volviera y me ajusté el cinturón del albornoz mientras me acercaba.

—Más te vale —respondió con fingida seriedad. Tenía las axilas húmedas. Olí su loción de afeitar.

—Es bueno tenerte de vuelta —dije.

Una mirada algo nostálgica le cruzó el rostro.

—Crucemos los dedos.

Y entonces, a saber por qué, elegí ese momento para recordarle que yo tenía terapia por la mañana. Me dijo que ya lo sabía.

—Y tenemos la nuestra juntos el martes —añadió.

—Lo siento, no recordaba que ya lo habíamos hablado. También tengo una entrevista con la biblioteca el lunes, ¿te lo dije?

—Qué bien. No, no me lo habías dicho.

Le comenté que no tenía muchas esperanzas. Sospechaba que probablemente demasiados empleados sabían de mí. Pero me convenía empezar a salir y buscar trabajo. Me propuso que habláramos de ello a su regreso.

—Claro, lo siento —dije, rechazando esos temas de agenda con un gesto de la mano.

Me sonrió.

—Eh, corazón.

—Ya.

Por un momento me pregunté si íbamos a besarnos. Tal vez solo un beso en la mejilla. O incluso un abrazo. Pero cuando nos quedamos el uno frente al otro, se hizo evidente que no estábamos preparados para ninguna de las dos cosas. Probablemente no lo estaríamos durante algún tiempo.

—Bien —dijo.

—Seré una nueva yo cuando vuelvas.

—No, por favor —respondió. Yo sonreí. Se dio la vuelta y salió. Y vi que se subía a su coche, el coche que pronto volvería a ser nuestro coche, que nos llevaría al supermercado, y a las citas médicas, y a visitar a Ashley en el campus. Ashley estaba sentada en el asiento delantero, esperando. Yo miré a Paul sabiendo que, fiel a su palabra, volvería dentro de cuarenta minutos con más cajas llenas de sus cosas, que pronto se fusionarían de nuevo con las pertenencias colectivas de nuestra casa y volverían a ser indistinguibles de las mías. Los vi marcharse calle abajo antes de cerrar la puerta y volver al silencio de la casa. Aunque, por supuesto, no era silencio. Podía oír el viento que mecía las hojas fuera. El ronroneo del frigorífico en la cocina. El rumor del aire acondicionado al pasar por los conductos. Mi estómago vacío hacía un ruido como el de una moto en una autopista lejana. «Debería prepararme unas tostadas», pensé.

Entonces recordé, divertida, la cara de Paul al oírme decir que había terminado *La montaña mágica*, y caí en la cuenta de que en realidad no recordaba bien las últimas líneas o imágenes del libro, por lo que sospechaba que quizá me había dormido antes del final. Saqué el móvil del bolsillo del albornoz. Busqué *La montaña mágica* en mis audiolibros y me desplacé hasta el final. Conecté el teléfono al altavoz *bluetooth* del comedor y pulsé «Reproducir».

Las aventuras de la carne y del espíritu, que han elevado tu simplicidad, te han permitido conocer con el espíritu lo que difícilmente habrías podido alcanzar con la carne.

La voz del narrador, que ya era tan familiar para mí como la de un tío o un antiguo amante, llenó la habitación. Me apoyé en la mesa del comedor y le dije a Google que subiera el volumen.

Hubo momentos en que, fruto de la muerte y de la rebelión de la carne, surgió en ti, al reflexionar sobre tu persona, un sueño de amor. De este festín universal de la muerte, de esta fiebre extrema que enciende con un resplandor ardiente el cielo vespertino que ha limpiado la lluvia, ¿podrá elevarse un día el Amor? Y después, tras una pausa dramática, el narrador concluyó con *Finis Operis*.

Seguí apoyada en la mesa mientras las frases resonaban en mi cabeza.

De este festín universal de la muerte, ¿podrá elevarse un día el Amor?

Conocía esas palabras. Quizá sí las había oído mientras dormía. Imaginé, por un momento, los ojos de Kyle llegando a esas últimas palabras como si alcanzara la cima de una montaña, y me pregunté qué le habría pasado por la cabeza mientras las leía. Y entonces desaparecieron las líneas, el libro, la montaña, y solo me quedaron sus ojos. Y también los aparté.

«Antes de la tostada me daré una ducha —decidí—. Me recogeré el pelo como le gusta a Paul y me pondré algo bonito. Quizá el jersey verde de cuello alto». Mientras cruzaba la sala, la luz matinal inundó la casa y, como un prisma, vi la vida que había vivido entre sus paredes refractarse ante mí con mil tonalidades distintas. Ashley se quedaría a cenar esta noche. Lo presentía. «Esta noche comeré lasaña con mi familia. Y mañana Paul nos preparará gofres. Abriremos el periódico del domingo sobre la mesa, la radio sonará en la cocina, Ashley mirará su móvil y los tres compartiremos espacio, compartiremos tiempo».

Llegué a la escalera, apoyé la mano en la barandilla, subí hasta el cuarto peldaño y entonces me detuve.

Oía algo.

No eran las hojas, ni la nevera, ni el aire acondicionado, ni mi estómago. Contuve la respiración y me quedé muy quieta. Me llevé las manos lentamente a las orejas y las tapé. Apreté fuerte para sellarlas con las palmas sudorosas y crear un vacío de silencio, y luego aparté las manos. Estaba ahí. No estaba en mi cabeza. Mucho más débil que antes, pero inconfundible. Me agarré a la barandilla. Sentí que me flaqueaban las rodillas. Creía haber progresado mucho. Tal vez solo me había propuesto no oírlo. Quizá era más fácil creer que se había ido. ¿Y si siempre había estado ahí, por debajo de todo, y nunca se había marchado? ¿Y si nunca se iba?

Me eché a reír. ¿O estaba llorando? Me sentía abrumada, pero ¿por qué? ¿De alivio? ¿De terror? ¿Cómo era posible que no lo supiera? Pero no lo sabía. No lo sabía.

Había tanto que nunca supe.

Agradecimientos

El texto de *La montaña mágica*, de Thomas Mann, se ha tomado de la traducción de H. T. Lowe-Porter de 1927 (Vintage Classics, 1999). La cita de Simone Weil procede de la traducción de Arthur Willis de 1952 *Gravity & Grace* (Bison Books, 1997).

Quisiera expresar mi profundo agradecimiento a Jennifer Lambert y Noelle Zitzer, de HarperCollins Canada, y a Nicholas Pearson, de 4th Estate, por haberme asistido tan hábilmente en el parto de este libro; a Jane Finigan, por ver potencial en mí y en esta historia, y empujarme a escribirla; a Imogen Sarre y Elinor Burns, por su sabiduría y firmeza; a Brian Lobel, por su amistad y por inspirar al personaje de Shawn; a Deborah Pearson por prestar su voz a esta historia más de una vez; a Patrick Eakin Young y Alice Kentridge por proporcionarme un hogar lejos de casa mientras escribía; a Emily McLaughlin y al Departamento de Nuevas Obras del Teatro Nacional por nutrir una primera versión de esta novela; y al Consejo Canadiense de las Artes por su apoyo vital para completar un primer borrador. Estoy agradecido por todo lo que la financiación pública de las artes hace posible y por vivir en una sociedad en la que existe.

Mi amor y mi gratitud eternos a mi madre y a mi padre, a mi hermano y a mi abuela. A mi colega, Alistair. Y a mis amigos extraordinarios, especialmente Jennifer Warren, cuya voz he escuchado a lo largo de toda la novela.

Por último, doy las gracias de todo corazón a James por apoyarme en todas las etapas de este libro, por leer borrador tras borrador y por aportarme tantas ideas. Gracias por creer siempre en esta historia y en estos personajes. Este libro no existiría sin ti. Y yo no sería el escritor ni la persona que soy sin los años de amor, maravillas y aventuras que hemos compartido.